KT-454-932

Oggi in Italia
A First Course in Italian

Seventh Edition

Franca Celli Merlonghi

Ferdinando Merlonghi

Joseph A. Tursi
State University of New York at Stony Brook, Emeritus

Brian Rea O'Connor
Boston College

Houghton Mifflin Company   Boston   New York

Director, World Languages: Beth Kramer
Sponsoring Editor: Randy Welch
Senior Development Editor: Sandra Guadano
Assistant Editor: Judith Bach
Project Editor: Harriet C. Dishman
Senior Production/Design Coordinator: Carol Merrigan
Senior Manufacturing Coordinator: Priscilla J. Bailey
Marketing Manager: Claudia Martínez

Cover glass design: Sottsass Associati
Photography: Santi Caleca

Copyright © 2002 by Houghton Mifflin Company. All rights reserved.

No part of this work may be reproduced or transmitted in any form or by any means, electronic or mechanical, including photocopying and recording, or by any information storage or retrieval system without the prior written permission of Houghton Mifflin Company unless such copying is expressly permitted by federal copyright law. Address inquiries to College Permissions, Houghton Mifflin Company, 222 Berkeley Street, Boston, MA 02116-3764.

Printed in the U.S.A.

Library of Congress Control Number: 2001131531

Student Text ISBN: 0-618-11220-0
Instructor's Annotated Edition ISBN: 0-618-11221-9

123456789-DOW-05 04 03 02 01

Contents

To The Student

Welcome to the study of Italian and welcome to *Oggi in Italia!* Learning a foreign language can be an enjoyable and a stimulating experience, especially if you think of it as learning a way to communicate with other people. As you develop your skills in listening, speaking, reading, and writing in Italian, remember that you will also be learning about Italy, its people, and its culture.

Organization of the Text

Oggi in Italia consists of a preliminary lesson and eighteen regular lessons, each of which is organized around a theme, such as school, food, shopping, sports, politics, cinema, or ecology. The themes are designed to introduce you to everyday language, aspects of life relevant to young people, and basic concepts of Italian culture. Each lesson opens with a statement of the communicative objectives for the lesson to orient you to what you will be learning. Refer to these objectives throughout the lesson as a reminder of your progress in learning to communicate in Italian.

See page xi for tips on learning Italian and making the most of each of the following sections of each lesson.

Dialoghi/Monologhi. The opening lesson dialogue, monologue, or interview presents new grammar structures and vocabulary within a context or situation that illustrates how to use the language. Related comprehension, personalized, and guided interview questions help you practice the new material and prepare you for the vocabulary and grammar sections that follow.

Vocabolario. This is a list of the new words and expressions presented in the opening dialogue or monologue. Related exercises serve as a reference and study tool to help you master the vocabulary of the lesson.

Nota culturale. The *Nota culturale* is related to the lesson theme. These sections, written in Italian beginning in *Lezione 5*, reflect diverse aspects of contemporary Italian culture. Questions are included to encourage you to compare Italian culture with your own so that you'll become aware of differences as well as similarities between cultures.

Pratica. This short activity suggests role-playing situations for pairs or groups to give you speaking practice while reinforcing new vocabulary.

Pronuncia. This section appears in the Preliminary Lesson and in Lessons 1–12. It provides explanations and practice of Italian sounds. Developing proper pronunciation early on will help you be more fluent when you speak Italian. The audio program includes additional pronunciation practice.

Ampliamento del vocabolario. This vocabulary expansion section presents words in thematic groups (such as places, foods, and weather expressions), along with a series of practice activities designed to help you build your vocabulary. Many of the activities are for pairs or groups, providing numerous opportunities to practice speaking Italian.

Struttura ed uso. The structure and usage section presents clear, easy-to-follow grammar explanations in English, with examples showing you how to use the structure. Charts highlighting key information serve as a handy reference for review. Many topics are illustrated by a cartoon to help you remember how the structure is used. A variety of guided exercises and communicative pair and group activities give you necessary practice for reinforcement of the topics presented.

Parliamo un po'. The *Parliamo un po'* section includes a variety of creative, interactive pair and group activities as well as illustration-based activities that integrate what you have learned in the lesson and in previous lessons. The primary aim of the section is to give you the chance to put everything together and practice speaking in a personalized way.

In giro per l'Italia. Short reading passages in this section relate to various aspects of Italian culture and introduce you to the diverse cities and regions of Italy. Prereading exercises develop your reading skills and help prepare you for reading, while postreading exercises check your comprehension. The *Parliamo italiano!* Video includes images of the cities or regions featured in the readings.

Vivere in Italia. This cultural enrichment section, which follows Lessons 3, 6, 9, 12, 15, and 18, contains photos, information about daily life in Italy, and varied activities for pairs and small groups. The focus is on communicating about topics such as vacations, leisure activities, and travel, while learning more about Italians and Italian lifestyles.

Marginal Annotations. These student annotations, found in the margins throughout the text, highlight word usage, practical cultural information, and important grammar points. They also provide helpful study tips.

Reference Section. This section begins with the *Argomenti supplementari*, optional grammar topics that can be introduced at any point in the course at the instructor's discretion. Both explanations and exercises for practice and reinforcement are included. The Appendices offer sound/spelling correspondences and conjugations of regular and irregular verbs. There are also Italian-English and English-Italian vocabularies.

Supplementary Materials

Workbook/Lab Manual/Video Manual. Both the workbook and laboratory manual contain exercises practicing and integrating the vocabulary and grammar concepts from the lesson. Try to do the exercises in several sittings as you study new topics. If you are not sure of something, write notes to yourself in the margin so that you can ask about it in class. Also, make notes to yourself of errors that you tend to make. When reviewing for exams, use your workbook and notes as a study guide. The Video Manual section is correlated to the *Parliamo italiano!* Video. It includes previewing, comprehension, and expansion (postviewing) activities to help develop your listening and writing skills in Italian.

Audio Program. The recordings, available on cassettes or CDs, contain the lesson dialogues, pronunciation practice, vocabulary and grammar exercises, and listening comprehension activities—all designed to improve your understanding of spoken Italian. To improve your listening comprehension, listen to the tape, especially the dialogues and listening comprehension activities, more than once. Try to follow the meaning of what is being said, whether or not you understand every word.

***Parliamo italiano!* Video.** Filmed in Italy, the twelve episodes of this sixty-minute video feature the travels of Piero and Gabriella as they work on a travel guide to Italy. Images of the numerous cities and regions they visit are featured in the video, allowing you to experience the country as you follow their travels. The video gives you the opportunity to develop your listening skills in Italian as you learn about the country and its culture.

***Oggi in Italia* Multimedia CD-ROM 1.0.** This new CD-ROM is an interactive multimedia program featuring short clips from the *Parliamo italiano!* Video, with accompanying transcripts and links to a bilingual glossary. The clips are supported by a variety of exercises to help you develop your listening skills. Vocabulary and grammar practice exercises corresponding to the topics presented in the textbook lessons are also included to give you extra practice or to be used for review prior to quizzes and tests. The exercises contain links to a grammar reference so that you have help right at hand as you work.

***Oggi in Italia* Website.** The website features web search activities, self-tests on the content of each text lesson, and video-based exercises. The search activities take you to a variety of Italian websites and help you learn to negotiate unedited Italian while you learn about the culture and reinforce and expand on what you learn in class. The self-tests give you the opportunity to check how well you are mastering the lesson content. The video exercises help you develop your listening skills and practice vocabulary and grammar. Resources on the website include links to other useful sites you may want to explore or use for research. Whether or not your instructor assigns selected web activities, use them to improve your listening, reading, and writing abilities in Italian. You can access the site at http://college.hmco.com/students.

Tips for Learning with *Oggi in Italia*

■ **Have a positive attitude.** Don't be frustrated by what you do not know how to say; concentrate on what you *do* know.

■ **Study frequently.** Regular and consistent practice is the key to learning a language. Try to do some studying every day instead of cramming before a test or assignment due-date. The end results will be more satisfying and long-lasting.

■ **Go to class prepared.** If you have taken the time to study the material to be covered before going to class, class time can be better used in practice and reinforcement.

■ **Participate in class.** Do not be afraid of making mistakes or pronouncing words incorrectly; the important thing is to speak. Many of the activities in *Oggi in Italia* are to be done in pairs and small groups, and are designed to give you maximum communicative practice. Take advantage of this opportunity to use your new skills to communicate in Italian with your classmates. You may want to look over the activities before going to class and to think about what you may want to say and how to say it.

■ **Use downtime to study Italian.** The more time you spend reviewing, the more Italian you will retain. Use otherwise nonproductive times—waiting for a class to start, riding the bus, between TV shows—to practice current or previously studied forms. When learning numbers, for example, say your friends' phone numbers in Italian before dialing them, or read car license plate numbers or room numbers to yourself in Italian. When learning a past tense, say what you did during the day or describe what happened on a television show. Never let an opportunity pass to express ideas in Italian and you will eventually begin to think in Italian.

■ **Have fun.** Learning a language should be an enjoyable experience. You will be learning new sounds, new ways of expressing ideas, even new ways of thinking. If you appreciate and enjoy these new experiences, you should have no trouble the first time you have a conversation with a native Italian or when you step off a plane in Rome or Milan and enter today's Italy.

Acknowledgments

The authors and publisher would like to express their appreciation to the following reviewers for offering their ideas and recommendations for this Seventh Edition. We also extend a special word of thanks to the many people teaching with *Oggi in Italia* who have offered their feedback on the program.

- Santo L. Aricò, *University of Mississippi*
- Raffaele De Benedictis, *Wayne State University*
- Corrado Federici, *Brock University*
- Elisabetta Properzi Nelsen, *San Francisco State University*
- Salvatore Santoro, *Queensborough Community College*
- Elissa Tognozzi, *University of California, Los Angeles*

We wish to thank all the people at Houghton Mifflin who have contributed to publishing the Seventh Edition of *Oggi in Italia,* particularly Beth Kramer, Randy Welch, and Sandy Guadano in the World Languages Department. We also thank Harriet C. Dishman, Mary Root, Ann Schroeder, Linda Hadley, Catherine Hawkes, and the many other people who helped with the design, production, and art of this new edition.

Franca and Ferdinando Merlonghi
Joseph Tursi
Brian O'Connor

Studenti e studentesse vanno a lezione all'Università di Milano.

Lezione preliminare

Il Saluto

COMMUNICATIVE OBJECTIVES

- Greet others and say good-bye (or take leave) using the appropriate level of formality

- Express how you're feeling

- Express what you like

- Talk about some classes and people

- Give some street addresses and zip codes

Buon giorno! Lei come si chiama?

lei = you, formal

Il professore e lo studente

PROFESSOR LANDINI:	Buon giorno.
	Sono Giovanni Landini.
	Sono il professore d'italiano.
	Lei come si chiama?
MAURIZIO:	Buon giorno, professore.
	Mi chiamo Maurizio Ferroni.

La professoressa e la studentessa

PROFESSORESSA VENTURI:	Buon giorno.
	Sono la professoressa d'italiano.
	Mi chiamo Luciana Venturi.
	E lei come si chiama?
SIMONA:	Buon giorno, professoressa.
	Mi chiamo Simona Barbieri.

Buona sera! Come sta?

Il signor Carboni e il dottor Salvini

SIGNOR CARBONI:	Buona sera, dottor Salvini.
	Come sta?
DOTTOR SALVINI:	Bene, grazie, e lei?
SIGNOR CARBONI:	Molto bene, grazie. ...
	Arrivederla, dottore.

La signora Masetti e la signorina Polidori

SIGNORINA POLIDORI:	Buona sera, signora Masetti.
	Come sta?
SIGNORA MASETTI:	Abbastanza bene, e lei?
SIGNORINA POLIDORI:	Bene, grazie. ... A più tardi, signora.

Pratica

1. Introduce yourself to four or five classmates, asking each person his/her name.

   ◆ — Buon giorno. Mi chiamo (Giorgio Lotti). E lei, come si chiama?
   — Mi chiamo (Gabriella).

2. Find out from three or four classmates how they are feeling.

   ◆ — Buon giorno, (Roberto). Come sta?
   — Bene (Abbastanza bene/Non c'è male), grazie. E lei?
   — Molto bene.

Levels of formality

In Italian, as in English, speakers use different levels of formality, depending on the situation and to whom they are speaking. For example, in Italy, you might use *ciao* or *salve* (hello) as a greeting, and *ciao* or *arrivederci* as a farewell to a friend or a member of the family. In a more formal situation, speaking to a stranger or an acquaintance, you might use *buon giorno* or *buona sera* as a greeting and *arrivederla* as a farewell.

In English, speakers always use the pronoun *you* when addressing another person. In Italian, there are several ways of expressing *you*. *Tu* is used with someone you know on a first-name basis, such as a child, friend, classmate, or member of your family. *Lei* is used with a stranger, an acquaintance, an older person, or someone in a position of authority.

— Ciao, Giovanni, come stai?
— Non c'è male, grazie. E tu?

■ What greetings do you use in English in formal and informal situations?

Ciao! Come ti chiami?

Anna Melani e Paolo Salvatori

PAOLO: Ciao! Come ti chiami?
ANNA: Io? Mi chiamo Anna. E tu, come ti chiami?
PAOLO: Paolo.

Silvia Bellini ed Enrico Genovesi

SILVIA: Tu ti chiami Paolo Salvatori?
ENRICO: No, mi chiamo Enrico Genovesi.
SILVIA: Piacere, Enrico. Io mi chiamo Silvia Bellini.

> *tu* = you, informal

Come stai?

Patrizia Moro e Rosanna Peroni

ROSANNA: Ciao, Patrizia, come stai?
PATRIZIA: Non c'è male. E tu?
ROSANNA: Benissimo! ... Arrivederci.
PATRIZIA: A domani, Rosanna.

Luigi Rinaldi e Marcello Bottino

LUIGI: Salve, Marcello. Come stai?
MARCELLO: Bene, grazie. E tu, come stai?
LUIGI: Mah, così così. ... A presto, Marcello.
MARCELLO: Ciao!

Pratica

1. Find out the names of four or five classmates.

   ◆ — Come ti chiami?
   — Mi chiamo (Susanna/Mario).

2. Greet a friend and ask how he/she is. Then exchange roles.

   ◆ — Ciao (Renata), come stai?
   — Molto bene (Benissimo/Non c'è male/Così così/Male), grazie.

3. You're leaving class. Say good-bye to four or five classmates.

   ◆ — Ciao (Luigi), arrivederci.
   — A domani (A presto/Ci vediamo domani), (Vittoria).

— Ciao, Silvia. Hai lezione adesso?
— Sì, e sono in ritardo. Ci vediamo più tardi.

Use of courtesy and professional titles

The use of first names among adults is less frequent in Italy than in the United States. In work situations people usually call or refer to their colleagues or co-workers by using only their last name without any title. The courtesy titles *signore, signorina,* and *signora* can be used in place of a name. In contrast to English usage, professional titles such as *dottore, avvocato* (lawyer), and *ingegnere* (engineer) are commonly used with or as substitutes for names. Notice that the titles ending in *-re* (*signore, dottore, professore,* and *ingegnere*) drop the final *-e* when they precede a name:

— Ecco a lei, Signorina.
— Grazie, dottor Saviani. Arrivederla.
— Buon giorno!

Buon giorno, *professore.*   Buon giorno, *professor* Dini.

Buon giorno, *dottore.*   Buon giorno, *dottor* Paolini.

Signore, signora, and *signorina* usually are not capitalized in Italian, except in their abbreviated forms (Sig., Sig.ra, and Sig.na), which are used mainly in letter writing.

Che peccato!

Giulia Campo is walking through Piazza San Marco on her way to class when she meets her friend Giacomo Mannini. They shake hands and chat for a minute.

GIULIA:	Ciao, Giacomo, come stai?
GIACOMO:	Non c'è male, grazie, e tu?
GIULIA:	Bene, grazie. ... Ah, ecco il professor Renzi. Buon giorno, professor Renzi.
5 PROFESSOR RENZI:	Buon giorno, signorina Campo. Buon giorno, signor Mannini.
GIACOMO E GIULIA:	Buon giorno, professore.

The professor continues on his way.

GIACOMO:	Hai lezione d'italiano con il professor Renzi?
10 GIULIA:	Sì, fra cinque minuti.
GIACOMO:	Ti piace l'italiano?
GIULIA:	Sì, mi piace molto. Scusa, Giacomo, ma sono in ritardo.
GIACOMO:	Che peccato! Arrivederci, Giulia, buona giornata!
GIULIA:	Grazie! Ciao, Giacomo. A presto.

La lezione means "lesson" or "class," as in "to have a class." *La classe* (*d'italiano*) can refer to the (Italian) classroom or the group of students in it.

Pratica

1. You're between classes. Ask a classmate if he/she has class soon. Then switch roles.

   ◆ — Hai lezione fra poco?
   — Sì, ho lezione d'italiano (d'inglese/di matematica/di storia).

2. Find out from a classmate if he/she has a class with a specific teacher whom you know. Then switch roles.

   ◆ — Hai lezione con (il professor Montini/la professoressa Corvari)?
   — No, ho lezione con il professor ... (la professoressa ...).

3. Ask a classmate if he/she likes certain academic subjects.

   ◆ — Ti piace (l'italiano/l'inglese/la matematica/la storia)?
   — Sì, mi piace. (Sì, mi piace molto./No, non mi piace.)

4. You see a friend hurrying along a hallway. Find out if he/she is late.

   ◆ — Ciao, Monica, sei in ritardo?
   — No, non sono in ritardo (sono in anticipo/sono puntuale).

I nomi italiani (maschili e femminili)

Some Italian names are similar to English first names, with slight spelling changes, while others have no English equivalent. Note that many masculine first names ending in -o have an equivalent feminine first name ending in -a.

Listen and repeat each name after your instructor. Look for the Italian equivalent of your name and the names of family members, friends, and acquaintances. If no Italian equivalent of your name is listed, ask your instructor if there is one.

> Italians frequently use the diminutive forms of names: *Antonio = Toni* or *Tonio*; *Giovanni = Gianni* or *Vanni*; *Giuseppe = Beppe, Peppe,* or *Pino*; *Luigi = Luigino* or *Gino*; *Giulia = Giulietta*; *Elisabetta = Betta, Bettina,* or *Elisa*; *Giovanna = Gianna* or *Vanna*, etc.

Nomi maschili		Nomi femminili	
Alberto	Marcello	Angela	Giulia
Antonio	Mario	Anna	Lisa
Carlo	Massimo	Antonella	Loretta
Emilio	Michele	Bettina	Luisa
Enrico	Paolo	Carla	Maria
Franco	Pietro	Caterina	Marisa
Giacomo	Renato	Daniela	Paola
Giorgio	Roberto	Elena	Patrizia
Giovanni	Stefano	Elisabetta	Rosanna
Giuseppe	Tommaso	Franca	Silvia
Lorenzo	Valerio	Francesca	Teresa
Luigi	Vittorio	Giovanna	Valeria

Customary greetings

I n Italy it is customary to shake hands when greeting good friends as well as acquaintances, regardless of age. Italians (and many other Europeans) shake hands with only one or two short up-and-down motions, not a series of them as Americans do. Close friends who have not seen each other in a long time tend to greet each other with a light kiss on both cheeks, and not on one cheek only as Americans do in similar circumstances.

■ When do you shake hands with someone?

■ Whom do you greet with a kiss?

— Arrivederci, Anna.
— Ciao, a domani.

Pronuncia

L'alfabeto italiano

The Italian alphabet consists of twenty-one letters and five additional letters that appear only in foreign words. Accent marks (´ and `) occur on the vowels **a**, **e**, **i**, **o**, and **u** under certain circumstances. Listen and repeat each letter of the alphabet after your instructor.

> The grave accent (`) is more common than the acute accent (´) in Italian. The latter is generally used to indicate the closed sound of /e/ in words such as *perché, ventitré, benché*, etc.

Italian alphabet						Foreign letters		Capital and lowercase letters		Accents and punctuation	
a	a	**h**	acca	**q**	cu	**j**	i lunga	**C**	ci maiuscola	´	accento acuto
b	bi	**i**	i	**r**	erre	**k**	cappa	**c**	ci minuscola	`	accento grave
c	ci	**l**	elle	**s**	esse	**x**	ics			.	punto
d	di	**m**	emme	**t**	ti	**y**	ipsilon			,	virgola
e	e	**n**	enne	**u**	u	**w**	vu doppia			?	punto interrogativo
f	effe	**o**	o	**v**	vu					!	punto esclamativo
g	gi	**p**	pi	**z**	zeta						

A You are making an international call to a hotel in Venice to make reservations. Spell your name for the receptionist who answers the phone.

◆ Lina De Paolis   Lina: elle maiuscola, i, enne, a
                       De Paolis: di maiuscola, e, pi maiuscola, a, o, elle, i, esse

B You are in Italy trying to get the phone number of a friend from the operator. Spell out your friend's name and city. (See page 14 for some names of Italian cities.)

◆ Marco Giuliani   Marco: emme maiuscola, a, erre, ci, o
                       Giuliani: gi maiuscola, i, u, elle, i, a, enne, i
    Forlì   Forlì: effe maiuscola, o, erre, elle, i con l'accento grave

I suoni delle vocali

Because English and Italian have their own sets of sound-spelling correspondences, the pronunciation sections of this text use a few of the special symbols developed by the International Phonetic Association to represent sounds. Each symbol, given between slash lines (for example, /**a**/), represents a specific sound. A complete list of symbols, together with the Italian spelling correspondences, appears in Appendix A.

There are five basic vowel sounds in Italian. The sounds /**a**/ (spelled **a**, as in **Anna**), /**i**/ (spelled **i**, as in **Milano**), and /**u**/ (spelled **u**, as in **studente**) are stable; they are always pronounced the same. The sounds /**e**/ (spelled **e**, as in **bene**) and /**o**/ (as in **sono**) may vary slightly.

C Listen and repeat the following words after your instructor.

americana	bene	minuti	sono	Ugo
Anna	come	italiano	Torino	studente
matematica	lezione	signore	Roberto	università

D **Proverbio.** Repeat the following Italian proverb to practice the pronunciation of vowel sounds.

Un bel gioco dura poco.
Fun doesn't last long.

I numeri da 0 a 20

Listen to your instructor pronounce the numbers from 0 to 20 (**da zero a venti**) and repeat them after him/her.

0 = **zero**			
1 = **uno**	6 = **sei**	11 = **undici**	16 = **sedici**
2 = **due**	7 = **sette**	12 = **dodici**	17 = **diciassette**
3 = **tre**	8 = **otto**	13 = **tredici**	18 = **diciotto**
4 = **quattro**	9 = **nove**	14 = **quattordici**	19 = **diciannove**
5 = **cinque**	10 = **dieci**	15 = **quindici**	20 = **venti**

E In pairs: What are your reasons for learning Italian? Rate on a scale from 0 to 10 (*da zero a dieci*), how important it is for you to do the following. Compare your responses with those of your partner.

◆ speak Italian when you visit Italy   dieci

1. read Italian newspapers or magazines
2. understand printed signs when you are in Italy
3. order food in an Italian restaurant in this country
4. learn more about Italian culture
5. cook lasagna from an Italian recipe
6. understand what the characters in Italian movies are saying
7. read literary classics in Italian
8. sing Puccini's *Madama Butterfly* in Italian

F In pairs: Exchange addresses with a classmate. Say your street number and zip code as in the model.

◆ Via Manzoni, diciotto (18)
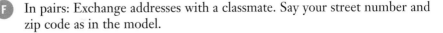
zero, zero, uno, nove, sette (00197) Roma

Parole analoghe

Learn to recognize cognates to help you understand Italian more easily.

Italian is a Romance language, which means that it derives from Latin, the language of the ancient Romans. Other Romance languages are French, Portuguese, Spanish, Romanian, Catalan, and Provençal. English is a Germanic language, but it contains thousands of words derived from Latin that resemble their Italian equivalents. These words are called *cognates* (**parole analoghe**). Most cognates are easily recognizable in print, though their pronunciation may be different. For example:

studente	student	**possibile**	possible	**studiare**	to study
professore	professor	**famoso**	famous	**arrivare**	to arrive
lezione	lesson	**interessante**	interesting	**entrare**	to enter

Other cognates form groups of words with easily recognizable patterns. For example:

-tà -ty		*-ale* -al		*-zione* -tion	
città	city	**nazionale**	national	**informazione**	information
difficoltà	difficulty	**originale**	original	**modificazione**	modification
università	university	**speciale**	special	**tradizione**	tradition

Luckily, there are relatively few false cognates in Italian. False cognates resemble English words, but their meanings are different. An example of a false cognate is **collegio,** which generally means *boarding school*, not *college*. Context will usually help you recognize false cognates.

G Complete the following sentences, choosing from the following list of cognates.

città
speciale
interessante
lezione
possibile
studente

1. Giacomo studia la _____ due.
2. Venezia è una bella _____ .
3. La lingua italiana è _____ .
4. Lo _____ arriva all'università.
5. Non è _____ entrare.

L'Italia nell'Europa

Carta d'Europa

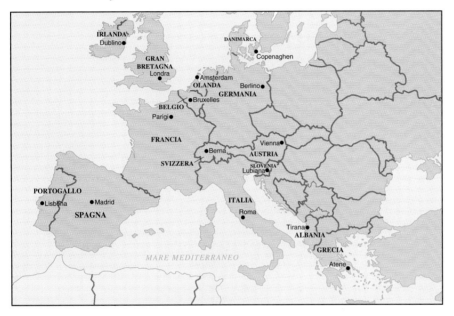

Italy, located in southern Europe, is a peninsula stretching into the Mediterranean Sea. Rome is its capital, and Italian is the language spoken by more than 57 million people living in Italy.

Italian is also spoken by residents of the Canton Ticino in Switzerland, by many Ethiopians, and by Italians around the world. In the United States and Canada, for example, there are millions of American and Canadian citizens who speak Italian as a first or second language and who retain close ties with their relatives in Italy.

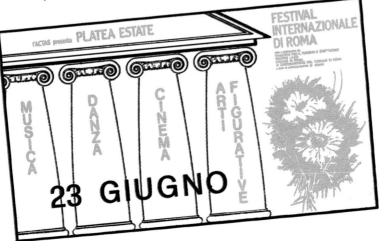

How many cognates can you find in this ticket? What is the ticket for?

Carta fisica d'Italia

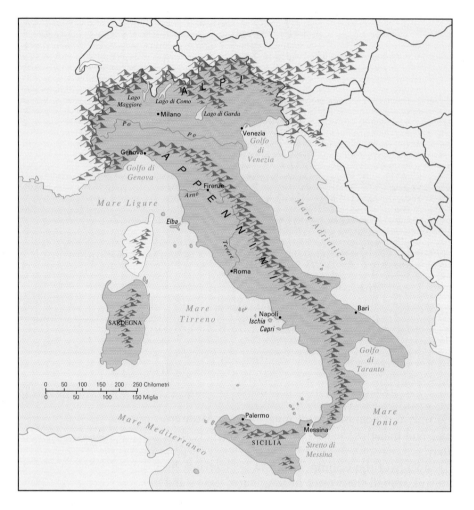

H Many geographical terms are cognates. Pronounce after your instructor each of the terms listed below. Note that **il, la, l', lo, gli,** and **le** all mean *the.*

le Alpi the Alps	**il porto** the port
gli Appennini the Apennines	**lo stretto** the strait
la montagna the mountain	**il paese** the country; the small town
la catena di montagne the mountain chain	**la regione** the region
l'isola the island	**la provincia** the province
il lago the lake	**la capitale** the capital (of a country)
il mare the sea	
la città the city	**il capoluogo** the capital (of a region)
il fiume the river	
il Po the Po (river)	**il golfo** the gulf
la baia the bay	**la penisola** the peninsula

la capitale vs. **il capoluogo**
Note that *Roma è la capitale d'Italia* and that *Napoli è il capoluogo della Campania.*

I Learn the eight points of the compass shown below. Note how closely they resemble their English cognates. Listen to your instructor pronounce each one, paying particular attention to the difference between *est* and *ovest*.

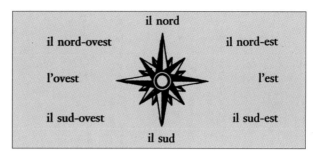

J Complete the following statements in Italian, using the points of the compass and the map of Europe on page 11. Note that **al** means *to the*.

1. La Svizzera è al _____ dell'Italia.
2. La Grecia è al _____ dell'Italia.
3. La Germania è al _____ dell'Italia.
4. L'Inghilterra è al _____ dell'Italia.
5. La Francia è al _____ dell'Italia.

Positano: pittoresco paese sul mare vicino a Napoli.

Carta politica d'Italia

K Repeat after your instructor the names of the Italian regions listed below. Then locate each one on the map on page 14.

gli Abruzzi (l'Abruzzo)
la Basilicata
la Calabria
la Campania
l'Emilia-Romagna
il Friuli-Venezia Giulia
il Lazio
la Liguria
la Lombardia
le Marche
il Molise
il Piemonte
la Puglia
la Sardegna
la Sicilia
la Toscana
il Trentino-Alto Adige
l'Umbria
la Valle d'Aosta
il Veneto

Veduta panoramica del golfo di Napoli con la città, il porto e il Vesuvio.

Vocabolario

Be sure you know the meaning and use of the following words and expressions before you proceed to *Lezione 1*.

Greetings

buon giorno hello, good morning
buona sera good evening
ciao hi (*informal*)
salve hello

Farewells

arrivederci good-bye
arrivederla good-bye (*formal*)
a più tardi till later
a domani till tomorrow
a presto see you soon
buona giornata have a good day
ci vediamo domani see you tomorrow
ciao bye (*informal*)

Asking and giving names

come si chiama lei? what's your name? (*formal*)
come ti chiami? what's your name? (*informal*)
mi chiamo ... my name is . . .

Expressions involving time

fra cinque minuti in five minutes
fra poco soon
sono in ritardo I'm late
sono puntuale I'm on time
sono in anticipo I'm early

Names of courses

l'inglese English
l'italiano Italian
la matematica mathematics
la storia history

Numbers (see p. 9)

Geographical terms (see p. 12)

Asking how someone is

come sta? how are you? (*formal*)
come stai? how are you? (*informal*)
bene, grazie fine, thanks
benissimo! just great!
così così so-so
male bad
non c'è male not too bad
abbastanza bene quite well
molto bene very well

Persons

il dottore (male) doctor
la dottoressa (female) doctor
il professore (male) professor
la professoressa (female) professor
lo studente (male) student
la studentessa (female) student

> Names of languages are not capitalized in Italian.

Courtesy titles

signore   sir; **signor** + *last name*
   Mr.
signora   ma'am; **signora** + *last
   name*   Mrs.
signorina   Miss; **signorina** + *last
   name*   Miss

Other words and expressions

che peccato!   what a shame! too
   bad!
con   with
di (**d'** before vowels)   of, from
e   and
ecco   there is, there are

grazie   thanks, thank you
hai lezione?   do you have a class?
io   I
lei   you (*formal*)
ma   but
mah   oh
molto   a lot, a great deal
no   no
piacere   to like, to be pleasing;
   mi piace ...   I like . . . ; **non mi
   piace ...**   I don't like . . . ; **ti
   piace ... ?**   do you like . . . ?
piacere!   how do you do!
scusa   excuse me (*informal*)
sì   yes
sono   I am
tu   you (*informal*)

Mi (Ti) piace + singular
noun or infinitive

Alessandra e Francesco hanno diciassette anni e frequentano il liceo.

Lezione 1
Lei come si chiama?

COMMUNICATIVE OBJECTIVES

- Describe yourself and others by age and place of origin
- Talk about likes and dislikes
- Make negative statements
- Indicate possession (of basic objects)

Two Italian students introduce themselves.

Ciao, mi chiamo Marco Casciani e sono italiano.
Sono di Verona.
Ho venti anni e sono uno studente universitario.
Frequento l'università di Bologna e studio medicina.
Ho un fratello e una sorella.
Mi piace lo sport, ma mi piace anche viaggiare.

Salve, mi chiamo Lucia Savini e anch'io sono
italiana.
Ho sedici anni.
Sono una studentessa liceale.
Frequento il liceo scientifico a Napoli.
Non ho un fratello, ma ho una sorella.
Mi piace molto la musica e mi piace anche ballare.

The *università di Bologna*,
founded in 1158, is
one of the oldest Italian
universities.

Domande

1. Marco Casciani è italiano? (Sì, Marco è ...)
2. Marco Casciani è professore? (No, Marco non è ...)
3. Marco frequenta l'università di Bari? (No, Marco non frequenta ...)
4. Marco studia medicina o legge? (Marco studia ...)
5. Marco ha venti anni? (Sì, Marco ha ...)
6. Marco è di Verona o di Bologna?
7. Marco ha un fratello? Ha una sorella?
8. A Marco piace lo sport o la musica? (A Marco piace ...)
9. A Marco piace viaggiare? (Sì, a Marco ...)
10. Lucia Savini è italiana o americana?
11. Lucia frequenta il liceo o l'università?
12. Quanti anni ha Lucia?
13. Lucia ha un fratello o una sorella?
14. A Lucia piace la musica? (Sì, a Lucia ...)
15. A Lucia piace ballare o viaggiare? (A Lucia ...)

Domande personali

1. Lei come si chiama, signore/signora/signorina?
2. Lei è studentessa, signora/signorina?
3. Lei è una professoressa italiana, signora/signorina?
4. Lei è uno studente americano, signor (Brown)?
5. Lei frequenta il liceo o l'università?
6. Lei studia medicina?
7. Quanti anni ha lei?
8. Di dov'è lei?
9. Lei ha un fratello o una sorella?
10. A lei piace lo sport?
11. A lei piace anche la musica?
12. A lei piace viaggiare? e ballare?

Situazioni

Sit. 1: *Quanti anni hai?:* informal

1. In groups of three: Find out how old some of your classmates are.

    ◆ — Quanti anni hai?
    — Ho (diciotto) anni.

Sit. 2: *Di dove sei?:* informal

2. In groups of three: Ask the same classmates where they are from.

    ◆ — Di dove sei?
    — Sono di (Columbus/Dallas/Boston).

Sit. 3: *Che cosa ti piace?:* informal

3. In groups of three: Find out what the same classmates like to study.

    ◆ — Che cosa ti piace studiare?
    — Mi piace studiare medicina (legge/matematica/italiano/inglese/storia).

SESTO LICEO ARTISTICO

Vocabolario

You will find the rest of the lesson easier if you learn the *Vocabolario* before proceeding.

Parole analoghe

la medicina
la musica
scientifico/a
lo sport
l'università
universitario/a

Nomi

l'anno   year
il fratello   brother
la legge   law
il liceo   high school (*see cultural note, p. 23*)
la sorella   sister

Verbi

avere   to have
ballare   to dance
essere   to be
frequentare   to attend
studiare   to study
viaggiare   to travel

Aggettivi

americano/a   American
italiano/a   Italian
liceale   high school

Altre parole ed espressioni

a (*frequently* ad *before a vowel*)   at, to
anche   also, too
anch'io   I too, me too
e (*frequently* ed *before a vowel*) and
o   or
a lei piace ...?   do you like . . . ? (*formal*)
a lui/a lei piace ...   he/she likes . . .
a lui/a lei piace ...?   does he/she like . . . ?
avere + ... anni   to be . . . years old; ho venti anni   I'm twenty years old; ha sedici anni   he/she is sixteen years old; you (*formal*) are sixteen years old
che cosa?   what?
di dov'è?   where is he/she from? where are you (*formal*) from?
di dove sei?   where are you (*informal*) from?
quanti anni ha?   how old is he/she? how old are you (*formal*)?
quanti anni hai?   how old are you (*informal*)?

A lui/A lei piace + single noun or infinitive.

Adjectives of nationality are not capitalized in Italian.

Pratica

1. In pairs: Introduce yourself in Italian to another student, and say where you are from. Then ask him/her for the same information.

   ◆ — Ciao, mi chiamo … . Sono di Bologna. E tu, come ti chiami?
     — Mi chiamo … e sono di … .

2. In pairs: You are at a party and are meeting another guest. Shake hands, then ask what his/her name is, if he/she attends the university or the *liceo*, whether he/she is Italian or American, where he/she is from, and if he/she likes the party (*la festa*). Then trade roles.

Pronuncia

Sillabazione (Syllabication)

Most Italian syllables end in a vowel sound. A syllable usually contains one or more consonants plus a vowel sound. Grammatically, the division of a word into syllables follows these rules:

1. A single consonant between two vowels belongs with the following vowel or diphthong (two vowels pronounced as a single syllable).

Ca-ro-li-na	stu-dia-re	ma-te-ma-ti-ca
le-zio-ne	co-me	Mi-la-no

2. Double consonants are always divided.

cit-tà   Mar-cel-lo   dot-to-re   pro-fes-so-re

3. A combination of two different consonants belongs with the following vowel, unless the first consonant is **l, m, n,** or **r.** In this case the two consonants are divided.

so-pra	pre-sto	si-gno-ra	li-bro
But: fre-quen-ta-re	gior-no	ar-ri-ve-der-ci	tar-di

4. When three consonants are combined, the first belongs with the preceding syllable, except **s,** which belongs with the following syllable.

al-tro	en-tra-re	in-gle-se	sem-pre
But: mi-ni-stro	e-spres-sio-ne	ma-e-stro	a-stro-nau-ta

5. Unstressed **i** and **u** are not separated from the vowel they combine with.

uo-mo	pia-no	Gio-van-ni	Eu-ro-pa	
But: mi-o	zi-o	po-e-**si**-a	far-ma-**ci**-a	pa-**u**-ra

Accento tonico (Stress)

1. Italian words are usually stressed on the second-to-last syllable. Most of the exceptions are stressed on the third-to-last syllable.

stu-den-**tes**-sa
a-me-ri-**ca**-no
cul-tu-**ra**-le
a-bi-to
dia-lo-go
be-**nis**-si-mo

2. Words stressed on the last syllable have a written accent mark on the final vowel.

u-ni-ver-si-**tà**
pos-si-bi-li-**tà**
at-ti-vi-**tà**
cit-**tà**

3. A few words (mostly verb forms) are stressed on the fourth-from-last syllable.

te-**le**-fo-na-no
a-bi-ta-no
de-**si**-de-ra-no

A Listen and repeat the following words after your instructor. Be sure to stress the correct syllable.

pe-**ni**-so-la	stu-**den**-te
Mar-co	si-gno-**ri**-na
co-**sì**	an-**ti**-ci-po
mi-**ni**-stro	To-**sca**-na
cit-**tà**	fre-**quen**-ta
mi-**nu**-ti	pro-fes-**so**-re

B Divide the following words into syllables.

arrivederla	golfo
università	scientifico
abbastanza	cinque
legge	grazie
benissimo	signorina
presto	ritardo

La scuola in Italia

After years of debates and discussions both in Parliament and among the people directly involved with the issue, the Italian educational system has begun a process of renewal. Approved by Parliament, the school reform law went into effect on September 1, 2001. In order to institute a system similar to that of other western European countries, many drastic changes were introduced in the reform. To reduce its impact on students, teachers, and school administrators, the reform is being implemented gradually.

With the new system, compulsory education (*scuola dell'obbligo*) lasts from age six to fifteen, and the total number of school years has been reduced from thirteen to twelve. This reduction is advantageous to Italian students, who now graduate at age eighteen just like their American and other European counterparts. Italian schools are now divided into two cycles. The primary cycle includes grades one through seven, and before entering the next cycle, students have to pass a state examination. The first two years of the secondary cycle are mandatory. At the end of this period, students who elect to go on with their secondary education may choose among four different areas of study (*indirizzi*): humanistic, scientific, technical-technological, and artistic-musical studies. The secondary cycle lasts three years and ends with a state examination. Students who successfully pass this exam receive a diploma that allows them either to enter the university or to get a job.

Giovani studenti di Torino aspettano l'inizio delle lezioni davanti al liceo.

C **Proverbio.** Read the following proverb aloud. Then dictate it to another student, syllable by syllable.

Tutte le strade portano a Roma.
All roads lead to Rome.

Ampliamento del vocabolario

I numeri da 21 a 100

21 = ventuno	31 = trentuno	50 = cinquanta
22 = ventidue	32 = trentadue	60 = sessanta
23 = ventitré	33 = trentatré	70 = settanta
24 = ventiquattro	34 = trentaquattro	80 = ottanta
25 = venticinque	35 = trentacinque	90 = novanta
26 = ventisei	36 = trentasei	100 = cento
27 = ventisette	37 = trentasette	
28 = ventotto	38 = trentotto	
29 = ventinove	39 = trentanove	
30 = trenta	40 = quaranta	

> *Tre* always has a written acute accent when added to another number: *ventitré, settantatré.*

The numbers **venti, trenta, quaranta,** etc., drop the final vowel (**-i** or **-a**) when combined with **uno** and **otto: ventuno, ventotto, trentuno, trentotto, quarantuno, quarantotto,** etc.

A Read aloud the following groups of numbers.

♦ 2/20/22   due/venti/ventidue

1. 3/30/33
2. 4/40/44
3. 5/50/55
4. 6/60/66
5. 7/70/77
6. 8/80/88
7. 9/90/99
8. 1/10/100

B Read these numbers and then give the numbers that precede and follow each one.

♦ 37   trentasette, trentasei, trentotto

1. 47
2. 53
3. 34
4. 72
5. 29
6. 66
7. 98
8. 81
9. 77

C In pairs: Take turns asking the ages of the following people. Make educated guesses.

◆ il professore/la professoressa

— Quanti anni ha il professore/la professoressa?
— Ha trentotto anni.

1. Matt Damon
2. Gwyneth Paltrow
3. Britney Spears
4. Tiger Woods
5. il presidente degli Stati Uniti
6. il rettore (*president*) dell'università
7. Tom Brokaw
8. Diane Sawyer

Italian phone numbers start with the area code, which must always be dialed, even when calling within the area itself. Rome's area code, 06, precedes all the numbers in this exercise.

Musei Capitolini: Museum of ancient Roman art
Stazione Termini: the main train station in Rome

D In pairs: You are in Rome and need some telephone numbers. Call the operator and ask for the numbers of each of the following places.

◆ dell'aeroporto Leonardo da Vinci/0665.953.640

— Qual è il numero (di telefono) dell'aeroporto Leonardo da Vinci?
— È 0665.953.640.

Places	*Numbers*
1. dei Musei Capitolini	0667.102.071
2. del Museo Keats-Shelley	066.784.167
3. del Teatro dell'Opera	06.481.601
4. della Stazione Termini	0647.306.559
5. dell'Alitalia	0665.643
6. dell'Università di Roma	0649.911
7. dello Stadio Olimpico	063.200.562
8. dell'Ambasciata degli Stati Uniti	0646.741

COMUNE DI VENEZIA
Assessorato alla cultura
e alle belle arti

SOVRINTENDENZA
AI BENI ARTISTICI E STORICI
DI VENEZIA

MOSTRA
«GIORGIONE A VENEZIA»

Gallerie
dell'Accademia

N° 14294

INGRESSO UNICO INTERO

Cose utili

un libro

un quaderno
e un foglio di carta

un CD (ciddì)

un calendario

una rivista

un giornale

un televisore

una penna

una matita

un motorino

un videoregistratore
e una videocassetta

un lettore ed
un'audiocassetta

una calcolatrice

una radio con
registratore

un orologio

una sedia

un tavolo

un computer

uno stereo

un telefonino

un telefono

uno zaino

una bicicletta

E In pairs: Ask another student if he/she has these objects in his/her room.

◆ giornale   — Hai un giornale?
                 — Sì, ho un giornale.
                    No, non ho un giornale.

1. una calcolatrice   5. un motorino
2. uno zaino   6. una penna
3. un videoregistratore   7. una radio
4. un telefonino   8. un telefono

F Name the objects you associate with the following.

◆ PC, Macintosh   un computer

Laptop is called *laptop* in Italian.

1. 18 marzo   5. 1-800-785-3799
2. *Time* and *Newsweek*   6. musica
3. $20 + 50$; $79 - 33$; 18×3 7. NBC, CBS, ABC
4. *Oggi in Italia*   8. 9:45 A.M.

Struttura ed uso

Pronomi personali

— **Voi** siete americani?
— **Lui** sì, ma **io** no.

1. A personal or subject pronoun **(un pronome personale)** is used as the subject of a verb. The following chart shows the forms of the subject pronouns in Italian.

Singular		Plural	
io	I	**noi**	we
tu	you (*informal*)	**voi**	you (*informal*)
lui	he	**loro**	they (*m.* or *f.*)
lei	{ she / you (*formal*)		{ you (*formal*)

When you are speaking to an Italian and aren't sure whether to use *tu* or *lei*, use the latter. If the person says, *Puoi darmi del tu!,* that means you may use the informal *tu* form.

2. When speaking to someone in Italian, there are four ways to express the English *you*, according to how many people are being addressed (singular or plural) and the level of formality.

a. Use **tu** when addressing a member of your family, a friend, a child, or in general, a person of your own age in an informal setting.

b. Use **voi** when addressing more than one person except in very formal situations.

c. Use **lei** when addressing a person you do not know well, or a person to whom you wish to show respect or courtesy.

d. Use **loro** when speaking to more than one person to whom you wish to show respect.

A Which subject pronoun would you use to talk *about* the following?

1. what your name is
2. what your teacher's name is
3. how your parents are feeling
4. how old your brother is
5. what you and your friends did last night
6. why your friend Anna is late for an appointment

B Which pronoun meaning "you" would you use to speak *directly* to the following people? More than one answer could be appropriate in some of these situations.

1. your father
2. your mother and father
3. your father's boss
4. your doctor
5. your doctor's assistant
6. your doctor and his/her assistant together
7. another student in your class
8. your teacher

C Determine who is being asked the following questions, choosing from the possibilities indicated in parentheses.

1. Ho venti anni, e tu?
   (Sandra, Sandra e Marina, Enzo e Massimo)
2. Lei come si chiama?
   (la sorella, la mamma, una professoressa)
3. Di dove sono loro?
   (un professore, una signorina, due signori)
4. Io frequento l'università di Bologna, e voi?
   (un dottore, una studentessa, due studenti americani)

Presente di *essere*

— Ciao, mamma. *Sono* io.
— Ma Ilaria, dove *sei*?
— *Sono* in biblioteca, mamma!

1. **Essere** (*to be*) is one of the most commonly used verbs in Italian. **Essere** is an infinitive, the form that tells the meaning of a verb. Italian infinitives end in **-are, -ere,** or **-ire.**

studiare	to study
essere	to be
finire	to finish

2. The conjugated forms of a verb give more specific information about the verb, including *who* is doing the action and when. The following chart shows the conjugated present tense forms of **essere.**

essere		*to be*			
Singular			**Plural**		
io	**sono**	I am	noi	**siamo**	we are
tu	**sei**	you (*informal*) are	voi	**siete**	you (*informal*) are
lui/lei	**è**	he/she is	loro	**sono**	they are
lei	**è**	you (*formal*) are			you (*formal*) are

3. In Italian, the subject pronoun can be omitted from a sentence. The pronoun is generally used only for stress or clarity.

Massimo è italiano. Ha venti anni e studia medicina. Ha una sorella e anche **lei** è studentessa.

4. To make a sentence negative, use the word **non** before the verb.

— Siete di Milwaukee?	— *Are you from Milwaukee?*
— No, **non** siamo di Milwaukee, siamo di Madison.	— *No, we're not from Milwaukee, we're from Madison.*

D Replace the subject of each sentence with the new subjects indicated in parentheses. Be sure to use the correct form of the verb with each new subject.

1. Noi siamo di Bologna. (Antonella e Laura / tu / la signora Ermini / Emilio)
2. Io sono all'università. (voi / la professoressa / lo studente / noi)
3. Sei in ritardo? (io e Tina / tu e Giovanna / Marcella / Marcella e Luisa)

Ex. E: Remember: a subject pronoun is usually unnecessary since the verb form tells you *who*.

E How would the following paragraph be different if you were talking (1) about yourself instead of Lorenzo? (2) about yourself and some friends? (3) about Lorenzo and Pina? Change the sentences to agree with the new subjects.

Lorenzo è di Reggio Calabria. È studente all'università di Padova, ma adesso (*now*) non è all'università. È in ritardo.

Io ...

F With a partner: Take turns reading the following sentences. If the sentence is true, go on to the next one. If you disagree, make the sentence negative with the word *non*.

◆ David Letterman è professore d'italiano. No, non è professore d'italiano. (Sì, è professore d'italiano.)

1. *Oggi in Italia* è un libro di matematica.
2. Io sono uno studente del liceo classico.
3. Il professore/la professoressa è italiano/a.
4. La Sicilia è una città.
5. Gli Appennini sono montagne.
6. Cristoforo Colombo è spagnolo.
7. Jim Carrey è presidente degli Stati Uniti.
8. Dr. Laura e Oprah sono studentesse liceali.

G Interview three or four other students in your class. Find out if they are Italian, where they are from, and if they are freshmen (*del primo anno*). Pay attention to the answers you hear and be ready to tell in Italian what you have learned about your classmates.

Presente di *avere*

1. You are already familiar with some of the present tense forms of the verb
avere (*to have*). Here is a chart showing all the forms:

avere		*to have*			
Singular			**Plural**		
io	**ho**	I have	noi	**abbiamo**	we have
tu	**hai**	you (*informal*) have	voi	**avete**	you (*informal*) have
lui/lei	**ha**	he/she has	loro	**hanno**	{ they have
lei	**ha**	you (*formal*) have			{ you (*formal*) have

> The *h* that begins several forms of *avere* is always silent.

— **Avete** lezione oggi?
— Sì, **abbiamo** lezione di fisica
  più tardi. E tu?
— No, io non **ho** lezione.

— *Do you have class today?*
— *Yes, we have physics class
  later. How about you?*
— *No, I don't have class.*

2. The verb **avere** indicates possession. It also means *to be* in many idiomatic
expressions such as **avere ... anni** (*to be . . . years old*). You will learn other
expressions of this type in *Lezione 3*.

Pietro **ha** solo sette anni e **ha**
  un computer!

*Pietro is only seven years old and
  he has a computer!*

H Say that the people in column A have one of the things listed in column B
but not another.

◆ Marco e Lucia hanno una radio ma non hanno uno stereo.

A	*B*
mia sorella	una videocassetta
gli studenti	un CD
voi	un computer
io e Lucia	un motorino
Marco e Lucia	un giornale
tu	un televisore
il professore	una penna
	uno stereo
	una rivista
	un telefonino
	una radio

I In pairs: Look at the drawing of Marco's bedroom. Tell a partner which of the things Marco has in his room you also have. Then find out if your partner has them.

La camera di Marco

◆ S1: Marco ha un calendario, e anch'io ho un calendario. E tu?
S2: Sì, anch'io ho un calendario. / No, io non ho un calendario.

J In groups of three or four: Take turns asking each other who has some of the objects shown on page 27. When you ask a question, keep track of the answers so you can report this information to the class.

◆ S1: Chi ha uno zaino?
S2: Io ho uno zaino.
S3: Io non ho uno zaino.
What to report: Dave e io abbiamo uno zaino. Stacy non ha uno zaino.

K In pairs: Ask a partner how old the following Italians and Italian-Americans are. The right-hand column shows the year each person was born.

◆ Bernardo Bertolucci   1940
S1: Quanti anni ha Bernardo Bertolucci?
S2: Ha sessantadue anni.

1. Mario Cuomo   1932
2. Sophia Loren   1934
3. Madonna Ciccone   1958
4. Robert De Niro   1943
5. Sylvester Stallone   1946
6. Roberto Benigni   1956
7. Cecilia Bartoli   1966

L With a partner: Make a list of items you could use in the following situations. Then tell each other which items you have and which you don't have.

◆ You want to write a letter.
   List: una penna, una matita, un foglio di carta
   S1: Ho una penna e un foglio di carta. Non ho una matita.
   S2: Ho una penna ma non ho un foglio di carta.

1. You need to take some notes in class.
2. You need to finish a research paper that is due tomorrow.
3. You are having a party and need some music.
4. You want to find out the results of last night's game.
5. You need to contact a friend who lives two miles away.

Genere dei nomi e l'articolo indeterminativo

—Rinaldo, mi piacerebbe telefonare ad un amico.

1. Italian nouns are either masculine or feminine. Generally, nouns ending in **-o** or a consonant are masculine, and those ending in **-a** are feminine. Nouns ending in **-e** can be either masculine or feminine and should be memorized as you learn them.

Masculine	Feminine
tavolo	penna
computer	studentessa
registratore	lezione

Most nouns ending in *-ore* are masculine: *signore, registratore*. Most nouns ending in *-ione* are feminine: *lezione, regione*. Nouns ending in consonants are of foreign origin and are generally masculine: *un bar, uno sport*.

2. The indefinite article, which means *a* or *an*, has different forms in Italian according to the sound that follows and the gender of the noun modified. Here are the forms of the indefinite article in Italian:

Uno is used to avoid a group of too many consonant sounds and for more flowing pronunciation. *Un'* is used to avoid too many vowel sounds together.

Masculine		Feminine
un	libro / orologio	**una** rivista
uno	stereo / zaino	**un'**università

a. **Un** is used with a masculine noun beginning with most consonants or with a vowel.

b. **Uno** is used with a masculine noun beginning with **s** + *a consonant*, or **z**.

c. **Una** is used with a feminine noun beginning with a consonant.

d. **Un'** is used with a feminine noun beginning with a vowel.

M Provide the correct form of the indefinite article.

1. Lucia Savini ha _____ fratello ma non ha _____ sorella.
2. Nella classe ci sono _____ studentessa e _____ studente.
3. A casa ho _____ televisore e _____ videoregistratore, ma non ho _____ stereo.
4. Nella mia città ci sono _____ università e _____ museo.
5. Marco frequenta _____ università americana e Lucia frequenta _____ liceo privato a Bari.
6. Luigi non ha _____ bicicletta; ha _____ motorino.

N In pairs: You are in a *cartoleria* (stationery store). With your partner playing the salesperson, ask for the items from the list below.

◆ orologio   S1: Un orologio, per favore.
             S2: Ecco un orologio.

1. matita   3. libro d'inglese   5. penna   7. zaino
2. quaderno   4. calcolatrice   6. calendario

Ex. O: Refer to the maps in the *Lezione preliminare* if needed.

O In pairs: Take turns asking each other what the following things are. If the answer you receive is wrong, correct your partner.

◆ il Po   S1: Che cos'è il Po?
          S2: È una città.
          S1: No, non è una città; è un fiume.

1. Capri   4. il Tevere   7. Bari
2. la Francia   5. il Garda   8. Genova
3. la Sicilia   6. il Mediterraneo   9. la Lombardia

P **Un gioco circolare.** In small groups and with your books closed, take turns pointing out any object in the room that you know how to say in Italian, using *Ecco una/un*. The game ends when no one can think of any more words.

Parliamo un po'

Internet For further practice of lesson topics, log on to the *Oggi in Italia* website.

A **Come ti chiami?** Introduce yourself to at least two classmates you haven't met yet and find out the following information:

his/her name
how he/she is
how old he/she is
where he/she is from
if he/she has a brother or a sister
if he/she likes Italian

Write down the information you learn so that you can tell your instructor or another student about at least one person you talked to.

B **Una lettera.** You are going to spend a semester studying in Italy. Write a short letter to your host family giving them as much information about yourself as you can in Italian. You might want to ask them some questions too. Begin your letter with *Gentili signori* and close it using *Cordiali saluti*.

Dope le lezioni all'università alcuni studenti passeggiano e mangiano il gelato.

C **Quattro amici, un appartamento.** Daniele, Davide, Dario, and Donato have decided to share an apartment at the *università di Reggio Calabria*. Each one is a different age; each one studies a different subject; each is from a different Italian city, and each brought a different piece of electronic equipment to the apartment. Read the clues to find out the age, major, hometown of each, and the electronic equipment each person owns. Then write the information in the chart below.

1. Lo studente con il videoregistratore ha venti anni; lo studente con il computer ha ventun anni.
2. Davide ha un televisore, ma non è lo studente che studia medicina.
3. Daniele è di Messina e Dario è di Napoli. Donato non è di Bari.
4. Lo studente di Torino ha ventidue anni. Non ha un computer.
5. Dario studia chimica e ha un videoregistratore.
6. Lo studente di medicina ha uno stereo.
7. Lo studente di arte non è lo studente che ha ventitré anni.
8. Una persona studia architettura.

	Anni	Studia	È di	Ha un/uno
Daniele	_____	_____	_____	_____
Davide	_____	_____	_____	_____
Dario	_____	_____	_____	_____
Donato	_____	_____	_____	_____

D **Un titolo appropriato.** Read the following description and then choose an appropriate title from the list that follows.

Mario Corsetti e Gabriella Armani sono due studenti italiani. Mario ha ventidue anni ed abita a Salerno, in via Mazzini 12. Ha un fratello e tre sorelle. Frequenta l'università di Napoli e studia legge. Gabriella è di Napoli ed abita in via Caracciolo 34. Ha diciassette anni e frequenta il liceo scientifico. A Gabriella piace viaggiare.

1. Napoli e Salerno
2. Due studenti italiani
3. Due città italiane

E **Sul treno.** In groups of three: You are on a train going from Naples to Rome. Mario Corsetti and Gabriella Armani are sitting across from you in the compartment. Introduce yourself and find out as much as you can about them. Two other students will play Mario and Gabriella.

In giro per° l'Italia

View the *Parliamo italiano!* video,
Module 1, *Visitare* (*Roma*).

Going around

Roma è una città ricca di fontane artistiche. Questa è la splendida fontana di Trevi.

A **Un po' di geografia.** Refer to the map on p. 14 while doing this exercise.

1. Il _____ è una regione d'Italia.
   (nord, Piemonte, Milano)
2. Torino è una _____ del Piemonte.
   (montagna, regione, città)
3. Roma è la _____ d'Italia.
   (capitale, città, regione)
4. Il Piemonte è nel _____ d'Italia.
   (est, sud, nord)
5. Roma è nella regione _____.
   (Lombardia, Lazio, Toscana)
6. Il Colosseo è a _____.
   (Torino, Firenze, Roma)
7. Il Lazio è nel _____ d'Italia.
   (nord, centro, sud)

Read the following brief passages.

Due giovani italiani

Piero e Gabriella sono due giovani di Torino. Lui è fotografo e lei lavora in una casa editrice[1]. Ora devono[2] preparare una nuova[3] guida d'Italia. I due giovani preparano un itinerario e lasciano[4] Torino. Vanno a visitare prima di tutto[5] Roma e noi viaggiamo insieme a[6] loro.

1. publishing house   2. they have to   3. new   4. they leave   5. first of all   6. together with

Gian Lorenzo Bernini (1598–1680) was an Italian sculptor, painter, and architect of the Baroque period. He also designed the colonnade in St. Peter's Square in Rome. (The definite article is used when referring to artists and authors by their last names only: *il Bernini, del Bernini.*)

Roma

La capitale d'Italia è nella regione Lazio, al centro del paese. La città eterna è chiamata anche con il nome latino di "caput mundi"[1]. A Roma ci sono monumenti antichi, chiese[2], piazze, fontane e palazzi molto belli[3]. Il Colosseo, il Pantheon, la Basilica di San Pietro, Piazza di Spagna e Piazza Navona, con le splendide fontane del Bernini, sono alcuni luoghi[4] caratteristici di questa città. Molti turisti italiani e stranieri[5] visitano Roma per ammirare le sue bellezze[6].

1. center of the world   2. churches   3. very beautiful   4. places   5. foreign   6. beauties

B   **Domande.** In pairs: Ask your partner the first three questions, and your partner then will ask you the last three questions. Two- or three-word answers are acceptable. If your partner makes a mistake, give the correct answer.

1. Come si chiamano i due giovani?
2. Dove sono essi?
3. Che cosa devono preparare i due giovani?
4. Dove vanno?
5. Dov'è Roma?
6. Come si chiamano tre luoghi caratteristici di Roma?

Il Colosseo è sempre una grande attrazione per i turisti che visitano Roma.

A queste due donne professioniste piace lavorare nel mondo della moda.

Lezione 2

E lei chi è?

COMMUNICATIVE OBJECTIVES

- Give some personal information
- Talk about likes and dislikes
- Tell time (and tell at what time events take place)
- Talk about course subjects
- Express possession

Two professionals introduce themselves.

Buon giorno, sono Raffaele Ferroni.
Ho quarantasette anni.
Sono sposato e ho un figlio.
Sono professore di informatica e insegno
  all'università di Roma.
Abito con mia moglie e mio figlio in una piccola
  villa fuori città.
Abbiamo anche due cani e un gatto.
Mi piacciono molto gli animali.

Buona sera, io mi chiamo Lisa Ferroni Melani.
Sono la sorella di Raffaele.
Ho trentadue anni.
Anch'io sono sposata, ma non ho figli.
Sono architetto e lavoro con mio marito.
Abito in un appartamento al centro di Roma.
Mi piace abitare in città.
Ma non mi piacciono i rumori e il traffico.

Domande

1. Quanti anni ha Raffaele? È sposato o non è sposato?
2. Quanti figli ha?
3. Che cosa insegna? Dove?
4. Dove abita Raffaele?
5. A Raffaele piacciono o non piacciono gli animali?
6. Come si chiama la sorella di Raffaele? Quanti anni ha?
7. Quanti figli ha Lisa?
8. Lisa è architetto o dottoressa? Lavora con il fratello o
   con il marito?
9. Dove abita Lisa?
10. A Lisa piace abitare in città?
11. A Lisa piacciono i rumori e il traffico?

Domande personali

> Remember that *lei* means both "she" and "you" (formal). In questions like *A lei piacciono?*, context and gestures make the meaning clear.

1. Quanti anni ha lei?
2. Lei lavora o studia?
3. A lei piace abitare in città o fuori città?
4. Abita in una villa, in una casa o in un appartamento? È grande o piccolo/a?
5. Abita con la famiglia o abita da solo/a?
6. Ha un cane o un gatto? Come si chiama?
7. A lei piacciono gli animali?

Situazioni

> Remember that *piace* is used with a singular noun or an infinitive. In this lesson you will also practice *piacciono* + plural noun: *Mi piacciono gli animali.*

1. In groups of three: Find out where your classmates live, if they live alone, and if they like living as they do.

   ◆ — Dove abiti?
   — Abito a (San Francisco).
   — Abiti da solo/a?
   — Sì, abito da solo/a.
   No, abito con (mia madre/mio padre/un amico/un'amica).
   — Ti piace abitare da solo/a (con tua madre/con tuo padre/con un amico/con un'amica)?
   — Sì, mi piace. (No, non mi piace.)

2. In groups of three: Ask your classmates if they like dogs or cats, if they have a dog or a cat, and what its name is.

   ◆ — Ti piacciono i cani o i gatti?
   — Mi piacciono i cani (i gatti).
   — Hai un cane (un gatto)?
   — Sì, ho un cane.
   (No, non ho un cane.)
   — Come si chiama?
   — Si chiama (Nero).

Vocabolario

Parole analoghe

l'animale
l'appartamento
l'architetto
il traffico

Nomi

l'amica   (female) friend
l'amico   (male) friend
il cane   dog
la casa   house
la città   city
la famiglia   family
i figli   children
il/la figlio/a   son/daughter
il gatto   cat
l'informatica   computer science
la madre   mother
il marito   husband
la moglie   wife
il padre   father
il rumore   noise
la villa   country house

Aggettivi

grande   big
mio/a   my
piccolo/a   small
sposato/a   married
tuo/a   your

Verbi

abitare   to live
insegnare   to teach
lavorare   to work

Altre parole ed espressioni

a lei piacciono ...   she likes ... /
   you like ...
a lei piacciono ... ?   does she
   like ... ? / do you like ... ?
mi piacciono ...   I like ...
da solo/a   alone
dove?   where?
fuori   outside
in   in
al centro   downtown
all'università   at the university

Figli also means "sons."

Pratica

1. In pairs: You have just met Raffaele Ferroni at a party in Rome. Introduce yourself and ask him if he is a professor and what he teaches. Also find out if he is married, if he has children, where he lives, and if he likes living there.
2. In pairs: You are conversing with Lisa Ferroni Melani at the same party. She asks how old you are, whether you work or study, where and with whom you are living, and if you like living there. Respond appropriately.

ronuncia

Il suono /t/

In English, the sound /*t*/ is aspirated, that is, it is pronounced with a little puff of air, which you can feel on the back of your hand as you say /*t*/. In Italian, /**t**/ is never aspirated. The tip of the tongue is pressed against the back of the upper front teeth. Compare the /**t**/ in the English and Italian words *too* and **tu,** *telephone* and **telefono.** The sound /**t**/ is represented in writing by **t** or **tt.**

A Listen and repeat the following words after your instructor.

telefono	italiano	se**tt**e
Toscana	ven**t**i	**t**ren**tott**o
Teresa	abi**t**are	ga**tt**o

B **Proverbio.** Repeat the following Italian proverb after your instructor. Then dictate it to another student, letter by letter.

Chi trova un amico, trova un tesoro.
A friend in need is a friend indeed.
(Literally: Find a friend and you find a treasure.)

Il suono /d/

The sound of the letter **d** in Italian, /**d**/, is pronounced more delicately than in English. The tip of the tongue touches the edge of the gum ridge just behind the upper front teeth, instead of being pressed against the back of the upper front teeth. The sound /**d**/ is spelled **d** or **dd.**

C Listen and repeat the following words.

di	ma**dr**e	fre**dd**o
dieci	stu**d**iare	a**dd**izione
domani	me**d**icina	ci**dd**ì

D **Proverbio.** Read the following proverb aloud. Then dictate it to another student.

Dimmi con chi vai e ti dirò chi sei.
Tell me who your friends are and I will tell you who you are.

L'università italiana

I taly has few private universities. The handful that exist are excellent, expensive, and competitive. The most prestigious are the Bocconi and the Cattolica in Milan and the Luiss in Rome. Recently, several new private universities were created and more are being organized, but the majority of Italian universities remain public. All students with a *diploma di maturità* (equivalent to a high school diploma) can be admitted to a public university.

Italy is making strides in upgrading and modernizing its university system. The first important change is the *autonomia universitaria,* which gives each public university the power to operate independently and the freedom to seek cooperation and financial support from public organizations and private companies. The second major change is the recent implementation of the university reform. Its main objectives are to reduce the number of years required to obtain the undergraduate degree (*la laurea*) from four to three, and to offer all students a general education plus specific professional knowledge. This allows young people to enter the workforce earlier and to better face its demands.

There are two more levels of education after the *laurea:* the *laurea specialistica* and the *dottorato di ricerca.* These degrees correspond to the American M.A. and Ph.D. degrees. The reform has also introduced a system of academic credits similar to the one used in American universities.

■ What makes the university system in your country similar to or different from that in Italy?

L'università è anche un piacevole luogo d'incontro per gli studenti italiani.

Ampliamento del vocabolario

Materie d'insegnamento

Here is a list of some courses of study at the *liceo* or *università*. As you can see, they are mostly cognates, and thus easy to remember, although their pronunciation differs from English.

> Practice the vocabulary as you go to your classes: *Ho lezione di biologia (storia, ecc.).*

l'antropologia anthropology	**il giapponese** Japanese
l'architettura architecture	**l'inglese** (*m.*) English
l'arte (*f.*) art	**l'italiano** Italian
la biologia biology	**il russo** Russian
la chimica chemistry	**lo spagnolo** Spanish
l'economia economics	**il tedesco** German
la filosofia philosophy	**la matematica** mathematics
la fisica physics	**la musica** music
la geologia geology	**la psicologia** psychology
l'informatica computer science	**le scienze naturali** natural
la letteratura literature	science
le lingue straniere foreign	**le scienze politiche** political
languages	science
il cinese Chinese	**la sociologia** sociology
il francese French	**la storia** history

A number of Italian nouns ending in **-ia** have English equivalents ending in
-*y*, as in **biologia** (*biology*). Note that the letters *ph* in some English words
become the letter **f** in their Italian counterparts, as in *philosophy* (**filosofia**).

A Judging from the content of their courses, guess what subject each
professor teaches.

◆ la professoressa Giuliani: le poesie di Petrarca e la *Divina Commedia*
Insegna letteratura.

1. il professor Fraschi: le sculture di Michelangelo e i dipinti (*paintings*)
   di Raffaello
2. la signora Papini: numeri, divisioni, addizioni ed equazioni
3. il professor Gaetani: le teorie di Freud e di Jung
4. la professoressa Sansoni: Platone, Aristotele, San Tommaso d'Aquino,
   Kant e l'esistenzialismo
5. il dottor Manna: i prodotti, il mercato e il capitalismo
6. il signor Scalari: vocabolario (nomi, aggettivi e verbi) e grammatica

B Give the English equivalent of the following Italian nouns.

1. astronomia	4. anatomia	7. fotografia
2. cardiologia	5. filosofia	8. criminologia
3. ecologia	6. antropologia	9. astrologia

C What subjects does a person who is preparing for the following
professions study?

◆ psichiatra   Studia biologia e psicologia.

1. dottore in medicina	5. direttore d'orchestra
2. interprete alle Nazioni Unite	6. professore d'inglese
3. ingegnere civile	7. farmacista
4. programmatore di computer	

Ex. C: Learn to recognize
suffixes such as -*ia* to help
you when reading and
learning vocabulary.

Che ora è? Che ore sono?

È l'una.   Sono le tre.   Sono le dieci.   È l'una e un quarto.   Sono le quattro e
                                              È l'una e quindici.   venti.

Sono le undici e mezzo.   Sono le sei meno   Sono le otto meno   È mezzogiorno.
Sono le undici e trenta.   un quarto.   cinque.   È mezzanotte.
                                               Sono le dodici.

1. Che ora è? and **Che ore sono?** (*What time is it?*) are used interchangeably.
  Sono le + *the number of hours* is used to tell what time it is.

> Practice telling time as you do different things throughout the day. For example, as you shower, *Sono le sette e cinque.*

  Che ora è? Sono le due.   *It's two o'clock.*
  Che ore sono? Sono le dieci.   *It's ten o'clock.*

  But:

  È l'una.   *It's one o'clock.*
  È mezzogiorno.   *It's noon.*
  È mezzanotte.   *It's midnight.*

2. For fractions of an hour, Italian uses **e** + *minutes.*

  Sono le due **e venti.**   *It's twenty after two.*
  Sono le tre **e quaranta.**   *It's three-forty.*

  Times after the half-hour are usually expressed by subtracting minutes from
  the next full hour, using **meno** (*minus*).

  Sono le cinque **meno dieci.**   *It's ten to five.*

  Un quarto (*a quarter*) and **mezzo** (*half*) often replace **quindici** and **trenta.**

  Sono le nove e **mezzo.**   *It's half-past nine.*
  È l'una meno **un quarto.**   *It's a quarter to one.*

3. Italians often use the twenty-four-hour clock for official times, such as sched-
  ules and appointments.

  Le banche sono aperte **dalle 8.30**   *Banks are open from 8:30 A.M. to*
    alle 13.30.   *1:30 P.M.*

The expressions **di mattina** (*in the morning*), **del pomeriggio** (*in the after-noon*), and **di sera** (*in the evening*) are sometimes used for clarity when not using the twenty-four-hour clock.

Sono le quattro **di mattina.**	*It's 4 A.M.*
Sono le quattro **del pomeriggio.**	*It's 4 P.M.*
Sono le dieci **di sera.**	*It's 10 P.M.*

4. A che ora? (*At what time?*) is used to ask at what time an event or action takes place. **Alle** + *time* is used in the response (**alle due, alle otto,** etc.). The only exceptions are **a mezzogiorno, a mezzanotte,** and **all'una.**

— **A che ora** arriva Anna?	— *At what time does Anna arrive?*
— Arriva **alle dieci e mezzo.**	— *She arrives at 10:30.*
— **A che ora** mangi?	— *At what time do you eat?*
— Mangio **a mezzogiorno.**	— *I eat at noon.*

Italian digital clocks run on the twenty-four-hour system.

D In pairs: Take turns asking and telling the time, using the clocks below.

◆ — Scusa, che ora è/ore sono?
  — Sono (le sette e dieci).

1. 7:10
2. 5:15
3. 13:30
4. 18:45
5. 1:10
6. 1:30
7. 11:15
8. 21:20
9. 00:30
10. 12:00

E In pairs: Ask another student at what time he/she does the following things. Then reverse roles.

◆ hai lezione d'italiano
  — A che ora hai lezione d'italiano?
  — Alle dieci.

1. mangi (*eat*) la sera
2. sei all'università domani
3. studi
4. hai lezione d'inglese
5. sei a casa oggi pomeriggio

Orario di arrivo =
Scheduled arrival

F In groups of three or four: You work at the information desk at the train station in Naples. Tell travelers at what time trains are arriving and whether each is early (*in anticipo*), on time (*puntuale*), or late (*in ritardo*).

◆ — Scusi, a che ora arriva il treno da Bari?
— Alle undici. È puntuale.

Luogo di origine	Orario di arrivo	Commento
Bari	11.00	11.00
Roma	7.15	7.30
Palermo	21.00	22.00
Bologna	12.00	11.45
Genova	14.00	14.00

Struttura ed uso

Plurale dei nomi

un uomo e un **piccione**   un uomo e cinquanta **piccioni**

1. Italian has different endings for plural nouns according to the final letter of the singular form. Regular nouns in Italian form their plurals as follows:

If the singular form ends in:	The plural ends in:	Examples
-o	**-i**	tavolo → tavoli
-io	**-i**	calendario → calendari
-a	**-e**	studentessa → studentesse
-e	**-i**	dottore → dottori
a consonant	no change	bar → bar
an accented vowel	no change	città → città

2. Most nouns ending in -**co**, -**go**, -**ca**, and -**ga** add **h** in the written plural to preserve the sound of the **c** or **g.**

lago	la**ghi**		amica	ami**che**
tedesco	tedes**chi**	*But:*	amico	ami**ci**

A Give the plural of the following phrases. Replace the indefinite article with any number higher than one.

◆ un'isola e una montagna   tre isole e cinque montagne

1. un dottore e un architetto
2. un fratello e una sorella
3. un cane e un gatto
4. un figlio e una figlia
5. un caffè e un cappuccino
6. una penna e una matita
7. un calendario e un orologio
8. un computer e una calcolatrice
9. un mare e un lago
10. un liceo e un'università

B In groups of three or four: With books closed, quiz each other on plural forms. One person starts by saying a noun. The first person in the group to give the correct plural of that noun gives the next noun.

C In pairs: You and a partner are helping to take inventory in an electronics store. Count how many of each item you see in the display case.

◆ Una calcolatrice, due calcolatrici ...

D In pairs: You are going away to school and want to stock up on certain items before leaving home. Tell your partner what you will need and how many of each item. Use the phrase **avere bisogno di** (*to need*).

◆ Ho bisogno di un ... , di dieci ...

E Tell what you can buy with the following amounts of money and how many of each item. Use the verb **comprare** (*to buy*).

◆ cinque dollari   Con cinque dollari compro un quaderno e dieci penne.

1. un dollaro
2. dieci dollari
3. cento dollari
4. un milione di dollari

L'articolo determinativo

Che bella **la** natura: **le** montagne, **il** fiume, ... **gli** animali!

1. In Italian, the definite article (*the*) agrees in number and in gender with the noun it modifies. The following chart shows the singular and plural forms of the definite article:

> *Lo* is used to avoid too many consonant sounds clustered together.

Singular					
Masculine			**Feminine**		
il	before most consonants	il dottore	**la**	before consonants	la casa
lo	before **s** + *consonant*, and **z**	lo studente, lo zaino	**l'**	before vowels	l'università
l'	before vowels	l'architetto			

Plural					
Masculine			**Feminine**		
i	before most consonants	i gatti	**le**	before all feminine plural nouns	le finestre, le amiche
gli	before **s** + *consonant*, and **z**	gli spaghetti, gli zaini			
gli	before vowels	gli appartamenti			

2. The definite article is used to talk about specific persons, places, or things. In a series, it is used before each noun.

> The sound at the beginning of the word *gli* is similar to the *lli* in the English *million*.

Non ho **i giornali**.   *I don't have the newspapers.*
Dove sono **il libro e la rivista?**   *Where are the book and magazine?*

3. Nouns used in a general sense also take the definite article.

L'arte è interessante, ma   *Art (in general) is interesting, but*
    mi piacciono anche **le scienze.**   *I also like the sciences (in general).*

4. The definite article is generally used with the names of languages, except after **parlare.**

Mi piace studiare **le lingue straniere,** in particolare **il russo** e **il francese.**

I like studying foreign languages, especially Russian and French.

Non parlo russo.

I don't speak Russian.

5. The definite article is used with the courtesy titles **signora, signorina,** and **signore,** and with professional titles such as **dottore** and **professore/ professoressa** when talking *about* a person. It is not used when speaking directly *to* the person.

La signora Albinone è un'amica di mia madre.

Mrs. Albinone is a friend of my mother's.

But: Buona sera, signora Albinone.

Good evening, Mrs. Albinone.

F Give the singular form of the definite article for each noun as in the example.

◆ fiume / lago   il fiume e il lago

1. città / università
2. mare / isola
3. signore / signorina
4. amico di papà / amica di mamma
5. appartamento / villa
6. montagna / casa
7. centro / scuola
8. studente / studentessa

G Read the list of nouns in Ex. F again, giving the plural form of each one. Be sure to use the correct definite article.

◆ fiume / lago   i fiumi e i laghi

H In pairs: Alternate with a partner, asking whether he/she likes the following subjects.

◆ chimica   S1: Ti piace la chimica?
               S2: Sì, la chimica mi piace.
               (No, la chimica non mi piace.)

> Remember that plural subjects (*le scienze naturali, le scienze politiche*) require the plural form of *piacere: piacciono.*

1. informatica
2. musica
3. scienze politiche
4. storia
5. arte
6. italiano
7. matematica
8. scienze naturali
9. spagnolo
10. fisica
11. economia
12. cinese

I You have just returned from Italy and are describing the family you stayed with. Complete the description with the correct forms of the definite article.

_____ famiglia Tedeschi abita in una villa fuori Firenze. _____ signor Tedeschi è avvocato e _____ professoressa Tedeschi insegna all'università. Hanno due figli, Renzo e Patrizia. _____ figli sono grandi e non abitano con _____ signori Tedeschi. Patrizia è sposata. Lei e _____ marito hanno tre figli. _____ figli si chiamano Angelo, Gianna e Daniela. Anche Renzo è sposato, ma non ha figli. _____ moglie di Renzo si chiama Rosa.

> Remember that in some cases the definite article is not used.

J Complete the conversations with the correct definite articles where necessary.

— Dove sono _____ matita e _____ quaderno?
— Sono nello zaino.
— E _____ libri e _____ riviste?
— Sono sul tavolo.

— Che cosa studia questo semestre?
— _____ storia orientale e _____ cinese.
— Ah, parla _____ cinese?
— No, non parlo _____ cinese; parlo _____ giapponese.

— Claudia, ti presento _____ professor Ferroni.
— Buon giorno, _____ professor Ferroni, molto piacere.
— E lei come si chiama?
— Mi chiamo Claudia. Sono _____ sorella di Laura.

Aggettivi possessivi

Cara, ti presento **la mia** famiglia! Ecco **mio** padre, **mia** madre, **le mie** sorelle, **i miei** fratelli ...

1. The preposition **di** + _a noun_ is used to express possession or relationship.

Dov'è la radio **di Gabriele?**	_Where is Gabriele's radio?_
La capitale **d'Italia** è Roma.	_The capital of Italy is Rome._
Sono il padre **di Gina.**	_I'm Gina's father._
Sono le sorelle **di Giacomo.**	_They are Giacomo's sisters._

> _Di_ + a name is equivalent to _'s_ in English. Literally, _la radio di Gina_ means _the radio of Gina._

The interrogative **di chi?** means *whose?*

Di chi è l'appartamento?	*Whose apartment is it?*
Di chi sono le riviste?	*Whose magazines are they?*

2. Possessive adjectives are also used to express possession. The Italian possessive adjectives **mio** (*my*), **tuo** (*your*), **suo** (*his/her*), **nostro** (*our*), **vostro** (*your*), and **loro** (*their*) are almost always preceded by a definite article. The article and the possessive adjective agree in gender and in number with the thing possessed.

— È il quaderno di Luigi?	— Sì, è **il suo** quaderno.
— Sono le cassette di Marilena?	— Sì, sono **le sue** cassette.
— È il computer dei ragazzi?	— Sì, è **il loro** computer.
— E di chi è la rivista? di Elena?	— No, è **la nostra** rivista.

3. The following chart shows the forms of the possessive adjective.

Masculine		Feminine	
Singular	**Plural**	**Singular**	**Plural**
il **mio** amico	i **miei** amici	la **mia** amica	le **mie** amiche
il **tuo** amico	i **tuoi** amici	la **tua** amica	le **tue** amiche
il **suo** amico	i **suoi** amici	la **sua** amica	le **sue** amiche
il **nostro** amico	i **nostri** amici	la **nostra** amica	le **nostre** amiche
il **vostro** amico	i **vostri** amici	la **vostra** amica	le **vostre** amiche
il **loro** amico	i **loro** amici	la **loro** amica	le **loro** amiche

Note that, unlike English, Italian does not specify the gender of the possessor.

Marisa cerca **il suo** telefonino.	*Marisa is looking for* her *cell phone.*
Marco cerca **il suo** telefonino.	*Marco is looking for* his *cell phone.*

4. A possessive adjective referring to a relative is not preceded by a definite article when it occurs before a singular, unmodified noun.

Nostro figlio abita in Italia.	*Our son lives in Italy.*
Mia madre è professoressa.	*My mother is a professor.*
Tuo padre insegna francese.	*Your father teaches French.*

Plural nouns and the nouns **mamma** and **papà** always take a definite article, as does **loro** + *noun.*

I nostri figli abitano in Italia.	*Our children live in Italy.*
La mia mamma è professoressa.	*My mom is a professor.*
Il loro padre insegna francese.	*Their father teaches French.*

K In pairs: Maria Luisa, Alessandra, and Giovanna are three students who share an apartment. Read the following description and then take turns with a partner asking and telling to whom each item belongs.

Maria Luisa ha molto talento nel campo musicale: studia musica al Conservatorio. Alessandra studia le lingue straniere e in particolare l'inglese e il tedesco. Giovanna è molto brava nella tecnologia: studia informatica.

◆ pianoforte
   S1: Di chi è il pianoforte?
   S2: È di ...

1. pianoforte
2. liste di vocabolario
3. libri di giapponese e di russo
4. calcolatrice
5. cassette di Pavarotti
6. computer
7. dizionario di verbi irregolari
8. chitarra
9. poster di Beethoven
10. le opere complete di Shakespeare

Ex. L: Both Cesare (Caesar) and Nerone (Nero) were Roman emperors. They are also popular names for dogs in Italy.

L From the pictures and the information given below, can you determine to whom each dog belongs?

I cani di Sandra e Alessio hanno il collare (*collar*).
Il cane di Sandra ha un nome italiano.
Il cane di Roberta ha una macchia (*spot*).
Il cane di Giuseppe ha il nome di un imperatore romano.

◆ Nerone è il cane di ...

Point out the people and things indicated in the sentences below as in the example.

◆ Marco ha un televisore.   Ecco il televisore di Marco.

1. Laura ha una sorella.
2. Pietro e Dario hanno uno stereo.
3. Noi abbiamo due figli.
4. Lisa ha un appartamento.
5. Raffaele e sua moglie hanno una villa.
6. Valeria ha due biciclette.
7. Lucia ha un cane.

N Form new sentences using the words in parentheses.

◆ Dov'è la mia penna? (quaderni)   Dove sono i miei quaderni?

1. Ecco la mia amica. (amico / professore / sorelle / moglie)
2. Dov'è la nostra calcolatrice? (biciclette / libri / telefonino / cane)
3. Lavora con suo marito. (moglie / fratelli / amica / amici)
4. Ecco i vostri cappuccini! (vino / spaghetti / caffè / pasta)
5. Come si chiama il tuo professore? (sorella / studenti / figlio / gatto)
6. Hanno un problema con il loro lavoro. (famiglia / università / appartamento / computer)

O Two students are talking about their families. Complete the following descriptions with the appropriate articles (where needed) and possessive adjectives.

1. Sono Luigi Castaldo e abito a Firenze. _____ madre insegna musica e _____ padre è architetto. _____ fratelli Carlo e Stefano lavorano a Roma. _____ sorella è sposata ed abita in un appartamento a Napoli con _____ marito e con _____ figli.
2. Mi chiamo Stefania Volsi e _____ famiglia abita a Bari. _____ fratello studia legge ma _____ sorella frequenta ancora il liceo. _____ famiglia abita fuori città. _____ padre e _____ madre lavorano in centro.

 In pairs: Ask your partner the names of the following people.

◆ suo padre   S1: Come si chiama tuo padre?
              S2: Mio padre si chiama Brad.

1. sua madre
2. le sue sorelle
3. i suoi fratelli
4. il suo compagno/la sua compagna di camera (*roommate*)
5. i suoi attori preferiti
6. il suo dentista

Q In pairs: Show your partner the contents of your backpack. See how many objects you can point out.

◆ Ecco il mio zaino. Ecco il mio libro di italiano, le mie matite …

Parliamo un po'

Internet For further practice of lesson topics, log on to the *Oggi in Italia* website.

A **L'orario.** Ask another student what classes he/she has today and what time each class meets. Take notes and be ready to report what you find out to the class.

◆ S1: Che lezioni hai oggi?
S2: Ho lezione di ...
S1: A che ora hai lezione di (filosofia)?
S2: Alle (due del pomeriggio).
S1: Oggi (Alessio) ha lezione di filosofia alle due. Ha lezione di ...

Lezione _____ Ora _____
Lezione _____ Ora _____
Lezione _____ Ora _____

Act. B: Alitalia is the national airline of Italy.

B **All'aeroporto.** In groups of three: One person works at the Alitalia flight information desk at Leonardo da Vinci Airport in Rome. The others are passengers seeking departure and arrival times of the following flights. Refer to the schedule for flight times.

◆ il volo per Bologna
S1: Scusi, a che ora parte il volo per Bologna?
S2: Parte alle nove.
S1: E a che ora arriva a Bologna?
S2: Arriva alle dieci meno cinque.
S1: Grazie.

1. il primo (*first*) volo per Bruxelles
2. il volo della mattina per Brindisi
3. il volo per Boston
4. l'ultimo (*last*) volo per Bologna
5. il primo volo per Bombay
6. il volo per Brazzaville

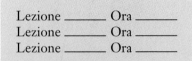

DA/FROM **ROMA**

Validità/Validity dal/from	al/to	Frequenza Days	Partenza Departure	Arrivo Arrival	Volo Flight
A/TO BOLOGNA - BLQ - GMT+1 ⊕ G. MARCONI KM. 6,4 △ 25'					
		1234567	09.00	09.55	AZ 0232
		1234567	11.30	12.25	AZ 0242
		1234567	13.15	14.10	AZ 0234
		1234567	15.00	15.55	AZ 0230
		1234567	18.20	19.15	AZ 0238
		1234567	21.05	22.00	AZ 0236
A/TO BOMBAY - BOM - GMT+5.30 ⊕ SAHAR KM. 35 △ 75'					
		3	01.00	12.50	AZ 1766
		6	18.00	09.30G1	AI 0130
		3	18.00	09.35G1	AI 0164
		7	20.55	12.30G1	AI 0152
		4 7	22.55	10.45G1	AZ 1760
A/TO BOSTON - BOS - GMT-5 ⊕ LOGAN ITL. KM. 5 △ 60'					
		1 34 6	10.10	15.35	TW 0807
A/TO BRAZZAVILLE - BZV - GMT+1 ⊕ MAYA MAYA KM. 4 △ 45'					
11FEB		3	22.50	06.45G1	RKAZ0055
10FEB		3	22.50	07.45G1	RKAZ0055
A/TO BRINDISI - BDS - +1 ⊕ PAPOLA C. KM. 6 △ 25' NAZ.30' INT.					
		1234567	11.05	12.10	BM 0402
		1234567	16.55	18.00	BM 0064
		1234567	21.10	22.15	BM 0310
A/TO BRUXELLES - BRU - GMT+1 ⊕ BRUSSELS NATIONAL KM. 12 △ 30'					
		4	07.30	09.30	QC 0004
		5	07.50	09.50	SQ 0034
		1234567	09.10	11.15	AZ 0274
		7	10.40	12.55	SN 0816
		12 456	11.35	13.50	SN 0812
		3	11.35	13.50	SN 0812
		1234567	16.00	18.05	AZ 1274
		12345 7	19.00	21.15	SN 0814

C **L'albero genealogico.** With a partner: Ask who the people are in the drawings. Your partner will answer by naming as many relationships as he/she can. Switch roles for each family member.

◆ S1: Chi è Lidia?
S2: Lidia è la moglie di Raffaele, ed è anche la madre di ...

D **La mia famiglia.** Prepare a family tree diagram similar to the preceding drawing, showing your own immediate family. Show it to a partner, and point out each family member, telling the person's name and age.

◆ Ecco mio fratello. Si chiama Giorgio e ha quindici anni.

E **Chi è?** With the same partner as in Activity D: Choose one family member from your partner's family tree. Find out as much information as you can about that person: his/her name and age, where he/she lives, if he/she studies or works, if he/she is married or has children, if he/she has pets, one or two things he/she likes to do, etc.

In giro per l'Italia 🖵

> View the *Parliamo italiano!* video,
> Module 2, *Studiare (Bologna).*

A **Vocabolario.** Study the following vocabulary. Then choose the appropriate word to complete each sentence.

caro/a expensive	**i portici** arcades
la cucina cooking	**il prosciutto** cured ham
il formaggio cheese	**il ragù** meat sauce
il negozio store	**i tortellini** type of stuffed pasta
il parmigiano Parmesan cheese	**la trattoria** inexpensive restaurant

1. A Bologna ci sono molti ... . (ragù, cucina, negozi)
2. Ci sono anche molte ... . (trattorie, formaggio, cucina)

3. La ... italiana è molto buona. (caro, tortellini, cucina)
4. Oggi mangiamo in una trattoria sotto (*under*) i ... . (negozio, portici, prosciutto)
5. La trattoria non è molto ... . (cucina, parmigiano, cara)
6. Io mangio i ... al ragù. (formaggio, tortellini, cucina)
7. E tu mangi prosciutto e ... . (trattoria, caro, formaggio)

Bologna

Locate Emilia-Romagna and Bologna on the map on p. 14.

In the thirteenth century, there were about ten thousand students at the University of Bologna.

Bologna è il capoluogo dell'Emilia-Romagna. È chiamata "la dotta"[1] perché è un importante centro di studi; qui c'è una delle università più antiche d'Europa, fondata nel 1158. Bologna è una città elegante e moderna anche se[2] nella sua architettura conserva molte caratteristiche medievali. Le strade della città sono fiancheggiate[3] da portici che permettono di passeggiare[4] anche quando fa cattivo tempo[5]. I negozi di Bologna sono molto belli ma abbastanza cari. E infine, di grande importanza per la città sono i ristoranti e le trattorie, che sono rinomati[6] perché a Bologna si mangia molto bene.

1. "the learned one" 2. even if 3. flanked 4. take walks 5. it's bad weather 6. renowned

Bologna: La Torre degli Asinelli è un caratteristico monumento medievale della città.

Ti piace il parmigiano? Parma e tutta l'Emilia-Romagna sono zona di produzione del famoso formaggio.

The name *parmigiano* comes from Parma, a city in Emilia-Romagna.

La cucina emiliana

L'Emilia-Romagna è una regione molto ricca e, per molti aspetti, all'avanguardia[1] nei settori sociali e culturali. Ma essa è famosa principalmente per la sua cucina. I tortellini e il ragù bolognesi sono noti a tutti. Il parmigiano, il formaggio che grattugiamo[2] sugli spaghetti o che mangiamo a tocchetti[3], è molto buono ed è conosciuto anche all'estero[4]. Un altro prodotto squisito di questa zona è il prosciutto di Parma, chiamato dolce[5] perché è poco salato[6].

1. in the forefront   2. we grate   3. in small chunks   4. abroad   5. sweet   6. salty

 Vero o falso? In pairs: Take turns identifying the following statements as true (*vero*) or false (*falso*) based on the reading.

1. Bologna è il capoluogo del Lazio.
2. L'università di Bologna è molto antica.
3. Una caratteristica delle strade di Bologna sono i portici.
4. I negozi di Bologna non sono cari.
5. La cucina emiliana è molto buona.
6. Il parmigiano è un formaggio romano.

Quanto è comodo il telefonino!

Lezione 3
Che cosa fai di bello?

COMMUNICATIVE OBJECTIVES

- Talk about leisure time
- Make plans to do something
- Express wants and needs
- Specify locations

Fabio Salvati ha fame ed entra nel bar Savoia per mangiare qualcosa. Ordina un panino e un'aranciata. Mentre aspetta, telefona a Paola Bellini con il telefonino.

PAOLA:	Pronto, chi parla?	
FABIO:	Ciao, Paola, sono Fabio. Come stai?	
PAOLA:	Bene, grazie. E tu?	
FABIO:	Bene. Senti°, Paola, che cosa fai di bello oggi?	*Listen*
5 PAOLA:	Niente di speciale. Perché?	
FABIO:	Hai voglia di uscire questo pomeriggio? Andiamo a prendere un gelato alla gelateria Ranieri vicino al parco.	
PAOLA:	Buona idea. A che ora passi a prendermi?	
FABIO:	Verso le sei, va bene?	
10 PAOLA:	Sì, così io studio un paio° d'ore. Domani ho l'esame di chimica.	*a couple*
FABIO:	D'accordo. Allora, a più tardi!	
PAOLA:	A presto.	

Another word for *il bar* is *il caffè,* but *il bar* is more commonly used.

Domande

1. Dove entra Fabio? Perché?
2. A chi telefona Fabio?
3. Che cosa dice Paola quando risponde al telefono?
4. Che cosa fa di bello oggi Paola?
5. Che cosa ha voglia di fare Fabio questo pomeriggio?
6. Dov'è la gelateria?
7. A che ora Fabio passa a prendere Paola?
8. Che cosa fa Paola fino alle (*until*) sei?

Note the two meanings of *prendere: prendere* (to have) *un gelato,* and *passi a prendermi* (pick me up).

Domande personali

1. Che cosa fa lei quando ha fame?
2. Lei usa spesso il telefonino? A chi telefona?
3. Quando ha gli esami, lei studia a casa o in biblioteca? Perché?
4. Che fa di bello oggi? Ha voglia di prendere un gelato?
5. Dove va lei quando ha voglia di uscire? Con chi va?

The *telefonino* (cell phone) is a very common means of communication among young people in Italy.

Situazioni

1. You are at the bar Savoia. Order something to drink or eat from the waiter.

  ◆ — Desidera ordinare qualcosa, signorina (signora/signore)?
  — Un'aranciata (Un cappuccino/Un espresso/Un gelato/Un panino), per favore.

2. Find out what some of your classmates feel like doing now.

  ◆ — Che cosa hai voglia di fare adesso?
  — Ho voglia di uscire (andare al bar/prendere un gelato/telefonare ad un amico/un'amica).

Sit. 2: Practice *avere voglia di* when you want various things during the day: *Ho voglia di un'aranciata. Adesso non ho voglia di studiare.*

Vocabolario

Parole analoghe

il bar	l'idea
il cappuccino	il parco
l'espresso	il telefono

Nomi

l'aranciata   orange soda
la biblioteca   library
la carta   card
l'esame (*m.*)   exam
la gelateria   ice-cream shop
il gelato   ice cream
il panino   sandwich
il pomeriggio   afternoon
il telefonino   cell phone

Aggettivi

buono/a   good
questo/a   this

Verbi

andare (*irreg.*)   to go; **va**   he/she
   goes, you (*formal*) go; **andiamo**
   we go
aspettare   to wait
comprare   to buy
desiderare   to wish, want
entrare   to enter
fare (*irreg.*)   to do; to make
mangiare   to eat
ordinare   to order (*food*)
parlare   to speak, talk
passare   to come by
prendere   to take; to have (*in the
   sense of* to eat or drink); to pick up
telefonare   to telephone
uscire   to go out

Altre parole

adesso   now
allora   well, then; then
chi?   who?
d'accordo   agreed, OK
domani   tomorrow
mentre   while
oggi   today
per   for; **per me**   for me
perché?   why?; **perché**   because
pronto?   hello? (*response on the
   phone*)
qualcosa   something
quando   when(ever)
verso   toward, around (*time*)

Altre espressioni

avere fame   to be hungry
avere voglia di (+ *infinitive or
   noun*)   to feel like (doing or
   having something)
che cosa fai di bello oggi?   what
   are you up to today?
a chi?   to whom?
con chi?   with whom?
fino alle sei   until six o'clock
niente di speciale   nothing
   special
passi a prendermi?   are you
   passing by to pick me up?
per favore   please
va bene?   OK? is that all right?
vicino a   near

Cappuccino gets its name
from the color of the
habits worn by the
Capuchins (Franciscan
friars).

la biblioteca = library
la libreria = bookstore

Pratica

1. In pairs: Prepare a dialogue dramatizing the following situation: Laura phones Renato and wants to know what he is doing. He's not doing anything special, but he has an English exam tomorrow (*domani*) and has to study until six o'clock. Laura invites him to have a cappuccino at the bar Giuliani on via Napoleone. He accepts and agrees to pick her up around six.

2. Prepare a second dialogue individually: While walking with a friend, you pass an ice-cream shop. Your friend says he/she feels like having an ice cream. You agree to stop, but you don't want one. Present the dialogue to the class with another student.

Pronuncia

Il suono /l/

In Italian, the sound of the letter **l**, /l/, is pronounced nearer to the front of the mouth than it is in English. Italian /l/ is formed with the tip of the tongue pressed against the gum ridge behind the upper front teeth. The back of the tongue is lowered somewhat. The sound /l/ is spelled **l** or **ll**.

(A) Listen and repeat the following words after your instructor.

legge	gelato	bello
liceo	solo	allora
lezione	telefonare	sorella

(B) **Proverbio.** Repeat the following Italian proverb. Then dictate it to another student, letter by letter.

Ad ogni uccello il suo nido è il più bello.
There's no place like home.
(*Literally: To each bird, its nest is best.*)

ASSOCIAZIONE ITALIANA
ALBERGHI PER LA GIOVENTÙ

INTERNATIONAL YOUTH HOSTEL'S
FEDERATION

HOSTELLING
INTERNATIONAL

Il bar italiano

Bars in Italy are popular meeting places for people of all ages. There are bars in small towns and large cities. Every neighborhood has one or more bars and several can be found on major city streets.

In an Italian *bar* one can buy a cup of *espresso,* a *cappuccino,* a sandwich, candy, ice cream, and mineral water, as well as beer and other alcoholic beverages. Customers typically stand at the counter to drink or eat, since doing so is less expensive than sitting at a table. When ordering at the counter, customers are expected to go to the cashier (*la cassa*), pay for what they order, and take the receipt (*lo scontrino*) to the barman/barmaid (*il/la barista*) at the counter. It is customary to leave a small tip (*la mancia*) on the counter with the receipt. Customers who sit at tables order from a waiter (*il cameriere*), who also receives the payment. In good weather, chairs and tables are placed outside. It is a favorite pastime of many Italians and tourists to watch passersby while enjoying a *cappuccino, aperitivo,* or *digestivo.*

Questa elegante gelateria di Bologna vende uno squisito gelato di produzione propria.

■ What kinds of places are popular meeting spots in your town or city?

Il suono /p/

Italian /**p**/ is not aspirated (that is, not accompanied by a puff of air), in contrast to English /*p*/. The sound /**p**/ is represented in writing by **p** or **pp.**

C Listen and repeat the following words after your instructor.

padre	Al**p**i	gia**pp**onese
parola	Na**p**oli	a**pp**artamento
piccolo	antici**p**o	ca**pp**uccino

D **Proverbio**. Repeat the following Italian proverb. Then dictate it to another student, letter by letter.

Dio li fa e poi li accoppia.
Birds of a feather flock together.
(Literally: God makes them and then pairs them.)

Ampliamento del vocabolario

La città

When you go places, practice saying where they are located: *La banca è in via ...* , etc.

1. la stazione
2. il museo
3. la biblioteca
4. l'ospedale (*m.*)
5. la libreria
6. la chiesa
7. il teatro
8. lo stadio
9. il cinema
10. la banca
11. il negozio
12. l'albergo
13. il ristorante
14. il bar
15. l'ufficio postale
16. il mercato
17. la gelateria
18. il supermercato
19. la farmacia
20. il parco
21. il centro commerciale
22. il parcheggio
23. la discoteca

A In pairs: Take turns giving directions to the following places in the city on page 63. Use *tra* (between) to pinpoint their locations.

◆ ristorante — Dov'è il ristorante?
— È in via Nazionale. È tra il bar e l'albergo.

1. l'ospedale
2. la banca
3. la gelateria
4. la biblioteca
5. il supermercato

B In pairs: You are at the park shown in the drawing on page 63. Ask a passerby if the following places are nearby (*qui vicino*).

◆ una farmacia — Scusi, c'è una farmacia qui vicino?
— Sì, c'è una farmacia in via Nazionale.

1. un ufficio postale
2. una libreria
3. uno stadio
4. un mercato
5. un bar
6. un ristorante

C In pairs: Ask another student to name the place (*luogo*) he/she associates with the following things or people.

◆ il gelato — Con quale luogo associ il gelato?
— Con la gelateria.

1. il cappuccino
2. i libri
3. il dottore
4. la medicina
5. le banane e le patate
6. gli spaghetti alla marinara
7. i dollari e gli euro
8. Sophia Loren
9. lo sport
10. ballare

Gli ipermercati sono oggi molto diffusi in tutte le regioni italiane.

Espressioni con *avere*

1. avere caldo   2. avere freddo   3. avere fame   4. avere sete   5. avere sonno

Other common expressions with **avere** are:

avere bisogno di (+ *noun or infinitive*)   to need, have need of
avere paura di (+ *noun or infinitive*)   to be afraid of

You have already learned **avere … anni** and **avere voglia di.**

D What would you likely say in the following circumstances? Use an expression with *avere.*

◆ You're looking for something to eat.   Ho fame.

1. You're putting on a heavy sweater.
2. You're turning on the air conditioner.
3. You didn't have breakfast this morning and it's almost noon.
4. You're looking for something to drink.
5. It's late and you can hardly keep your eyes open.
6. You can't sleep because you keep hearing strange noises outside your window.

E Move around the class and ask your classmates about some of their needs.

◆ calendario
—Hai bisogno di un calendario?
—Sì, ho bisogno di un calendario.
    (No, ho bisogno di un orologio.)

1. calcolatrice
2. studiare oggi
3. lavorare
4. bicicletta
5. registratore
6. orologio
7. andare al supermercato
8. zaino
9. telefonare a tuo padre
10. parlare con il professore

F Find out from two or three classmates if they are afraid of the following.

◆ dei cani
—Hai paura dei cani?
—Sì, ho paura dei cani.
    (No, non ho paura dei cani; ho paura dei gatti.)

1. di abitare da solo/a
2. del professore/della professoressa d'italiano
3. di andare al parco la sera
4. dei dottori
5. di volare (*fly*)

Roma: I cittadini usano molto la metropolitana e il servizio di autobus.

Struttura ed uso

Presente dei verbi regolari in -are

Filomena **canta** mentre le amiche **ascoltano.**

1. Italian infinitives are made up of a stem and an ending. You learned in *Lezione 1* that infinitives end in **-are, -ere,** or **-ire.**

Infinitive	Stem + Ending	English equivalent
entrare	entr + **are**	*to enter*
prendere	prend + **ere**	*to take; to have*
sentire	sent + **ire**	*to hear; to feel*

2. Infinitives in **-are** are the most numerous. The present tense of regular **-are** verbs is formed by adding the endings **-o, -i, -a, -iamo, -ate,** and **-ano** to the infinitive stem.

parlare *to speak*			
Singular		**Plural**	
io parl**o**	I speak	noi parl**iamo**	we speak
tu parl**i**	you (*informal*) speak	voi parl**ate**	you (*informal*) speak
lui parl**a**	he speaks	loro parl**ano**	{they speak
lei parl**a**	{she speaks		{you (*formal*) speak
	{you (*formal*) speak		

3. Here is a list of common regular **-are** verbs.

To learn this list, first find all the verbs you already know, such as *studiare* and *insegnare*. Then look for the cognates.

abitare to live	**incontrare** to meet
arrivare to arrive	**insegnare** to teach
ascoltare to listen (to)	**lavorare** to work
aspettare to wait (for)	**mandare** to send
ballare to dance	**mangiare** to eat
cantare to sing	**pagare** to pay (for)
cercare to look (for)	**parlare** to speak
chiamare to call	**passare** to pass; to spend (time)
cominciare to begin	**pensare (di)** to think (of)
comprare to buy	**portare** to bring; to wear
desiderare to want, wish	**ricordare** to remember
dimenticare to forget	**studiare** to study
entrare to enter	**telefonare** to telephone
frequentare to attend; to frequent	**tornare** to return
giocare to play (a game)	**trovare** to find
guardare to watch; to look (at)	**usare** to use
guidare to drive	**viaggiare** to travel
imparare to learn	**visitare** to visit

Note: The verbs **ascoltare, aspettare, cercare, guardare,** and **pagare** do not require a preposition after the verb as their English equivalents often do.

Ascoltano la radio.   *They are listening to the radio.*

Remember that subject pronouns are often omitted in Italian because the ending of the verb indicates the subject.

4. The present tense in Italian is equivalent to the present indicative and the present progressive (is . . . -*ing*) in English.

Paola **studia** chimica e biologia.   *Paola studies chemistry and biology.*
Oggi **studia** per l'esame di   *She is studying for the chemistry*
  chimica.   *exam today.*
Fabio **telefona** a Paola.   *Fabio calls (is calling) Paola.*

The present tense may also be used in Italian to express actions intended or planned for the near future.

— **Passi** a casa mia domani?   — *Are you coming by my house*
                                           tomorrow?

— No, mi dispiace. Domani **lavoro.**   — *No, I'm sorry. I'm working*
                                           tomorrow.

5. In "double-verb constructions," the first verb is conjugated and the second is a dependent infinitive.

Desideri prendere un gelato?   *Do you want to have an ice cream?*
Non mi **piace ballare.**   *I don't like to dance.*

6. Verbs ending in **-care** and **-gare**, like **cercare** (*to look for*) and **pagare** (*to pay for*), add an **h** to the infinitive stem in the **tu** and **noi** forms so that the hard sounds of the **c** and **g** are retained.

cercare *to look for*		**pagare** *to pay for*	
cerco	cer**chi**amo	pago	pa**ghi**amo
cer**chi**	cercate	pa**ghi**	pagate
cerca	cercano	paga	pagano

7. Verbs ending in **-iare**, like **cominciare** (*to begin*), **mangiare** (*to eat*), and **studiare** (*to study*), drop the **i** from the infinitive stem in the **tu** and **noi** forms.

mangiare *to eat*	
mangio	mangiamo
mang**i**	mangiate
mangia	mangiano

A Complete the conversations using the correct verb form.

1. — Paola, dove _____ (lavorare) tuo padre?
   — _____ (insegnare) musica in una scuola elementare.
   — Bello! E cosa _____ (imparare) i bambini?
   — I bambini _____ (cantare) canzoni (*songs*) e _____ (ascoltare) cassette di musica folcloristica.

2. — Massimo, che cosa fai nella classe d'italiano?
   — _____ (parlare) italiano con gli amici, e _____ (studiare) il vocabolario.
   — _____ (ricordare) i verbi regolari?
   — Sì, ma _____ (dimenticare) i verbi irregolari.

3. — A che ora _____ (cominciare) il film?
   — Alle 7.45, ma noi _____ (incontrare) gli amici al bar vicino al cinema e _____ (entrare) alle 7.15. Così _____ (trovare) buoni posti (*seats*).
   — E come _____ (arrivare) voi al centro?
   — Pietro _____ (guidare) l'Alfa Romeo di suo padre.

B Form complete sentences using a subject from the first column, a verb from the second column, and a logical ending from the last column.

 La mamma aspetta una telefonata importante.

la mamma	ascoltare	una moglie italiana/un marito italiano
voi	aspettare	l'autobus numero 64
le studentesse	cercare	un film di Roberto Benigni
io	guardare	un appartamento nel centro
il presidente		la radio
io ed un amico		una telefonata importante
tu		la musica di Dave Matthews
		Star Trek

C You and a friend are asked the following questions. Answer as suggested, using the **noi** form of the verb.

◆ Chi aspettate? (un amico)　　Aspettiamo un amico.

1. Cercate un ristorante? (no, un bar)
2. Cosa comprate oggi? (riviste italiane)
3. Studiate insieme più tardi? (no, domani)
4. Tornate a casa adesso? (no, più tardi)
5. Pensate di andare in discoteca adesso? (no, di prendere un gelato)
6. Cosa guardate alla televisione stasera? (un film)

D In pairs: Take turns asking and answering the following questions. If your answer is negative, complete the answer in a logical way.

◆ S1: Desideri un caffè espresso?
　S2: Sì, desidero un caffè espresso. / No, desidero un cappuccino.

1. Torni a casa alle otto stasera?
2. Compri un giornale oggi?
3. Desideri ascoltare un CD di Zucchero?
4. Lavori oggi?
5. Telefoni a tua madre più tardi?
6. Mangi al bar oggi?
7. Parli con il professore oggi?
8. Usi la macchina?

> Zucchero (*Sugar*) is a popular Italian singer-songwriter who has also recorded with Sting and Luciano Pavarotti.

E In pairs: On a subway in Rome, you meet an Italian university student who asks you several questions. With a partner playing the role of the Italian student, answer his/her questions with plausible responses.

◆ abitare a Roma
　S1: Abiti a Roma?
　S2: No, non abito a Roma. Abito a ...

1. frequentare il liceo o l'università
2. studiare molto
3. che lingua parlare a casa
4. imparare altre lingue
5. visitare molti musei a Roma
6. tornare in America fra poco
7. che cosa pensare di Roma
8. desiderare visitare il Colosseo con me domani

F In pairs: Find out from your partner at what time he/she does the following activities.

◆ arrivare all'università
　S1: A che ora arrivi all'università?
　S2: Arrivo alle otto e mezzo. E tu, a che ora arrivi?
　S1: Arrivo alle dieci.

1. arrivare all'università
2. incontrare gli amici
3. mangiare
4. lavorare
5. tornare a casa
6. studiare le lezioni
7. guardare la televisione

G   In pairs: Find out what your partner generally does on Saturdays (*il sabato*) and Sundays (*la domenica*). When answering, use only verbs that you know.

◆   S1: Che cosa fai di solito il sabato?
    S2: Di solito il sabato gioco a tennis, guardo la televisione, ecc.

H   In groups of three: Decide whether or not the following statements are generally true of the students at your university.

◆   Gli studenti desiderano studiare   (Non) È vero. Gli studenti (non)
    le lingue straniere.   desiderano studiare le lingue straniere.

1. Gli studenti pagano troppo (*too much*) per frequentare l'università.
2. Gli studenti frequentano sempre (*always*) le lezioni.
3. Gli studenti trovano lavoro dopo l'università.
4. Gli studenti portano vestiti (*clothes*) eleganti.
5. Gli studenti parlano molto di politica.
6. Gli studenti mangiano molta pizza.
7. Gli studenti ascoltano la musica classica.
8. Gli studenti arrivano alle lezioni in orario.
9. Gli studenti guardano molto la televisione.

Preposizioni semplici e articolate

Dov'è la mia penna? Sul tavolo? Nello zaino? Sulla sedia?

1. A preposition is a word used before a noun or pronoun to express its relation to another word. Here are some simple (one-word) Italian prepositions, some of which you have already learned.

a to, at, in	**fra** (or **tra**) between, among
con with	**in** in, into, at
da from, by	**per** for
di of, about, from	**su** on

A is used with a city or town to mean both *in* and *to*. *In* is used with larger geographical areas such as provinces, countries, etc. *In* is also used with the names of streets. *Tra* and *fra* are interchangeable.

The preposition **di** frequently becomes **d'** before a vowel, especially **i**: Banca d'Italia, un corso **d'**informatica.

2. Five of the most commonly used Italian prepositions combine with definite articles to form single words. These prepositions are: **a, da, di, in,** and **su.**

Fabio è **alla** gelateria.	a + la = **alla**
Telefona **dal** telefono pubblico.	da + il = **dal**
Desidera parlare **degli** esami.	di + gli = **degli**
Marisa è **nell'**appartamento di Paola.	in + l' = **nell'**
I libri sono **sul** tavolo.	su + il = **sul**

> You will sometimes encounter contractions with the preposition *con: con + il = col; con + i = coi.* Either form is acceptable.

3. This chart shows the most common prepositional contractions.

Preposition	Article						
	Singular				**Plural**		
	il	**lo**	**l'**	**la**	**i**	**gli**	**le**
a	al	allo	all'	alla	ai	agli	alle
da	dal	dallo	dall'	dalla	dai	dagli	dalle
di	del	dello	dell'	della	dei	degli	delle
in	nel	nello	nell'	nella	nei	negli	nelle
su	sul	sullo	sull'	sulla	sui	sugli	sulle

> Notice that in most cases these contractions are a combination of the preposition and the definite article, often with a doubling of the letter *l* in the article. Only *di* and *in* change form.

4. The article is rarely used after the preposition **in** with place nouns such as **casa, biblioteca, chiesa, città, cucina** (*kitchen*), **ufficio** (*office*), and **banca,** unless the noun is modified with another word or expression.

— Desideri studiare **in biblioteca?**
— Sì, ma studiamo **nella biblioteca** dell'università.

— Lavora **in banca** Fabio?
— Sì, lavora **alla Banca d'Italia.**

5. Some prepositions consist of more than one word. If followed by a definite article, only the last element (**a, di, da,** etc.) contracts with the definite article.

davanti a	Incontro Paola **davanti allo** stadio.	*I'm meeting Paola in front of the stadium.*
vicino a	Lo stadio è **vicino all'**università?	*Is the stadium near the university?*
lontano da	No, è abbastanza **lontano dall'**università.	*No, it's pretty far from the university.*

I Answer the questions according to what you see in the drawing below.

Marisa, è per te la telefonata.

1. Da dove telefona Fabio, da un ristorante?
2. Come si chiama la gelateria?
3. A chi telefona Fabio?

4. Con chi studia Marisa?
5. Per chi è la telefonata?
6. Di chi è il libro di economia?

J Complete the paragraph by supplying appropriate contractions where necessary.

Sono le quattro (di) _____ pomeriggio e Tommaso torna (da) _____ liceo scientifico. Entra (in) _____ casa, mette lo zaino (su) _____ tavolo e telefona subito (a) _____ suo amico Tonio. Parla anche (con) _____ sorella di Tonio, e dopo mezz'ora ha voglia di ascoltare i CD (di) _____ suo fratello Roberto. Mentre ascolta la musica, cerca la penna ed un foglio di carta (in) _____ zaino e scrive una lettera (a) _____ nonna di Torino. Poi si siede (*sits*) davanti (a) _____ televisore e guarda un programma musicale.

K In pairs: Find out where the following people are. Take turns asking and answering.

◆ S1: Dov'è la professoressa?
S2: È all'università.

Yogi Bear	(a) università
gli atleti	(in) cucina
Julia Child	(a) libreria
la professoressa	(a) cinema
Stephen King	(a) stazione
il dottore	(a) Palazzo Buckingham
la Regina Elisabetta	(in) parco nazionale
Tom Cruise	(in) negozio
Indiana Jones	(a) stadio
	(a) ospedale
	(a) museo archeologico

L In pairs: Look at the drawing on page 63. Ask a partner if one place is near another. Your partner will tell you whether the two places are close to or far from each other.

♦ S1: Il supermercato è vicino al teatro?
S2: No, è lontano dal teatro. / Sì, è vicino al teatro.

M In pairs: Ask each other where you do the following things. Use contracted prepositions in your answers when appropriate.

♦ comprare cose da mangiare
S1: Dove compri cose da mangiare?
S2: Al supermercato in via ...

1. incontrare gli amici
2. lavorare
3. studiare per gli esami
4. parlare italiano
5. guardare la televisione
6. usare il computer
7. mangiare la pizza
8. comprare i libri
9. mandare le lettere

C'è, ci sono, ecco

— **Ci sono** ristoranti eleganti in questa città?
— Sì, **ecco** il mio preferito.

1. **C'è** (*there is*) and **ci sono** (*there are*) are used to talk about the existence or presence of things or people.

C'è un telefono pubblico nel bar.   *There is a public phone in the bar.*
Ci sono venti studenti in classe.   *There are twenty students in class.*

2. **Ecco** (*here is/are, there is/are*) is used when drawing attention to or pointing out things or people. It is often used in exclamatory statements.

Ecco un telefono pubblico.   *Here's a phone booth.*
Ecco Mario e Carlo!   *Look! It's Mario and Carlo!*

> *Ecco* generally calls for physical presence, signifying *Look at this!* or *Hear this!*

N In pairs: Create a list of at least ten objects in your own room and specify the number of each item. Use words you have already learned in Italian. Then try to guess some things in your partner's room.

◆ S1: C'è un orologio?
S2: Sì, c'è un orologio. / No, non c'è un orologio.

O In pairs: Reveal to a partner some of the things that you have in your backpack, purse, or pockets. Show each item to your partner after identifying it.

◆ Ci sono due matite. Ecco le matite!

P In groups of three or four: Establish whether the following places are near your university. Then decide how many there are, and what their names are.

◆ gelateria
S1: C'è una gelateria vicino all'università?
S2: Sì, ci sono due gelaterie. C'è la gelateria Friendly's e c'è la gelateria Dairy Queen.

1. ospedale
2. cinema
3. albergo
4. ristorante
5. parco
6. museo
7. supermercato
8. chiesa
9. centro commerciale

Internet For further practice of lesson topics, log on to the *Oggi in Italia* website.

Vivere in Italia!

 A **Una presentazione.** In groups of three: Introduce one group member to the other, saying something about him/her. Then decide whether to go to a café, a movie, or somewhere else.

◆ S1: (Paolo), ti presento …
S2: Piacere.
S3: Il piacere è mio.
S1: (Laura) è di … Studia (arte) …

Firenze: In primavera la mostra dei fiori abbellisce la Piazza della Santissima Annunziata.

B   **Un'intervista.** In pairs: Interview your partner to find out some things he/she wants to do someday. Then report what you find out to the class.

- Quale città desideri visitare?

- Dove desideri abitare?

- Quale persona famosa desideri incontrare?

- Quale automobile desideri comprare?

- Quale lingua straniera desideri imparare?

C   **Com'è la tua città?** In pairs: Describe your city or town. Tell your partner where you are from, and mention the names of one or two interesting buildings or places there. Say whether you live near or far from these places. Then find out about your partner's hometown or city.

◆ Sono di … / È vicino a …

D   **Andiamo in pizzeria?** In pairs: A friend asks you if you'd like to eat at La Grotta Rustica. Find out the following from the ad, then decide on a time to go there.

- where the restaurant is located

- what there is to eat

- how the prices (*prezzi*) are

- when the restaurant closes

PIZZA a PRANZO!!

La gestione del ristorante/pizzeria **La Grotta Rustica** di Via Manzoni, 75, invita a gustare, oltre alle Specialità Marinare della casa,

OTTIMA PIZZA

e Crostini[1] e Calzoni sfornati da un favoloso forno a legna.

- Prezzi modici
- Ampio parcheggio
- Aperto fino a tarda notte
- Lunedì chiuso per riposo

Telefono: 085.553.891

1. toasted bread served with liver or vegetable spread

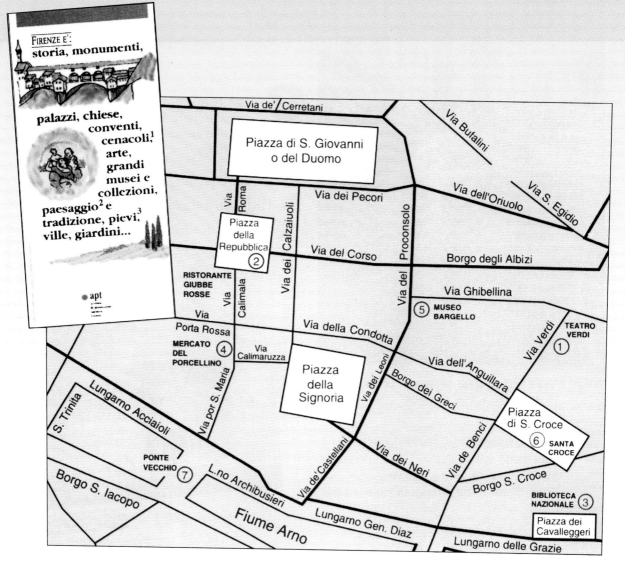

FIRENZE E':
storia, monumenti,
palazzi, chiese,
conventi,
cenacoli,[1]
arte,
grandi
musei e
collezioni,
paesaggio[2] **e**
tradizione, pievi,[3]
ville, giardini...

● apt

1. meeting place for intellectuals and artists   2. landscape   3. parish churches

E **Dov'è ... ?** In pairs: You have just arrived in
Florence and want to find out where the
following places are.

- Teatro Verdi
- Ristorante Giubbe Rosse
- Biblioteca Nazionale
- Mercato del Porcellino
- Museo del Bargello
- Chiesa di Santa Croce

◆ S1: Scusi (signore/a, signorina), dov'è (il museo) ... ?
  S2: Il ...

Valentina usa il telefonino per salutare il suo amico Luigi.

F   **Una telefonata.** In pairs: You have just arrived in Italy. You telephone an Italian friend who greets you and wants to know the following things.

- il nome dell'albergo dove lei sta
- l'indirizzo dell'albergo
- il numero di telefono dell'albergo
- dove lei mangia stasera
- a che ora torna in albergo stasera

> The business card of the hotel where you are staying is shown at the bottom of this page.

G   **Il telefonino.** In groups of three: You're with a friend at a bar in Naples and decide to go to a discotheque. One of you suggests inviting another friend and offers a *telefonino* to call him/her.

◆ S1: Invitiamo … ?
  S2: Sì, certo. È una buona idea …
  S1: Pronto? …
  S3: …

L'Albergo del Giardino

Via Della Colonna, 29
50121 Firenze

Tel (055) 214.053

La carta telefonica

The telephone card (*carta* or *scheda telefonica*) is an electronic way of paying when using public phones. The card, available at different prices, can be purchased at Telecom offices, tobacco shops (*tabaccherie*), newsstands (*edicole di giornali*), post offices, or automatic machines in many public places such as railroad stations, airports, hospitals, etc. It is useful for both long-distance and local calls.

Sono molto buoni gli spaghetti in questo ristorante in piazza del Pantheon a Roma.

Lezione 4

Cosa prendono i signori?

COMMUNICATIVE OBJECTIVES

- Order a snack at a restaurant
- Talk about and make plans for specific days of the week and times of day
- Accept and refuse invitations
- Talk about a variety of activities

È giovedì pomeriggio. Lorenzo Genovesi e Bettina Marinaro sono seduti° ad un   *seated*
bar all'aperto°. Desiderano bere qualcosa di fresco. Leggono il menù e decidono   *outdoor*
anche di mangiare qualcosa. Dopo una lunga attesa°, Lorenzo perde la pazienza   *wait*
e chiama il cameriere.

LORENZO:	Cameriere, scusi, desideriamo ordinare qualcosa.
CAMERIERE:	Sì, subito. ... Bene, che cosa prendono i signori?
BETTINA:	Un'aranciata e un tramezzino al tonno.
LORENZO:	Io invece prendo un panino al prosciutto e un tè freddo.
5 CAMERIERE:	Molto bene. Torno subito.
LORENZO:	Allora, Bettina, sei libera sabato sera?
BETTINA:	Credo di sì, perché? Che si fa?
LORENZO:	Ho due biglietti per il teatro. Conosci il gruppo Folclore di Sardegna?
10 BETTINA:	Sì, mi piacciono molto le danze e i canti sardi.
LORENZO:	Allora si va?
BETTINA:	Sì, ma dopo lo spettacolo andiamo a fare anche quattro salti in discoteca.
LORENZO:	Perché no. La discoteca chiude molto tardi.
15 BETTINA:	Ah, ecco il cameriere.
CAMERIERE:	Signori, ecco il cappuccino e il gelato.
LORENZO:	Ma no! Avevamo ordinato° un'aranciata, un tè freddo, un tramezzino al tonno e un panino al prosciutto.
CAMERIERE:	Oh, mi dispiace, c'è un po' di confusione. Torno subito.

We asked for

> A *panino* is a sandwich generally made with a roll, while a *tramezzino* is made with sliced bread cut diagonally.

Domande

1. Dove sono Lorenzo e Bettina?
2. Perché perde la pazienza Lorenzo?
3. Che cosa ordina Bettina? E Lorenzo?
4. Perché Lorenzo domanda a Bettina se è libera sabato sera?
5. Che cosa è in programma al teatro?
6. Cosa ha voglia di fare Bettina dopo lo spettacolo?
7. Cosa porta il cameriere quando torna?

Domande personali

1. Lei va spesso ad un caffè? Con chi va? Quando va: la mattina, il pomeriggio o la sera?
2. Cosa prende di solito ad un caffè?
3. Prende spesso il caffè espresso, il cappuccino o il caffè americano? O prende il tè?
4. Cosa fa lei se il cameriere non arriva subito?
5. Le piace vedere uno spettacolo di danza moderna o di danza folcloristica?
6. Dove va a ballare lei? Quando? Con chi?

Situazioni

1. Risponda ad un amico/un'amica che domanda se lei è libero/a giovedì sera. *(Answer a friend who asks if you are free Thursday night.)*

   ◆ — Sei libero/a giovedì sera?
     — Sì, perché? (No, mi dispiace./Credo di no./No, sono impegnato/a.)

2. Lei è ad un caffè all'aperto con gli amici che ordinano cose diverse. Al cameriere, che domanda se lei prende un caffè come il suo amico/la sua amica, risponda che prende un'altra cosa. *(You are at an outdoor café with friends who order various things. To the waiter, who asks if you will have coffee like your friend, answer that you will have something else.)*

   ◆ — Cosa prendono i signori (le signore/le signorine)?
     — Un caffè (una Coca-Cola/un bicchiere d'acqua/un tramezzino al tonno), per favore.
     — Un caffè anche per lei?
     — No, per me un'aranciata (una limonata/acqua minerale/una spremuta d'arancia).

3. Risponda ad un amico/un'amica che domanda che cosa si fa sabato sera. *(Answer a friend who wants to know what both of you are going to do on Saturday night.)*

   ◆ — Che cosa si fa sabato sera?
     — Si va a teatro (al cinema/a mangiare la pizza/a ballare/al bar/in discoteca).

giovedì

27 GIUGNO

ore 12.00	T. Caio Melisso	**Concerto di mezzogiorno**
ore 15.30	Piaggia	**Marionette Colla** - *Prima 1° prog.*
ore 20.30	Teatro Nuovo	**Bishop/Sebastian** - *familiare*
ore 21.30	Teatro Romano	**Uccelli** - *Prima*
ore 24.00	S. Eufemia	**Ora mistica**

SPOLETO FESTIVAL

26 GIUGNO - 14 LUGLIO
26 JUNE - 14 JULY

Vocabolario

Parole analoghe

la confusione	il gruppo
la danza	moderno/a
decidere	il menù
il folclore	la pazienza
folcloristico/a	il programma

Nomi

l'acqua (minerale)   (mineral) water
il bicchiere   (drinking) glass
il biglietto   ticket
il caffè   café; coffee
il cameriere   waiter
il canto   song, chant
la limonata   lemon soda, lemonade
il panino al prosciutto   ham sandwich
lo spettacolo   show
la spremuta d'arancia   freshly squeezed orange juice
il tè   tea;   **il tè freddo**   iced tea
il tramezzino al tonno   tuna sandwich

Aggettivi

fresco/a   cool, fresh
impegnato/a   busy, engaged
libero/a   free
lungo/a   long
sardo/a   Sardinian

Verbi

bere   to drink
chiudere   to close
conoscere   to know
credere   to believe, think
domandare   to ask
leggere   to read
perdere   to lose

Altre parole ed espressioni

dopo   after
invece   instead
scusi   excuse (me) (*formal*)
se   if
spesso   often
subito   right away, immediately
che cosa è in programma?   what's playing?
che si fa?   what are we going to do?
credo di no   I don't think so
credo di sì   I think so
di solito   usually
fare quattro salti   to dance (a little)
giovedì sera   Thursday evening
perché no   why not
mi dispiace   I'm sorry
le piace ... ?   do you like . . . ? (*formal*)
un po' di (+ *noun*)   a little bit of
sabato sera   Saturday evening
si va?   are we going?

---

il caffè = il bar

Fruit juice is *il succo di frutta*. The term *la spremuta d'arancia (di limone, di pompelmo)* refers only to freshly squeezed juice.

I cognomi italiani

L ast names came into use in Italy in the ninth century, and by the time of the Renaissance they were fully established. Originally, many last names were descriptive, and a number of these names remain in use today. For instance:

names based on a family's place of origin: *Genovesi* (from Genoa), *Lombardi* (from Lombardy), *Siciliani* (from Sicily).

names drawn from an ancestor's trade or occupation: *Ferrari* (blacksmith), *Pastore* (shepherd), *Vaccaro* (cowherd), *Sarti* (tailor), *Marinaro* (sailor), *Pellegrino* (pilgrim).

names based on a father's first name, common before last names came into use: *Di Giovanni, Di Giacomo, Di Pietro.*

names that describe physical features or characteristics: *Biondi* (blond), *Calvino* (bald), *Grasso* (plump), *Mancini* (left-handed).

Until 1975, an Italian woman had to take her husband's last name when she got married. Through reforms in Italian family law, a married woman now has the right to keep her family's last name, to which she adds the husband's last name.

■ Do last names in your country have particular characteristics? What are they?

Nelle città i cognomi delle famiglie che abitano negli appartamenti appaiono sul citofono.

Pratica

1. In groups of three: You meet a friend at a bar in Siena. Shake hands, greet one another, and find out what your friend wants to eat or drink. Call the waiter and order for both of you.
2. Call a friend to find out if he/she is free next Saturday. Your friend is free and wants to know why. Explain that you have two tickets for the theater; invite your friend, who accepts gladly and asks what's playing. Tell him/her that the name of the play is *Una lunga attesa*.

Pronuncia

La lettera *h*

The letter **h** is silent in Italian. It is used in some forms of the verb **avere** (**ho, hai, ha, hanno**) and in some interjections (such as **ah, oh,** and **eh**). It is also present, though never pronounced, in some foreign words currently used in Italian (for example, *hobby, habitat,* and *hotel*).

In **ch** and **gh**, the letter **h** helps to form the hard sound of **c** and **g** before the vowels **e** and **i** (**che, chi, analoghe, laghi**).

A Legga le seguenti frasi. Non pronunci la lettera **h.** (*Read the following sentences. Do not pronounce the letter **h**.*)

1. Quanti anni hai?
2. Oh, che peccato!
3. Dov'è l'Hotel Pilato?
4. Non ho un hobby.
5. Chiamo il cameriere?
6. Che cosa fai oggi?

Il suono /kw/

The sound /**kw**/, as in **quando,** is usually spelled **qu.**

B Ascolti l'insegnante e ripeta le seguenti parole. (*Listen to your instructor and repeat the following words.*)

qualcosa	**qu**indici
quando	cin**qu**e
quattro	li**qu**ido
quaderno	fre**qu**entare

C **Proverbio.** Legga ad alta voce il seguente proverbio. (*Read the following proverb aloud.*)

Quando a Roma vai, fa' come vedrai.
When in Rome, do as the Romans do.
(*Literally: When you go to Rome, do as you see.*)

Dittonghi e trittonghi

1. A *diphthong* is a combination of two vowels pronounced as a single syllable.

hai   fi**glio**   q**ua**le   s**ei**   p**iù**   g**ue**rra

2. A *triphthong* is a group of three vowels pronounced as a single syllable.

m**iei**   t**uoi**   g**uai**   v**uoi**

D Ascolti l'insegnante e ripeta le seguenti parole. *(Listen and repeat the following words after your instructor.)*

graz**ie**	P**ie**tro	S**ie**na	v**uoi**
b**uo**no	stad**io**	f**ai**	p**uoi**
v**uo**le	p**ia**no	s**ei**	**aiu**tare

E **Proverbio.** Legga ad alta voce il seguente proverbio. *(Read aloud the following proverb.)*

Natale con i tuoi e Pasqua con chi vuoi.
Spend Christmas with your family and Easter with whomever you wish.
(Literally: Christmas with yours and Easter with whom you wish.)

Ampliamento del vocabolario

I giorni della settimana

The days of the week in Italian, starting with Monday, are **lunedì, martedì, mercoledì, giovedì, venerdì, sabato,** and **domenica.**

> *Lunedì* (not *domenica*) is the first day of the week on Italian calendars.

1. The days of the week are not capitalized in Italian.

2. All the days of the week except **domenica** are masculine.

3. The definite article is used with days of the week to describe repeated occurrences (*on Mondays, on Tuesdays*). The definite article is omitted when referring to only one specific day. Contrast:

Il venerdì vado al cinema. *On Fridays (Every Friday) I go to the movies.*
Venerdì vado al cinema. *On (this) Friday I'm going to the movies.*

The invariable adjective **ogni** is frequently used with the days of the week in the sense of *every single*.

Ogni martedì vado al caffè. *Every single Tuesday I go to the café.*

A In gruppi di tre o quattro: Domandi a due o tre studenti cosa fanno in un determinato pomeriggio di questa settimana. Usi la forma **io** dei verbi in **-are** a p. 71. *(In groups of three or four: Ask two or three students what they are doing on a particular afternoon this week. Use the **io** form of **-are** verbs on p. 71.)*

◆ — Che cosa fai (lunedì/mercoledì/sabato) pomeriggio?
  — Lunedì pomeriggio (studio in biblioteca).

B In coppia: Domandi ad un altro studente/un'altra studentessa in quali giorni lavora o studia e qual è il suo orario. *(In pairs: Ask another student which days of the week he/she works or studies and what his/her schedule is.)*

◆ S1: In quali giorni lavori (studi)?
  S2: Lavoro (Studio) (il lunedì e il mercoledì).
  S1: Qual è il tuo orario?
  S2: Il lunedì lavoro (studio) dalle (due) alle (sei del pomeriggio), il mercoledì dalle (quattro) alle (dieci di sera).

C In gruppi di tre o quattro: Domandi a tre o quattro studenti se fanno o desiderano fare certe cose in determinati giorni di questa settimana. *(In groups of three or four: Ask two or three students if they are doing or wish to do certain things on specific days this week.)*

◆ sabato: lavorare
  — Lavori sabato?
  — Sì, lavoro sempre il sabato.
    (No, di solito il sabato sono libero/a.)

1. lunedì: avere lezione all'università
2. martedì pomeriggio: prendere un cappuccino con me
3. domenica sera: avere voglia di mangiare la pizza con me
4. giovedì sera: pensare di andare al cinema
5. mercoledì mattina: avere lezione d'italiano
6. venerdì sera: desiderare fare quattro salti in discoteca

Alcune espressioni di tempo

oggi   today
stamattina   this morning
oggi pomeriggio   this afternoon
stasera   this evening
stanotte   tonight

la mattina   (in) the morning
il pomeriggio   (in) the afternoon
la sera   (in) the evening
la notte   (at) night

domani   tomorrow
domani mattina (domattina)   tomorrow morning
domani pomeriggio   tomorrow afternoon
domani sera   tomorrow night
dopodomani   the day after tomorrow

lunedì mattina   Monday morning
martedì pomeriggio   Tuesday afternoon
mercoledì sera   Wednesday evening
giovedì notte   Thursday night

> Here is a list of some useful time expressions that you can use to refer to events that occur today, tomorrow, and in the near future.

> *Stamattina, stasera,* and *stanotte* are shortened forms of *questa mattina, questa sera,* and *questa notte.* Both forms are used.

> Choose four or five time expressions and tell a classmate what you plan to do or usually do at those times. Then ask what his/her plans are for those times.

D In coppia: Spieghi ad un amico/un'amica quello che lei deve fare da oggi a dopodomani. (*In pairs: Explain to a friend all the things you have to do from today until the day after tomorrow.*)

◆ — Oggi sono molto impegnato/a.
  Stamattina ...
  Oggi pomeriggio ...
  Stasera ...
  Domani mattina ... , ecc.

E In coppia: Domandi ad un amico/un'amica cosa fa di solito il sabato. (*In pairs: Ask a friend what he/she usually does on Saturdays.*)

◆ — Cosa fai di bello il sabato?
  — Di solito la mattina ...

F Faccia le seguenti domande a due o tre studenti. (*Ask two or three students the following questions.*)

1. Come stai oggi?
2. A che ora hai lezione domani mattina?
3. Che cosa fai domani? E dopodomani?
4. Che lezione hai lunedì?
5. Hai voglia di assistere ad un concerto oggi pomeriggio?
6. Cosa guardi stasera alla televisione?
7. Che cosa fai di bello domani mattina? E domani pomeriggio?
8. Compri il giornale la mattina?

Struttura ed uso

Presente dei verbi regolari in -ere

I turisti **leggono** la guida e non **vedono** il Colosseo.

1. The present tense of regular **-ere** verbs is formed by adding the present tense endings **-o, -i, -e, -iamo, -ete,** and **-ono** to the infinitive stem.

prendere	to take
prend**o**	prend**iamo**
prend**i**	prend**ete**
prend**e**	prend**ono**

> Note that the endings for the *io, tu,* and *noi* forms are the same as for *-are* verbs.

2. The following **-ere** verbs are regular in the present tense.

chiedere to ask for	**mettere** to put, place
chiudere to close	**perdere** to lose
conoscere to know (a person or a place); to meet	**prendere** to take; to have (to eat or drink)
credere to believe	**ricevere** to receive
decidere di (+ *infinitive*) to decide to do something	**rispondere** to answer
discutere (di) to discuss (something)	**scrivere** to write
	spendere to spend (money)
leggere to read	**vedere** to see
	vendere to sell

> *Discutere* also means "to argue."

Bettina e Lorenzo **perdono** la pazienza.

Bettina and Lorenzo are losing their patience.

Decidono di chiamare il cameriere.
Bettina **prende** un cappuccino.
— Il bar **chiude** alle dieci?
— **Credo** di sì.

They decide to call the waiter.
Bettina is having a cappuccino.
Does the bar close at ten?
I believe (think) so.

A Completi i dialoghi con la forma corretta dei verbi indicati. (*Complete the dialogues with the correct form of the verbs given.*)

1. ricevere, leggere, rispondere

— Ma Enrico, tu non _____ mai la tua posta elettronica.
— Hai ragione. Ogni giorno _____ molti messaggi ma non _____ mai. Non ho tempo!
— Mah! Se _____ sempre il giornale ...

2. chiudere, discutere, perdere, prendere, spendere, credere

— Tuo marito _____ molti soldi al bar?
— Sì, e _____ anche molto tempo.
— Ma cosa fa lì?
— Lui e i suoi amici _____ di sport e _____ il caffè.
— Quando _____ il bar? Alle undici?
— Sì, _____ di sì.

B Completi le seguenti frasi con la forma appropriata del verbo. (*Complete the following sentences with the appropriate form of the verb.*)

◆ io / chiudere / lo zaino   Io chiudo lo zaino.

1. Marina / mettere / i libri sul tavolo
2. Tonio ed Alberto / conoscere / una persona famosa
3. tu / vendere / la bicicletta
4. Alba ed io / scrivere / agli amici italiani
5. il professore / rispondere / alle domande
6. voi / discutere / di sport
7. loro / decidere di / ordinare una pizza
8. io / chiedere / qualcosa al professore

C In coppia: A turno chieda e risponda a queste domande con frasi complete. (*Take turns asking and answering the following questions with complete sentences.*)

1. Ricevi messaggi elettronici? Rispondi subito?
2. Di che cosa discuti con gli amici? Di sport? Di politica? Di scuola?
3. C'è una cosa che tu perdi spesso? Che cosa?
4. Che cosa prendi di solito la mattina? Caffè? Tè? Latte?
5. Leggi molto? Che cosa leggi? Giornali? Libri?
6. Come scrivi i compiti per i corsi? Con la penna? Con il computer?
7. Vedi molti film? Dove? A casa o al cinema?
8. Conosci una persona famosa? Chi?

D Formuli frasi di senso compiuto per ogni soggetto della colonna A, usando le parole nelle colonne B e C. *(Create coherent sentences about each subject in column A using words from columns B and C.)*

◆ Io scrivo sul quaderno.

A	*B*	*C*
io	chiedere	due biglietti per il concerto di
i ragazzi	ricevere	Sting
i miei fratelli	perdere	sempre la pazienza
la studentessa	leggere	al telefonino
tu	vendere	informazioni al poliziotto
io ed un'amica	rispondere	libri di fantascienza
tu e lui	spendere	Sylvester Stallone
	conoscere	una telefonata dal presidente
		cento dollari a Wal-Mart

E La famiglia Giulietti è a casa martedì sera. Dica quello che fa ognuno, usando i verbi indicati in basso. *(The Giulietti family is at home Tuesday evening. Say what each person is doing, using the verbs listed below.)*

chiedere
discutere
leggere
prendere
rispondere
scrivere
vedere

Formulare le domande

— **Dove** vai? **Con chi?**
  Quando torni?
— **Perché** tante
  domande?

1. Questions that can be answered *yes* or *no* often use the same phrasing and word order as declarative sentences.

Desidera qualcosa da mangiare.   *He wants something to eat.*
Desidera qualcosa da mangiare?   *Does he want something to eat?*

There are three possible ways to signal that such sentences are questions:

a. by using rising intonation at the end of a question.

Sei libera sabato sera?

Si va a ballare?

b. by adding a tag phrase like **non è vero?** or **no?**

Paola prende una spremuta d'arancia, **non è vero?**

Il caffè chiude a mezzanotte, **no?**

c. by naming the subject (noun or pronoun) at the end of the question instead of in its normal position at the beginning of the sentence.

Prendono qualcosa **i signori?**
Arriva anche **Bettina?**

2. Questions that ask for specific information are introduced by interrogative words. The subject, if stated, usually follows the verb.

come?	how?	**Come** stai?
che (cosa)?	what?	**Che cosa** si fa sabato sera?
chi?	who?	**Chi** va al cinema?
dove?	where?	**Dove** vai con gli amici?
quando?	when?	**Quando** comincia lo spettacolo?
quale/i?	which?	**Quale** film desideri vedere?
quanto/a?	how much?	**Quanto** costano i biglietti?
quanti/e?	how many?	**Quanti** anni hai?
perché?	why?	**Perché** non si va domani?

Che?, che cosa?, and *cosa?* are interchangeable. They all mean *what?*

3. The interrogative adjectives **quale?** and **quanto?** agree in gender and number with the nouns they modify.

Quanto tempo abbiamo?
Quanti studenti ci sono nella tua classe?
Quale università frequenti?
Quali corsi segui?

F Trasformi ciascuna delle seguenti frasi in domande, usando gli schemi indicati. (*Transform each of the following statements into questions, using the patterns indicated.*)

◆ Maria lavora oggi.   Maria lavora oggi?
                        Maria lavora oggi, non è vero?
                        Lavora oggi Maria?

1. Franco parla con lo zio.   5. La nonna sta bene.
2. Paola e Nicola sono a Roma.   6. Lei è italiano.
3. La discoteca chiude tardi.   7. Carlo e Cesira hanno lezione.
4. Tina è libera oggi.

Ex. G: There may be more than one possible question for some answers.

G Formuli delle domande logiche per le seguenti risposte. (*Ask logical questions for the answers below.*)

◆ Marco va al cinema.   Dove va Marco? / Chi va al cinema?

1. Gli studenti di arte sono al museo.
2. Arrivano al museo con la metropolitana.
3. Tornano dal museo più tardi.
4. Guardano le sculture medievali.
5. Uno studente compra una guida al museo.
6. La professoressa arriva alle due.
7. È in ritardo perché c'è molto traffico.
8. Parla con il direttore del museo.
9. Incontra gli studenti alla porta.
10. Discutono di arte.

Ex. H: If you normally do some of these things by yourself, say *Studio da solo/a.*

H In coppia: Domandi ad un altro studente/un'altra studentessa con chi fa le seguenti cose. (*In pairs: Find out from another student with whom he/she does the following things.*)

◆ S1: Con chi studi?
   S2: Studio con ...

1. studiare per gli esami   5. guardare la televisione
2. giocare a tennis   6. mangiare
3. abitare   7. passare le vacanze
4. discutere di sport o di politica   8. parlare al telefono

I In coppia: Faccia vedere una fotografia di un/una parente o di un amico/ un'amica. Risponda ad almeno sei domande sulla persona nella foto. (*In pairs: Show a photograph of a relative or friend to a partner. Your partner will ask at least six questions about the person in the photograph. Answer the questions.*)

◆ S1: Come si chiama?   S1: Dove abita?
  S2: Si chiama ...   S2: Abita a ...

J Risponda alle seguenti domande con frasi complete. (*Answer the following questions with complete sentences.*)

1. Qual è il suo indirizzo? E qual è il suo numero di telefono?
2. Qual è il suo giorno preferito?
3. Qual è la capitale dell'Italia? E qual è la città italiana più popolata?
4. Quali lingue parlano in Svizzera?
5. Quante sono le regioni italiane? Quante sono le province?
6. Quali sono i principali fiumi italiani?
7. Quanti giorni ci sono in un anno? E quante settimane? E mesi?
8. Quanti capitoli ci sono in questo libro? Quale lezione studiate adesso?

K In coppia: Legga la cartolina scritta da un giovane americano che viaggia in Europa. Poi faccia ad un altro studente/un'altra studentessa cinque domande basate sulle informazioni scritte sulla cartolina. (*In pairs: Read the postcard below written by a young American traveling in Europe. Then ask a partner five questions about the information in the postcard.*)

Caro Giuseppe (Joe),

Come stai? Io sto benissimo. Ora siamo a Venezia e ti scrivo dall'ufficio postale. Sono qui con Stefano e con altri amici. Stiamo nell'Albergo Canaletto. Non è molto elegante, ma costa poco. Ogni giorno visitiamo musei, chiese, ecc. La sera frequentiamo le discoteche, perché desideriamo conoscere ragazze italiane! Domani partiamo per l'Austria. Arriviamo a Chicago l'8 agosto.

A presto,
Michele

€ 0,52

Joe Cardarelli
700 Plains Ave
Arlington Heights,
IL 60005

U.S.A.

Verbi irregolari: *dare, fare, stare*

1. Dare, fare, and **stare** are irregular in some forms of the present tense.

dare	*to give*	fare	*to do; to make*	stare	*to stay; to be*
do	diamo	**faccio**	**facciamo**	sto	stiamo
dai	date	**fai**	fate	**stai**	state
dà	**danno**	fa	**fanno**	sta	**stanno**

> Notice the patterns in the *tu* forms and in the *loro* forms: *dai, fai, stai; danno, fanno, stanno.*

— A chi **dà** il cappuccino?
— **Do** il cappuccino al signore seduto al bar.

— Che cosa **fate** stasera?
— Non **facciamo** niente di speciale.

— Come **stanno** le tue sorelle?
— Chiara **sta** molto bene, ma Mariella **sta** un po' male.

2. Fare is used in many common idiomatic expressions.

fare bel tempo to be nice (*weather*)	Oggi **fa bel tempo**?
fare caldo to be hot (*weather*)	Sì, stamattina **fa caldo**.
fare freddo to be cold (*weather*)	Ma più tardi **fa freddo**.
fare una passeggiata to go for a walk	Desideri **fare una passeggiata**?
fare due passi to go for a short walk	Sì, perché non **facciamo due passi**?
fare una gita to take a short trip	Gli studenti **fanno una gita** scolastica domani.
fare un viaggio to take a longer trip	A dicembre **fanno un viaggio** in Italia.
fare una domanda to ask a question	Lorenzo **fa una domanda** a Bettina.
fare colazione to eat breakfast (or lunch)	**Facciamo colazione** al bar?
fare una fotografia to take a picture	Sì, ma prima **faccio alcune fotografie** della piazza.

3. Stare in the sense of *to be* is used primarily with expressions of health.

— Come **state**?	*How are you (feeling, doing)?*
— **Stiamo** bene, grazie.	*We're fine, thank you.*

Many Italians use **stare** to mean *to be in a place* or *to stay.*

— Dove **sta** il papà?	*Where's Dad?*
— **Sta** ancora in ufficio.	*He's still at the office.*

4. Dare is also used in the expression **dare un esame** (*to take a test*).

— Quando **dà** gli esami?
— **Do** l'esame di storia giovedì, e **do** quello d'inglese fra due settimane.

L Sostituisca il soggetto delle seguenti frasi con quelli indicati, coniugando il verbo nella forma appropriata. (*In the following sentences, replace the subject with those given in parentheses, changing the verb accordingly.*)

1. Che cosa fate domani? (tu / loro / la professoressa / noi)
2. Sto abbastanza bene. (il professor Massi / tu e Sergio / gli studenti / noi)
3. Diamo l'esame di storia domani. (lui / Margherita / tu / io e tu / loro)

M Guardi il disegno dei regali che Francesca riceve per il suo compleanno.
Dica chi dà un regalo a Francesca. (*Look at the drawing of the gifts that Francesca is receiving for her birthday. Say who is giving a gift to Francesca.*)

◆ I nonni (*grandparents*) danno un regalo a Francesca.

N Cerchi di sapere qualcosa di un altro studente/un'altra studentessa, facendogli/le le seguenti domande. (*Find out more about your partner by asking him/her the following questions.*)

1. Fai spesso fotografie? Di che cosa?
2. Cosa fai giovedì mattina? E giovedì sera?
3. Stai a casa quando fa bel tempo?
4. Cosa dai a mamma e a papà per il compleanno (*birthday*)?
5. Fai una passeggiata se fa freddo?
6. Fai una gita questa fine settimana? Con chi? Dove andate?
7. Come stai oggi? Come sta la tua famiglia?
8. Fai colazione ogni mattina? A che ora?
9. Quando dai l'esame d'italiano?

O Domandi ad un altro studente/un'altra studentessa che cosa fa quando fa bel tempo, quando fa caldo e quando fa freddo. (*Ask another student what he/she does when the weather is nice, when it is hot, and when it is cold.*)

◆ S1: Che cosa fai quando fa bel tempo?
S2: Gioco a tennis, faccio una passeggiata. ...

Parliamo un po'

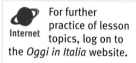 **Internet** For further practice of lesson topics, log on to the *Oggi in Italia* website.

A **Un sondaggio.** In gruppi di quattro: Faccia un sondaggio su tre compagni di scuola per sapere cosa leggono. Prenda appunti e poi riferisca i risultati alla classe. (*In groups of four: Conduct a survey with three other students to find out what they read. Take notes and then report the results to the class.*)

	Studente		
	1	2	3
Nome	_____	_____	_____
Legge i giornali?	_____	_____	_____
Quali?	_____	_____	_____
Quante volte alla settimana?	_____	_____	_____
Riviste?	_____	_____	_____
Quali?	_____	_____	_____
Libri?	_____	_____	_____
Quanti all'anno?	_____	_____	_____
Libri scolastici o romanzi (*novels*)?	_____	_____	_____

B **Il progetto.** In coppia: Lei deve fare insieme a un compagno/una compagna di classe un progetto che richiede almeno quattro ore. Domandi al compagno/alla compagna qual è il suo orario per i prossimi sette giorni. Cercate di trovare un periodo di tempo libero per completare il progetto. (*In pairs: You and a classmate are doing a project together that will take at least four hours. Ask your classmate what his/her schedule is for the next seven days. Try to find a time when you are both free to complete the project.*)

◆ S1: Io sono libera domani mattina dalle nove all'una. E tu?
S2: Io non sono libero. Ho lezione di chimica a mezzogiorno. E mercoledì pomeriggio che fai?
S1: Mercoledì lavoro. E giovedì mattina?...

It is common for bars in Italian cities to deliver coffee and sandwiches to nearby workplaces. Office workers can call in their orders by telephone.

C **Ordinazioni per telefono.** In coppia: Telefoni al bar vicino all'ufficio dove lei lavora e ordini qualcosa da bere e da mangiare per se stesso/a e per altre due persone che lavorano con lei. Collabori con un altro studente/un'altra studentessa (il proprietario del bar) che risponde alla sua telefonata. *(In pairs: Phone the bar near the office where you work and order something to eat and drink for yourself and for two other people who work with you. Create a dialogue with another student who will play the part of the bar owner.)*

Bar pizzeria Il Gabbiano

034.94.90.78

Panini e tramezzini	€3,50
Pizzette	€2,75
Salatini	€1,20
Paste	€2,00
Caffè	€1,25
Cappucino	€2,00
Acqua minerale	€1,00
Succo di frutta	€1,75
Bibite in latina[1]	€1,50

1. Drinks in a can

D **Dove andiamo?** In gruppi di tre: Lei è ad un caffè all'aperto con un gruppo di amici dopo le lezioni. Domandi ad ognuno degli amici cosa ha voglia di fare dopo. Tra di voi, decidete dove andare e cosa fare. *(In groups of three: You are at an outdoor café with a group of friends after classes. Ask the others what they feel like doing later. Decide together where to go and what to do.)*

Possibili attività:

vedere un film italiano
fare quattro salti in discoteca
ascoltare un concerto
prendere qualcosa da bere

fare una passeggiata
mangiare una pizza
tornare a casa

E **Al concerto.** A lei piace la musica rock e desidera andare ad uno degli spettacoli che seguono. Decida quale concerto preferisce vedere, e poi inviti un amico/un'amica ad andare con lei. Discutete anche quando e dove ha luogo il concerto, e se volete fare qualcosa prima o dopo il concerto. *(You like rock music and would like to go to one of the following shows. Decide which concert you prefer to see, and then invite a friend to go with you. Discuss with your friend when and where the concert will take place, and if you want to do anything before or after the concert.)*

SABATO	**DOMENICA**	**LUNEDÌ**	**MARTEDÌ**
Edoardo Bennato *Teatro Tenda Pianeta, ore 21*	**883** *Teatro Tenda, ore 20*	**Back in the Blues Band** *New Age Club, ore 21*	**Pitura Freska** *Discoteca Mambù, ore 20,30*
I cugini di campagna *Teatro olimpico, ore 22*	**Laura Pausini** *Discoteca Ciao Ciao, ore 21*	**Pino Daniele** *Palasport, ore 2,30*	**Jovanotti** *Live Club, ore 19,30*

MERCOLEDÌ	**GIOVEDÌ**	**VENERDÌ**
Crummy Stuff *Teatro tenda, ore 22*	**Articolo 31** *Palasport, ore 20*	**I Pooh** *Teatro Tenda, ore 19,30*
Ivano Fossati *Discoteca Grande Fratello, ore 19,30*	**Snaporaz** *New Age Club, ore 21*	**Laura Pausini** *Discoteca Mambù, ore 22*

In giro per l'Italia

View the *Parliamo italiano!* video, Module 3, *Abitare (Sicilia).*

A **La lingua parlata.** Completi le seguenti frasi con una parola appropriata della lista. Ci sono due parole in più nella lista. *(Complete the following sentences with an appropriate word from the list. There are two extra words on the list.)*

Calabria	Toscana
Bologna	Roma
dialetto	la Sicilia
la Sardegna	

1. La città dove si parla il romanesco è ... .
2. Michele è di Napoli e parla il ... napoletano.
3. L'isola dove si parla il siciliano è ... .
4. Un abitante della regione ... parla il calabrese.
5. Le persone che parlano con accento toscano abitano in ... .

Sicilia: Il Tempio di Giunone (450 a.C.) situato nella Valle dei Templi presso Agrigento.

I dialetti e gli accenti

L'italiano è la lingua ufficiale d'Italia ma in varie città e regioni molti italiani parlano il dialetto. Per esempio, a Roma si parla[1] il romanesco, a Napoli il napoletano e a Venezia il veneziano. Esempi di dialetti regionali sono il siciliano, il veneto, il piemontese e il calabrese. Di solito il dialetto si parla solo in famiglia o con gli abitanti della propria[2] città o regione perché le persone di altri luoghi spesso non lo[3] capiscono. Anche se[4] non parlano il dialetto, molti italiani parlano con l'accento caratteristico del loro luogo di origine. Gli accenti più facilmente riconoscibili[5] sono il toscano, il romano, il siciliano e il napoletano. Più generalmente si parla[6] anche di un accento del nord e di un accento del sud. Per esempio, Gabriella e Piero, i giovani protagonisti del video, hanno un accento del nord. Ma la zia di Palermo che risponde alla telefonata di Gabriella ha chiaramente[7] un accento siciliano.

1. is spoken   2. one's own   3. it   4. Even if   5. easily recognizable   6. one talks about
7. clearly

In some regions of Italy, other languages are spoken in addition to Italian. French is spoken in Valle d'Aosta, and German in Trentino Alto-Adige.

Locate Valle d'Aosta and Trentino Alto-Adige on the map on p. 14. *Quale nazione confina con la Valle d'Aosta? E quale con il Trentino Alto-Adige? Qual è la lingua ufficiale della Francia? E dell'Austria?*

Greek colonies in Sicily and Albanian colonies in Molise, Calabria, and Sicily also keep their native languages alive.

Locate Molise on the map on p. 14.

B   **Vero o falso?** In coppia: A turno identificate le seguenti frasi come vere o false secondo la lettura. (*In pairs: Take turns identifying the following statements as true or false based on the reading.*)

1. Il dialetto è la lingua ufficiale delle regioni.
2. L'accento permette di capire di dov'è una persona.
3. Il dialetto è usato per parlare con persone della propria città.
4. Gabriella e Piero parlano con un accento del sud.
5. La zia di Gabriella parla con l'accento siciliano ed è impossibile capirla.

Taormina: Il teatro greco (III secolo a.C.) e sullo sfondo, l'Etna.

A **Un po' di geografia.** Completi le seguenti frasi con una parola appropriata della lista indicata. Ci sono due parole in più nella lista. (*Complete the following passage with an appropriate word from the list. There are two extra words on the list.*)

arance	paese	greci	città
mare	storia	isola	regione

1. L'Italia è un ... .
2. La Sardegna è un'... .
3. Genova è una ... .
4. Il Mediterraneo è un ... .
5. I ... sono gli abitanti della Grecia.
6. L'Abruzzo è una ... del centro Italia.

La Sicilia

As you look at the map of Italy on p. 14, notice that the shape of Italy resembles that of a boot (*uno stivale*). On the map on p. 14, locate the major cities of Sicily.

La Sicilia è un'isola vicino alla punta dello "stivale"[1] italiano ed è una delle più belle e pittoresche regioni del paese. Ricca[2] di storia, tradizioni e cultura, la Sicilia ha molte costruzioni artistiche di origini diverse. In questa regione ci sono anche monumenti antichi molto belli che ricordano[3] la presenza dei greci, dei romani, degli arabi e dei normanni.

The other two active volcanos in Italy are Mount Vesuvius, near Naples, and Stromboli, on one of the Eolian Islands near Sicily.

Circondata dal mare Mediterraneo, la Sicilia ha spiagge[4] stupende. Le città principali della Sicilia sono Palermo, il capoluogo, Catania, Messina e Siracusa. Vicino a Catania c'è il monte Etna, uno dei tre vulcani attivi d'Italia. Grazie al suo clima mite[5], la Sicilia produce molta frutta, specialmente arance, mandarini[6], limoni e mandorle[7].

1. "boot"   2. Rich   3. call to mind   4. beaches   5. mild climate   6. tangerines   7. almonds

The Normans were ancient Scandinavian people who settled in northern France in the tenth century and later moved on to conquer Sicily.

B **Domande.** Risponda alle seguenti domande basate sulla lettura. (*Answer the following questions based on the reading.*)

1. Dov'è la Sicilia?
2. Di che cosa è ricca la Sicilia?
3. Che cosa ricordano i monumenti antichi siciliani?
4. Quali sono le città principali della Sicilia?
5. Che cosa è l'Etna?
6. Che cosa produce la Sicilia?

Venezia: anche le maschere di Carnevale bevono qualcosa di fresco ad un bar all'aperto.

Lezione 5

Ad una festa mascherata

COMMUNICATIVE OBJECTIVES

- Talk about costumes and costume parties
- Describe people, places, and things
- Express preferences
- Talk about where you and others are going

È la settimana di Carnevale e in tutta la città c'è un'atmosfera di allegria. Giulia Magrini e Francesca Cipriani vanno in giro per le vie del centro. Mentre guardano le vetrine dei negozi, sentono la voce del loro amico Massimo Damiani.

MASSIMO:	Salve, ragazze, come mai° siete qui? Dove andate?	*how come*
GIULIA:	Siamo qui per fare acquisti. Cerchiamo un costume originale.	
MASSIMO:	Venite anche voi alla festa mascherata a casa di Roberto?	
5 FRANCESCA:	Certo, anche noi conosciamo Roberto. Ma tu, hai già un costume particolare°?	*special*
MASSIMO:	Sì, penso di indossare un costume semplice ed economico, una bella toga romana. Capite bene che non ho voglia di spendere molto. Voi invece quali costumi avete in mente°?	*in mind*
10 GIULIA:	Io preferisco un costume elegante. Desidero vestire come una bella donna dell'alta società dell'Ottocento°. Il problema è che il vestito è molto caro.	*19th century*
MASSIMO:	E tu, Francesca, chi preferisci essere?	
FRANCESCA:	Ancora non lo so. Giulia mi suggerisce d'indossare un'uniforme militare.	
15 MASSIMO:	Davvero? Ti piace per caso° la carriera militare?	*by chance*
FRANCESCA:	No, ma per una sera posso° dare ordini a tutti gli invitati.	*I can*
MASSIMO:	Allora, agli ordini, signor generale! Ora però vado perché è tardi. Ci vediamo alla festa. Ciao.	

Carnevale is the week before Ash Wednesday, when Lent begins. People wear costumes and attend masked parties and balls. The word *Carnevale* comes from the Latin *carne* (meat) and *vale* (farewell); that is, "farewell to meat" during Lent.

Domande

1. Perché c'è un'atmosfera di allegria nelle vie della città?
2. Perché sono in centro le due ragazze?
3. Perché hanno bisogno di costumi i tre amici?
4. Cosa pensa di indossare Massimo per la festa mascherata?
5. Perché preferisce questo costume?
6. Com'è il costume che Giulia pensa di indossare?
7. Cosa pensa di indossare Francesca?

Dove fare gli acquisti

I negozi eleganti sono quasi tutti nelle vie del centro delle città italiane. Ma di solito la merce[1] è molto cara. Fino a[2] pochi anni fa[3] la maggior parte della gente faceva[4] gli acquisti nei piccoli negozi di quartiere[5], meno pretenziosi e meno cari. Ora molti di questi negozi chiudono a causa della concorrenza[6] dei centri commerciali che si trovano nelle zone periferiche delle città. La facile accessibilità con l'automobile, la possibilità di trovare parcheggio senza problemi e la grande quantità e varietà di merce a prezzi più economici attraggono sempre di più gli italiani. Molto frequentati sono anche i mercati e i mercantini specializzati all'aperto dove è possibile fare la spesa[7] e comprare prodotti personali e per la casa.

In alcune città ci sono anche i mercati dell'usato[8], come quello di Porta Portese a Roma. Situato in una zona lungo[9] il fiume Tevere, il mercato di Porta Portese prende il nome dalla Porta Portese, una delle porte esistenti[10] nelle mura che circondavano[11] la Roma antica. Questo mercato, dove è possibile acquistare a buon mercato[12] prodotti di ogni genere e oggetti d'arte e di antiquariato[13], ha luogo ogni domenica.

Il mercato di Porta Portese a Roma offre un po' di tutto.

■ Come sono i negozi dove gli abitanti della sua città fanno le spese?

■ Nella sua città ci sono negozi piccoli e mercati all'aperto? Che cosa vendono?

---

[1]merchandise   [2]Until   [3]ago   [4]used to make   [5]neighborhood   [6]competition   [7]to shop for groceries   [8]secondhand markets   [9]along   [10]existing   [11]surrounded   [12]inexpensive   [13]antiques

The Tevere (Tiber) is the river that flows through Rome.

Walking along the main street (*corso*) to window-shop and to meet and chat with friends is a traditional activity in Italian cities and towns.

Domande personali

1. Di solito lei va in giro per il centro? Quando? Con chi?
2. Di solito dove va a fare gli acquisti?
3. Lei va a feste mascherate? Quando? Dove? Con chi?
4. Lei preferisce indossare un costume tradizionale o moderno?
5. Preferisce un costume semplice ed economico o un costume caro ed elegante?

Situazioni

> *Vado* (I go) and *vai* (you go, informal) are present tense forms of *andare* (to go).

1. Domandi ad un amico/un'amica dove va.

   ◆ — Dove vai questo pomeriggio?
   — Vado al centro a fare acquisti (a guardare le vetrine/a prendere un gelato con gli amici/a fare due passi).

2. Lei desidera sapere come sono i negozi vicino all'università.

   ◆ — Come sono i negozi vicino all'università?
   — Sono cari (economici/grandi/piccoli/eleganti).

Vocabolario

Parole analoghe

l'atmosfera	il generale	originale	la società
la carriera	militare	il problema	la toga
il costume	l'ordine (*m.*)	romano/a	l'uniforme (*f.*)
elegante			

Nomi

l'acquisto purchase
l'allegria joy
la donna woman
la festa party; la festa mascherata costume party
l'invitato/a guest
l'Ottocento 19th century, the 1800s
la ragazza girl
il vestito dress
la vetrina store window
la via street
la voce voice

Verbi

capire to understand
conoscere to know
indossare to wear
preferire to prefer
sentire to hear
suggerire to suggest
venire (*irreg.*) to come
vestire to dress

Aggettivi

bello/a beautiful
caro/a expensive
economico/a cheap, inexpensive
scorso/a last, past
semplice simple

Altre parole ed espressioni

ancora yet
benissimo very well
certo certainly
che that; who
davvero? really?
già already
mentre while
molto very, much, a lot
molti/e many
però but
qui here
tardi late
tutto/a all
andare in giro to go around
fare acquisti to make purchases
non lo so I don't know

Halloween parties are becoming very popular in Italy. Introduced by American TV and movies, Halloween offers the chance to wear costumes associated with ghosts and scary characters from horror films.

Pratica

1. In coppia: Lei organizza una festa mascherata a casa sua. Telefoni ad un amico/un'amica e lo/la inviti. L'amico/amica desidera sapere il giorno e l'ora della festa, e domanda se lei ha bisogno di qualcosa da bere o da mangiare per gli invitati.

2. In gruppi di tre: C'è una festa di Halloween all'università. Dite quale costume indossa ciascuno (*each*) di voi e perché.

   ◆ — Io penso di indossare il costume (di Arlecchino) perché è un costume allegro. E tu?
   — Io ...

Pronuncia

I suoni /k/ e /ć/

The sounds of the letters **c** and **ch** in Italian differ from English. **Ch** is always pronounced /**k**/, as in *chemistry*. When the letters **c** and **cc** appear before *a, o,* or *u*, they are always pronounced /**k**/, as in *cold*. Before *e* and *i*, however, **c** and **cc** are pronounced /**ć**/, as in *ancient*.

Remember: *c* and *cc* before *e* and *i* = the /ć/ sound in *ancient*.

Ⓐ Ascolti l'insegnante e ripeta le seguenti parole.

per**ch**é	**c**aro	ri**c**evere	die**c**i
mas**ch**era	pi**cc**olo	pia**c**ere	fa**c**ile
chi	Fran**c**o	li**c**eo	vi**c**ino
chiamo	**c**ostume	**c**entro	cappu**cc**ino
ve**cch**io	ri**cc**o	vo**c**e	fa**cc**ia

Ⓑ **Proverbio.** Legga ad alta voce il seguente proverbio. Poi lo detti (*Then dictate it*) ad un altro studente/un'altra studentessa.

In bocca chiusa non entrano mosche.
Silence is golden.
(*Literally: Into a closed mouth no flies will enter.*)

Ampliamento del vocabolario

Caratteristiche personali

Note that an adjective that ends in **-o** usually refers to a male, one that ends in **-a** to a female. An adjective that ends in **-e** may refer to either a male or a female.

Anna è **bassa.** Paola è alta.

Enrico è **grande.** Carlo è **piccolo.**

Laura è **divertente.** Marisa è **noiosa.**

Dino è **grasso.** Aldo è **magro.**

La signora
Baschi è **ricca.**

La signorina
Donato è **povera.**

Luisa è **allegra.** Giulietta è **triste.**

Il diavolo
è **cattivo.**

L'angelo è
buono.

Pietro è **giovane.** Il nonno è **vecchio.**

Giorgio è **calmo.** Alberto è **nervoso.**

Altre caratteristiche personali

bello/a beautiful, handsome	**brutto/a** ugly
dinamico/a dynamic, energetic	**pigro/a** lazy
disinvolto/a carefree, self-possessed	**timido/a** shy, timid
cortese kind, courteous, polite	**scortese** unkind, rude
ingenuo/a naive	**furbo/a** shrewd
simpatico/a nice, pleasant	**antipatico/a** unpleasant
gentile kind, courteous	**sgarbato/a** rude
onesto/a honest	**disonesto/a** dishonest
generoso/a generous	**egoista** selfish
sincero/a sincere	**falso/a** insincere
intelligente intelligent	**stupido/a** stupid
prudente careful, cautious	**audace** bold, daring

A In coppia: A turno (*In turn*) descrivete le persone rappresentate nel disegno (*drawing*). Usate almeno (*at least*) quattro aggettivi in ogni descrizione.

Maria Montesi

Valentino De Santis

Antonio Calvino

Stefano Pastore

◆ Maria Montesi   — Com'è Maria Montesi?
                          — È ricca, ed è anche ...

B Descriva le seguenti persone con un aggettivo appropriato.

◆ — La signora Fanti ha molti soldi e fa sempre molti acquisti.
   — È' molto ricca.

1. Il dottor Valenti non lavora. Ha novantadue anni.
2. Marina adora ballare e cantare.
3. Mio fratello ha quindici anni e frequenta il liceo.
4. Mia sorella guarda sempre la televisione e non studia molto.
5. Tiziana non presta i libri agli amici.
6. Luigi non offre il gelato a nessuno.
7. Sandro non ha paura di parlare in classe. Parla italiano senza esitare (*without hesitating*).

(C) In gruppi di tre o quattro: Domandi quali caratteristiche devono avere le seguenti persone. Usi due o tre aggettivi per persona.

◆ un amico   — Quali caratteristiche deve avere un amico?
                  — Un amico deve essere sincero, buono e generoso.

1. un dottore/una dottoressa   4. uno studente/una studentessa
2. un attore/un'attrice   5. un cameriere/una cameriera
3. un professore/una professoressa   6. un/un'atleta (*athlete*)

(D) In coppia: Lei cerca lavoro come animatore/animatrice (*entertainer*) in un campeggio per ragazzi. Descriva se stesso/a al direttore del campeggio, dicendo di dov'è, quale scuola frequenta, la sua età, le sue caratteristiche fisiche e alcuni aspetti della sua personalità.

◆ — Allora, signore (signorina), mi parli un po' di lei.
  — Bene, mi chiamo ...

Struttura ed uso

Concordanza degli aggettivi qualificativi

1. In Italian, descriptive adjectives (**aggettivi qualificativi**) agree in number and gender with the nouns they modify. There are two main types of descriptive adjectives: those with four forms and those with two forms.

> Remember, it is the gender and number that agree, not necessarily the final letter: *una festa elegante.*

a. Adjectives whose masculine singular form ends in **-o** have four forms.

alto	*tall*	
m. sing.	alt**o**	Quel signore tedesco è **alto.**
f. sing.	alt**a**	Anche sua moglie è **alta.**
m. pl.	alt**i**	I figli del signore sono **alti.**
f. pl.	alt**e**	Anche le sue sorelle sono **alte.**

> Adjectives with four endings are more numerous, but many common adjectives, such as *giovane* and *grande,* have two endings.

Note: Adjectives ending in **-io** drop the second **i** in the masculine plural: **vecchio / vecchi.**

b. Adjectives whose masculine singular form ends in **-e** have two forms.

> The possessive adjectives that you learned in *Lezione 2* all have four forms with the exception of *loro,* which is invariable: *il loro costume, le loro amiche,* etc.

elegante	*elegant*	
m. sing.	elegant**e**	È un costume **elegante.**
f. sing.	elegant**e**	Ritorno da una festa **elegante.**
m. pl.	elegant**i**	In questa città i negozi sono **eleganti.**
f. pl.	elegant**i**	Mi piacciono le vetrine **eleganti.**

2. When an adjective modifies two or more nouns of different gender, the masculine plural form is always used.

Francesca e il suo ragazzo sono **simpatici.**

Francesca and her boyfriend are nice.

La signora e il signore sono molto **generosi.**

The woman and the man are very generous.

3. Adjectives of nationality may also have either four forms or two forms.

americano, -a, -i, -e	canadese, -i
australiano, -a, -i, -e	cinese, -i
italiano, -a, -i, -e	francese, -i
messicano, -a, -i, -e	giapponese, -i
russo, -a, -i, -e	inglese, -i
spagnolo, -a, -i, -e	irlandese, -i
tedesco, a, -hi, -he	

Ⓐ Completi la seconda frase con un aggettivo di significato opposto a quello della prima frase.

◆ Antonella è allegra. Luigi e Filippo _____.
Luigi e Filippo sono tristi.

1. Alberto è povero. Anna e Nino _____.
2. Laura è buona. Le sue sorelle _____.
3. Teresa è intelligente. Claudio _____.
4. Gianni è giovane. Alfredo _____.
5. Le figlie di Paolo sono piccole. I suoi figli _____.
6. Luisa è grassa. Angelo ed io _____.
7. La sorella di Elena è bella. I suoi fratelli _____.
8. Io sono alto. Tu e Riccardo _____.

Ⓑ Dia la nazionalità delle seguenti persone.

◆ Céline Dion è del Canadà.
Céline Dion è canadese.

1. William e Harry abitano in Inghilterra.
2. Il re (*king*) Juan Carlos abita in Spagna.
3. Gérard Depardieu è della Francia.
4. Chow Wan Fat è della Cina.
5. Nicole Kidman e Mel Gibson sono originalmente dell'Australia.
6. Sinéad O'Connor abita in Irlanda.
7. Hillary e Chelsea Clinton sono degli Stati Uniti.
8. L'imperatore Akihito abita in Giappone.

C In coppia: Simona e suo fratello Pietro sono totalmente diversi. Ecco tre disegni (*drawings*) di Simona e tre di Pietro. Con un altro studente/un'altra studentessa, dica quali sono le qualità opposte dei due ragazzi. Usate la forma corretta degli aggettivi della lista a pagina 111.

◆ Simona è piccola ma Pietro è _____.

D Descriva i luoghi indicati nella sua città, usando la forma appropriata di aggettivi come *nuovo*, *moderno*, *grande*, *vecchio*, *piccolo*, *buono*, ecc.

◆ le chiese   Le chiese della mia città sono vecchie (grandi, ecc.).

1. i ristoranti
2. l'ufficio postale
3. gli alberghi
4. l'ospedale
5. il museo
6. le scuole
7. l'università
8. i cinema

Posizione degli aggettivi con i nomi

— Guarda! Ho una **nuova macchina.**
— Scusa, ma questa non è una **macchina nuova!**

1. In Italian, most descriptive adjectives follow the noun they modify.

— Penso di indossare una **toga romana.**
— Ecco un **costume semplice!**
— Io invece porto un'**uniforme militare.**

— *I think I'll wear a Roman toga.*
— *Now that's a simple costume!*
— *I'm wearing a military uniform.*

2. Certain common descriptive adjectives, such as **bello, buono, nuovo,** and **piccolo,** ordinarily precede the noun they modify. When they follow the noun, it is usually for emphasis or contrast.

— Abitano in una **piccola villa** fuori Roma.
— Ma non è una **villa piccola.** È grande!

— *They live in a small villa out-side Rome.*
— *But it's not a small villa at all. It's big!*

Using these adjectives after the noun tends to emphasize the meaning of the adjective. For example, *una nuova macchina* means that the car is new to the speaker, but not necessarily new. *Una macchina nuova* means that the car is brand new.

Here is a list of some common descriptive adjectives that generally precede the noun.

bello/a	beautiful; nice	**grande**	large; great
bravo/a	good; capable	**lungo/a**	long
brutto/a	ugly; unpleasant	**nuovo/a**	new
buono/a	good	**piccolo/a**	small
caro/a	dear	**stesso/a**	same
cattivo/a	bad	**vecchio/a**	old
giovane	young	**vero/a**	true

The word *caro* before a noun means *dear: un caro amico.* After a noun it means *expensive: un costume caro.*

3. When **buono** directly precedes a singular noun, it has shortened forms similar to those of the indefinite articles **un/uno/una/un'**.

Antonio è un **buon** ragazzo. È anche un **buono** studente.	*Antonio is a good boy. He's also a good student.*
Tiziana è una **buona** persona. È una **buon'**amica di Tonio.	*Tiziana is a good person. She's a good friend of Tonio.*

4. When **bello** directly precedes the noun it modifies, it has forms similar to the definite article.

Masculine		Feminine	
Singular	**Plural**	**Singular**	**Plural**
il **bel** museo	i **bei** musei	la **bella** città	le **belle** città
il **bello** stadio	i **begli** stadi	la **bell'**isola	le **belle** isole
il **bell'**albergo	i **begli** alberghi		

But: Gli alberghi sono **belli.**

E Completi la descrizione con la forma appropriata degli aggettivi indicati tra parentesi. Metta gli aggettivi nella posizione corretta.

◆ Frequento una (grande) _____ università _____.
Frequento una grande università.

Abito in una (piccolo) _____ casa _____ per (internazionale) _____ studenti _____. Quest'anno ci sono quattro (nuovo) _____ studenti _____. Ilsa è una (bravo) _____ ragazza _____ tedesca. Laure e Mireille sono due (giovane) _____ studentesse _____ che sono dello (stesso) _____ paese _____ della Francia. Ivano è un _____ (russo) ragazzo _____. È una (simpatico) _____ persona _____ e un (vero) _____ amico _____.

F In coppia: Lei e un amico/un'amica avete opinioni differenti su quasi (*almost*) tutto. Quando lei dice che una cosa è bella, l'amico/a dice che è brutta, e viceversa. Esprimete il vostro punto di vista sulle seguenti cose, secondo l'esempio.

◆ la città di Los Angeles
S1: Che bella città!
S2: Che brutta città!

1. i libri di Stephen King
2. la lingua tedesca
3. la famiglia di Homer Simpson
4. i negozi di Rodeo Drive
5. la musica di Frank Sinatra
6. le idee di Ralph Nader
7. la tradizione di Carnevale
8. il giorno di San Valentino

G In coppia: Chieda ad un amico/un'amica se ha le seguenti cose. Se risponde di sì, domandi se sono belle.

◆ orologio   S1: Hai un orologio?
               S2: Sì, ho un orologio.
               S1: È bello l'orologio?
               S2: Sì, è un bell'orologio.

1. cane   4. radio   6. stereo
2. macchina (*car*) 5. televisore   7. appartamento
3. bicicletta

H In gruppi di tre o quattro: Fate una lista di persone famose che voi associate con le seguenti qualità.

◆ bello   S1: Brad Pitt è un bell'uomo.
           S2: Cameron Diaz è una bella donna.

1. ricco   4. alto   7. divertente
2. intelligente   5. basso   8. antipatico
3. vecchio   6. brutto

Presente dei verbi regolari in *-ire*

Il film finisce ma Pietro dorme.

Notice that verbs like *dormire* have the same endings as the *-ere* verbs, except for the *voi* form.

As you learn new *-ire* verbs, conjugate them in your head so that you will remember whether they are like *dormire* or *capire*. To determine to which group a particular *-ire* verb belongs, count backwards from the last letter of the infinitive. If the fifth-to-the-last letter is a consonant, it is probably conjugated like *dormire*; if it is a vowel, it is probably conjugated like *capire* (notice the exception *restituire*).

1. The present tense endings for regular **-ire** verbs are **-o, -i, -e, -iamo, -ite,** and **-ono.** These verbs follow two patterns: that of **dormire** (*to sleep*) and that of **capire** (*to understand*). The endings are the same for both groups, but verbs like **capire** insert **-isc** between the stem and the ending in all forms except the **noi** and **voi** forms.

dormire *to sleep*		**capire** *to understand*	
dorm**o**	dorm**iamo**	cap**isco**	cap**iamo**
dorm**i**	dorm**ite**	cap**isci**	cap**ite**
dorm**e**	dorm**ono**	cap**isce**	cap**iscono**

2. The following **-ire** verbs are regular in the present tense.

Verbs like **dormire**		*Verbs like* **capire**	
aprire	to open	**finire**	to finish
offrire	to offer	**ubbidire**	to obey
partire	to leave, depart	**preferire**	to prefer
seguire	to follow; to take (courses)	**pulire**	to clean
sentire	to hear; to feel	**restituire**	to give back
servire	to serve; to be useful	**spedire**	to send
soffrire	to suffer	**suggerire**	to suggest

Note: The verbs **finire** and **suggerire** require the preposition **di** before an infinitive. English uses the *-ing* form to express the same idea.

— Quando **suggerisci di** partire?   — *When do you suggest leaving?*
— Quando **finiamo di** studiare.   — *When we finish studying.*

3. Remember that in a double-verb construction, the first verb is conjugated and the second verb is an infinitive.

— **Preferisci prendere** l'autobus dell'una?   — *Do you prefer to take the one o'clock bus?*
— No, veramente **preferisco partire** ora.   — *No, actually I prefer to leave now.*

I   Risponda alle domande con una frase appropriata della lista indicata. Metta il verbo nella forma corretta.

◆ Cosa fa il professore?   Insegna all'università.

dormire molto	seguire corsi di anatomia
spedire lettere	partire e arrivare
capire tutto	aprire la porta alla mamma
servire il pranzo	soffrire di malinconia
ubbidire	

1. Cosa fanno le persone pigre?
2. Cosa fa una persona intelligente?
3. Cosa fanno i viaggiatori (*travelers*)?
4. Cosa fanno i cani buoni?
5. Cosa fa il ragazzo cortese?
6. Cosa fa una persona triste?
7. Cosa fanno i camerieri?
8. Cosa fanno gli studenti di medicina?

J Aldo descrive una sua giornata di scuola. Completi la descrizione in maniera appropriata con la forma corretta di uno dei verbi indicati. Usi ogni verbo una volta sola.

restituire   dormire
aprire   offrire
preferire   pulire
seguire   prendere
spedire

Di solito, la mattina io non _____ fino a tardi perché _____ andare a scuola presto. Vado a scuola alle otto, ma prima _____ un po' il mio appartamento. Poi incontro Giuseppe al bar e lui mi _____ un caffè. _____ il caffè e poi andiamo a lezione di storia. Di solito noi non _____ i libri quando il professore parla per tutta l'ora. Alla fine della lezione _____ la penna a Giuseppe e lo saluto. Io resto a scuola perché _____ un corso di matematica. Torno a casa all'una e poi _____ una lettera ad un'amica di Pisa.

K In gruppi di tre o quattro: Domandi agli altri studenti del gruppo quale delle due cose indicate preferiscono.

◆ ascoltare la musica / guardare la televisione
   S1: Preferite ascoltare la musica o guardare la televisione?
   S2: Io preferisco guardare la televisione.
   S3: Io invece preferisco ascoltare la musica. / Anch'io preferisco ...

1. studiare la mattina presto / studiare la sera tardi
2. le persone disinvolte / le persone timide
3. i cani / i gatti
4. andare in bicicletta / andare in motocicletta
5. la cucina italiana / la cucina cinese
6. i gelati al cioccolato / i gelati alla vaniglia
7. avere caldo / avere freddo
8. i film dell'orrore (*horror*) / i film romantici
9. la Coca-Cola / la Pepsi

L In coppia: Faccia le seguenti domande ad un altro studente/un'altra studentessa.

1. Capisci l'italiano? E il francese? E il tedesco?
2. A che ora comincia la lezione d'italiano? A che ora finisce?
3. Di solito, a che ora finisci di studiare la sera?
4. Quanti corsi segui? Quali sono i corsi che segui? Quale preferisci?
5. Fino a che ora dormi il sabato mattina? E la domenica mattina?
6. Preferisci andare al cinema o al teatro?
7. Chi pulisce la tua camera (*room*)? Quando?
8. Soffri di malinconia? Di allergie? Di insonnia?

Verbi irregolari: *andare* e *venire*

1. The verbs **andare** and **venire** are irregular in some forms of the present tense.

andare	*to go*	venire	*to come*
vado	andiamo	**vengo**	veniamo
vai	andate	**vieni**	venite
va	**vanno**	**viene**	**vengono**

2. **Andare** and **venire** require the preposition **a** before an infinitive.

Oggi non **andiamo a mangiare** al ristorante.

Today we aren't going to the restaurant to eat.

Gli amici di mio fratello **vengono a fare** colazione con noi.

My brother's friends are coming to have breakfast with us.

M Completi i dialoghi con le forme appropriate di *andare* e *venire*.

— Ciao, Simona. Da dove _____?
— _____ dal lavoro.
— Desideri _____ con me ad una festa?
— Sì! Ma prima _____ a casa a cambiarmi (*change*) il vestito.

— Dove _____ la tua famiglia in vacanza (*on vacation*)?
— Mamma e papà _____ in Florida.
— E tu non _____ con loro?
— No, io preferisco _____ a sciare con gli amici.

N Dopo le vacanze in Italia, alcuni turisti europei cambiano treno alla stazione di Roma. Dica da dove vengono e dove vanno.

◆ Partenza da: Rimini   Destinazione: Copenaghen   il signore danese
Il signore danese viene da Rimini e va a Copenaghen.

FERROVIE DELLO STATO		FERROVIE DELLO STATO
Partenza da: PALERMO		**Partenza da:** NAPOLI
Destinazione: LIONE		**Destinazione:** LONDRA

1. il signore francese   4. la signorina inglese

FERROVIE DELLO STATO		FERROVIE DELLO STATO
Partenza da: SORRENTO		**Partenza da:** AGRIGENTO
Destinazione: AMBURGO		**Destinazione:** AMSTERDAM

2. la famiglia tedesca   5. i giovani olandesi

FERROVIE DELLO STATO		FERROVIE DELLO STATO
Partenza da: SPERLONGA		**Partenza da:** TAORMINA
Destinazione: BARCELONA		**Destinazione:** LUCERNA

3. gli studenti spagnoli   6. la signora svizzera

O In coppia: Indichi ad un altro studente/un'altra studentessa tre luoghi dove lei va questa fine settimana. Dica anche che cosa va a fare e con chi va.

◆ S1: Dove vai questa fine settimana?
S2: Vado al parco a fare una passeggiata con la mia amica. E poi vado ...

P In coppia: Un amico/un'amica decide di fare le seguenti cose questa fine settimana. Dica dove va per fare queste attività. Le destinazioni possibili sono indicate nella lista di destra.

◆ ballare con gli amici
    S1: Vado a ballare con gli amici.
    S2: Tu vai alla nuova discoteca.

1. vedere un bel film	al parco
2. studiare per un esame	all'ufficio postale
3. comprare un vecchio costume	in centro
4. vedere la partita di calcio (*soccer game*)	al mercato dell'usato
5. spedire una lettera	alla gelateria
6. mangiare un bel gelato	in biblioteca
7. vedere i negozi eleganti	allo stadio
8. fare due passi	al cinema

Parliamo un po'

A **Una descrizione.** In coppia: Ecco una fotografia delle vacanze di un suo amico/una sua amica. Domandi all'amico/a chi sono le persone nella foto, come si chiamano, come sono, di dove sono, e com'è il luogo rappresentato nella foto. L'amico/a deve usare la fantasia nelle risposte.

◆ S1: Chi è questa ragazza?
    S2: Si chiama Luli. È una ragazza spagnola ...
    S1: Com'è?
    S2: È dinamica, ...

Internet   For further practice of lesson topics, log on to the *Oggi in Italia* website.

Vuoi venire con noi? Un gruppo di giovani aspetta altri amici.

B **Una festa mascherata.** In coppia.

> **S1:** Lei ha ricevuto (*received*) questo invito per una festa mascherata. Telefoni a S2 e lo/la inviti alla festa. Poi risponda alle domande dell'amico/a.

> **S2:** Un amico/un'amica le telefona per invitarla ad una festa mascherata. Lei accetta, ma vuole sapere quando e dove è la festa, se ha bisogno di vestire in costume, e quale costume pensa di indossare l'amico/a.

Venite ad una
Festa mascherata
venerdì, 31 ottobre
alle 21:00
Via Appia Pignatelli 62, Roma

Costume obbligatorio!!!

Perché non porti anche un amico o un'amica?

Keep your description simple and use words and phrases you are familiar with. Use only the present tense.

C **Una persona che ammiro.** Scriva una breve descrizione di una persona che lei ammira (*admire*): un amico, un membro della sua famiglia o una persona famosa. Dica com'è questa persona e perché l'ammira.

D **L'uomo/La donna ideale.** In gruppi di tre o quattro: Secondo voi, com'è la donna/l'uomo ideale? Quali sono le sue qualità? Indicate sei caratteristiche che ha e due o tre che non ha.

◆ L'uomo ideale è alto, ma non molto alto. È intelligente ...

E **Le preferenze.** Intervisti un altro studente/un'altra studentessa per sapere quali sono le sue preferenze. Prenda appunti e riferisca le informazioni alla classe. Ecco alcuni suggerimenti per fare le domande:

— dove andare la fine settimana? ad una festa? al cinema? ecc.
— che tipo di film? di fantascienza? dell'orrore? romantico? comico? ecc.
— che tipo di ristorante? elegante? semplice? italiano? francese? ecc.
— che tipo di persone? intelligenti? allegre? ecc.
— dove fare acquisti? in quali negozi?

◆ S1: Dove preferisci andare la fine settimana?
S2: Preferisco andare ...

In giro per l'Italia

View the *Parliamo italiano!* video, Module 4, *Comprare (Umbria)*.

A **Un po' di geografia.** Completi le seguenti frasi con la forma appropriata di una parola della lista indicata. C'è una parola in più nella lista.

monte	capoluogo	città	lago	penisola
fiume	cittadina	valle	abitante	palazzo

1. Il Po è un ... molto grande.
2. Firenze è una grande ... ma Fiesole è una ... .
3. Il ... Bianco (Blanc) è tra l'Italia e la Francia.
4. La ... del Po è nel nord Italia.
5. Anche il ... di Garda è nel nord Italia.
6. Firenze è il ... della Toscana.
7. L'Italia e la Spagna sono due ... .
8. Gli ... della città di Roma sono più di tre milioni.

L'Umbria

Situata nel centro d'Italia, questa regione è molto bella. Essa è chiamata "Umbria verde[1]" per il colore dei monti e delle valli dell'Appennino umbro[2],

1. green   2. Umbrian

Perugia: La gente passeggia tranquillamente; in fondo c'è il Palazzo dei Priori e la Fontana Maggiore.

ricchi di boschi e di pascoli[3]. In questa regione, che non ha il mare, scorre[4] il fiume Tevere mentre va verso Roma. Qui c'è anche il lago Trasimeno, il più grande della penisola dopo i laghi del nord Italia.

L'Umbria è una regione tranquilla; non ha città molto grandi e i suoi abitanti sono poco meno di[5] un milione. Il capoluogo è Perugia, città importante fin dall'[6] epoca degli Etruschi. L'altra città grande è Terni, conosciuta per le sue industrie e le sue fabbriche[7].

Ma sono le varie cittadine medievali che caratterizzano l'Umbria. In esse ci sono belle chiese romaniche[8], conventi e palazzi storici[9] e ancora oggi sono circondate da mura[10] antiche. Orvieto, Spoleto, Gubbio, Todi e Assisi sono alcune di queste cittadine che molti turisti italiani e stranieri visitano continuamente.

> The Etruscans (*Etruschi*) were an ancient people (100 to 200 B.C.) who lived in the region of Etruria, which included parts of present-day Umbria, Tuscany, and Lazio.

3. woods and pastures   4. flows   5. a little less than   6. since   7. factories   8. romanesque
9. historical   10. walls

B   **Informazioni.** Dia le seguenti informazioni basate sul brano precedente.

1. Nome particolare di questa regione ...
2. Fiume che scorre nell'Umbria ...
3. Lago umbro ...
4. Il capoluogo dell'Umbria ...
5. Altre città importanti dell'Umbria ...
6. Numero di abitanti dell'Umbria ...
7. Caratteristiche delle cittadine medievali dell'Umbria ...
8. Tre cittadine umbre ...

A   **Definizioni.** Prima di leggere il seguente brano, abbini (*match*) le definizioni con una parola della lista di destra. Cerchi di indovinare il significato delle parole che non sono familiari.

1. due periodi della storia   a. artistico
2. persone che visitano città e paesi   b. l'olio d'oliva
3. aggettivo derivato da *arte*   c. il musicista
4. ingrediente della cucina italiana   d. la ceramica
5. un prodotto artistico   e. Medioevo e Rinascimento
6. una celebrazione   f. i teatri
7. un artista   g. i turisti
8. luoghi di concerti e di spettacoli   h. una festa

Le attrazioni dell'Umbria

L'Umbria è una regione ricca di tradizioni culinarie, artigianali e folcloristiche. I prodotti principali della cucina umbra sono il tartufo[1], l'olio d'oliva, il prosciutto, le salsicce[2] e il vino. L'artigianato[3] è un'altra attrazione. Le ceramiche artistiche di Deruta, Orvieto, Gubbio e Città di Castello e i tessuti e i ricami[4] di Assisi sono molto conosciuti in Italia e all'estero[5].

1. truffle   2. sausages   3. handicrafts   4. fabrics and embroidery   5. abroad

Queste artistiche ceramiche sono in mostra in un negozio di Città di Castello in Umbria.

The Spoleto Festival was founded in 1957 by Giancarlo Menotti, the composer of *Amahl and the Night Visitors* and other musical compositions.

Però le attrazioni principali sono le varie attività folcloristiche, le sagre[6] popolari e i vari festival culturali che hanno luogo[7] in Umbria. Molte feste folcloristiche hanno le loro origini nel Medioevo e nel Rinascimento[8]. Esse sono ricche di costumi multicolori e gare[9] sportive di antiche tradizioni. Le sagre celebrano i buoni prodotti locali come il tartufo, gli asparagi, i funghi[10] e le ciliege[11] che vengono presentati in tipici piatti regionali e venduti al pubblico. L'Umbriajazz ed il Festival di Spoleto sono invece le più importanti manifestazioni culturali di fama internazionale. Musicisti e cantanti[12] di jazz di tutto il mondo partecipano all'Umbriajazz e i loro concerti hanno luogo nei bei teatri di varie cittadine umbre. Il Festival di Spoleto ha luogo a Spoleto da più di quaranta anni. Durante tre settimane d'estate spettacoli teatrali, danze, concerti, mostre[13] di pittura[14] e scultura, conferenze su temi scientifici e letterari e rassegne[15] cinematografiche trasformano la tranquilla cittadina di Spoleto in un centro internazionale di arte e cultura.

6. feasts   7. take place   8. Renaissance   9. competitions   10. mushrooms   11. cherries   12. singers   13. exhibits   14. painting   15. reviews

B **Vero o falso?** In coppia: A turno identificate le seguenti frasi come vere o false secondo il brano precedente. Correggete (*Correct*) le frasi false.

1. Due prodotti usati nella cucina italiana sono il tartufo e l'olio d'oliva.
2. In Umbria l'artigianato non ha una lunga tradizione ed è poco praticato.
3. Le cittadine di Deruta e di Città di Castello sono conosciute per le loro ceramiche.
4. La sagra del tartufo celebra questo importante prodotto regionale.
5. Una cittadina umbra conosciuta per i suoi ricami è Gubbio.
6. Umbriajazz è un festival dedicato al jazz locale.
7. Il Festival di Spoleto ha luogo a Orvieto.

Giovanni invita Laura a mangiare una pizza con lui questa sera.

Lezione 6

In pizzeria con gli amici

COMMUNICATIVE OBJECTIVES

- Describe past actions and events
- Talk about vacations and vacation plans
- Express dates
- Tell when past actions took place

Edoardo Filippini e Valerio Marotta sono seduti ad un tavolo della pizzeria Il Marinaio. Mentre mangiano una pizza, loro parlano.

EDOARDO: Giovedì scorso sono andato dal meccanico per un controllo alla mia macchina e ho visto Sergio Pellegrini.

VALERIO: Ma che dici? Non è partito a giugno per gli Stati Uniti?

EDOARDO: No, ha cancellato la sua vacanza all'estero. Comunque° ho visto il suo ultimo acquisto. *However*

VALERIO: Che cosa ha comprato?

EDOARDO: Una bella moto di marca giapponese.

VALERIO: Accidenti! Ma allora non va più in vacanza?

EDOARDO: Oh, sì, ma ha cambiato programma°. Intanto°, beviamo qualcosa? Hai ordinato la birra o il vino? *(his) plans / In the meantime*

VALERIO: Ho ordinato una bottiglia di vino rosso. Questa pizza è buona, ma mette molta sete°. *it makes one very thirsty*

EDOARDO: (*alla cameriera*) Signorina, il vino, per favore.

LA CAMERIERA: Va bene, subito.

VALERIO: Dunque, dove va in vacanza Sergio?

EDOARDO: Ha deciso di andare in Sicilia. Parte il due agosto. Va con la sua moto nuova.

VALERIO: Anch'io sono stato in Sicilia l'estate scorsa. Mi è piaciuta molto.

EDOARDO: Che cosa hai visto lì?

VALERIO: Ho visto belle città, molte spiagge stupende e panorami favolosi.

EDOARDO: Ah, ecco il vino. Salute°! *To your health!*

La moto is feminine, even though it ends in *-o,* because it is the shortened form of *la motocicletta.*

Domande

1. Dove sono Edoardo e Valerio?
2. Dov'è andato Edoardo giovedì scorso? Perché?
3. Che cosa ha comprato Sergio Pellegrini?
4. Che cosa ordinano i due giovani? Perché?
5. Che cosa ha deciso di fare Sergio?
6. Quando è stato in Sicilia Valerio?
7. A Valerio è piaciuta la Sicilia? Che cosa ha visto?

Domande personali

The *moto* and *motorino* (motor scooter) are the preferred means of transportation of many young people in Italy. They are exciting, fast, and easy to park.

1. Dove va lei quando ha voglia di mangiare una pizza?
2. Che cosa preferisce bere quando mangia una pizza?
3. Lei ha la moto, la macchina o la bicicletta? Di che marca è? Quale marca preferisce?
4. Come guida, lentamente o velocemente?
5. Preferisce le macchine americane, giapponesi o italiane? Perché?

I giovani italiani

Firenze: Un gruppo di amici si incontra e socializza in Piazza Santa Maria Novella.

I giovani italiani non sono molto diversi dai loro coetanei[1] americani. Molti di loro frequentano la scuola secondaria superiore e, dopo aver ottenuto la maturità[2], alcuni incominciano a lavorare mentre altri si iscrivono[3] all'università o ad istituti di studi superiori come l'Accademia delle Belle Arti o il Conservatorio di Musica. Durante le vacanze estive, molti giovani vanno al mare o in montagna. Alcuni vanno all'estero in vacanza e per imparare una lingua straniera.

Spesso i giovani italiani che studiano all'università vivono a casa con i loro genitori[4]. Le università sono presenti nelle maggiori città italiane e quindi non è necessario trasferirsi[5] in un'altra parte del paese. Anche per ragioni economiche e per la mancanza[6] di adeguati appartamenti a buon mercato, è più conveniente vivere in famiglia.

I giovani passano il tempo libero in modi diversi. Praticano lo sport, ascoltano la musica, vanno a ballare in discoteca, organizzano feste e spesso fanno gite in macchina o in motocicletta. Amano anche passeggiare con gli amici per le vie del centro, e i loro luoghi d'incontro preferiti sono le paninerie[7], i bar, le pizzerie e i centri commerciali.

■ Cosa fanno lei e i suoi amici nel tempo libero?

[1]people of the same age   [2]after receiving their high school diploma   [3]enroll   [4]parents   [5]to move   [6]lack   [7]sandwich shops

Most Italian universities are government-operated. There are very few private universities in Italy.

Situazioni

1. Domandi ad un amico/un'amica dov'è andato/a il mese o l'anno scorso.

   ◆ — Dove sei andato/a il mese (l'anno) scorso?
   — Sono andato/a in Italia (a Roma/in Canadà/a Londra/al mare/in montagna).

2. Risponda ad un compagno/una compagna di scuola che domanda che cosa lei ha deciso di fare durante le prossime vacanze.

   ◆ — Che cosa hai deciso di fare durante le prossime vacanze?
   — Ho deciso di fare una gita (rimanere in città/andare in Europa/non fare niente di particolare).

Vocabolario

Parole analoghe

il Canadà	la pizza
cancellare	la pizzeria
il meccanico	stupendo/a
il panorama	

Nomi

agosto   August
la birra   beer
la bottiglia   bottle
la cameriera   waitress
il controllo   check, inspection
l'estate (*f.*)   summer
giugno   June
la macchina   car
la marca   make, brand name
la moto(cicletta)   motorcycle
la spiaggia   beach
la vacanza   vacation
il vino   wine

Aggettivi

favoloso/a   fabulous
giapponese   Japanese
rosso/a   red
ultimo/a   latest, last (*in a series*)

Verbi

cambiare   to change
dire   to say, to tell
deciso   decided (*past participle of* **decidere**)
piaciuto   liked (*p.p. of* **piacere**)
visto or **veduto**   seen (*p.p. of* **vedere**)
stato   been (*p.p. of* **essere**)

Altre parole ed espressioni

accidenti!   my goodness!
come   as, like
dunque   well then
lentamente   slowly
lì   there
sempre   always
velocemente   fast
all'estero   abroad
in vacanza   on vacation
non ... più   no longer
gli Stati Uniti   the United States

POMODORO & MOZZARELLA

PIZZERIA

"*La pizza*"

V.le L. Da Vinci, 215
Tel. 065411013

Pratica

1. In coppia: Lei pensa di comprare una moto o un motorino e desidera andare a vedere alcuni modelli. Telefoni ad un amico/un'amica e gli/le chieda di accompagnarla. L'amico/a risponde che non può (*cannot*) e dice perché.

2. In gruppi di tre: Lei è con un amico/un'amica in una pizzeria. Prima chiamate il cameriere e ordinate una pizza e qualcosa da bere; poi parlate di una gita in campagna per la fine settimana. Lei preferisce andare con la moto, e l'amico/a con la macchina. Alla fine prendete una decisione sul mezzo (*means*) da usare.

Pronuncia

I suoni /r/ e /rr/

Italian /r/ (spelled **r**) and /rr/ (spelled **rr**) are pronounced differently from English /r/. Italian /r/ is "trilled" once—that is, pronounced with a single flutter of the tip of the tongue against the gum ridge behind the upper front teeth. This produces a sound similar to the *tt* in the English words *bitter, better, butter* when they are pronounced rapidly. The sound /rr/ is produced with a multiple flutter of the tip of the tongue.

A Ascolti l'insegnante e ripeta le seguenti parole.

rosso	Marotta	marca	birra	arrivederci
ragione	dire	corso	terra	Corrado
cameriera	trenta	Edoardo	arrivare	carriera

B **Proverbio.** Legga ad alta voce il seguente proverbio e poi lo detti ad un altro studente/un'altra studentessa.

Rosso di sera bel tempo si spera.
Red sky at night, sailor's delight.
(*Literally: Red in the evening, good weather is expected.*)

Ampliamento del vocabolario

Le stagioni e i mesi dell'anno

la primavera	**l'estate** (*f.*)	**l'autunno**	**l'inverno**
aprile	luglio	ottobre	gennaio
maggio	agosto	novembre	febbraio
giugno	settembre	dicembre	marzo

1. The months of the year are not capitalized in Italian.

aprile	*April*
luglio	*July*

2. The preposition **a** is generally used with names of the months to express *in*.

A febbraio vado in Italia.   *In February I'm going to Italy.*

The prepositions **in** and **di** (**d'**) are used with names of the seasons to express *in*.

in primavera	*in spring*	**d'estate**	*in summer*
in autunno	*in fall*	**d'inverno**	*in winter*

> Practice dates you consider important, such as your birthday, your parents' anniversary, etc.

3. In English, days of the month are usually expressed in ordinal numbers (the first, the nineteenth). In Italian, only the first day of the month is expressed with an ordinal number; the other days are expressed with cardinal numbers.

È il **primo** (**di**) novembre.   *It's the first of November. (It's November 1.)*

È il **due** (**cinque, diciassette,** ecc.) (**di**) dicembre.   *It's the second (fifth, seventeenth, etc.) of December.*

Note: The definite article **il** is always used before the number to express dates. The preposition **di** between the day and the month is optional.

4. The adjectives pertaining to the four seasons are: **primaverile, estivo/a, autunnale,** and **invernale.**

È una bella giornata **primaverile.**   *It's a beautiful spring day.*
Ho un bel vestito **estivo.**   *I have a beautiful summer dress.*

A In gruppi di tre: Immaginate di avere abbastanza tempo e soldi (*money*) per fare quattro vacanze all'anno. Dite dove andate quest'anno, quando partite e quando tornate.

◆ In primavera vado in vacanza in Italia. Parto il 20 aprile e torno il 28 maggio… . E tu?

B In coppia: Faccia alcune domande ad un compagno/una compagna per avere le seguenti informazioni. Prenda appunti per poi (*to then*) riferire i risultati alla classe.

◆ cosa fa durante i mesi d'estate   — Che cosa fai durante i mesi d'estate?
    — A luglio vado …

1. quale stagione dell'anno preferisce e perché
2. quale mese preferisce di più (*the most*) e perché
3. quale mese preferisce di meno (*the least*) e perché
4. quali sport practica d'inverno e quali d'estate
5. in quale mese preferisce visitare l'Italia e perché
6. qual è il mese in cui (*in which*) studia di più

C In coppia: Domandi ad un compagno/una compagna la data o almeno (*at least*) il mese di questi giorni importanti.

◆ — Quando è il giorno di San Valentino?
    — È il 14 febbraio.

1. la giornata (*day*) della mamma
2. il compleanno di George Washington
3. la giornata di Cristoforo Colombo
4. la festa del Lavoro (*Labor*)
5. il giorno del Ringraziamento (*Thanksgiving*)
6. il giorno delle elezioni politiche nazionali
7. il giorno dell'Anno Nuovo (*New Year*)
8. il giorno dell'Indipendenza degli Stati Uniti

D Impari (*Learn*) i seguenti versi rimati sui mesi.

Trenta giorni ha novembre,
con aprile, giugno e settembre,
di ventotto ce n'è uno,
tutti gli altri ne han trentuno.

Alcune espressioni di tempo al passato

Here is a list of some common expressions used to refer to events in the recent and the more distant past.

Espressioni con *ieri*

ieri   yesterday
ieri mattina   yesterday morning
ieri pomeriggio   yesterday afternoon
ieri sera   last night
l'altro ieri   the day before yesterday

Espressioni con *scorso*

sabato scorso   last Saturday
la settimana scorsa   last week
il mese scorso   last month
l'anno scorso   last year

Espressioni con *fa*

un'ora fa   one hour ago
due giorni (settimane, mesi, anni) fa   two days (weeks, months, years) ago
molto tempo fa   a long time ago
poco tempo fa   not long ago, a little while ago
qualche tempo fa   some time ago
quanto tempo fa?   how long ago?

> Practice these expressions by applying them to things you have done: *Ho visto un film ieri sera.*

E   In coppia: Domandi ad un amico/un'amica quanto tempo fa ha fatto le seguenti cose. L'amico/a risponde usando un'espressione di tempo appropriata.

◆ — Quando hai finito la scuola media?
— (Cinque) anni fa.

1. Quando sei andato/a al bar con gli amici?
2. Quando hai ordinato una pizza a domicilio (*home delivery*)?
3. Quando hai comprato il computer?
4. Quando sei arrivato/a all'università?
5. Quando hai deciso di studiare l'italiano?

F   In coppia: Domandi ad un compagno/una compagna quando è andato/a ai seguenti posti (*places*).

◆ — Quando sei andato/a al cinema?
— Ieri pomeriggio.

1. Quando sei andato/a in biblioteca?
2. Quando sei andato/a in vacanza?
3. Quando sei andato/a al mare?
4. Quando sei andato/a dal dentista?
5. Quando sei andato/a a teatro?

Struttura ed uso

Passato prossimo con *avere*

— **Hai ordinato** il vino?
— No, **ho cambiato** idea.

1. The **passato prossimo** (present perfect) is used to describe actions and events that have occurred in the past, particularly in the recent past. It is often accompanied by an expression specifying a particular time, such as **ieri, domenica scorsa,** or **un'ora fa.**

— Sai, **siamo tornati** ieri dalle vacanze in Sicilia.
— Cosa **avete veduto** lì?
— **Abbiamo visitato** tutti i musei dell'isola.
— Bravi! Anch'io **sono stata** in Sicilia l'anno scorso.

— *You know, we just got back yesterday from a vacation in Sicily.*
— *What did you see there?*
— *We visited every museum on the island.*
— *Good for you! I've been to Sicily too, last year.*

Il Presidente del Centro Culturale degli Artisti, Cav. Maurizio Bisantis, ha il piacere di invitare la S.V. all'inaugurazione della Mostra Antologica del

Maestro Manuel Campus

"La Non Violenza - Emigrazione Immigrazione"

Opere dal 1950 al 2000

Mercoledì 25 aprile 2001 ore 18,30
Reggia di Caserta Cappella Palatina

la mostra resterà aperta fino al 31 maggio - h. 9-13
è gradito l'abito scuro - ingresso libero

seguirà il ricevimento presso
l'Hotel Europa, via Roma 19 CASERTA

Qual è la data di inaugurazione della mostra d'arte? Dove ha luogo? Quanto tempo dura (lasts) la mostra? Qual è l'orario (hours) della mostra? In quale giorno della settimana non è possibile vedere la mostra?

2. The **passato prossimo** is a compound tense that consists of two parts: the present tense form of an auxiliary verb, either **avere** or **essere,** and the past participle of the main verb. Most Italian verbs form the **passato prossimo** with the auxiliary **avere.** These verbs are mostly transitive, that is, they take a direct object that answers the question *what?* or *whom?*

Hanno mangiato	(che cosa?)	una pizza.
Ha passato	(che cosa?)	le vacanze in America.
Abbiamo ordinato	(che cosa?)	i panini e l'aranciata.
Ho veduto	(chi?)	Sergio.
Hanno incontrato	(chi?)	Edoardo.

3. The past participle of regular verbs is formed by adding:

-ato to the stem of **-are** verbs: (comprare) **compr + ato** = comprato
-uto to the stem of **-ere** verbs: (vendere) **vend + uto** = venduto
-ito to the stem of **-ire** verbs: (capire) **cap + ito** = capito

4. Here is the **passato prossimo** of the regular verbs **comprare, vendere,** and **capire.**

comprare	vendere	capire
ho comprato	ho venduto	ho capito
hai comprato	hai venduto	hai capito
ha comprato	ha venduto	ha capito
abbiamo comprato	abbiamo venduto	abbiamo capito
avete comprato	avete venduto	avete capito
hanno comprato	hanno venduto	hanno capito

5. The **passato prossimo** is equivalent to either the present perfect or the simple past in English.

Hanno finito i compiti. { *They have finished their homework.*
                             { *They finished their homework.*

Ho incontrato Sergio. { *I have met Sergio.*
                           { *I met Sergio.*

Note: The form of the **passato prossimo** is the same in a question and in a negative statement, unlike English past tenses.

Hanno finito i compiti? *Have they finished (Did they finish) their homework?*

Non **ho incontrato** Sergio. *I haven't met (didn't meet) Sergio.*

6. The adverbs of time **già** (*already*), **ancora** (*yet*), **mai** (*ever, never*), and **sempre** (*always*) usually occur between the auxiliary verb and the past participle.

— Avete **già** pagato?   — *Have you already paid?*
— No, non abbiamo **ancora**   — *No, we haven't ordered yet!*
  ordinato!

In a question, the adverb **mai** with the **passato prossimo** means *ever*. In a negative sentence it means *never*.

— Hai **mai** guidato una   — *Have you ever driven a*
  motocicletta?   *motorcycle?*
— No, non ho **mai** avuto   — *No, I've never had the*
  l'occasione.   *opportunity.*

A Lei è andato/a recentemente ad una festa con il suo ragazzo/la sua ragazza. Racconti (*Tell*) che cosa è successo alla festa secondo i suggerimenti indicati.

◆ io / ricevere un invito alla festa
    Io ho ricevuto un invito alla festa.

1. noi / guidare la macchina di papà
2. tu / portare molte persone alla festa
3. gli amici / servire panini e Coca-Cola
4. noi / ascoltare la musica degli anni 70
5. un amico / cantare canzoni di Elvis Presley
6. noi / ballare fino a tardi
7. il mio ragazzo (la mia ragazza) / mangiare troppo
8. tutti / parlare delle elezioni universitarie

B Metta le frasi nel passato prossimo.

◆ Compro una macchina usata.
    Ho comprato una macchina usata.

1. Ho un problema con la macchina.
2. Porto la macchina dal meccanico.
3. Il meccanico guarda attentamente la macchina.
4. Ascolta il motore.
5. Controlla il motore.
6. Prova l'acceleratore.
7. Trova il problema.
8. Finisce di ripararla (*fix it*) dopo poco tempo.
9. Pago il meccanico con la carta di credito.

C Dica che cosa hanno fatto due giorni fa le persone della colonna A. Formuli frasi logiche usando i verbi della colonna B e finendo con le parole della colonna C.

◆ Due giorni fa io ed un amico abbiamo pulito la macchina.

A	B	C
noi	passare	la macchina
tu e tua sorella	giocare	una A nel corso d'italiano
il meccanico	ricevere	con i videogiochi
la professoressa	ordinare	Graceland
tu	pulire	una moto giapponese
un amico ed io	visitare	un CD di Andrea Bocelli
i dottori	comprare	la pizza con il salame
io	imparare	le vacanze a Las Vegas
	ascoltare	a ballare il tango

D Trovi nella classe una persona che ha fatto una delle seguenti cose. Quando ha trovato la persona, scriva il suo nome vicino all'attività.

◆ visitare l'Europa
    S1: Hai mai visitato l'Europa?
    S2: No, non ho mai visitato l'Europa.
        Sì, ho visitato l'Europa.

1. trovare dieci dollari per strada   _____
2. mangiare i calamari   _____
3. frequentare un liceo privato   _____
4. studiare una lingua orientale   _____
5. lavorare in un negozio   _____
6. giocare a rugby   _____
7. incontrare una persona famosa   _____
8. seguire un corso di antropologia   _____

Calamari (squid) is a popular dish in Italy, often fried.

E In coppia: Domandi ad un altro studente/un'altra studentessa se ha fatto le seguenti cose in questo mese. Se risponde di sì, chieda più informazioni.

◆ avere un esame difficile
    S1: Hai avuto un esame difficile in questo mese?
    S2: Sì, ho avuto un esame difficile nel corso di …
        No, non ho ancora avuto un esame difficile.

1. ricevere una lettera
2. studiare in biblioteca
3. vedere un bel film
4. viaggiare fuori degli Stati Uniti
5. trovare un nuovo amico/una nuova amica
6. cercare un lavoro
7. dimenticare un appuntamento importante

In coppia: Chieda ad un amico/un'amica tre cose che ha fatto sabato scorso. Domandi anche a che ora ha fatto ogni cosa.

◆ S1: Che cosa hai fatto sabato scorso?
S2: Ho mangiato al ristorante.
S1: A che ora hai mangiato?
S2: Alle …

Passato prossimo con *essere*

È entrato qua …
ed **è uscito** là.

1. The **passato prossimo** of some Italian verbs is formed with the auxiliary verb **essere.** These verbs are intransitive; they do not take a direct object. Many of them involve movement.

Sergio **è partito** lunedì.	*Sergio left on Monday.*
È andato in Sicilia.	*He went to Sicily.*
È tornato venerdì.	*He returned on Friday.*

2. The past participle of verbs conjugated with **essere** always agrees with the subject of the sentence in gender and number.

Tutti sono partit**i** per le vacanze.	*Everyone left for vacation.*
Valerio è andat**o** in America.	*Valerio went to America.*
Gina e Flavia sono andat**e** in Grecia.	*Gina and Flavia went to Greece.*
Solo **Maria** è restat**a** a casa.	*Only Maria stayed at home.*

> To remember gender and number agreement, think of the past participle of an intransitive verb as an adjective like *bello: Marisa è bella, Marisa è uscita,* etc.

3. Here is a list of some common regular verbs that form the **passato prossimo** with the auxiliary **essere.**

andare	*to go*	I giovani sono andati all'estero.
arrivare	*to arrive*	L'aeroplano è arrivato in ritardo.
diventare	*to become*	Silvia è diventata nervosa.
entrare	*to enter*	Siamo entrati in un bar.
partire	*to depart, leave*	Gloria è partita per la Sicilia.
restare	*to stay, remain*	Io sono restato in albergo.
tornare	*to return*	Siete tornati in un momento difficile.
uscire	*to go out*	Il papà è uscito due minuti fa.

4. The verb **piacere** also uses **essere** as its auxiliary in the **passato prossimo.** When the person or thing liked is singular, the verb is singular; when it is plural, the verb is plural.

La Sicilia mi **è piaciuta.**   *I liked Sicily.*
E mi **sono piaciute** molto   *And I really liked the Sicilian beaches.*
le spiagge siciliane.

G Cambi il soggetto della descrizione quattro volte, usando *Marco, io, Gina e Daria* e *i ragazzi.* Faccia i cambiamenti necessari al participio passato dei verbi.

Ieri Melissa è andata alla Biblioteca Vaticana. È uscita di casa presto. È arrivata al Vaticano alle nove meno un quarto. È entrata in biblioteca quindici minuti dopo ed è restata lì fino all'una. Poi è tornata a casa con l'autobus.

H Dica dove sono andate in vacanza l'anno scorso queste persone e che cosa hanno fatto lì.

◆ Mia sorella è andata ad Aspen e ha sciato.

io	a New York	visitare le piramidi
tu ed un amico	alle isole Bahama	giocare con i canguri (*kangaroos*)
mia sorella	ad Aspen	frequentare le discoteche del luogo
mamma e papà	a Parigi	incontrare Topolino (*Mickey Mouse*)
tu	in Egitto	sciare
	in Australia	dormire sulla spiaggia
	a EuroDisney	comprare molti vestiti eleganti

Sicilia: La bellissima Valle dei Templi; in distanza il Tempio di Giunone.

I. Domandi a cinque studenti dove sono andati in vacanza recentemente. Prenda appunti per poi riferire le informazioni alla classe.

◆ S1: Dove sei andato/a in vacanza recentemente?
   S2: Sono andato/a a …

   S1: Michele è andato a Disneyworld, Ruben è andato a New York, Carla ed io siamo restate a casa …

J. In coppia: Ricordate la storia di Cenerentola (*Cinderella*)? Raccontate la storia, con l'aiuto dei suggerimenti indicati e usando il passato prossimo.

Vocabolario utile

la sorellastra stepsister	**il topolino** mouse
la fata madrina fairy godmother	**il cavallo** horse
la carrozza carriage	**la scarpetta** slipper

Cenerentola era (*was*) una povera ragazza che abitava con le sorellastre cattive. Un giorno …

1. arrivare / l'invito al ballo
2. le due sorellastre / andare al ballo / senza Cenerentola
3. la fata madrina / creare / un vestito bellissimo
4. i topolini / diventare / cavalli
5. Cenerentola / andare al ballo / in carrozza
6. Cenerentola / incontrare / il principe
7. loro / ballare / insieme
8. Cenerentola / tornare a casa / a mezzanotte
9. il principe / seguire / Cenerentola
10. Cenerentola / perdere / la scarpetta
11. Cenerentola / arrivare a casa / prima delle sorellastre

E poi… ? (Completi la storia.)

Metta in contrasto quello che le seguenti persone fanno di solito con quello che hanno fatto due giorni fa (l'anno scorso, ieri, ecc.).

◆ Di solito arrivo in ritardo alla lezione d'italiano, ma due giorni fa …   Di solito arrivo in ritardo alla lezione d'italiano, ma due giorni fa sono arrivato/a in anticipo.

1. Di solito parto per l'Europa a febbraio, ma l'anno scorso …
2. Di solito torniamo a casa alle dieci, ma ieri sera …
3. Di solito non beviamo Coca-Cola, ma sabato scorso …
4. Di solito loro ascoltano cassette, ma domenica …
5. Di solito Luisa esce con Orazio, ma venerdì sera …
6. Di solito preferiscono la pizza, ma la settimana scorsa …
7. Di solito finisco i compiti (*homework*) in anticipo, ma lunedì …
8. Di solito puliamo l'appartamento il sabato, ma questa settimana …
9. Di solito non mi piace il programma *Saturday Night Live*, ma ieri sera …

Participi passati irregolari

Cenerentola **è rimasta** troppo tempo al ballo.

1. Many Italian verbs, particularly **-ere** verbs, have irregular past participles. A list of common verbs with irregular past participles follows on the next page. A more complete list appears in Appendix E. Asterisks indicate that the **passato prossimo** is formed with **essere**.

aprire (*to open*)	**aperto**
bere (*to drink*)	**bevuto**
chiedere (*to ask for*)	**chiesto**
chiudere (*to close*)	**chiuso**
decidere (*to decide*)	**deciso**
dire (*to say*)	**detto**
discutere (*to discuss*)	**discusso**
*essere (*to be*)	**stato**
fare (*to do, to make*)	**fatto**
leggere (*to read*)	**letto**
mettere (*to put*)	**messo**
*morire (*to die*)	**morto**
*nascere (*to be born*)	**nato**
offrire (*to offer*)	**offerto**
perdere (*to lose*)	**perso (perduto)**
prendere (*to take*)	**preso**
*rimanere (*to remain*)	**rimasto**
rispondere (*to answer*)	**risposto**
*scendere (*to descend*)	**sceso**
scrivere (*to write*)	**scritto**
soffrire (*to suffer*)	**sofferto**
spendere (*to spend*)	**speso**
vedere (*to see*)	**visto (veduto)**
*venire (*to come*)	**venuto**
vincere (*to win*)	**vinto**

— Cosa **hai fatto** ieri sera?   — *What did you do last night?*
— Niente di speciale. **Sono stato**   — *Nothing special. I was with*
    con alcuni amici al bar.   *some friends of mine at a bar.*
— Fino a che ora **siete rimasti** lì?   — *How long did you stay there?*
— Fino a tardi! **Abbiamo**   — *Late! We discussed politics.*
    discusso di politica.

2. Perdere and **vedere** have both regular and irregular past participles.

— Ieri ho **visto** Sergio.
— Hai **veduto** anche il suo ultimo acquisto?

3. Stato is the past participle of both **essere** and **stare.** Their forms are identical in the **passato prossimo,** but their meaning is usually clear from the context.

— Maura **è stata** a scuola ieri?   — *Was Maura at school yesterday?*
— No, **è stata** a casa tutta la   — *No, she stayed at home all day.*
    giornata.

L Dia il contrario del verbo nel passato prossimo.

◆ Sergio ha vinto dieci dollari.   Sergio ha perso dieci dollari.

1. La professoressa ha aperto la finestra.
2. Abbiamo mangiato poco a mezzogiorno.
3. Chi ha scritto l'articolo sul giornale?
4. Niccolò Machiavelli è nato a Firenze.
5. Hai trovato la penna?
6. Cosa hanno chiesto al professore?
7. Sono andati con il treno delle dieci e un quarto.

Niccolò Machiavelli (1469–1527) was a Florentine writer, statesman, and political theorist.

M In coppia: Qui ci sono due liste di cose da fare per lei e per un suo amico/una sua amica. A turno, chiedete se ognuno (*each*) ha fatto le cose della sua lista.

◆ S1: Hai fatto una passeggiata con il cane?
   S2: Sì, ho già fatto una passeggiata con il cane.
       No, non ho (ancora) fatto una passeggiata con il cane.

S1	*S2*
fare una passeggiata con il cane	mettere la macchina nel garage
leggere il giornale	pulire l'appartamento
rispondere al telefono	fare i letti (*beds*)
bere il caffè	portare le bottiglie al supermercato
dormire un po' nel pomeriggio	chiudere tutte le finestre

N In coppia: Un compagno/Una compagna le domanda se recentemente lei ha fatto le seguenti cose. Se risponde di sì, dica quando le ha fatte.

◆ scrivere una lettera
   S1: Hai scritto una lettera recentemente?
   S2: No, non ho scritto una lettera recentemente.
       Sì, ho scritto una lettera domenica scorsa.

1. vedere un bel film
2. dire una bugia (*lie*)
3. fare una passeggiata
4. leggere un libro noioso
5. spendere più di $100 ad un ristorante
6. venire a lezione in ritardo
7. essere fuori degli Stati Uniti
8. prendere un mezzo pubblico (*public transportation*)
9. rimanere in casa 24 ore
10. perdere una cosa preziosa

O In coppia: Guardate i due disegni (*drawings*) a pagina 145. Il primo mostra (*shows*) com'era ieri pomeriggio la camera di Sergio. Il secondo disegno fa vedere com'è oggi la stessa camera. Dica al compagno/alla compagna tre o quattro cose che Sergio ha fatto fra ieri e oggi. Vocabolario utile: *letter:* la lettera; *door:* la porta; *bed:* il letto.

◆ S1: Sergio ha/è …
S2: Ha/È anche …

Verbi irregolari: *bere, dire, uscire*

1. The verbs **bere** (*to drink*), **dire** (*to say*), and **uscire** (*to go out*) are irregular in the present tense. Here are their forms.

bere		dire		uscire	
bevo	beviamo	dico	diciamo	esco	usciamo
bevi	bevete	dici	dite	esci	uscite
beve	bevono	dice	dicono	esce	escono

— Cosa **bevete?**
— Noi **beviamo** acqua minerale, ma Sergio **dice** che preferisce non **bere** niente.
— **Esci** ancora con Laura?
— No, non **usciamo** più insieme. Lei **dice** che sono noioso!

— *What are you drinking?*
— *We're drinking mineral water, but Sergio says he prefers not to drink anything.*
— *Do you still go out with Laura?*
— *No, we don't go out together anymore. She says I'm boring!*

> *Uscire* means both "to go out" (of a building) in the literal sense and "to go out" in the sense of dating.

2. The past participles of **bere** and **dire** are irregular: **bevuto** and **detto**. **Uscire** is regular in the **passato prossimo** but is conjugated with **essere**.

Siamo usciti ieri sera per festeggiare il compleanno di Paolo.
Gli **abbiamo detto** "Auguri!" e **abbiamo bevuto** alla sua salute.

Last night we went out to celebrate Paolo's birthday.
We said "Best wishes!" and drank to his health.

P Dica che le persone tra parentesi fanno le seguenti cose.

1. Gabriella beve un caffè ed esce di casa. (io / Gabriella e Valeria / voi / tu)
2. Dice "buongiorno" al direttore dell'ufficio. (la segretaria / noi / i ragazzi)
3. Dopo il lavoro esce con due amiche. (Tu e Gabriella / io / Gabriella e sua madre / Marco)
4. Dice alle amiche che oggi non beve niente. (Francesco / noi / tu / i due giovani)

Alcoholic beverages, and wine in particular, are an integral part of Italian life. Italians begin to drink wine with meals at an early age. Alcohol abuse is much less of a problem than in the United States.

Q In coppia: Un sondaggio sull'alcol. Domandi ad un compagno/una compagna:

1. se beve alcolici
2. che cosa beve
3. quando e quanto beve
4. se i suoi genitori bevono alcolici
5. se gli amici bevono alle feste o quando escono
6. se gli studenti della vostra università bevono poco o molto
7. se l'uso eccessivo di bevande alcoliche è un problema serio nella vostra università

R Intervisti un altro studente/un'altra studentessa per sapere:

— se esce spesso
— dove va quando esce
— con chi preferisce uscire
— cosa fa quando esce
— se è uscito/a sabato scorso; dov'è andato/a

◆ S1: Esci spesso?
   S2: Sì, abbastanza spesso: due o tre volte alla settimana.
   S1: Dove vai …

Internet For further practice of lesson topics, log on to the *Oggi in Italia* website.

Vivere in Italia!

Capri. Gente del luogo e
turisti passeggiano nella
piazza principale dell'isola.

A **La fine settimana.** Chieda a due o tre
amici/amiche che cosa fanno di solito il
sabato e la domenica. Prenda appunti e poi
riferisca le informazioni alla classe.

◆ S1: Che cosa fai di solito il sabato?
S2: ...
S1: E la domenica?
S2: ...

147

B Ecco le attività preferite degli europei durante le ore libere di un giorno lavorativo (*working*): guardano la televisione, ascoltano la radio, leggono un libro, incontrano gli amici, ecc. Le persone che guardano la televisione dedicano in media (*on the average*) tre ore e ventisette minuti a quest'attività; quelle che ascoltano la radio spendono in media tre ore e quattordici minuti in quest'attività, ecc.

- A quali di queste attività lei dedica le sue ore libere in un giorno normale?

- Quanto tempo dedica a ciascuna di queste attività?

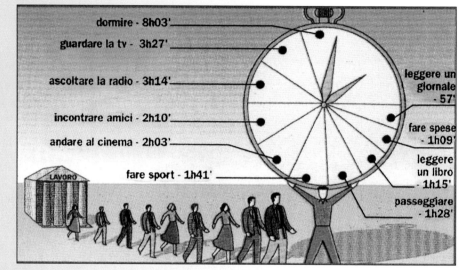

dormire - 8h03'
guardare la tv - 3h27'
ascoltare la radio - 3h14'
incontrare amici - 2h10'
andare al cinema - 2h03'
fare sport - 1h41'
leggere un giornale - 57'
fare spese - 1h09'
leggere un libro - 1h15'
passeggiare - 1h28'
LAVORO

Vacanze all'estero

A gli italiani piace molto andare in vacanza all'estero. Durante le feste di Natale[1], dell'Anno Nuovo e di Pasqua[2] molti vanno a visitare le capitali europee o partono per i paesi caldi dove possono[3] andare al mare. Ma la vacanza più impegnativa[4] è quella estiva. Nei mesi di luglio e agosto milioni di italiani lasciano la loro casa e molti vanno in luoghi lontani[5] ed esotici. Il trekking nel Nepal, il safari nel Kenya, le spiagge delle isole Seychelles e delle Mauritius nell'Oceano Indiano, le spiagge di Cuba o di altre isole dei Caraibi, Los Angeles, New York o il Gran Canyon negli Stati Uniti sono le loro mete[6] preferite. Alcuni[7] preferiscono l'Europa. Partono con l'aereo o con l'automobile. Famiglie intere poi partono con il camper e girano da un paese all'altro dell'Europa.

1. Christmas   2. Easter   3. they can   4. demanding   5. far away   6. destinations   7. Some

- Ai suoi amici piace fare le vacanze all'estero?

- Dove preferiscono andare?

- I suoi amici preferiscono fare una vacanza lunga o varie vacanze brevi durante l'anno? Perché?

Il mese di agosto

In Italia il mese di agosto è sinonimo di vacanza. All'inizio del mese le grandi fabbriche[1] del nord chiudono i propri stabilimenti[2] e ad esse si uniscono[3] le altre piccole fabbriche del centro nord e del centro. Milioni di lavoratori[4] vanno in vacanza tutti insieme, milioni di macchine intasano[5] le autostrade, milioni di persone affollano[6] le spiagge e i luoghi di villeggiatura[7]. È una vera vacanza?

Per la gente che rimane nelle città semideserte non ci sono molti servizi pubblici, i negozi sono quasi tutti chiusi e c'è spesso un'afa[8] insopportabile. Però c'è meno rumore e meno traffico. Che incubo[9] il mese di agosto!

1. *factories*   2. *plants*   3. *are joined*   4. *workers*   5. *jam*
6. *crowd*   7. *vacation*   8. *mugginess*   9. *nightmare*

- Nel suo paese c'è un mese particolare per le vacanze?

- Nel suo paese le fabbriche e i negozi chiudono per vacanza per lunghi periodi di tempo? Quando? Di solito, per quanto tempo chiudono?

Italiani e stranieri in vacanza sulla spiaggia di Amalfi situata non molto lontano da Napoli.

C **Una gita.** In coppia: Descriva ad un amico/un'amica una gita che lei ha fatto recentemente. Dica dov'è andato/a, con chi, perché, quanto tempo è rimasto/a là, che cosa ha fatto, cosa è successo e quando è tornato.

◆ (Domenica) scorsa sono andato/a a (in) …

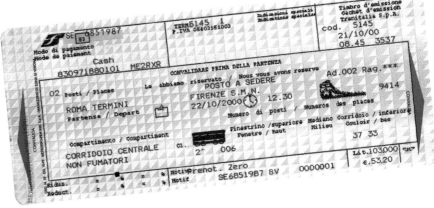

Una ragazza dinamica

Mi chiamo Cristina. Sono una ragazza molto attiva e non sono mai in casa. Ogni settimana vado al cinema, al teatro, in discoteca o a qualche festa. La fine settimana lascio[1] spesso la mia famiglia e vado per qualche giorno in montagna. Ogni tanto vado all'estero, e quest'estate, dopo un mese di vacanze al mare, sono stata tre settimane a Londra. "È vero che non ti mancano[2] i soldi," mi dice spesso mio padre, "ma quando dai qualche esame[3] all'università? È già passato un anno e non ne hai dato ancora uno[4]!"

1. leave   2. you aren't lacking   3. do you take an exam   4. you still haven't taken one

Un motorino e lo zaino sono due cose utili e necessarie per spostarsi facilmente in città.

Il mio tempo libero. Scriva cinque o sei frasi per parlare del suo tempo libero. Usi come guida il brano (*passage*) precedente.

Il mercato all'aperto è ancora oggi una caratteristica di molte città italiane.

Lezione 7

Il mercato all'aperto

COMMUNICATIVE OBJECTIVES

- Describe your daily routine and ask others about their routines

- Inquire about and express prices

- Talk about food and food preferences and quantities

- Make requests and suggestions; give orders and advice

È sabato mattina. Sono le dieci e Gabriella Marcantonio si sveglia. Si alza dal letto, si lava e si veste. Poi esce per andare a fare la spesa. Questa mattina Gabriella va al mercato all'aperto del suo quartiere, perché lì si compra meglio. C'è una scelta migliore di frutta e verdura ed è tutto a buon mercato.

Al mercato Gabriella si ferma alla bancarella di un fruttivendolo.

FRUTTIVENDOLO:	(*Ad alta voce*°) Comprate queste belle arance!	*loudly*
	Guardate che bell'uva! È una delizia°.	*delight, delicious*
	(*A Gabriella*) Buon giorno, signorina, mi dica°.	*may I help you?*
GABRIELLA:	Vorrei degli spinaci. Quanto costano?	
5 FRUTTIVENDOLO:	Un euro e settanta centesimi al chilo.	
GABRIELLA:	Un chilo, per favore.	
FRUTTIVENDOLO:	Subito.	
GABRIELLA:	E l'uva, quanto costa?	
FRUTTIVENDOLO:	Due euro. È dolce come il miele°. Prenda,	*honey*
10	assaggi.	
GABRIELLA:	Sì, grazie. … Veramente buona, ma mi sembra un po' cara.	
FRUTTIVENDOLO:	Signorina, in tutto il mercato non c'è di meglio.	
GABRIELLA:	Se lo dice lei. … Allora faccia° anche un chilo d'uva,	*give me*
15	per favore.	
FRUTTIVENDOLO:	Bene, desidera qualche altra cosa?	
GABRIELLA:	No, grazie. Per oggi è tutto.	
FRUTTIVENDOLO:	Allora, sono tre euro e settanta centesimi. (*Alla moglie*) Maria, sii gentile, da' anche degli odori° alla	*herbs*
20	signorina!	
GABRIELLA:	Grazie, ecco i soldi. Arrivederci.	

> In Italy, weight is measured in kilograms (*un chilo*). A *chilo* equals 2.2 pounds.

> Vendors at open-air markets generally give herbs (*odori*) to their customers for free.

> As of January 2002, the euro, whose symbol is €, is the official currency of all the member nations of the European Union (EU). In Italy the euro takes the place of the lira. Similar to the American dollar, the euro is made up of 100 cents (*centesimi*).

Domande

1. A che ora si sveglia Gabriella Marcantonio?
2. Che cosa fa quando si sveglia?
3. Perché Gabriella esce sabato mattina?
4. Dove fa la spesa questa mattina?
5. Che cosa assaggia Gabriella al mercato?
6. Cosa compra Gabriella dal fruttivendolo? Quanto costano gli spinaci? Quanto costa l'uva?
7. Quanto spende in tutto Gabriella?

Il mercato rionale[1]

Particolare invitante di una salumeria di Courmayeur nella Valle d'Aosta.

I mercati rionali all'aperto o coperti sono opportunamente[2] distribuiti in varie zone centrali e periferiche delle città italiane. Essi hanno una funzione importante nella vendita di ortaggi[3], frutta, carne e pesce[4]. Alcuni di questi mercati una volta erano[5] specializzati nella vendita di prodotti particolari che hanno dato il nome al mercato stesso[6]. Un esempio è Campo de' Fiori a Roma, dove, molti decenni fa, ogni martedì le donne arrivavano[7] in città dalla campagna per vendere fiori[8].

Con lo sviluppo[9] del supermercato, l'importanza del mercato rionale è diminuita. La donna moderna, che è entrata nel mondo del lavoro, non ha più tempo per andare al mercato ogni giorno ed ha trovato più conveniente fare la spesa al supermercato una volta alla settimana. Ma per molta gente il mercato rionale, oltre[10] ad esercitare un certo fascino folcloristico, rimane il luogo dov'è ancora possibile comprare cibi freschi[11] e a buon mercato.

■ Chi fa la spesa nella sua famiglia?

■ Ci sono mercati all'aperto di frutta e verdura nella sua città? Ci sono anche negozi di alimentari specializzati?

---

[1]local, neighborhood [2]conveniently [3]vegetables [4]meat and fish [5]were [6]itself [7]used to arrive [8]flowers [9]development
[10]besides [11]fresh food

Domande personali

1. Lei a che ora si sveglia la mattina? A che ora si alza?
2. Si alza presto o tardi? E il sabato? E la domenica?
3. Che cosa beve la mattina? Latte? Caffè? Tè? Spremuta d'arancia?
4. Lei quando va a fare la spesa? Ogni giorno? Una volta alla settimana? Due o tre volte alla settimana?
5. C'è un mercato all'aperto o un supermercato vicino a casa sua?
6. Lei esce a fare acquisti il sabato? Quali acquisti fa? Dove?

Situazioni

1. In coppia: Domandi ad un amico/un'amica a che ora si alza il sabato.

    ◆ — A che ora ti alzi il sabato?
    — Mi alzo alle dieci (presto/molto tardi/a mezzogiorno).

2. In coppia: Suggerisca qualcosa al suo compagno/alla sua compagna che desidera sapere cosa fare stasera.

    ◆ — Che si fa stasera?
    — Si esce con gli amici (Si va al cinema/Si guarda la televisione/Si studia).

Vocabolario

Parole analoghe

l'euro
la frutta
spendere
gli spinaci

Nomi

l'arancia   orange
la bancarella   stall
il centesimo   cent
il fruttivendolo   fruit vendor
il letto   bed
gli odori   herbs
il quartiere   neighborhood
la scelta   choice
i soldi   money
l'uva   grape(s)
la verdura   green vegetables

Aggettivi

dolce   sweet
migliore   better

Verbi

alzarsi   to get up
assaggiare   to taste
costare   to cost
dare   to give; da'   give
fermarsi   to stop
lavarsi   to wash (oneself)
svegliarsi   to wake up
vestirsi   to get dressed

Altre parole ed espressioni

poi   then, afterwards
presto   early
tardi   late
tutto   whole
veramente   really
a buon mercato   inexpensive
al chilo   per kilo (metric weight)
fare la spesa   to shop (for food)
in tutto   all together
mi sembra   it seems to me, I think
quanto costa (costano)?   How much is it (are they)?
si compra   one buys

In Italian, *euro* is an invariable masculine noun: *l'euro/gli euro.*

Soldi is the most common way to say "money." Other words are *il denaro* and *la moneta. La moneta* also means "coin" and "currency."

Pratica

1. Dica cosa fa una persona che abita con lei da quando si sveglia la mattina fino a quando esce di casa. A che ora si sveglia? È di buon umore (*mood*) o di cattivo umore? Come si veste? Legge il giornale? Ascolta la radio?

2. In coppia: Lei è ad un mercato all'aperto di Roma e chiede a un fruttivendolo un chilo di patate, un chilo d'uva e due chili di arance. Preparate un dialogo appropriato e presentatelo alla classe.

Pronuncia

I suoni /s/ e /z/

The letter **s** has two sounds in Italian, /**s**/ as in *sing* and /**z**/ as in *rose*. The sound /**s**/ is represented by the letters **s** and **ss**. The sound /**z**/ is represented by the letter **s**. In standard Italian, **s** is pronounced /**z**/ when it appears between two vowels (intervocalic **s**) and before **b, d, g, l, m, n, r,** and **v.**

> Remember that in most common Italian words the intervocalic s is pronounced /z/.

A Ascolti l'insegnante e ripeta le seguenti parole.

sabato	a**ss**aggiare
soldi	e**ss**ere
spendere	**s**te**ss**o
spinaci	indo**ss**are
co**s**a	me**s**e
spe**s**a	cente**s**imo
confu**s**ione	**s**vegliare
de**s**idera	**s**garbato

B **Proverbi.** Legga ad alta voce i seguenti proverbi e poi li detti ad un altro studente/un'altra studentessa.

Sbagliando s'impara.
One learns by one's mistakes.

Non c'è rosa senza spine.
Life is not a bed of roses.
(*Literally: There is no rose without thorns.*)

Ampliamento del vocabolario

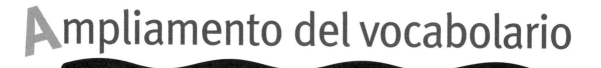

I cibi

Gli alimentari (*food products*)

l'aceto   vinegar
il brodo   broth
il burro   butter
il formaggio   cheese
il latte   milk
la minestra   soup
l'olio d'oliva   olive oil
il pane   bread
la pasta   pasta
la pastasciutta   pasta dish
il pepe   pepper
il prosciutto   cured ham
il riso   rice
il salame   salami
il sale   salt
l'uovo (*m.*), le uova (*f. pl.*)   egg
lo zucchero   sugar

La carne (*meat*)

l'agnello   lamb
la bistecca   steak
il maiale   pork
il pollo   chicken
il tacchino   turkey
il vitello   veal

Il pesce (*fish*)

l'aragosta   lobster
i calamari   squid
i gamberi   shrimp
il merluzzo   cod
gli scampi   prawn
la sogliola   sole
le vongole   clams

La frutta

l'albicocca   apricot
l'ananas (*m.*)   pineapple
l'arancia   orange
la banana   banana
la ciliegia   cherry
la fragola   strawberry
il limone   lemon
la mela   apple
la pera   pear
la pesca   peach
il pompelmo   grapefruit
l'uva   grape(s)

Il dolce (*dessert*)

la crostata   pie
il gelato   ice cream
la pasta   pastry
il tiramisù   cake with coffee,
   mascarpone cheese, cream,
   and chocolate
la torta   cake

La verdura

gli asparagi   asparagus
i broccoli   broccoli
il carciofo   artichoke
la carota   carrot
la cipolla   onion
i fagiolini   string beans
i funghi   mushrooms
la lattuga   lettuce
la melanzana   eggplant
la patata   potato
il peperone   green pepper
i piselli   peas
il pomodoro   tomato
gli spinaci   spinach
gli zucchini   zucchini squash

> Practice food vocabulary when eating and shopping.

> *Pasta* is the general name for every type of cooked and uncooked pasta. *Pastasciutta* refers to an already cooked pasta dish such as spaghetti, fettuccine, linguine, etc.

> *Gli zucchini* can also be feminine, *le zucchine*.

In coppia: Risponda ad un amico/un'amica che vuole sapere se lei mangia questi cibi.

◆ carciofi
    S1: Mangi i carciofi?
    S2: Sì, mangio i carciofi qualche volta. / No, non ho mai mangiato i carciofi.

i calamari	l'aragosta
il tiramisù	i broccoli
il prosciutto	le carote

B In coppia: Domandi ad un amico/un'amica cosa preferisce mangiare e bere a pranzo e a cena (*at lunch and dinner*). Prenda appunti e poi riferisca le informazioni alla classe.

◆ S1: Cosa preferisci mangiare e bere a pranzo?
    S2: A pranzo preferisco …
    S1: E a cena?

C In coppia: Faccia le seguenti domande personali ad un altro studente/un'altra studentessa.

  1. Preferisci la carne o il pesce?
  2. Quale tipo di carne preferisci?
  3. Quante volte alla settimana mangi il pesce?
  4. Qual'è il tuo pesce preferito?
  5. Mangi la verdura? Quali verdure preferisci?
  6. Che frutta mangi di solito? Mangi la frutta ogni giorno?
  7. Preferisci la spremuta d'arancia o di pompelmo?
  8. Se stai a dieta per un giorno, che cosa mangi?
  9. Di solito usi il burro, la margarina o l'olio d'oliva?
10. Ti piacciono i dolci? Quali dolci preferisci?

D In gruppi di tre: Preparate una cena a due persone che avete conosciuto in Italia. Decidete il menù includendo l'antipasto, il piatto principale, il dolce, la frutta e le bevande (*drinks*). Poi fate una lista delle cose da comprare.

Una grande varietà di pesce è in vendita in questa bancarella di un mercato di zona.

I numeri da 100 in poi

100 = **cento**	1.000 = **mille**	
101 = **centouno**	1.100 = **millecento**	
120 = **centoventi**	1.420 = **millequattrocentoventi**	
150 = **centocinquanta**	2.000 = **duemila**	
200 = **duecento**	3.000 = **tremila**	
300 = **trecento**	4.000 = **quattromila**	
400 = **quattrocento**	5.000 = **cinquemila**	
500 = **cinquecento**	10.000 = **diecimila**	
600 = **seicento**	15.000 = **quindicimila**	
700 = **settecento**	100.000 = **centomila**	
800 = **ottocento**	200.000 = **duecentomila**	
900 = **novecento**	1.000.000 = **un milione**	

> A period is used instead of a comma in numbers in the thousands: *English: 10,500; Italian: 10.500.*

> A comma is used instead of a decimal point to express fractional amounts: *English: 1.5; Italian: 1,5.*

1. The plural of **mille** is **mila**. It is attached to the preceding number.

duemila	*two thousand*
tremila	*three thousand*

2. Milione (milioni) requires **di** plus a noun when no other number follows **milione (milioni)**.

un milione **di euro**	*a million euros*
due milioni **di persone**	*two million people*
But: un milione duecentomila dollari	*one million two hundred thousand dollars*

	UN CUCCHIAINO DI OLIO (oliva, mais, girasole)	UN CUCCHIAINO DI ZUCCHERO	QUATTRO BISCOTTI SECCHI	UNA BRIOCHE NON RIPIENA	UNA FETTA DI CROSTATA CON MARMELLATA	UNA LATTINA DI ARANCIATA O ALTRA BIBITA	UNA LATTINA DI BIRRA	UN QUARTO DI LITRO DI VINO
CIBI								
CALORIE	45	20	123	206	339	127	112	190

Quante calorie ci sono in un cucchiaino di zucchero? E in una fetta di crostata con marmellata? E in una lattina di aranciata? Dove sono più calorie, in quattro biscotti secchi o in una fetta di crostata con marmellata?

E Legga ad alta voce.

◆ 150 biglietti   centocinquanta biglietti

1. 365 giorni
2. 1.000 dollari
3. 400 orologi
4. 15.000 persone
5. 950 negozi
6. 1.000.000 di euro
7. 2.000 anni
8. 1.420 studenti

F In coppia: Risponda ad un compagno/una compagna che le domanda quanto costano queste cose in Italia. Usi i prezzi suggeriti per rispondere alle domande.

◆ un televisore / €400   — Quanto costa un televisore?
                          — Costa quattrocento euro.

1. un motorino Piaggio / €1.750
2. una macchina Fiat / €15.000
3. un'automobile Ferrari / €160.000
4. un buon telefonino / €380
5. uno stereo / €250
6. un buon computer / €2.500
7. un pranzo per due in un ristorante elegante / €150
8. una settimana in una buona pensione / €800

Struttura ed uso

Verbi riflessivi

La mamma prima veste il suo bambino e poi **si veste.**

1. A reflexive verb is a verb whose action refers back to the subject, such as *I hurt myself* or *They enjoyed themselves.* Reflexive verbs are always accompanied by a reflexive pronoun: **mi, ti, si, ci, vi, si.** The verb itself is conjugated according to the tense and the subject. Here is the present tense of the verb **divertirsi.**

divertirsi *to enjoy oneself, have fun*	
io **mi diverto**	noi **ci divertiamo**
tu **ti diverti**	voi **vi divertite**
lui/lei **si diverte**	loro **si divertono**

— **Vi divertite** in classe? — *Do you enjoy yourselves in class?*
— **Ci divertiamo** quando parliamo. — *We have fun when we talk.*

2. Reflexive verbs are more common in Italian than in English. Many Italian reflexives express ideas that are not normally expressed reflexively in English.

Gianni **si alza** alle otto.   *Gianni gets up (raises himself) at eight o'clock.*

Poi **si veste.**   *Then he gets dressed (dresses himself).*

Poi **si mette** a studiare.   *Then he begins to study.*

> Practice the reflexive verbs as you go about your daily routine: *Sono le otto; mi alzo. Adesso mi lavo,* etc.

3. Here is a list of some common reflexive verbs in Italian.

addormentarsi to fall asleep	**mettersi a** + *infinitive* to begin to, start to
alzarsi to get up	
annoiarsi to be bored	**preoccuparsi (di)** to worry (about)
chiamarsi to be called (call oneself), be named	**prepararsi per** + *infinitive* to prepare oneself to, get ready to
divertirsi to enjoy oneself, have fun	**sentirsi** to feel
fermarsi to stop	**svegliarsi** to wake up
lavarsi to wash (oneself)	**vestirsi** to get dressed
mettersi to put on (clothing)	

— Come **vi sentite,** signori? — *How are you feeling?*
— **Ci sentiamo** molto meglio, grazie. — *We're feeling much better, thank you.*

— **Mi preoccupo** di mio figlio, che **si annoia** a scuola. — *I'm worried about my son, who gets bored at school.*

4. The reflexive pronoun generally comes before the conjugated verb. In the infinitive form, it is usually attached to the end of the infinitive, which drops the final **-e.**

Non **si ferma** a Padova. *He's not stopping in Padova.*
Preferisce **fermarsi** a Ferrara. *He prefers to stop in Ferrara.*
Vi addormentate presto? *Do you fall asleep early?*
Cercate di **addormentarvi** presto. *Try to fall asleep early.*

5. In the **passato prossimo**, reflexive verbs always take the auxiliary verb **essere.** The past participle agrees with the subject.

Paola **si è svegliata** alle sei. *Paola woke up at six.*
Le ragazze **si sono lavate.** *The girls washed themselves.*
Ci siamo messi a studiare. *We started studying.*

A Cambi il soggetto della seguente descrizione tre volte, prima a *Piero*, poi a *noi* e poi ai *fratelli Paolini*. Faccia tutti i cambiamenti necessari ai verbi e ai pronomi riflessivi.

Ogni giorno mi alzo alle sette. Mi lavo e mi vesto velocemente: mi metto i jeans e una T-shirt e mi preparo per uscire. Torno a casa alle quattro e mi metto a studiare. La sera mi diverto a guardare la televisione. Vado a letto (*bed*) alle dieci e mi addormento subito.

B Formuli frasi originali nel presente con le parole ed espressioni delle colonne A, B e C.

◆ Mio padre si annoia a casa.

A	B	C
mio padre	svegliarsi	prima di uscire
un'amica ed io	vestirsi	un appuntamento importante
tu	annoiarsi	comprare il latte
voi	addormentarsi	a mezzogiorno
io	dimenticarsi di	i jeans di Armani
gli amici	prepararsi per	rapidamente
	mettersi	a casa
	sentirsi	dopo David Letterman
		in cucina
		male dopo la festa

Remember that *divertirsi* means "to have fun." *Ti sei divertito/a?* means "Did you have fun?"

C In coppia: Dica ad un compagno/una compagna tre luoghi dove lei è andato/a la settimana scorsa (a una festa, al cinema, ad un concerto, a casa, ecc.). Poi dica se si è divertito/a o annoiato/a là.

◆ S1: La settimana scorsa sono andato/a in discoteca.
  S2: Ah sì? Ti sei divertito/a?
  S1: Sì, mi sono divertito/a molto! / No, mi sono annoiato/a.

D In coppia: Dica ad un compagno/una compagna a che ora di solito lei fa le seguenti cose, e a che ora le ha fatte ieri. Poi chieda al compagno/alla compagna le stesse informazioni.

◆ svegliarsi
  S1: Di solito mi sveglio alle …
      Ieri mi sono svegliato/a alle … E tu, a che ora ti svegli?
  S2: Di solito …

1. alzarsi
2. lavarsi
3. vestirsi
4. fare colazione
5. mettersi a studiare
6. tornare a casa
7. addormentarsi

E Dica ad un compagno/una compagna che cosa lei fa di solito il sabato mattina. Cerchi di usare i verbi riflessivi dove appropriato.

◆ Il sabato mattina mi sveglio alle… , mi alzo …

F In coppia: Rispondete alle seguenti domande personali.

1. Come si chiamano tua madre e tuo padre? Hai sorelle o fratelli? Come si chiamano?
2. Ti addormenti sempre facilmente? Cosa fai se non puoi (*if you can't*) addormentarti?
3. Ti senti bene quando ti alzi presto? A che ora ti alzi normalmente?
4. Ti annoi o ti diverti quando stai solo/a?
5. Ti metti i jeans ogni giorno? Gli studenti di quest'università si mettono spesso i jeans?
6. Ti piace vestirti elegantemente? Quando? Ogni giorno, o in occasioni speciali?
7. Come ti prepari per un esame importante? Per un appuntamento importante?

Imperativo informale (*tu, noi, voi*)

Andate a destra; **continuate** per mezzo chilometro. **Prendete** l'autobus e **scendete** al Colosseo. Poi **chiedete** a un poliziotto!

1. The imperative is used for commands, pleas, and appeals. In the imperative, the **tu, noi,** and **voi** forms of regular verbs are identical to the corresponding present tense forms with one difference: the final **-i** of the **tu** form of **-are** verbs changes to **-a.**

Affirmative commands		
	tu	**noi**	**voi**
-are verbs	Guarda!	Guardiamo!	Guardate!
-ere verbs	Prendi!	Prendiamo!	Prendete!
-ire verbs	Finisci!	Finiamo!	Finite!

2. Negative **tu** commands are formed with **non** + *infinitive*. Negative **noi** and **voi** commands use the present tense, as in affirmative commands.

Negative commands		
tu	**noi**	**voi**
-are verbs Non guardare!	Non guardiamo!	Non guardate!
-ere verbs Non prendere!	Non prendiamo!	Non prendete!
-ire verbs Non finire!	Non finiamo!	Non finite!

Gabriella, **compra** un chilo di spinaci, ma non **comprare** gli asparagi.	*Gabriella, buy a kilo of spinach, but don't buy any asparagus.*
— **Andiamo** a prendere una videocassetta.	*— Let's go pick up a video.*
— Sì, ma non **prendiamo** un film dell'orrore.	*— Yes, but let's not get a horror film.*
Ragazzi, **ascoltate** attentamente. Non **parlate!**	*Guys, listen closely. Don't talk!*

3. When a reflexive verb is used in a command, the reflexive pronoun follows and is attached to the verb. In negative **tu** commands of reflexive verbs, the infinitive drops the final **-e** before the pronoun **ti**.

Adesso **lavati** e poi **mettiti** il vestito!	*Wash now and then put on your dress.*
Giulia, **svegliati!** Non **addormentarti** in classe!	*Giulia, wake up! Don't fall asleep in class!*

4. **Essere** and **avere** are irregular in the **tu** and **voi** forms of the imperative. Five other verbs — **andare, dare, dire, fare,** and **stare** — have irregular **tu** imperatives. The other imperative forms of these verbs are regular, including the negative forms.

andare	**va'** (vai) andiamo andate	*essere*	**sii** siamo **siate**	
avere	**abbi** abbiamo **abbiate**	*fare*	**fa'** (fai) facciamo fate	
dare	**da'** (dai) diamo date	*stare*	**sta'** (stai) stiamo state	
dire	**di'** diciamo dite			

Note the apostrophe after *va', da', di', fa',* and *sta'.* The longer forms *vai, dai, fai,* and *stai* can also be used as *tu* commands.

Nerone, **sta'** fermo!

Da' la scarpa a papà!

Nerone, **sii** buono!

G Dica alle persone indicate fra parentesi di fare le azioni che seguono.

◆ (la sua amica Marta)   guardare questa rivista   Marta, guarda questa rivista!

1. (il suo amico Sandro) venire alla festa mascherata con noi
   arrivare verso le otto
   metterti un bel costume
   portare Lidia con te

2. (lei e due amici [noi]) fare una gita domani
   andare ai Castelli Romani
   mangiare in un ristorante caratteristico
   bere il vino locale

3. (i suoi fratelli) pulire bene l'appartamento
   preparare l'insalata
   mettere in ordine la cucina
   aspettare la telefonata di papà

4. (sua sorella Marina) non uscire senza l'ombrello
   non stare fuori tutta la notte
   tornare prima delle undici
   telefonare se ci sono problemi

H In gruppi di tre: S1 dice a S2 di fare le cose indicate. Poi, S3 dice di non fare quelle cose.

◆ scrivere la data di oggi
   S1: (Cristina), scrivi la data di oggi!
   S2: (comincia a scrivere)
   S3: (Cristina), non scrivere la data di oggi!
   S2: (non scrive più)

1. parlare italiano
2. prendere la penna da …
3. dare la penna a …
4. alzarsi subito
5. fare una passeggiata
6. venire qua
7. mettersi a leggere
8. aprire le finestre
9. aspettare qui
10. andare alla porta

I Lei fa delle domande e dà dei consigli a un amico/un'amica che desidera perdere peso (*to lose weight*).

◆ mangiare le verdure
S1: Tu mangi le verdure?
S2: No, non mangio le verdure.
S1: Male! Mangia molte verdure!

1. mangiare la frutta fresca / le verdure / i dolci / il salame
2. bere il latte / gli alcolici / la birra / l'acqua minerale
3. fumare
4. usare lo zucchero / l'olio / il sale / il burro
5. praticare lo sport
6. dormire poco / molto
7. fare ginnastica
8. stare a dieta

J Dica ad un amico/un'amica di fare le seguenti cose, usando la forma *tu* dell'imperativo dei verbi indicati.

◆ fare presto   Fa' presto (Fai presto)!

1. essere generoso/a
2. andare a sciare
3. stare zitto (*quiet*)
4. dare un dollaro ad un amico/un'amica
5. avere pazienza
6. addormentarsi
7. fare colazione
8. dire qualcosa in italiano

K In gruppi di tre: Una persona del gruppo fa la parte di uno studente/una studentessa che è recentemente arrivato/a alla vostra università e vuole sapere come comportarsi (*to behave*). Date consigli al nuovo studente/alla nuova studentessa, usando l'imperativo.

◆ S1: Dove devo mangiare?
S2: Mangia a …
S3: No, non mangiare a… , mangia a… !

1. Dove devo mangiare?
2. Quali corsi devo seguire?
3. Cosa devo fare la fine settimana?
4. Dove posso studiare?
5. Dov'è possibile trovare un lavoro a tempo parziale?
6. Cosa devo fare per prendere buoni voti (*to get good grades*)?
7. Dove devo fare gli acquisti?
8. Come posso conoscere (*to meet*) nuovi amici?

Dove devo... ?:
Where should I . . . ?
Come posso... ?:
How can I . . . ?

L In coppia: Dica ad un compagno/una compagna di fare una serie di tre cose specifiche. Se esegue (*carries out*) bene i suoi ordini, tocca a lui/lei (*it's his/her turn*) dare ordini a lei!

◆ Judy, prendi questa fotografia. Metti la fotografia nello zaino di Francesco, e poi va' fuori.

Imperativo formale (*lei*)

Scusi, mi **dia** una mano, per favore.

Formal commands with *lei* are used less frequently than other command forms. The imperative of regular and many irregular verbs is formed by dropping the final **-o** from the present tense of the **io** form and adding **i** to the stem of **-are** verbs and **-a** to the stem of **-ere** and **-ire** verbs.

> You have seen these forms since *Lezione 4* in the instructions for activities and exercises.

infinitive	present tense *io* form	imperative with *lei*
scusare	scuso	scusi
prendere	prendo	prenda
sentire	sento	senta
finire	finisco	finisca

Here are some useful formal commands of regular and irregular verbs.

Mi dia	*Give me*	Mi dia un chilo di mele, per favore.
Scusi	*Excuse me*	Mi scusi, mi dispiace molto.
Venga	*Come*	Venga con noi, signora!
Vada	*Go*	Vada alla stazione, e poi...
Faccia	*Make/Do*	Non faccia così, signora.
Dica	*Say*	Mi dica quanto costa, per cortesia.
Senta	*Listen*	Senta, che ore sono?
Guardi	*Look*	Guardi, signorina, per me va bene.
Prenda	*Take*	Prenda questa mela; è buonissima.

Le seguenti frasi con l'imperativo sono informali. Come cambiano in una situazione formale?

◆ Vieni con noi alla festa!   Venga con noi alla festa!

1. Senti, come sta tua sorella?
2. Vai a destra (*right*) e segui via Napoleone.
3. Fai una domanda se vuoi!
4. Prendi questo bicchiere e prova il vino!
5. Di' il tuo nome alla professoressa!
6. Guarda, Antonio, non è un problema.
7. Scusa, Caterina. Non ho tempo oggi.

N Lei è in Italia e parla con le seguenti persone. Crei imperativi logici per ogni situazione.

una commessa (*salesperson*) in un negozio di alimentari
un cameriere ad un bar all'aperto
il professore alla lezione d'italiano
un agente ad un'agenzia di viaggi

O In coppia: Uno studente/Una studentessa è andato/a al mercato all'aperto per comprare frutta e verdura per una cena. L'altro studente è il fruttivendolo. Create un dialogo usando imperativi formali come i seguenti.

Mi dica che cosa ...
Guardi ...
Prenda ...
Mi dia un chilo di ...
ecc.

Partitivo con *di*

— Nonna, cosa metti nel tiramisù?
— Ci metto **del** caffè, **dei** biscottini, **del** mascarpone e **degli** ingredienti segreti.

1. The concept *some* (known as the partitive) is usually expressed in Italian by **di** + *definite article*.

Per la cena di stasera devo comprare **del** prosciutto, **dello** zucchero, **dell'**olio d'oliva, **della** carne, **dell'**insalata, **dei** piselli, **degli** spinaci e **delle** patate.	*For dinner tonight I have to buy some ham, some sugar, some olive oil, some meat, some salad greens, some peas, some spinach, and some potatoes.*

The partitive is not used if the quantity is specified.

Mi dia **mezzo chilo di** spinaci, per favore.
Mangiano **molta** insalata.

2. The partitive is never used in negative sentences and is often omitted in questions.

Qui non vendono pane.	*They don't sell bread here.*
I miei amici non bevono vino.	*My friends don't drink wine.*
Vuoi **(dell')** acqua minerale?	*Would you like some mineral water?*

3. The partitive can also be expressed with **un po' di** with singular nouns and **alcuni/e** with plural nouns.

Devo comprare **un po' di** frutta e **alcune** patate.

P Cambi le seguenti frasi al plurale.

◆ Ho visto un film.
Ho visto dei film.

1. Ho scritto una lettera.
2. Desidero una matita e una penna.
3. Ho passato un giorno con un'amica.
4. Ho bevuto un caffè nel bar qui vicino.
5. Ho comprato un CD di musica italiana.
6. E poi ho comprato un'altra cassetta.
7. Ho chiamato un amico.
8. Abbiamo passato un'ora insieme.

Q Completi la conversazione con la forma corretta del partitivo dove necessario.

— Che cosa desidera la signora?
— Per antipasto, mi dia _____ prosciutto della casa. Poi come primo piatto prendo _____ spaghetti al sugo. Per secondo prendo _____ vitello. E che verdura avete?
— Abbiamo _____ insalata ...
— Avete _____ spinaci?
— No, mi dispiace. Non ci sono più _____ spinaci. Però abbiamo _____ broccoli e _____ carote.
— Allora no, non prendo _____ verdura.
— Da bere, desidera _____ vino rosso, signora?
— No, grazie. Non bevo _____ vino. Piuttosto mi porti _____ acqua minerale, per favore.

R Cosa le serve per preparare le seguenti cose?

◆ una buona pizza
Mi servono del formaggio, dei pomodori ...

1. una buona pizza
2. un'insalata capricciosa
3. un panino enorme
4. un minestrone
5. una macedonia di frutta (*fruit salad*)
6. una sua specialità

Un'insalata capricciosa is a mixed salad with variable ingredients. If you see the word *capricciosa* on a menu, the ingredients are probably a result of both availability and the whim of the cook.

Parliamo un po'

A   **Un sondaggio.** Faccia una breve intervista a tre studenti per sapere:

For further practice of lesson topics, log on to the *Oggi in Italia* website.

	Studente		
	1	2	3
la frutta che preferiscono	_____	_____	_____
quella che non mangiano	_____	_____	_____
le verdure che preferiscono	_____	_____	_____
quelle che non mangiano	_____	_____	_____
la cucina (cinese, italiana, ecc.) che preferiscono	_____	_____	_____
i cibi che non mangiano	_____	_____	_____
i piatti (*dishes*) che preferiscono	_____	_____	_____
quelli che non piacciono	_____	_____	_____

B   **Una festa fra amici.** In gruppi di quattro: Voi desiderate organizzare una festa per dodici amici. Desiderate offrire panini, insalata, pizza e bibite analcoliche (*nonalcoholic drinks*). Fate una lista della quantità di cose necessarie per tutte le persone.

◆ (panini) un chilo di prosciutto, 24 panini, della lattuga …

panini	*pizza*	*insalata*	*bibite*
_____	_____	_____	_____
_____	_____	_____	_____
_____	_____	_____	_____
_____	_____	_____	_____

C **Agli ordini!** In coppia: Con un compagno/una compagna, dia almeno tre forme dell'imperativo per ogni situazione indicata.

◆ Una madre parla al bambino cattivo.   Finisci gli spinaci!
                                            Non parlare!, ecc.

1. Una madre parla al bambino cattivo.
2. Una professoressa parla agli studenti.
3. Lei parla agli amici. È venerdì sera e desiderate uscire.
4. I genitori parlano alla figlia che parte per l'università.
5. Lei parla al compagno/alla compagna di camera (*roommate*) molto pigro/a.
6. Un turista chiede informazioni per andare alla stazione.
7. Un medico parla al paziente.

D **Agli ordini (cont.).** In coppia: Con lo stesso compagno/la stessa compagna, scegliete una delle situazioni dell'attività C e create un dialogo incorporando gli imperativi dell'attività C.

◆ La madre parla al bambino cattivo.
BAMBINO: Mamma, posso andare a giocare?
MADRE: Pippo, finisci gli spinaci!
BAMBINO: Ma non ho fame!
MADRE: Non parlare!… , ecc.

E **Un furto misterioso.** In gruppi di quattro: C'è stato un furto (*robbery*) nella casa di una famiglia ricca della sua città. Il furto è accaduto (*took place*) tra le otto e le dieci di ieri sera. Create la scena dell'interrogatorio secondo i suggerimenti indicati.

S1: È l'investigatore privato che interroga le tre persone sospette. Domanda ad ognuna delle tre persone dov'è stata ieri sera, con chi e che cosa ha fatto.
S2: È andato/a ad una festa con un compagno/una compagna, ma si è sentito/a male ed è andato/a via presto senza il compagno/la compagna.
S3: È rimasto/a a casa a lavorare su un articolo e si è addormentato/a presto.
S4: È andato/a a vedere un film con un amico. È tornato/a a casa dopo mezzanotte.

◆ S1: E lei che cosa ha fatto ieri sera?
S2: Sono andata ad una festa a casa di amici.
S1: È andata da sola? ecc.

In giro per l'Italia

View the *Parliamo italiano!* video, Module 5, *Mangiare (Liguria).*

(A) **In cerca di aggettivi.** Nel brano che segue, cerchi l'aggettivo derivato da ciascuna delle parole indicate. Poi inserisca nella frase la forma appropriata dell'aggettivo.

◆ (collina)   Questo paese è molto... .
             Questo paese è molto collinoso.

1. (Liguria) Il golfo di Genova è nel Mare... .
2. (fama) Uno dei personaggi ... della Liguria è Cristoforo Colombo.
3. (geografia) Gli aspetti ... di questa regione sono interessanti.
4. (tropico) Qui ci sono molti fiori... .
5. (costa) Le cittadine ... della regione sono spettacolari.
6. (monte) I terreni ... sono difficili da coltivare.
7. (turismo) La zona è ricca di attrazioni... .

Locate Liguria, Mare Ligure, and Genova on the map of Italy on p. 14. *Quale paese straniero confina con la Liguria? Con quali regioni italiane confina la Liguria?*

La Liguria

La Liguria è una regione con caratteristiche geografiche molto particolari. A sud della Liguria c'è il Mare Ligure; ad ovest la Francia, a nord il Piemonte e ad est ci sono l'Emilia-Romagna e la Toscana. In questa regione la catena delle Alpi si unisce con gli Appennini così che il territorio ligure è molto montuoso e

Piazzetta e porticciolo di Portofino, pittoresca cittadina della Liguria.

Look at the physical map of Italy on p. 12. Notice how the Alps run into the Apennines in Liguria.

Look again at the map of Italy on p. 14 and find the locations of the two Rivieras.

collinoso. Coltivato a terrazze[1], il terreno dà prodotti di tipo mediterraneo. Sulle terrazze si coltivano ulivi, vigneti[2], frutta e agrumi[3]. Sulla costa invece si coltivano fiori[4] e piante tropicali.

La zona costiera della Liguria è stretta[5] e piena di scogli[6]. Genova, il capoluogo regionale, divide la costa in Riviera di Levante e Riviera di Ponente[7]. Con le sue spiagge sabbiose[8] e i suoi golfi pittoreschi, la riviera ligure è una delle più famose località turistiche d'Italia. Il clima mite[9] della zona favorisce il turismo anche nei mesi invernali. Portofino, Portovenere, Rapallo e Sanremo sono cittadine liguri che attraggono sempre molti visitatori. Portofino è un promontorio molto suggestivo, con i suoi piccoli porti e strade panoramiche. Sanremo, con i suoi fiori, grandi alberghi e bellissime ville, grazie al suo clima favorevole, è il luogo di villeggiatura preferito di molti europei. Il mare è certamente la ricchezza della Liguria; rende il clima della regione mite e attrae annualmente milioni di turisti. Il Mare Ligure è anche un'eccellente via di comunicazione ed è molto ricco di pesce.

1. terraces   2. vineyards   3. citrus fruit   4. flowers   5. narrow   6. cliffs
7. Eastern Riviera and Western Riviera   8. sandy   9. mild

B **Domande.** Risponda alle seguenti domande basate sulla lettura.

1. Come si chiama il mare della Liguria?
2. Come si chiamano le catene montuose che si uniscono in Liguria?
3. Qual è il capoluogo della Liguria?
4. Che cosa si coltiva sulle terrazze liguri? E sulla costa?
5. Quali sono le caratteristiche della zona costiera ligure?
6. Quali sono alcune cittadine pittoresche della costa ligure?
7. Quale cittadina di villeggiatura preferiscono molti europei? Perché?
8. Perché è caratteristica Portofino?
9. Che cosa rappresenta il mare per la Liguria? Perché?

The term "blue jeans" may derive from the blue cloth trousers that Genoese sailors used to wear.

A **Definizioni.** Prima di leggere il seguente brano, abbini le definizioni con una parola della lista di destra. Ci sono due parole in più nella lista.

1. aggettivo di Genova	a. il basilico
2. persone che praticano il commercio	b. i navigatori
3. un periodo della storia	c. il condimento
4. persone che si occupano di finanza	d. i genovesi
5. persone che vanno per mari e oceani	e. il Medioevo
6. persone che possiedono banche	f. i banchieri
7. gli abitanti di Genova	g. genovese
8. un'erba aromatica	h. l'oliva
9. un tipo di formaggio	i. i finanzieri
	j. il parmigiano
	k. i commercianti

Vernazza è una delle caratteristiche cittadine della costa ligure.

Simone Boccanegra
(1339–1363) was doge of the Republic of Genoa. His life inspired Giuseppe Verdi's opera of the same name.

Cristoforo Colombo
(1451–1506) was an explorer, credited with the discovery of America.

Goffredo Mameli
(1827–1849) was a patriot and poet. He is the author of the Italian national anthem.

Giuseppe Mazzini
(1805–1872) was a patriot whose actions and writings contributed to the unification of Italy.

Eugenio Montale
(1896–1981) was a poet who received the Nobel Prize for Literature in 1975.

Niccolò Paganini
(1782–1840) was a violinist and a composer.

Un grande porto di mare

Genova, chiamata "la Superba"[1], ha una gloriosa tradizione storica legata[2] principalmente alla sua posizione geografica. La fortuna e il prestigio di Genova sono associati con il mare. I genovesi sono sempre stati gente di mare[3]. Nel Medioevo hanno già una grande flotta[4] navale e sono bravi navigatori, commercianti, finanzieri e banchieri. Oggi Genova è il più importante porto di mare d'Italia ed è anche un grande centro commerciale e industriale. Genova è la città natale[5] di molti personaggi famosi quali Simone Boccanegra, Cristoforo Colombo, Goffredo Mameli, Giuseppe Mazzini, Eugenio Montale e Niccolò Paganini.

La Liguria, e Genova in particolare, hanno contribuito anche alla bontà[6] e alla varietà della cucina italiana. Un contributo particolare è il pesto alla genovese[7]. Questo condimento è fatto di foglie di basilico, pinoli e aglio pestati[8], formaggio pecorino[9], parmigiano e olio di oliva. Il pesto è utilizzato principalmente per condire i piatti di pasta[10]. Quando Piero e Gabriella, i due personaggi del video "Parliamo italiano", visitano la Liguria, essi mangiano un piatto squisito di trofie[11] al pesto alla genovese.

1. "the Proud One"   2. tied   3. seafaring people   4. fleet   5. birthplace   6. goodness
7. Genoese style   8. basil leaves, pine nuts, and garlic pounded together   9. sheep's milk cheese
10. to dress pasta dishes   11. type of pasta

B **Che cosa ricorda?** Dia il nome o la descrizione delle seguenti caratteristiche di Genova.

1. nome dato a Genova
2. a che cosa è legata la storia genovese
3. lo sono i genovesi
4. attività dei genovesi fin dal Medioevo
5. tre personaggi famosi nati a Genova
6. condimento tipico di Genova e come viene utilizzato
7. quattro ingredienti del pesto alla genovese

A colazione, genitori e figli parlano delle attività in programma per la giornata di oggi.

Lezione 8
Una cena in famiglia

COMMUNICATIVE OBJECTIVES

- Express wants and obligations
- Describe and talk about family
- Talk about travel wants and plans

Sono le otto di sera e la famiglia Orlandi è a cena. Sono seduti a tavola il padre Carlo, la madre Luciana e i due figli Stefano e Alessandra. Stefano ha appena° ottenuto il diploma di maturità scientifica e Alessandra frequenta il liceo classico.

just

In Italy the main meal (*il pranzo*) is eaten between 1 and 2:30 P.M. *La cena* is a lighter meal eaten between 8 and 10 P.M.

ALESSANDRA: Papà, ti devo dire una cosa. L'ho già detta alla mamma e lei è d'accordo.

IL PADRE: Di che cosa si tratta?

ALESSANDRA: Della mia amica Giuliana. A luglio Giuliana parte con la macchina per la Calabria e mi ha chiesto di andare con lei. Tu la conosci, non è vero?

Look at the map of Italy on p. 14 and locate the region of *Calabria*.

IL PADRE: Giuliana? Ma non è quella tua amica che ha appena preso la patente? No, non se ne parla proprio°!

Let's forget it!

LA MADRE: Ma, Carlo, Giuliana è una brava ragazza ed è molto responsabile!

IL PADRE: Luciana, ti prego. Alessandra viene in montagna con noi. E tu, Stefano, hai già scelto la facoltà universitaria che vuoi frequentare?

Review the cultural note *La scuola in Italia* in *Lezione 1*, p. 24.

STEFANO: Veramente no, non l'ho ancora scelta. Anzi°, a dire la verità, penso di non iscrivermi per quest'anno.

Indeed

IL PADRE: Che cosa hai detto? Ho sentito bene?

STEFANO: Sì, papà. Voglio andare un anno in Inghilterra per imparare meglio l'inglese.

LA MADRE: Stefano, questa idea è nuova. Tu sei sempre stato in famiglia e non sei mai andato all'estero. Sei sicuro di poter stare da solo e lontano da casa per un anno intero?

IL PADRE: E poi come pensi di pagare tutte le spese?

STEFANO: Ho già messo da parte° un bel po' di soldi e poi posso sempre cercare lavoro.

I've already saved

LA MADRE: Stefano, ti sembra proprio una buona idea?

IL PADRE: Ma sì, Luciana, non è un'idea cattiva. Vivere all'estero per un anno, il contatto con altri giovani e un'esperienza di lavoro gli faranno certamente bene°.

will certainly do him good

Domande

1. Dov'è la famiglia Orlandi?
2. Cosa fanno i figli?
3. Dove vuole andare Alessandra? Con chi vuole andare?
4. Che cosa pensa di fare Stefano? Perché?
5. Il padre è d'accordo con i programmi dei figli? Perché?
6. E che cosa pensa la madre?

Domande personali

1. Lei lavora durante l'anno accademico? Dove? Perché?
2. Cosa fa di solito durante l'estate?
3. Che programma ha fatto lei per l'estate prossima? E per l'anno prossimo?
4. I suoi genitori che cosa dicono dei suoi programmi?
5. Lei discute spesso con i suoi genitori? Di che cosa discute?

Situazioni

1. Domandi ad un amico/un'amica cosa vuole fare stasera.

   ◆ — Cosa vuoi fare stasera?
      — Voglio andare al cinema (fare due passi/fare acquisti/fare quattro salti in discoteca).

2. Reagisca a quello che dice un suo compagno/una sua compagna di scuola sui suoi programmi.

   ◆ — Penso di non lavorare quest'estate (lavorare un anno in Italia/non finire l'università/cambiare facoltà).
      — Che cosa hai detto? (Ho sentito bene?/Sei sicuro/a di poterlo fare?/Perché?)

Vocabolario

Parole analoghe

il contatto   la mamma
l'esperienza   responsabile

Nomi

la cena   supper
la cosa   thing
la facoltà   school (of medicine, law)
i genitori   parents
il programma   plan
la spesa   expense
la tavola   table

Verbi

discutere   to argue, discuss
dovere   to have to, must
iscriversi   to enroll
ottenere   to obtain, get
pensare di   to intend to, to think to

scegliere (*p.p.* **scelto**)   to choose
trattarsi (**di**)   to be about
vivere (*p.p.* **vissuto**)   to live

Aggettivi

intero/a   entire, whole
prossimo/a   next
quello/a   that

Altre parole ed espressioni

meglio   better
troppo   too
essere d'accordo   to agree
con lei   with her
lontano da   far from
in montagna   to the mountains
la patente di guida   driver's license
non ... ancora   not ... yet
non ... mai   never
un bel po' di   quite a lot of
ti prego   I beg you

La tavola refers mainly to the dinner table; *il tavolo* refers to the object itself: *La famiglia è a tavola* but *Il tavolo è troppo piccolo.*

La famiglia italiana

Negli ultimi anni la società italiana ha subito[1] molti cambiamenti[2]. Secondo l'Eurispes (l'Istituto di studi politici, economici e sociali), questi cambiamenti sono molto evidenti nell'istituzione famigliare. Nel suo "Rapporto Italia 2000", l'Eurispes presenta un panorama completamente nuovo della famiglia italiana, dove solo il 50 per cento segue il modello tradizionale: padre e madre regolarmente sposati che vivono con i loro figli nella stessa casa.

L'altra metà[3] delle famiglie è composta di conviventi[4], persone single, nuclei monoparentali[5] e coppie[6] senza figli. Un aspetto demografico importante della famiglia italiana contemporanea è la crescita[7] zero delle nascite. Molte coppie sposate o conviventi preferiscono non avere figli o avere solo un figlio. Difatti la maggior parte dei bambini nati negli ultimi anni sono figli di coppie di immigrati extracomunitari che contribuiscono a fare dell'Italia un paese sempre più multirazziale, multietnico e multiculturale.

■ La famiglia nel tuo paese ha caratteristiche simili a quelle della famiglia italiana? Spieghi le similarità e le differenze.

Venezia: Una giovane famiglia passeggia tra la gente in Piazza San Marco.

[1]has undergone   [2]changes   [3]half   [4]couples living together   [5]single parent   [6]couples   [7]growth

Pratica

1. In coppia: Domandi ad un amico/un'amica perché ha scelto questa università e quale facoltà ha scelto o pensa di scegliere. Poi si prepari a spiegare i motivi (*reasons*) delle sue scelte.

2. In coppia: Reagisca alla notizia (*news*) di un amico/un'amica che ha appena trovato un lavoro come bagnino (*lifeguard*) e che la invita a cercare un lavoro estivo. Preparate un dialogo appropriato.

   ◆ S1: Ho appena …
   S2: Davvero? Sono …
   S1: Perché non cerchi …
   S2: …

I suoni /ʃ/ e /sk/

Sc is pronounced in two ways, depending on the vowel that follows it: soft /ʃ/, as in **pesce**, before **e** and **i**; and hard **/sk/**, as in **pesca**, before **a**, **o**, and **u**. **Sch** is always pronounced hard **/sk/**, as in **freschi**. Thus some words have an **h** in the plural to retain the hard pronunciation: **tedesco** → **tedeschi**.

A Ascolti l'insegnante e ripeta le seguenti parole.

scientifico	**sc**iare	a**sc**oltare	di**sc**utere	di**sch**i
scelta	na**sc**ere	**sc**usa	cono**sc**o	tede**sch**e
cono**sc**ere	preferi**sc**e	**sc**ortese	i**sc**riversi	pe**sch**e

> Ex. B: In what situations could you use this proverb?

B **Proverbio.** Legga ad alta voce il seguente proverbio e poi lo detti ad un altro studente/un'altra studentessa.

Da cosa nasce cosa.
One thing leads to another.
(Literally: From something, something is born.)

Ampliamento del vocabolario

La famiglia e i parenti

i genitori parents	**la nipote** granddaughter; niece
il nonno grandfather	**il patrigno** stepfather
la nonna grandmother	**la matrigna** stepmother
i nonni grandparents	**il suocero** father-in-law
i parenti relatives	**la suocera** mother-in-law
lo zio uncle	**il genero** son-in-law
la zia aunt	**la nuora** daughter-in-law
il cugino (male) cousin	**il cognato** brother-in-law
la cugina (female) cousin	**la cognata** sister-in-law
il nipote grandson; nephew	

Note: Masculine plural nouns such as **gli zii** and **i cugini** may refer to all-male groups or to a mixed group of males and females. Context usually makes the meaning clear.

Altre espressioni utili

la coppia   couple
innamorarsi   to fall in love
fidanzarsi   to become engaged
sposarsi   to get married
convivere   to live together
essere sposato/a   to be married

essere separato/a   to be separated
divorziare   to divorce
essere divorziato/a   to be divorced

A Risponda alle seguenti domande personali.

1. Lei è fidanzato/a? È sposato/a?
2. Pensa di sposarsi?
3. Secondo lei, è bene sposarsi molto giovane? Perché?
4. Ha un cognato? Quando si è sposata sua sorella?
5. Ha una cognata? Quando si è sposato suo fratello?
6. Ha uno zio/una zia? Dove abita? È single o sposato/a?
7. Lei ha cugini? Quanti? Dove abitano?

B In coppia: Assuma il ruolo di Marisa o di Luigi ed indichi al suo compagno/alla sua compagna il grado di parentela (*relationship*) con gli altri membri della famiglia, secondo l'albero genealogico che segue.

◆ Paolo Martinelli è mio nonno.

La famiglia Martinelli

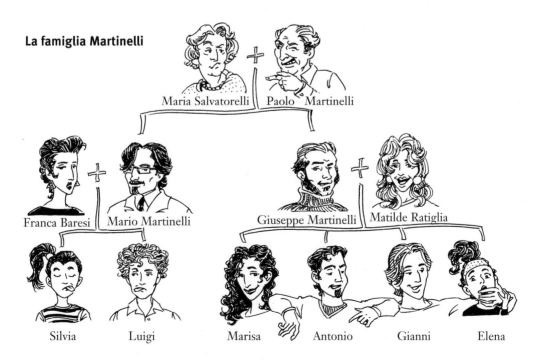

Maria Salvatorelli   Paolo Martinelli

Franca Baresi   Mario Martinelli   Giuseppe Martinelli   Matilde Ratiglia

Silvia   Luigi   Marisa   Antonio   Gianni   Elena

C In coppia: Immagini di conoscere Matilde Ratiglia e di rispondere al suo compagno/alla sua compagna che fa alcune domande sulla famiglia di Matilde. Cerchi le risposte nell'albero genealogico presentato nell'esercizio B.

1. Come si chiama il marito di Matilde?
2. Chi sono i suoi figli?
3. Chi è Paolo Martinelli?
4. Chi sono Silvia e Luigi?
5. Chi è Franca Baresi? E Mario Martinelli?
6. Chi è Marisa? E Maria Salvatorelli?
7. Com'è la famiglia di Matilde, piccola o grande?

Lei viaggia?

La guida

guidare (velocemente/lentamente)   to drive (fast/slowly)
noleggiare un'automobile, una macchina   to rent a car
parcheggiare   to park
il parcheggio a pagamento   pay parking
la stazione di servizio   gas station
la benzina   gasoline
fare controllare l'olio (le gomme, i freni)   to have the oil
   (tires, brakes) checked
fare il pieno   to fill it up

Viaggiare

l'agenzia di viaggi   travel agency
fare le prenotazioni (prenotare)   to make reservations
il biglietto aereo (ferroviario)   airline (train) ticket
il passaporto   passport
il volo   flight
la valigia   suitcase
i bagagli   luggage
fare le valige   to pack the suitcases

> In Italy *la benzina* is sold by the liter (*il litro*). It costs almost four times as much as in the U.S.

D In coppia: Lei va in montagna per tre giorni con un amico/un'amica. Telefoni all'albergo Stella Alpina e faccia le prenotazioni.

◆ S1: Albergo Stella Alpina, buon giorno.
S2: Buon giorno. Desidero fare …

E In coppia: Lei è arrivato/a in macchina in un albergo di Pisa. Domandi al portiere dov'è una stazione di servizio perché deve fare il pieno. Poi vuole anche sapere dove può parcheggiare la macchina. Il portiere risponde che c'è una stazione di servizio vicino all'albergo e il parcheggio a pagamento è tra la chiesa e l'ufficio postale. Preparate un dialogo appropriato.

◆ — Scusi, mi può dire …
— C'è …

F In coppia: Lei deve andare all'estero. Telefoni ad un'agenzia di viaggi per prenotare un volo diretto per Roma. L'agente le risponde che solo il sabato c'è un volo diretto per Roma e le domanda se lei ha già il passaporto. Prima di fare le valige, lei vuole sapere quanti bagagli può portare e se può noleggiare una macchina in anticipo.

◆ — Buon giorno, signore (signora, signorina). Mi dica.
— Buon giorno. Ho bisogno di …

Struttura ed uso

Dovere, potere e *volere*

Dobbiamo pulire la casa.   Ma non **vogliamo!**

1. The verbs **dovere** (*to have to*), **potere** (*to be able*), and **volere** (*to want*) are modal verbs; that is, they are usually followed by a dependent infinitive.

   — Papà, ti **dobbiamo dire** una cosa.
   — Cosa **dovete dirmi?**

   Alessandra **può venire** in montagna con noi.
   Stefano **può andare** a studiare in Inghilterra.

   — Tu **vuoi andare** a lavorare?
   — Sì, **voglio lavorare** in un campeggio in Calabria.

2. **Dovere, potere,** and **volere** have irregular forms in the present tense.

	dovere *must,* *to have to, ought*	**potere** *can,* *to be able*	**volere** *to want,* *wish*
io	devo	posso	voglio
tu	devi	puoi	vuoi
lui/lei	deve	può	vuole
noi	dobbiamo	possiamo	vogliamo
voi	dovete	potete	volete
loro	devono	possono	vogliono

> Remember that triphthongs, as in *vuoi* and *puoi*, are pronounced as a single syllable. Notice that *può* has a written accent.

3. The past participles of **dovere, potere,** and **volere** are regular. The **passato prossimo** of **dovere, potere,** and **volere** is formed with either **avere** or **essere,** depending on the infinitive that follows. If the infinitive is transitive (can take a direct object), use **avere.** If it is intransitive (cannot take a direct object), use **essere** and make the past participle agree with the subject.

Maria **ha dovuto finire** i compiti.	*Maria had to finish her homework.*
È dovuta stare a casa.	*She had to stay (at) home.*
Non **hanno voluto pagare** i biglietti.	*They didn't want to pay for the tickets.*
Non **sono voluti uscire** con noi.	*They didn't want to go out with us.*

> The use of the auxiliary *avere* with all verbs is increasing: *Hanno voluto uscire con noi.*

A Dica che le seguenti persone non possono fare certe attività. Usi la forma appropriata del presente di *potere.*

◆ Vogliono uscire ...   ma non possono.
  Vuole mangiare ...   ma non può.

1. Voglio fare una passeggiata ...
2. Vuoi comprare una moto ...
3. Vuole andare a piedi in centro ...
4. Le sorelle vogliono fare colazione ...
5. Mia cugina vuole visitare Venezia ...
6. Volete vedere un film ...

B Formuli frasi logiche con un soggetto dalla prima colonna, un verbo modale dalla seconda e una frase dipendente dall'ultima.

◆ Alessandra vuole passare le vacanze con un'amica.

Stefano	volere	passare le vacanze con un'amica
Alessandra	non volere	scegliere una facoltà universitaria
i figli	potere	andare in Calabria da sola
la madre	non potere	chiedere un favore al papà
il padre	dovere	venire in montagna con i genitori
i genitori	non dovere	iscriversi all'università
Giuliana		imparare l'inglese
		permettere ad Alessandra di viaggiare
		prendere una decisione
		pagare le spese del viaggio
		vivere all'estero

C Metta tutto il paragrafo al passato prossimo.

Giuliana non vuole passare l'estate a casa. Vuole lavorare in un campeggio per bambini in Calabria. Può andare da sola o può viaggiare con un gruppo di altri studenti. Deve chiedere il permesso al papà. Deve avere anche il permesso della mamma.

In coppia: Parlate di un viaggio che volete fare in Italia. Decidete:

quando potete partire
come volete viaggiare (in treno? in aereo? quale linea? noleggiare una
   macchina?)
le città che volete visitare in Italia
cosa volete vedere (musei? monumenti? come vivono gli italiani?)
cosa volete fare (mangiare? comprare? andare a trovare parenti?)
quando dovete tornare negli Stati Uniti

Dopo, riferite i vostri progetti alla classe.

◆   Noi vogliamo andare in Italia. Possiamo partire il 3 marzo con l'Alitalia ...

E   In coppia: Dica ad un altro studente/un'altra studentessa:

tre cose che ha dovuto fare la settimana scorsa e quando le ha fatte
tre cose che non ha potuto fare l'anno scorso e perché

◆   La settimana scorsa ho dovuto ascoltare le cassette d'italiano. Ho ascoltato le
   cassette mercoledì sera ...
   L'anno scorso non sono potuto/a andare in California perché ...

Pronomi diretti

— Ma dove ho messo gli
occhiali? Non **li** posso
trovare.
— Ecco**li**, professore.

1. The direct object of a verb is the thing or person directly affected by the
action of the verb. It answers the question *what?* or *whom?* The direct object
can be replaced by a pronoun to avoid repetition.

— Luciana, conosci **Angelo?**   — *Luciana, do you know Angelo?*
— Sì, **lo** conosco.   — *Yes, I know him.*

— Stefano ordina **la pizza?**   — *Is Stefano ordering the pizza?*
— Sì, **la** ordina.   — *Yes, he's ordering it.*

— Chi invita **i parenti?**   — *Who is inviting the relatives?*
— Mariella **li** invita.   — *Mariella is inviting them.*

2. This chart shows the forms of the direct object pronouns.

Singular		Plural	
mi	me	**ci**	us
ti	you	**vi**	you
lo	him, it	**li**	them (*m.*)
la	her, it, you (*formal*)	**le**	them (*f.*)

> The direct object pronouns *lo* and *la* often contract before verbs that begin with a vowel sound: *Amo Roberto; L'amo.*

3. The direct object pronoun usually precedes a conjugated verb.

— **Mi** aspetti dopo la lezione?   — *Will you wait for me after class?*
— Sì, **ti** aspetto.   — *Yes, I'll wait for you.*

However, when a direct object pronoun is used in an infinitive phrase, the infinitive drops its final **-e** and the pronoun is attached.

La televisione? La guardo spesso.   *Television? I watch it often. I like*
  Mi piace **guardarla.**   *to watch it.*
I genitori? Li chiamo spesso. Ho   *My parents? I call them often. I*
  voglia di **chiamarli** adesso.   *feel like calling them now.*

When direct object pronouns are used with the modal verbs **dovere, potere,** or **volere** followed by an infinitive, the pronoun may either precede the conjugated verb or be attached to the infinitive.

> Both positions are common, but current usage seems to favor the pronoun before the verb: *Ti devo dire una cosa.*

Ho studiato l'inglese, ma **lo**
  voglio imparare meglio.   ⎫
Ho studiato l'inglese, ma voglio ⎬ *I've studied English, but I want*
  imparar**lo** meglio.   ⎭ *to learn it better.*

Ho sentito le parole, ma non **le** ⎫
  posso capire.   ⎬ *I heard the words, but I can't*
Ho sentito le parole, ma non   ⎭ *understand them.*
  posso capir**le.**

Direct object pronouns are attached to the end of **tu, noi,** and **voi** imperatives and the word **ecco.**

Dove sei? Ah, ecco**ti!**   *Where are you? Oh, there you are!*
Vuoi il panino? Prendi**lo!**   *Do you want the sandwich? Take it!*
Ascoltate**mi!**   *Listen to me!*

4. When the direct object pronouns **lo, la, li,** and **le** precede a verb in the **passato prossimo,** the past participle of the verb agrees with the direct object pronoun.

Ha scritto la lettera e **l'ha**   *She wrote the letter and she sent it.*
  spedi**ta.**
Ha cercato lavoro e **l'ha** trova**to.**   *He looked for a job and he found it.*
Abbiamo visto le amiche e **le**   *We saw our friends and we greeted*
  abbiamo saluta**te.**   *them.*
Hanno preparato gli spaghetti e   *They prepared spaghetti and they*
  li hanno mangia**ti.**   *ate it.*

> The direct object pronouns *la* and *lo* normally elide with forms of the auxiliary verb *avere. Le* and *li* do not.

> Note that *spaghetti,* considered singular in English, is plural in Italian and requires a plural pronoun.

Agreement of the past participle is optional with the direct object pronouns **mi, ti, ci, vi.**

— Ragazzi, **vi** ha $\left\{ \begin{array}{l} \textbf{invitato} \\ \textbf{invitati} \end{array} \right\}$ Filippo?

— Sì, **ci** ha $\left\{ \begin{array}{l} \textbf{invitato.} \\ \textbf{invitati.} \end{array} \right.$

Vedi quella statua? **L'ho fatta** io!

F Domandi ad un compagno/una compagna se mangia o beve le seguenti cose.

◆ gli spinaci   S1: Mangi gli spinaci?
                 S2: Sì, li mangio. / No, non li mangio.
   il caffè   S1: Bevi il caffè?
                 S2: Sì, lo bevo. / Non, non lo bevo.

1. la carne   4. il latte   6. la birra messicana
2. il tè   5. gli asparagi 7. i carciofi
3. le vongole

G Nei seguenti paragrafi, il complemento diretto è ripetuto molte volte. Lo sostituisca con il pronome diretto dove appropriato per evitare (*avoid*) questa ripetizione inutile.

1. Giuliana è una mia amica. Conosci Giuliana? Chiamo Giuliana ogni giorno. Incontro Giuliana sempre all'università. Vedo Giuliana ogni pomeriggio dopo la lezione d'inglese. Quando esco la sera, invito sempre Giuliana. A volte trovo Giuliana piuttosto noiosa, ma considero Giuliana una buona amica.

2. Ogni giorno Piero mangia due tramezzini al tonno. Prepara i tramezzini al tonno prima di uscire. Mette i tramezzini al tonno nello zaino e porta i tramezzini al tonno a scuola. Mangia i tramezzini al tonno a mezzogiorno e quando finisce di mangiare i tramezzini al tonno, si sente soddisfatto.

Ponza: pittoresca isola del Mar Tirreno non molto lontana da Roma.

H Il giovane poeta Dante ama Beatrice ma, come sempre in amore, ci sono problemi. Qui Dante parla con un suo amico dei suoi problemi amorosi. Legga tutto il dialogo per vedere cosa dicono. Poi completi la conversazione con i pronomi appropriati.

— Non so che cosa succede a Beatrice. Non _____ ama più. Non _____ chiama più. Ogni volta che _____ incontro per strada, lei non _____ saluta. E io _____ amo tanto!

— Dante, Dante! Certo che Beatrice _____ ama. Forse (*Maybe*) suo padre non le permette di chiamar _____ . E forse non vuole salutar _____ per strada perché è sempre in compagnia delle amiche. Perché non scrivi una poesia e _____ mandi a Beatrice?

— Buona idea!

I In coppia: Voi organizzate una festa per il prossimo sabato e dovete dividere il lavoro. Una persona chiede all'altra se può fare le seguenti cose. L'altra risponde sì o no, usando un pronome diretto.

◆ invitare gli amici   S1: Puoi invitare gli amici?
                                     S2: Sì, li posso invitare. / Sì, posso invitarli.
                                            No, non li posso invitare. / No, non posso invitarli.
                                     S1: Allora li invito io.

1. comprare le bibite
2. preparare i panini
3. portare un registratore
4. portare le audiocassette
5. decorare la casa
6. organizzare i giochi

J Lei ed un compagno/una compagna siete in partenza per un breve viaggio. Chieda al compagno/alla compagna se ha preso le seguenti cose necessarie per il viaggio.

◆ la valigia   S1: Hai preso la valigia?
                        S2: Sì, l'ho presa.

1. il biglietto
2. il passaporto
3. i panini
4. la guida turistica
5. le videocassette
6. i bagagli
7. la macchina fotografica

K Piccolo quiz su italiani famosi.

1. Chi ha scritto la *Divina Commedia?*
2. Chi ha scoperto (*discovered*) l'America?
3. Chi ha inventato la radio?
4. Chi ha inventato il telescopio?
5. Chi ha portato gli spaghetti dall'Oriente?
6. Chi ha scritto la musica dell'*Aida?*
7. Chi ha dipinto gli affreschi (*painted the frescoes*) della Cappella Sistina?
8. Chi ha scoperto la fissione atomica?

L Trovi nella sua classe una persona che ha fatto le seguenti cose.

◆ studiare la storia dell'arte

S1: Hai mai studiato la storia dell'arte?
S2: Sì, l'ho studiata. / No, non l'ho mai studiata.

Le quattro stagioni are four violin concertos by Venetian composer Antonio Vivaldi (1678–1741), each representing a different season.

1. ascoltare *Le quattro stagioni* di Vivaldi
2. mangiare la pizza bianca
3. vedere il film *La vita è bella*
4. visitare le isole Hawaii
5. leggere la *Divina Commedia* di Dante
6. conoscere Ricky Martin

palazzo ARTI

Mostre - Congressi - Meeting
Multisale - Ristorante club - Roof garden
Incontri - Convegni - Giornate di studio

Aggettivi e pronomi dimostrativi *questo* e *quello*

1. The demonstratives **questo** (*this/these*) and **quello** (*that/those*) can function as either adjectives or pronouns. As adjectives, they modify nouns. As pronouns, they replace the nouns and stand alone. In either case, they agree with the noun in gender and number.

— **Questa valigia** è troppo piccola.
— **Quella** è abbastanza grande.
— Conosci **quei ragazzi?**
— Quali? **Quelli?**

— *This suitcase is too small.*
— *That one is big enough.*
— *Do you know those guys?*
— *Which ones? Those?*

2. The adjective **questo** has the four regular forms of an adjective ending in **-o**. It can be shortened to **quest'** before singular nouns beginning with a vowel.

Vedi **questa** fotografia? **Queste ragazze** sono le mie nipoti e **quest'**uomo è mio nonno.

See this picture? These girls are my nieces and this man is my grandfather.

3. The adjective **quello** follows the same pattern of agreement as the adjective **bello**.

Demonstrative adjective *quello*	
Singular	**Plural**
quel ragazzo	**quei** ragazzi
quello studente	**quegli** studenti
quell'amico	**quegli** amici
quella ragazza	**quelle** ragazze
quell'amica	**quelle** amiche

Quella signora è la moglie dell'ambasciatore francese.

That woman is the wife of the French ambassador.

Quegli americani sono amici di Gianni Agnelli.

Those Americans are friends of Gianni Agnelli's.

Quel ragazzo è il figlio del primo ministro.

That boy is the prime minister's son.

Quei giovani sono giornalisti.

Those young people are journalists.

4. As pronouns, **questo** and **quello** each have four regular forms.

Demonstrative pronouns *questo* and *quello*			
Singular	**Plural**	**Singular**	**Plural**
questo	questi	quello	quelli
questa	queste	quella	quelle

Quel passaporto è tuo, ma **quello** è di mia moglie.

That passport is mine, but that one is my wife's.

Questa moto è italiana, ma **queste** sono giapponesi.

This motorcycle is Italian, but these are Japanese.

Quest'orologio è di marca svizzera, ma **quello** è un Timex.

This watch is a Swiss brand, but that one is a Timex.

Quel CD è nuovo, ma **questo** è uscito due anni fa.

That CD is new, but this one came out two years ago.

M In coppia: Lei è in una cartolibreria (*book/stationery store*) e chiede il prezzo di vari articoli al commesso.

◆ matite (€2,25)
  S1: Quanto costano quelle matite?
  S2: Queste matite costano due e venticinque centesimi.

1. rivista (€1,50)
2. dizionario (€30)
3. penne (€2,35)
4. carta telefonica (€5)
5. giornali (€1,10)
6. calcolatrice (€7,50)
7. calendario (€12,75)
8. quaderni (€4,50)

N   In coppia: Mentre guarda un teleromanzo (*soap opera*) con un amico/
un'amica, spieghi (*explain*) chi sono i personaggi (*characters*) secondo il
modello.

◆ Questa ragazza è buona ma quella è cattiva.
Quel signore è ricco ma questo ha perduto tutti i soldi.

1. Quel giovane è simpatico ma
2. Questa donna è sposata ma
3. Quei bambini abitano con la madre ma
4. Quell'uomo è molto generoso ma
5. Queste ragazze lavorano in un ospedale ma
6. Quella signora soffre di amnesia ma
7. Quel ragazzo è il figlio di quella signora ma

O   In coppia: Lei è al mercato all'aperto e desidera comprare le seguenti cose.
Con un compagno/una compagna che fa la parte del fruttivendolo, dica
che cosa desidera secondo il modello.

◆ ciliege / mezzo chilo
S1: Mezzo chilo di ciliege, per favore.
S2: Queste ciliege o quelle?
S1: Queste, per favore.

1. fagiolini / un chilo
2. prosciutto / un etto (*100 grams*)
3. spinaci / mezzo chilo
4. uva / due chili
5. pane / un po' di
6. funghi / un cestino (*basket*)
7. pere / due chili
8. pomodori / tre chili

P   In coppia: Domandi ad un altro studente/un'altra studentessa dove ha
comprato almeno quattro cose che lui/lei ha.

◆ S1: Dove hai comprato quello zaino?
S2: Questo? Alla libreria.

Q   In gruppi di quattro: Faccia vedere agli altri studenti del gruppo una
fotografia di famiglia o di amici. Dica chi sono le persone nella foto,
usando i dimostrativi dove possibile, e risponda alle domande degli altri
studenti.

◆ — Ecco una foto di tre amici. Questo ragazzo si chiama Franco e quello si
chiama Tim. Questo abita nella mia città ma quello adesso abita in
California...
— E chi è questa ragazza? ecc.

Parliamo un po'

A **La famiglia.** In coppia: Prepari un albero genealogico come a pagina 181 con tre generazioni della sua famiglia (con zii, cugini, ecc.). Poi dica ad un compagno/una compagna il nome e l'età di ogni membro della famiglia.

◆ Questo è mio nonno. Si chiama Paolo e ha sessantadue anni.

For more practice with lesson topics, log on to the *Oggi in Italia* website.

Internet

B **Conoscere un amico/un'amica.** In coppia.

S1

Lei lavora per il giornale della sua università e deve intervistare uno studente straniero. Lei vuole sapere:

il suo nome
dove abita la sua famiglia
il numero di fratelli e sorelle
nomi ed età di fratelli e sorelle
che lavoro fanno i suoi genitori
da quanto tempo è negli Stati Uniti
perché è venuto a quest'università
se gli piace essere qui

S2

Lei è uno studente italiano venuto negli Stati Uniti per mezzo di un programma di scambio (*exchange*) culturale. Una giornalista vuole farle alcune domande per un articolo che scrive sul giornale dell'università. Risponda con le informazioni indicate.

nome: Francesco De Sia
abita a: Verona
famiglia: padre, presidente di banca
       madre, farmacista
       un fratello, Dante, 20 anni
       due sorelle, Eugenia e Bettina, 16 e
       15 anni
negli Stati Uniti da: settembre
perché?: studiare informatica, praticare l'inglese

C **Un viaggio all'estero.** In gruppi di tre: Una persona del gruppo è uno studente/una studentessa che vuole passare l'estate all'estero. Le altre due sono i genitori, che non sono d'accordo con il figlio/la figlia.

STUDENTE/STUDENTESSA: Dica dove vuole andare e spieghi ai genitori perché vuole fare questo viaggio, cosa vuole fare esattamente e i vantaggi del viaggio. Deve convincere i genitori a dare il loro permesso.

GENITORI: Volete sapere tutti i dettagli di questo viaggio, anche se non vi piace l'idea. Se quello che vi dice vostro figlio/vostra figlia non vi piace, dovete convincere il figlio/la figlia a rimanere a casa per l'estate.

D **Vi piace viaggiare?** Parli con altri tre studenti per sapere:

se viaggiano spesso o raramente	____	____	____
dove preferiscono viaggiare	____	____	____
come preferiscono viaggiare	____	____	____
con chi viaggiano	____	____	____
se portano molti bagagli	____	____	____
la destinazione dell'ultimo viaggio fatto	____	____	____

E **Fotografie di un viaggio.** In coppia: Ecco alcune fotografie che voi avete fatto durante un recente viaggio, ma non sono in ordine cronologico. Trovate l'ordine corretto, e poi raccontate alla classe cos'è successo durante il vostro viaggio.

Vocabolario utile: le camicie (*shirts*), la piscina (*pool*)

◆ Recentemente noi siamo andati/e in vacanza a Cocoruba. Abbiamo viaggiato in …

In giro per l'Italia

View the *Parliamo italiano!* video,
Module 6, *Rilassarsi (Venezia).*

A **Definizioni.** Abbini le definizioni con una parola della lista di destra. Ci sono due parole in più nella lista.

1. abitante di una città
2. persone che visitano città e paesi stranieri
3. aggettivo derivato da *mare*
4. una forma di governo
5. un animale feroce
6. un tipo di chiesa
7. sinonimo di *bar*
8. sinonimo di *ricco*
9. nome derivato da *bello*
10. disegno decorativo di vari colori

a. la repubblica
b. la bellezza
c. la basilica
d. splendido/a
e. marinaro/a
f. il mosaico
g. il cittadino
h. prospero/a
i. i turisti
j. il canale
k. il leone
l. il caffè

Piazza San Marco, il salotto di Venezia, è sempre affollata da turisti italiani e stranieri.

Locate Venezia on the map of Italy on p. 14.

Giacomo Casanova (1725–1798) was a Venetian adventurer and libertine whose last name has become synonymous with "don Juan." (*Quel ragazzo è un vero casanova.*)

Venezia

Venezia, una delle più belle e affascinanti città del mondo, è costruita su cento-diciotto isole. In questa città non ci sono automobili, autobus o motorini. Le vie di Venezia sono i canali. Barche[1], motoscafi[2], vaporetti[3] e bellissime e romantiche gondole sono i mezzi[4] che portano la gente da una parte all'altra della città. A Venezia ci sono centocinquanta canali e quattrocento ponti[5]. I veneziani chia-mano il canale "rio", la piazza "campo", una piccola piazza "campiello" e la via "calle". Il ponte più famoso è l'elegante Ponte del Rialto che attraversa il Canal Grande, il più largo[6] canale della città. C'è poi il Ponte dei Sospiri[7] che collega il Palazzo Ducale con il Palazzo delle Prigioni[8]. In questo palazzo è stato prigio-niero Giacomo Casanova.

Chiamata "la Serenissima"[9], o la città di San Marco o del Leone alato[10], Venezia è stata una delle più prospere repubbliche marinare del Medioevo. Oggi questa città attrae molti turisti e visitatori italiani e stranieri che vengono a vedere le sue bellezze artistiche e a partecipare alle sue varie attività culturali. Il centro della vita veneziana è Piazza San Marco, uno splendido salotto[11] all'aria aperta, dove i cittadini e i turisti vanno a socializzare e ad ammirare la mera-vigliosa architettura della città. In questa piazza sono situati la basilica di San Marco con i suoi bei mosaici, il Campanile[12] e il Palazzo Ducale. In Piazza San Marco ci sono molti bei negozi e caffè. Qui c'è anche il Caffè Florian, famoso perché nel passato è stato frequentato da artisti e scrittori stranieri.

1. boats   2. motorboats   3. steamboats   4. means   5. bridges   6. wide   7. sighs
8. prisons   9. the most Serene   10. winged   11. living room   12. belltower

B **Vero o falso?** Indichi se le seguenti frasi sono vere o false secondo il brano precedente. Corregga le frasi false.

1. Le città italiane sono costruite sull'acqua.
2. A Venezia ci sono molte automobili.
3. La gondola è un tipo di barca usata a Venezia.
4. A Venezia ci sono molti ponti.
5. Le vie di Venezia si chiamano "campi".
6. Un nome di Venezia è "la Superba".
7. Una bella basilica veneziana è dedicata a San Marco.
8. Il Caffè Florian è famoso.

Verona: Interno dello splendido anfiteatro romano (I secolo d.C.).

(A) **La parola giusta.** Prima di leggere il seguente brano, completi le seguenti frasi con le parole appropriate fra quelle indicate tra parentesi.

1. In questo territorio ci sono … e colline.
   (industriale, pianure)
2. Questi vigneti danno un … speciale.
   (vino, agricoltura)
3. C'è solamente una … di petrolio in questa zona.
   (collina, raffineria)
4. I … delle industrie locali sono esportati in tutto il mondo.
   (prodotti, nomi)
5. Le industrie … danno ricchezza agli abitanti della regione.
   (turisti, venete)
6. Nel Veneto ci sono belle località… .
   (montagne, montane)

Locate Veneto on the map of Italy on p. 14. *Con quali regioni confina il Veneto? Con quale paese straniero confina? Come si chiama il mare a sud-est del Veneto? Che cos'è il Po? Dov'è il Po, nel nord o nel sud del Veneto?*

Locate Verona and Padova on the map of Italy on p. 14.

Una regione ricca

Il Veneto è una delle regioni più ricche d'Italia. Nella pianura[1] del Po domina l'agricoltura e sulle colline venete si producono vini famosi quali[2] il Valpolicella, il Soave e il Bardolino. Vicino a Venezia, sulla terra ferma[3], si trovano molte industrie chimiche e siderurgiche[4] e raffinerie di petrolio. Nelle aziende[5] venete si producono tessuti[6] e abbigliamento[7], calzature[8] e articoli in pelle[9]. Missoni e Benetton, due nomi molto conosciuti nel mondo della moda[10] internazionale, sono veneti. Nel Veneto sono fabbricati anche mobili[11] e occhiali di marca[12] venduti in tutto il mondo. Negli ultimi venti anni molte piccole aziende sono nate nel Veneto e i loro prodotti sono esportati in paesi europei ed extraeuropei.

1. plain   2. such as   3. mainland   4. ironworking   5. business companies   6. textiles
7. clothing   8. footwear   9. leather   10. fashion   11. furniture   12. brand-name eyeglasses

Murano and Burano are two small islands in the Venetian lagoon.

Andrea Palladio (1508–1580) was a Renaissance architect, greatly admired by Thomas Jefferson.

Sant'Antonio (1195–1231) was a Franciscan monk from Lisbon who died near Padova.

Giotto (1267–1337) was a painter whose frescoes can be admired also in Florence, Rome, and Assisi.

Andrea Mantegna (1431–1506) was a Renaissance painter.

The **Dolomiti** are a characteristic group of Alpine mountains.

Anche gli articoli dell'artigianato[13] veneto, come i vetri[14] di Murano e i merletti[15] di Burano, sono molto ricercati[16].

La regione veneta attrae molto turismo; ogni anno il Veneto riceve un gran numero di visitatori italiani e stranieri. Oltre a Venezia, anche Verona, Vicenza e Padova richiamano l'attenzione dei turisti. Gli eroi shakespeariani, Giulietta e Romeo, e l'Arena, il meraviglioso anfiteatro romano, sono le due maggiori attrazioni di Verona. I numerosi capolavori architettonici[17] di Andrea Palladio invece sono le attrazioni di Vicenza, chiamata anche la città palladiana. A Padova poi c'è il Santuario[18] di Sant'Antonio. In questa città si possono anche ammirare gli stupendi affreschi di Giotto e di Mantegna. Nel Veneto ci sono anche belle spiagge e montagne. Il Lido di Venezia è la spiaggia più elegante dell'Adriatico. Cortina d'Ampezzo, centro di villeggiatura invernale ed estiva[19] delle Dolomiti, è una delle più belle località montane d'Italia.

13. craftsmanship   14. glassworks   15. laces   16. sought after   17. architectural masterpieces   18. shrine   19. winter and summer

B **Informazioni.** Dia le seguenti informazioni basate sul brano precedente.

1. si produce sulle colline venete
2. importanti industrie e aziende venete
3. due personaggi veneti del mondo della moda
4. alcuni prodotti fabbricati nel Veneto
5. attrazioni di Verona
6. attrazioni di Vicenza
7. attrazioni di Padova
8. una spiaggia elegante del Veneto
9. un famoso e importante centro di villeggiatura delle montagne venete

Perugia: parziale veduta
della città.

Lezione 9

Un anno all'estero

COMMUNICATIVE OBJECTIVES

- Describe the weather
- Describe your past
- Tell how often you do certain activities

Susan Palmer è una studentessa americana che studia pittura all'Accademia di Belle Arti° di Perugia. Adesso manda un messaggio di posta elettronica al suo amico Roberto, un giovane di Milano.

Fine Arts Academy

> Locate Perugia on the map of Italy on p. 14.

Da: Susan Palmer
A: robertobiondi@vento.it
Data: domenica, 10 nov., 2002, ore 15:30
Oggetto: Arrivo in Italia

> The @ symbol in e-mail addresses is called **chiocciola** in Italian. The dot is called **punto**.

5 Caro Roberto,
Ti mando questo messaggio per farti sapere° che sono arrivata finalmente in Italia. Sono a Perugia da due settimane. Pensavo di scriverti prima, ma finora° sono stata molto occupata. Adesso la situazione è più tranquilla, anche perché le lezioni all'Accademia non sono ancora iniziate.

to tell you
until now

10 Io sto bene e sono contenta di essere qui. Perugia è una città molto bella e la gente è simpatica. Qui ci sono moltissimi stranieri che come me studiano all'Accademia o all'università. Spesso fa bel tempo, anche se è autunno inoltrato°. Di notte però fa abbastanza freddo.

> Remember that *la gente* takes a singular verb: *La gente è simpatica.*

middle of autumn

E tu come stai? Che tempo fa lì? Ieri ricordavo il tempo trascorso con te a
15 New York e provavo una certa nostalgia. ... A proposito, tu non mi hai ancora mandato le foto dell'estate scorsa; perché non vieni a trovarmi° e le porti con te? Come sai vicino a Perugia ci sono molte piccole città ricche di opere d'arte e di monumenti medievali. Io avevo in mente di visitare una o due di queste città, ma non ho ancora avuto il tempo di farlo. Possiamo andarci insieme. Che ne dici?

to visit me

20 Per ora ti lascio e ti saluto con affetto. Un abbraccio.
Susan

Domande

1. Chi è Susan e che cosa fa a Perugia?
2. Chi è Roberto?
3. Secondo Susan, com'è Perugia? E la gente di Perugia?
4. Che tempo fa a Perugia quando Susan manda il messaggio a Roberto?
5. Come sono le piccole città vicino a Perugia?
6. Perché Susan non ha potuto visitarle finora?

Domande personali

1. Lei manda messaggi di posta elettronica? A chi?
2. Qual è il suo indirizzo elettronico?
3. Riceve spesso messaggi? Da chi?
4. Lei scrive in italiano qualche volta? Cosa scrive?
5. Conosce una città antica e bella? Quale?
6. Oggi fa bel tempo o cattivo tempo?
7. A volte lei prova nostalgia? Di chi o di che cosa?

Situazioni

1. Domandi ad un amico/un'amica che tempo fa nella sua città in ogni stagione dell'anno.

   ◆ — Che tempo fa nella tua città in primavera (d'estate/in autunno/d'inverno)?
   — Fa fresco (freddo/cattivo tempo/caldo/bel tempo).

2. Domandi ad un amico/un'amica che cosa pensava di fare ieri sera.

   ◆ — Che cosa pensavi di fare ieri sera?
   — Pensavo di fare una passeggiata nel parco (fare due passi con gli amici/fare quattro salti in discoteca/prendere un gelato con te), ma dovevo studiare.

Vocabolario

Parole analoghe

l'accademia	il messaggio
l'arrivo	il monumento
elettronico/a	occupato/a
la foto(grafia)	la situazione
la lettera	tranquillo/a
medievale	

Nomi

l'abbraccio   hug
l'affetto   affection
il/la giovane   young person
l'indirizzo   address
la pittura   painting
la posta   mail
lo straniero   foreigner
il tempo   weather; time

Aggettivi

antico/a   old, ancient
certo/a   certain
contento/a   glad
moltissimi/e   very many

Verbi

iniziare   to begin, start
lasciare   to leave (behind)

provare   to feel; to experience
salutare   to greet
trascorrere (*p.p.* trascorso)   to spend (time)

Altre parole ed espressioni

anche se   even though
finalmente   finally
però   however
prima   before
avere in mente   to intend, to have in mind
che tempo fa lì?   what's the weather like there?
fa abbastanza freddo   it's quite cold
fa bel tempo   it's nice weather
fa caldo   it's hot
fa cattivo tempo   it's bad weather
fa fresco   it's cool
la posta elettronica   e-mail
l'indirizzo elettronico   e-mail address
di notte   at night
l'opera d'arte   work of art
a proposito   by the way
provare nostalgia di   to be homesick
a volte   sometimes

Like *la moto, la foto* is a feminine noun. It is a shortened form of *fotografia.*

ph = *f* in many Italian words: *fotografia, filosofia, Filadelfia,* etc.

-issimo = very

Imparare l'italiano in Italia

P er chi studia una lingua straniera non c'è di meglio del[1] contatto diretto con la gente del paese dove si parla la lingua. Imparare l'italiano in Italia è un'esperienza simpatica e interessante. In molte città esistono accademie ed istituti riservati all'insegnamento dell'italiano agli stranieri.

Anche, molte università italiane organizzano programmi di lingua, letteratura, arte e cultura per stranieri, specialmente d'estate. Giovani di tutte le parti del mondo approfittano ogni anno di questa occasione per imparare la lingua italiana. Allo stesso tempo hanno modo di conoscere meglio i costumi[2] e la vita sociale degli italiani e di trascorrere un soggiorno piacevole[3] in Italia.

Studenti stranieri imparano l'italiano a Siena.

■ Lei conosce qualcuno che ha studiato all'estero? Le piacerebbe studiare un giorno in una scuola di un paese straniero?

[1]there is nothing better than   [2]customs   [3]pleasant stay

The Università per Stranieri is also in Siena. Both Perugia and Siena attract a large number of foreign students who come from all over the world to study the language and culture of Italy.

Look up the web page of the Università per Stranieri di Perugia at www.unistrapg.it and find a language course appropriate for you. Look for the university's e-mail address and ask for further information if necessary.

UNIVERSITA' PER STRANIERI
PERUGIA

CERTIFICAZIONE DI CONOSCENZA
DELLA LINGUA ITALIANA

A L T E

Alliance Française
Generalitat de Catalunya
Goethe Institut
Instituto Cervantes
University of Cambridge Local Examinations
Syndicate (UCLES)
Università per Stranieri di Perugia
Universidade de Lisboa
National Institute for Educational Measurement (CITO)
Danish Consortium

Pratica

1. Lei frequenta un corso estivo all'università. Scriva ad un amico italiano/
   un'amica italiana e parli di queste cose nel suo messaggio.

   come sta
   che cosa studia
   che tempo fa
   quello che fa di bello
   di che cosa o di chi prova nostalgia
   se ha conosciuto qualche persona interessante

2. Lei è in vacanza. Scriva una cartolina (*postcard*) ad un amico italiano/
   un'amica italiana. Dica da quanto tempo è lì e racconti (*tell*) quello che ha
   visto e ha fatto finora.

Pronuncia

I suoni /g/ e /ğ/

The letter **g** (or **gg**) is pronounced hard (/g/), as in **gatto,** before the letters **a, o,**
and **u.** The combination **gh** is always pronounced hard. Before **e** and **i, g** (or **gg**)
is pronounced soft (/ğ/), as in **gennaio.**

 A Ascolti l'insegnante e ripeta le seguenti parole.

inglese	righe	messaggio	giovane
guardare	laghi	pomeriggio	gente
godere	paghiamo	suggerire	nostalgia
lingua	larghe	spiaggia	Perugia

B **Proverbio.** Legga ad alta voce il seguente proverbio e poi lo detti ad un
altro studente/un'altra studentessa.

Diligenza passa scienza.
Persistence is sometimes more important than knowledge.
(*Literally: Diligence surpasses science.*)

Ampliamento del vocabolario

Che tempo fa?

È il primo maggio.
Fa bel tempo. C'è il
sole ed è sereno.

È il sette gennaio.
Fa freddo. Nevica e
tira molto vento.

È il quindici agosto.
Fa caldo.
È molto umido.

È il dieci ottobre.
Fa fresco ed è nuvoloso.

Espressioni utili

Che tempo fa? What's the
  weather like?
Fa bel tempo. It's nice weather.
Fa caldo. It's hot.
Fa cattivo tempo. It's terrible
  weather.
Fa freddo. It's cold.
Fa fresco. It's cool.
Fa molto caldo (freddo, fresco).
  It's very hot (cold, cool).

Nevica. It's snowing.
Piove. It's raining.
Tira (molto) vento. It's (very)
  windy.
C'è la nebbia. It's foggy.
C'è il sole. It's sunny.
È afoso. C'è afa. It's sultry
  (muggy).
È nuvoloso. It's cloudy.
È sereno. It's clear.

la neve = snow
la pioggia = rain

A In coppia: Un giovane italiano/Una giovane italiana che desidera visitare la
sua città vuole sapere com'è il clima (*climate*) lì. Gli/Le spieghi com'è.

1. Che tempo fa ad agosto nella tua città?
2. In quali mesi fa molto freddo?
3. Nevica spesso d'inverno?
4. Com'è l'estate lì?
5. Tira vento qualche volta?
6. In quali mesi c'è la nebbia?
7. In quali mesi piove di più?

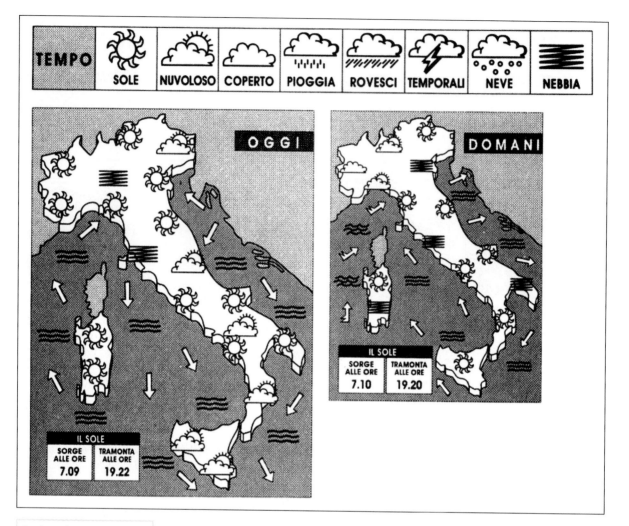

Look up the names of five or six regions on the map of Italy on p. 14. Then describe the weather in each according to the weather map.

coperto = overcast
rovesci = showers
temporali = storms

B In coppia: Domani il suo compagno/la sua compagna di camera va a fare una gita e vuole sapere le previsioni del tempo. Gli/Le dica come sarà il tempo nei prossimi tre giorni.

◆ — Sai che tempo fa domani?
— Sì, domani ...

C In coppia: Domandi ad un altro studente/un'altra studentessa che cosa fa in condizioni di tempo diverse.

◆ — Cosa fai quando (fa bel tempo)?
— Quando fa bel tempo ...
— E quando (piove)?

Alcune espressioni di tempo con *ogni, volta, di, tutti/e*

Ogni

ogni anno (mese, settimana, giorno)   each year (month, week, day)
ogni estate (autunno, inverno, primavera)   each summer (fall, winter, spring)
ogni lunedì (martedì, ecc.)   each Monday (Tuesday, etc.)
ogni tanto   once in a while

Volta

a volte   at times, sometimes
una volta al giorno (alla settimana, al mese, all'anno)   once a day (a week, a month, a year)
qualche volta   sometimes

Di

di quando in quando   from time to time
di rado   seldom
di solito   usually
di tanto in tanto   every now and then

Tutti/Tutte

tutti i giorni (i mesi)   every day (month)
tutte le sere (le settimane)   every evening (week)

> To remember these expressions, name things you do *una volta al giorno, di rado, ogni estate, tutte le sere, ogni sabato,* etc.

D   In coppia: Risponda brevemente alle domande che le fa un altro studente/un'altra studentessa. Nelle risposte usi un'espressione di tempo appropriata come *volta, di, ogni* o *tutti/e.*

♦ fare la spesa
— Fai la spesa?
— Sì, ogni settimana. /
    No, non la faccio mai.

1. studiare in biblioteca
2. alzarsi presto la domenica
3. andare allo stadio con i tuoi amici
4. telefonare ai tuoi genitori
5. guardare la televisione
6. ascoltare la musica
7. leggere il giornale
8. fare gite con gli amici

la neve
✳
la natura

Struttura ed uso

Imperfetto

Quando **ero** bambina, **abitavo** in una bella casa ed **avevo** un gatto e un cane.

1. The imperfect is a past tense used to talk about things that used to happen or that were going on over a period of time in the past. The following chart shows the imperfect forms of regular verbs in **-are**, **-ere**, and **-ire**.

	provare	scrivere	sentire
io	provavo	scrivevo	sentivo
tu	provavi	scrivevi	sentivi
lui/lei	provava	scriveva	sentiva
noi	provavamo	scrivevamo	sentivamo
voi	provavate	scrivevate	sentivate
loro	provavano	scrivevano	sentivano

2. The verbs **essere, bere, dire,** and **fare** are irregular in the imperfect. Here are their forms:

essere	bere	dire	fare
ero	bevevo	dicevo	facevo
eri	bevevi	dicevi	facevi
era	beveva	diceva	faceva
eravamo	bevevamo	dicevamo	facevamo
eravate	bevevate	dicevate	facevate
erano	bevevano	dicevano	facevano

Note that *essere* is really the only verb that is irregular in the imperfect. *Bere, dire,* and *fare* use irregular stems that you have already seen.

3. The imperfect is used to describe:

a. the way things or people were.

Lisa **era** una bella bambina.	*Lisa was a beautiful child.*
Non **aveva** problemi a scuola.	*She had no problems at school.*
Aveva i capelli lunghi.	*She had long hair.*

b. habitual actions in the past.

Andavamo ogni anno al mare.	*We used to go to the shore every year.*
Facevamo passeggiate con la mamma mentre papà **si addormentava** sulla spiaggia.	*We would take walks with Mom while Dad would fall asleep on the beach.*
A volte **venivano** anche i nostri cugini.	*Sometimes our cousins would come as well.*
Ci divertivamo molto insieme.	*We used to have a lot of fun together.*

c. actions in progress in the past when something else happened or while something else was happening.

> Reflexive pronouns precede reflexive verbs conjugated in the imperfect.

Dormivamo quando è entrato.	*We were sleeping when he came in.*
Pensavo al nostro viaggio quando mi hai chiamato.	*I was thinking about our trip when you called me.*
Susan **leggeva** mentre lui **faceva** fotografie.	*Susan was reading while he was taking pictures.*

d. weather, time of day, age, health, and mental and psychological states in the past.

Faceva bel tempo ieri.	*The weather was nice yesterday.*
Erano le otto e mezzo quando è tornata a casa.	*It was eight-thirty when she came home.*
Avevo diciannove anni quando sono andata a Perugia.	*I was nineteen years old when I went to Perugia.*
Si sentiva male ieri sera.	*He felt sick last night.*
I genitori **si preoccupavano** per i loro bambini.	*The parents were worried about their children.*

A Il nonno descrive com'era la vita quando lui era giovane. Faccia la parte del nonno, sostituendo il soggetto delle frasi con i nuovi soggetti indicati tra parentesi.

1. Ai miei tempi, i treni arrivavano in orario. (la posta / gli studenti)
2. La gente aveva pochi soldi. (noi / la mia famiglia / io)
3. I generi alimentari non costavano tanto. (la scuola / le case / le macchine)
4. I politici non dicevano bugie (*lies*). (il governo / noi bambini / io)
5. Le donne stavano in casa. (mia madre / i ragazzi piccoli)
6. La vita era più semplice allora. (le cose / l'amore)

B In coppia: Domandi ad un compagno/una compagna dov'era e cosa faceva ieri nelle ore indicate.

◆ alle 8.45 di sera
S1: Dov'eri e cosa facevi alle nove meno un quarto ieri sera?
S2: Ero al cinema con un amico. Guardavo un film stupido.

1. alle 6.50 di mattina
2. alle 9.00 di mattina
3. a mezzogiorno in punto
4. alle 4.06 del pomeriggio
5. alle 11.10 di sera
6. a mezzanotte

C In coppia: Chieda ad un altro studente/un'altra studentessa se faceva le seguenti cose quando aveva tredici anni.

◆ amare la scuola
S1: Quando avevi tredici anni amavi la scuola?
S2: Sì, amavo la scuola. / No, non amavo la scuola.

1. frequentare il liceo
2. dovere pulire la tua camera
3. avere un amico preferito/un'amica preferita
4. discutere con i tuoi genitori
5. mangiare volentieri le verdure
6. praticare uno sport
7. uscire con i ragazzi/le ragazze
8. ubbidire sempre ai genitori

D Intervisti un altro studente/un'altra studentessa per sapere com'era e cosa preferiva fare quando aveva sei anni. Prenda appunti e poi riferisca le informazioni alla classe. Lei vuole sapere:

se era timido/a o disinvolto/a; pigro/a o dinamico/a; gentile o sgarbato/a, ecc.
se aveva molti o pochi amici e come si chiamavano
se gli/le piaceva la scuola e quale materia preferiva
quali trasmissioni televisive guardava
come si divertiva e se aveva un giocattolo (*toy*) preferito

◆ Com'eri quando avevi sei anni? Eri timida?
— No, non ero timida. Non avevo paura di niente ...

c'era una volta Perugia...

E In coppia: Susan è andata a Perugia per un corso intensivo all'Università per Stranieri. È arrivata a Perugia due settimane prima dell'inizio delle lezioni. Guardate i disegni in basso e a turno dite che cosa faceva Susan durante la sua prima settimana a Perugia.

F Ricorda la sua prima settimana all'università? Com'era? Descriva ad un amico/un'amica questa prima settimana. Gli dica:

quanti anni aveva
dove abitava
che tempo faceva
se conosceva altri studenti
cosa faceva nel tempo libero
se era contento/a e perché
se aveva paura e di che cosa
se provava nostalgia per la famiglia

Espressioni negative

Non dirlo a **nessuno, neanche** al tuo ragazzo!

Non dirlo a **nessuno, nemmeno** a tua sorella!

1. The following chart shows some commonly used negative expressions in Italian. You have already learned some of them.

non ... affatto not at all	**Non** mi piace **affatto** questa città.
non ... mai never	**Non** parliamo **mai** inglese in classe.
non ... niente (nulla) nothing	E **non** capisco **niente**.
non ... nessuno nobody	**Non** conosco **nessuno** qui a Perugia.
non ... { **neanche** / **nemmeno** / **neppure** } not even	**Non** c'è stata **nemmeno** (**neanche, neppure**) una giornata di sole.
non ... più not any more	**Non** provo **più** nostalgia del mio paese.
non ... ancora not yet	**Non** ho **ancora** ricevuto la tua cartolina.
non ... né ... né neither . . . nor	**Non** fa **né** caldo **né** freddo qui.

2. **Non** + *verb* + *second negative* is the usual construction for a negative expression.

Non hai capito **nulla!**   *You didn't understand anything!*
Non arrivi **mai** in orario.   *You never arrive on time.*

3. **Niente** or **nessuno** can precede the verb. When they do, **non** is omitted.

Niente è impossibile.   *Nothing is impossible.*
Nessuno vuole venire.   *Nobody wants to come.*

G Le cose possono cambiare molto nel corso di un anno. Legga il seguente brano che parla di come andavano una volta le cose per Daniela, e di come le vanno adesso. Poi rilegga il brano, dando l'espressione negativa appropriata.

Quest'anno le cose vanno bene per Daniela, ma l'anno scorso non andavano _____ bene. Recentemente ha trovato un lavoro, ma l'anno scorso non lavorava _____ . Adesso può uscire sempre, ma prima non usciva _____ . Adesso ha un televisore e un videoregistratore, ma l'anno scorso non aveva _____ il televisore _____ il videoregistratore. Adesso si compra anche vestiti alla moda, ma l'anno scorso non si comprava _____ . Adesso tutti la chiamano, ma l'anno scorso _____ la chiamava. Prima aveva molti problemi e preoccupazioni, ma quest'anno non ha _____ problemi _____ preoccupazioni. Prima era sempre sfortunata (*unlucky*), ma adesso non è _____ sfortunata.

Siena: Artistica facciata del Duomo.

Lei ha ricevuto il seguente messaggio elettronico da una sua amica che studia questo semestre a Perugia. Quest'amica le fa molte domande su come vanno le cose all'università. Risponda al messaggio con un'espressione negativa per ogni domanda.

Caro/a —

Come stai? Qui in Italia sto tanto bene ma penso spesso alla nostra università. Qui piove quasi ogni giorno. Fa ancora bel tempo lì? Ma dimmi, cosa fai per le vacanze di Natale? Vedi spesso i nostri amici? Hai già trovato un lavoro per l'anno prossimo? Studi ancora la filosofia? Vai spesso alle feste? E con chi esci, con Monica o con Daria? Hai ricevuto le foto e le cartoline che ti ho mandato? Quante partite ha vinto la nostra squadra (*team*) di hockey? E quando puoi venire in Italia?

Ci sentiamo,
Susan

 Dica se lei fa ancora queste cose o se non le fa più.

◆ Vive con i suoi genitori?
   No, non vivo più con i miei genitori. / Sì, vivo ancora con i miei genitori.

1. Va in vacanza con la famiglia?
2. Guarda i cartoni animati (*cartoons*)?
3. Dorme con l'orsacchiotto (*teddy bear*)?
4. Vede gli amici della scuola elementare?
5. Frequenta ancora il liceo?
6. Ha ancora paura del buio (*dark*)?
7. Crede a Babbo Natale (*Santa Claus*)?

J In coppia: Decidete se le seguenti frasi descrivono accuratamente la vostra classe d'italiano. Se una frase non è vera, cambiatela.

◆ Parlate sempre inglese durante la lezione.
   Sì, parliamo sempre inglese durante la lezione. / No, non parliamo sempre inglese durante la lezione. / No, non parliamo mai inglese durante la lezione.

1. Tutti hanno paura di parlare durante la lezione.
2. Gli studenti trovano molto facili (*easy*) le lezioni.
3. Finite sempre tutti gli esercizi della lezione.
4. Ascoltate canzoni e poesie durante la lezione.
5. Avete visto film italiani durante la lezione.
6. Avete finito la lezione undici.
7. Avete carte geografiche e poster turistici nell'aula (*classroom*).
8. C'è uno studente che parla perfettamente l'italiano.

 In coppia: Intervisti un altro studente/un'altra studentessa per sapere due cose

che non fa mai
che non fa più
che non ha mai fatto ma che vuole fare

Pronomi personali di forma tonica

—Vuoi ballare con **me?**
—No, preferisco ballare con **lui.**

1. Disjunctive or stressed pronouns are used as objects of prepositions. They are also used instead of direct object pronouns for emphasis or clarity.

— È per **me** la telefonata?
— No, non è per **te;** è per **me.**

— Vuoi uscire con **noi?**
— No, mi dispiace. Arriva una mia amica e devo parlare con **lei.**

— Mi hai visto ieri con Claudio?
— No, ho visto **lui,** ma non ho visto **te.**

2. The following chart shows the disjunctive pronouns with the preposition **con.**

Singular		Plural	
con **me**	with me	con **noi**	with us
con **te**	with you	con **voi**	with you
con **lui**	with him	con **loro**	with them, with you
con **lei**	with her, with you		

Notice that except for *me* and *te,* the disjunctive pronouns are identical to subject pronouns.

3. Da + *disjunctive pronoun* can mean *on one's own* or *by oneself.*

Devo fare tutto **da me.**   *I have to do everything by myself.*
Fa' i compiti **da te.**   *Do the homework on your own.*

The disjunctive pronoun **sé** is used instead of **lui/lei** and **loro** to mean *himself/herself/themselves* and the formal *yourself.*

Il bambino si veste **da sé.**   *The child gets dressed on his own.*
Signorina Luzzi, faccia l'esercizio   *Miss Luzzi, do the exercise*
  da sé.   *yourself.*

L Risponda alle domande con pronomi di forma tonica.

  ◆ È vero che abiti vicino al professore?   Sì, abito vicino a lui.

1. È vero che vieni con noi?
2. È vero che hai ricevuto una lettera dal tuo ragazzo?
3. È vero che vai in montagna con i tuoi genitori?
4. È vero che pensavi a me?
5. È vero che lavori con mia zia?
6. È vero che non ci sono altri studenti come te?
7. È vero che arrivi prima dei tuoi compagni?
8. È vero che hai comprato qualcosa per me?

> Italian educator and psychiatrist Maria Montessori (1870–1952) developed a method of preschool and elementary education that stresses physical freedom and individual initiative.

M I ragazzi della Scuola Elementare Maria Montessori sono tutti molto indipendenti. Uno studente descrive cosa facevano gli studenti della scuola la settimana scorsa. Faccia la parte dello studente e dica che i bambini facevano le varie attività da sé.

  ◆ Carlo: studiare la matematica   Carlo studiava la matematica da sé.

1. Angelina: pulire la lavagna
2. Gilda e Susi: imparare l'inglese
3. io: fare i disegni
4. i bambini: preparare da mangiare

5. Tonino: usare il computer
6. tu: giocare con i videogiochi
7. noi: fare tutto

N In coppia: Domandi al compagno/alla compagna se conosce queste persone. Il compagno/La compagna risponde con pronomi tonici.

> Nanni Moretti and Liliana Cavani are both renowned film directors. The actor and director Roberto Benigni often costars with his wife, Nicoletta Braschi. Pippo Baudo is a long-popular TV host.

  ◆ Andrea Bocelli / Sophia Loren
    S1: Conosci Andrea Bocelli e Sophia Loren?
    S2: Conosco lui ma non lei / lei ma non lui / loro. / Non conosco né lui né lei.

1. Cecilia Bartoli / Luciano Pavarotti
2. Nanni Moretti / Liliana Cavani
3. Melissa Etheridge / i Cavalieri della Notte
4. Roberto Benigni / Nicoletta Braschi
5. Hillary Clinton / Gianni Agnelli
6. Rosie O'Donnell / Pippo Baudo

Internet For further practice of lesson topics, log on to the *Oggi in Italia* website.

Vivere in Italia!

A   **Che cosa prendi?** In gruppi di cinque: Lei è al ristorante "Da Amina" con alcuni amici per una cena speciale. Prima indichi le sue preferenze e poi domandi agli amici che cosa prendono. Usate il menù indicato.

◆ S1: Io prendo … . E tu, (Caterina), che cosa prendi?
    S2: Io …
    S1: E tu, (Andrea) … ?
    S3: Non so. Forse …
    S1: E tu, (Gianna) … ?
    S4: Vediamo un po' … . Che cosa ha ordinato (Caterina)? …

ACCADEMIA ITALIANA DELLA CUCINA

ristorante da AMINA
borgo S.Agostino   Civitavecchia

ALICI MARINATE
ANTIPASTO MISTO DI MARE
FRUTTI DI MARE «SALTATI»
INSALATA DI GAMBERI

TONNARELLI CON CALAMARETTI
SPAGHETTI ALLA "AMINA"
LINGUINE CON TARTUFI
     e COZZE

CONTORNI VARII

FANTASIA DI PESCE
DOLCE AMINA
NERO IN TAZZA
VINO DELLA CASA

Civitavecchia
Giovedì 29 Settembre   di Bracciano   La Anguillara

Mario Jacovitti

215

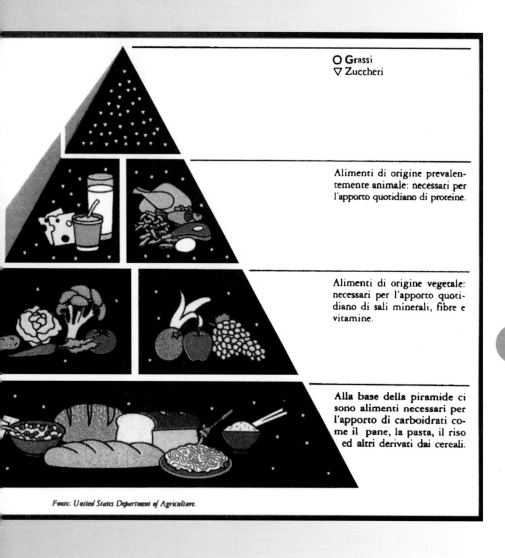

O Grassi
▽ Zuccheri

Alimenti di origine prevalentemente animale: necessari per l'apporto quotidiano di proteine.

Alimenti di origine vegetale: necessari per l'apporto quotidiano di sali minerali, fibre e vitamine.

Alla base della piramide ci sono alimenti necessari per l'apporto di carboidrati come il pane, la pasta, il riso ed altri derivati dai cereali.

Fonte: United States Department of Agriculture.

C **Pasti equilibrati.**
In gruppi di tre o quattro: Facendo riferimento alla piramide del mangiar sano, preparate un menù di pasti equilibrati (*balanced*) per una giornata. Confrontate il vostro menù con quello di altri gruppi.

B **La piramide del mangiar sano.** In coppia: Esaminate la piramide e a turno dite quello che generalmente mangiate a pranzo o a cena per ogni categoria di cibo.

◆ S1: Fra i carboidrati a pranzo (a cena) di solito io mangio … . E tu?
S2: Io invece preferisco …
S1: Fra le verdure … . Come frutta …
S2: …

D **Un'inchiesta.** In gruppi di tre o quattro: Discutete i risultati di questa inchiesta e poi indicate quali sono, secondo voi, i tre luoghi o modi migliori (*best*) e peggiori (*worst*) per incontrare un/una partner. Comparate i vostri risultati con quelli dell'inchiesta, preparate un sommario del vostro paragone e presentate il risultato alla classe.

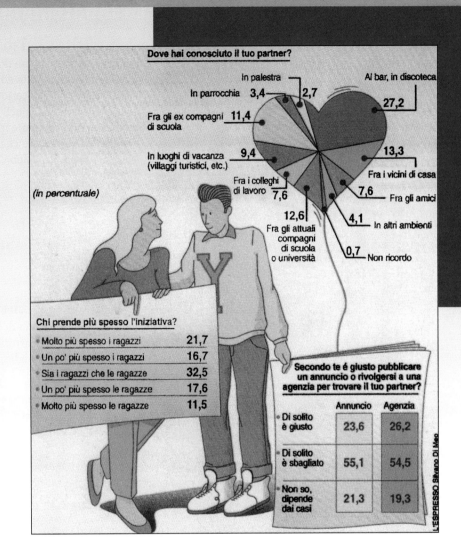

Dove hai conosciuto il tuo partner?

- In palestra — 2,7
- In parrocchia 3,4
- Al bar, in discoteca 27,2
- Fra gli ex compagni di scuola 11,4
- 13,3
- In luoghi di vacanza (villaggi turistici, etc.) 9,4
- Fra i vicini di casa
- Fra i colleghi di lavoro 7,6
- 7,6 Fra gli amici
- 12,6 Fra gli attuali compagni di scuola o università
- 4,1 In altri ambienti
- 0,7 Non ricordo

(in percentuale)

Chi prende più spesso l'iniziativa?

- Molto più spesso i ragazzi — **21,7**
- Un po' più spesso i ragazzi — **16,7**
- Sia i ragazzi che le ragazze — **32,5**
- Un po' più spesso le ragazze — **17,6**
- Molto più spesso le ragazze — **11,5**

Secondo te è giusto pubblicare un annuncio o rivolgersi a una agenzia per trovare il tuo partner?

	Annuncio	Agenzia
Di solito è giusto	23,6	26,2
Di solito è sbagliato	55,1	54,5
Non so, dipende dai casi	21,3	19,3

L'ESPRESSO Silvano Di Meo

E **Curiosità.** In gruppi di tre o quattro: Faccia ai suoi amici le stesse domande dell'inchiesta riportata nell'esercizio D per sapere se e dove hanno conosciuto il loro partner/la loro partner.

◆ S1: Tu hai il ragazzo/la ragazza?
S2: Sì, certo. (No, non ancora.)
S1: Dove lo/la hai conosciuto/a? (Sei mai andato/a in un luogo particolare per conoscere un ragazzo/una ragazza? Dove?)
S2: …

La tabaccheria

Una tipica tabaccheria italiana.

In Italia la tabaccheria è il negozio dove, oltre ai prodotti tipici per fumatori[1] come tabacco, pipe, sigari e sigarette, si vendono anche molte altre cose. Si possono trovare oggetti da regalo e di cartoleria[2], biglietti dell'autobus e della metropolitana, giochi e passatempi[3] e francobolli. È molto comodo comprare francobolli in tabaccheria dato che l'unico altro posto che li vende è l'ufficio postale, che non è sempre vicino casa ed ha un orario piuttosto limitato.

1. smokers   2. stationery   3. games and pastimes

F **In tabaccheria.** In coppia: Lei è in una tabaccheria del centro di Firenze per comprare cartoline illustrate (*postcards*), francobolli e i biglietti per l'autobus.

◆ S1: Buon giorno. Desidera?
S2: Vorrei cinque cartoline illustrate.
S1: Ci sono cartoline da 1 euro e da 1,50. Quali desidera?
S2: …

G **La cartolina.** Scriva cartoline di auguri a tre persone: a Cristina che si sposa la settimana prossima; ad Enrico che fa il compleanno e compie venti anni; a Paola che sabato parte per una vacanza all'estero. Può cominciare a scrivere con *Caro/a*, oppure (*or*) può usare l'espressione *Ciao* + il nome della persona.

Attenzione! Careful!

Auguri! Best wishes!

Bravo/a! Bravo! Well done!

Congratulazioni! Congratulations!

In bocca al lupo! Good luck! (*Literally:* In the mouth of the wolf! *The response is:* **Crepi il lupo!** May the wolf die!)

Buon compleanno! Happy birthday!

Buon divertimento! Have a good time!

Buona fortuna! Good luck!

Buone vacanze! Have a nice vacation!

Buon viaggio! Have a good trip!

Other useful expressions are: **Alla salute! (Salute!)** To your health! Cheers!; **Buon Anno!** Happy New Year!; **Buon appetito!** Enjoy your meal!; **Buona giornata!** Have a good day!; **Salute!** Bless you! (when someone sneezes).

Venezia: Palazzo del Cinema dove ogni anno ha luogo la Mostra Internazionale d'Arte Cinematografica.

Lezione 10

Ad una mostra cinematografica

COMMUNICATIVE OBJECTIVES

- Talk about cinema, fashion, and clothing
- Describe movies
- Describe the color, size, and fabric of clothing
- Narrate and describe events in the past
- Talk about people and places
- Talk about things you know how to do

Marco e Giuliana si trovano in una discoteca di Roma e incontrano il loro amico Alessandro.

MARCO: Ciao Alessandro, la settimana scorsa ti ho cercato, ma non eri mai in casa. Dove sei andato?

ALESSANDRO: A Venezia, alla Mostra Internazionale del Cinema.

GIULIANA: Davvero? Quanti personaggi cinematografici hai visto? Erano simpatici gli attori? E le attrici indossavano abiti eleganti?

ALESSANDRO: So che c'erano registi internazionali e stelle del cinema americano, ma io non ho avuto l'occasione di vederli.

MARCO: E allora cosa facevi lì se non hai visto nessuno?

ALESSANDRO: Ero con mia sorella che con i suoi compagni di classe ha vinto un concorso con un documentario sulla moda italiana.

GIULIANA: Che cosa interessante! Tu sai bene che la moda, i vestiti e gli accessori sono la mia passione!

ALESSANDRO: Allora ti piacerà° il nostro documentario dove le giacche e i pantaloni neri di Armani sono presentati in contrasto con i colori sgargianti delle gonne e delle camicette di Versace.

MARCO: Anch'io sono curioso di vedere questo documentario. Ma dimmi, hai visto qualche bel film italiano o straniero? Dopo l'Oscar assegnato° a Benigni per *La vita è bella*, il cinema italiano è in ripresa, non è vero?

ALESSANDRO: Sì, certo. Sono andato a vedere un film molto bello di Giuseppe Tornatore. Ho visto anche un film cinese con i sottotitoli in inglese. Però per leggere l'inglese non ho seguito bene le immagini e alla fine non ci° ho capito proprio un bel niente.

you'll like

awarded

about it

> Since 1935 the *Mostra Internazionale del Cinema di Venezia* has taken place every year for two weeks in the latter part of August and early September. During this festival, many Italian and foreign pictures are shown and the best film is awarded *Il Leone d'Oro* (the Gold Lion).

> Giorgio Armani is a fashion designer. Versace is a fashion house run by brother and sister Sante and Donatella Versace.

> Roberto Benigni is an actor and entertainer. Giuseppe Tornatore is a film director.

Domande

1. Dove sono Marco e i suoi amici?
2. Perché Alessandro non era mai in casa la settimana scorsa?
3. Con chi era Alessandro alla Mostra Internazionale del Cinema? Perché?
4. Di che cosa tratta il documentario della sorella di Alessandro?
5. Quanti film ha visto Alessandro a Venezia?
6. Perché Alessandro non ha capito il film cinese?

Domande personali

1. A lei piacciono i film americani? E i film stranieri? Perché?
2. Lei conosce il nome di qualche altro festival del cinema? Quale?
3. Come si chiama il suo attore preferito? E la sua attrice preferita? Ha un/una regista preferito/a?
4. Le piace vedere film doppiati o in lingua originale con i sottotitoli in inglese?
5. Che cosa pensa lei della moda? La segue? Conosce il nome di alcuni stilisti famosi del suo paese?
6. Quale città è la capitale della moda nel suo paese?

Astra | Intercultural Original Sound

**Astra Cinehall
Via Cerretani, 54/r
tel. 055 294.770
www.cinehall.it**

*Orario spettacoli:
16.00 - 18.15 - 20.30 - 22.45*

PROGRAMMA

Marzo

Giov. 22 — **LA TIGRE E IL DRAGONE** *Versione mandarina con sottotitoli italiani*
Wo hu zang long - Cina Hong Kong Taiwan 2000
di Ang Lee con Chow Yun Fat, Michelle Yeoh, Zhang Ziyi
Vincitore Golden Globe 2001 miglior film straniero e miglior regia

Giov. 29 — **THOMAS EST AMOUREUX** *Versione francese con sottotitoli italiani*
di Pierre-Paul Renders - Francia-Belgio 1999
con Benoit Verhaert, Aylin Yay, Magali Pinglaut
Festival di Venezia 2000

Situazioni

1. Domandi ad un compagno/una compagna che cosa indossava ieri.

   ◆ — Che cosa indossavi ieri?
   — Indossavo una gonna e una giacca molto semplici (un vestito elegante / i pantaloni e la camicetta / la maglia e i jeans).

2. Domandi ad un amico/un'amica che tipi di film gli/le piacciono.

   ◆ — Che tipi di film ti piacciono?
   — Mi piacciono (i film drammatici / le commedie musicali / i film dell'orrore / i film d'azione).

Vocabolario

Parole analoghe

l'accessorio
l'attore
l'attrice
l'azione
il cinema
cinematografico/a
il colore
la commedia
il contrasto
il documentario
il festival
il film
l'immagine
la passione
presentare

Nomi

l'abito   dress
la camicetta   blouse
il concorso   contest
la giacca   jacket
la gonna   skirt
la maglia   sweater
la moda   fashion
la mostra   exhibit
i pantaloni   trousers, pants
il personaggio   celebrity

il/la regista   (film) director
il sottotitolo   subtitle
la stella   star
lo/la stilista   designer
il vestito   dress, suit
la vita   life

Aggettivi

doppiato/a   dubbed
nero/a   black
sgargiante   gaudy
preferito/a   favorite

Verbi

indossare   to wear
trattare (di)   to be about, to deal
  with
trovarsi   to happen to be

Altre parole ed espressioni

perciò   therefore
alla fine   in the end
proprio un bel niente
  absolutely nothing
il compagno di classe   classmate
essere in ripresa   to have a
  revival

Pratica

1. Scriva cinque o sei frasi basate su quello che dicono i tre amici nel dialogo a pagina 220. Per esempio:

   ◆ La settimana scorsa Marco ha cercato Alessandro ma ...

2. In coppia: Immagini di essere andato/a ad un festival del cinema. Adesso racconti al suo amico/alla sua amica:

   quando e dove si è svolto il festival
   con chi è andato/a lei

   che cosa avete visto
   se si è divertito/a

Il cinema italiano

Durante gli anni '80 e '90 il cinema italiano ha avuto un periodo di crisi profonda. La concorrenza[1] della televisione, i prezzi alti dei biglietti, la televisione via cavo[2], e i film in cassette hanno allontanato[3] gli spettatori dalle sale cinematografiche. Come conseguenza, molti cinema sono stati chiusi e tutta l'industria cinematografica ne ha sofferto.

Durante la crisi però alcuni film italiani hanno avuto riconoscimenti[4] a livello internazionale. Hanno ricevuto l'Oscar per il miglior film straniero *Nuovo Cinema Paradiso* (1990) di Giuseppe Tornatore, *Mediterraneo* (1992) di Gabriele Salvatores e *La vita è bella* (1999) di Roberto Benigni. Il Festival di Cannes ha invece premiato[5] *La vita è bella* (1998), *Il ladro[6] di bambini* (1992) e il regista Nanni Moretti per il suo film autobiografico *Caro diario* (1994) e per *La stanza del figlio* (2001).

Da qualche anno il cinema italiano è in ripresa e comincia a riacquistare[7] una sua identità. Andare al cinema è tornato di moda, grazie anche alla creazione di centri multisale che in locali nuovi, piccoli e accoglienti[8] offrono allo spettatore la possibilità di scegliere film e orari diversi. Gli italiani amano vedere soprattutto[9] i film americani, naturalmente in versione doppiata. Anche i film italiani sono molto popolari, specialmente quelli comici, che sono per lo più interpretati da attori conosciuti per mezzo della televisione.

◼ Lei sa in che condizioni è il cinema americano? È in crisi, in ripresa o gode (*is enjoying*) di molta popolarità negli Stati Uniti e all'estero?

Il regista Giuseppe Tornatore parla con l'attore Sergio Castellitto durante una pausa di lavoro.

Numerous Italian film artists work in the American motion picture industry. Among recipients of Oscars are the costume designer Milena Canonero, composer Ennio Morricone, scene designer Dante Ferretti, and photography directors such as Vittorio Storaro, Peppino Rotunno, and Dante Spinotti.

---

[1]competition   [2]cable   [3]kept away   [4]recognition   [5]awarded a prize   [6]thief   [7]regained   [8]comfortable   [9]above all

ronuncia

Il suono / ʎ /

The sound of the letters **gli** is like the *lli* in *million*. It is articulated with the top of the tongue against the hard palate or roof of the mouth.

A Ascolti l'insegnante e poi ripeta le seguenti parole.

gli	bi**gli**etto	abbi**gli**amento
fi**gli**	ma**glia**	botti**glia**
a**gli**	me**glio**	Ca**gli**ari
de**gli**	lu**glio**	vo**glio**

B **Proverbi.** Legga ad alta voce i seguenti proverbi e poi li detti ad un altro studente/un'altra studentessa.

Meglio tardi che mai.
Better late than never.

Il buono è buono, ma il migliore è meglio.
Good is good, but best is better.

SPELLO
MUSEO DI NORBERTO

CENTRO STORICO - PIAZZA DELLA REPUBBLICA

500 mq di Esposizione - Ingresso libero

Aperto anche il Sabato e la Domenica

Ampliamento del vocabolario

L'abbigliamento, i tessuti e i colori

1. la cravatta	6. la maglia	11. la gonna	16. i sandali
2. la maglietta	7. il giaccone	12. la camicetta	17. le scarpette da
3. i guanti	8. la giacca	13. il cappotto	ginnastica
4. il cappello	9. i pantaloni	14. il vestito	18. i calzini
5. la camicia	10. le scarpe	15. gli stivali	19. i jeans

Altri articoli di abbigliamento

la borsa   handbag, purse
le calze (*f. pl.*)   stockings, hose
i calzoncini   shorts

il costume da bagno   bathing suit
l'impermeabile (*m.*)   raincoat

Espressioni utili

calzare   to fit (shoes, gloves)
indossare   to wear; to put on
levarsi   to take off (clothing)
la misura   size (clothing, shoes)
spogliarsi   to undress
il numero   size (shoes)

portare   to wear
la taglia   size (clothing)
a quadri   checked
a righe   striped
a tinta unita   solid-color

Due to American influence, many English words related to fashion and clothing are used in Italy: "casual," "jeans," "top," "blazer," etc.

Practice clothing vocabulary by associating specific clothes with seasons and weather expressions.

I tessuti e i materiali

il cotone cotton
il cuoio (la pelle) leather, hide
la lana wool
il lino linen

il poliestere polyester
il rayon rayon
la seta silk
velluto a coste corduroy

I colori

arancione   azzurro/a   bianco/a   blu   giallo/a   grigio/a

marrone   nero/a   rosso/a   rosa   verde   viola

Il cinema

doppiare to dub
girare to film
**lo sceneggiatore/la
  sceneggiatrice** screenwriter
la sceneggiatura screenplay
il produttore producer

i cartoni animati cartoons
la colonna sonora soundtrack
gli effetti speciali special effects
un film di fantascienza a science
  fiction movie
un film giallo a thriller

"Thrillers" are called *film gialli* because of the yellow covers that have traditionally identified mysteries and crime novels.

1. The definite article is used with articles of clothing (not the possessive adjective, as in English). The possessive adjective is used only when necessary to clarify ownership.

Mi metto **la** camicia.
Scusa, quella è la **mia** giacca,
  non la tua!

I put on my shirt.
Excuse me, that's my jacket,
  not yours!

When describing more than one person putting on or taking off the same article of clothing, the piece of clothing is in the singular.

I ragazzi si levano **il cappotto.**
Maria e Giulia indossano **il
  costume da bagno.**

The boys take off their coats.
Maria and Giulia are wearing their
  bathing suits.

2. Adjectives of color whose masculine singular form ends in **-o** agree in number and gender with the nouns they modify. The adjectives **arancione, blu, marrone, rosa,** and **viola** are invariable.

In coppia: Risponda ad un compagno/una compagna che vuole sapere che cosa lei preferisce mettersi nelle seguenti occasioni.

◆ per andare ad una festa elegante
— Che cosa ti metti per andare ad una festa elegante?
— Mi metto un vestito di seta.

1. domani quando vai a fare una gita al mare
2. questo pomeriggio se piove
3. stasera per andare a mangiare una pizza con gli amici
4. sabato sera per andare ad un concerto di musica classica
5. domenica per andare ad un concerto rock allo stadio

B In coppia: A turno, identificate due o tre articoli di abbigliamento che indossate oggi.

◆ Io porto una gonna di cotone, una camicetta di lino e i sandali neri.

C In gruppi di tre o quattro: Domandi a ciascuno studente di che colore è l'abbigliamento degli altri studenti del gruppo.

◆ —(Jennifer), di che colore è la camicia di (John)?
— È (azzurra).

D In coppia: Lei ha bisogno di scarpe e stivali ed entra in un negozio di calzature. Insieme ad un compagno/una compagna completi il seguente dialogo fra lei e il commesso/la commessa (*salesclerk*), usando le seguenti parole o espressioni. Ci sono due parole in più nella lista.

metto	marrone	pelle	lana
la misura	scarpe	un paio	la borsa
i pantaloni	42	nere	

LEI: Buon giorno!
COMMESSO/A: Buon giorno. Desidera?
LEI: Ho bisogno di un paio di _____ di _____ .
COMMESSO/A: Di che colore?
LEI: Mah, _____ . Il nero va bene con tutto.
COMMESSO/A: E _____ ?
LEI: Il 42.
COMMESSO/A: Vuole altro?
LEI: Sì, _____ di stivali _____ .
COMMESSO/A: Sempre il numero _____ ?
LEI: No, il 42 e mezzo perché con gli stivali _____ sempre i calzini di _____ .
COMMESSO/A: Bene. Si accomodi, prego. Torno subito.

 In coppia: Lei è in un negozio per comprare un vestito. Insieme a un compagno/una compagna prepari un dialogo appropriato fra lei e il commesso/la commessa. Ricordate di includere la taglia, il tessuto, il colore e il prezzo.

◆ COMMESSO/A: Buona sera! In che cosa posso servirla?
LEI: Buona sera. Ho bisogno di ...

F In coppia: Risponda alle domande che le fa un amico/un'amica per sapere le sue preferenze sul cinema.

1. Hai visto un film di fantascienza di recente? Quale? Com'erano gli effetti speciali?
2. Ti piacciono i film gialli? Qual è il tuo preferito? Sai il nome di qualche regista di film gialli? Che film ha diretto?
3. Qual è l'ultimo film di cartoni animati che hai visto? Quali sono tre film di cartoni animati che preferisci? Perché?
4. Hai dei CD di colonne sonore di alcuni film? Quali sono?

G In coppia: Racconti ad un amico/un'amica l'ultimo film che ha visto. Oltre alla trama (*plot*) dica anche i nomi dello sceneggiatore/della sceneggiatrice, del produttore, del/della regista e dove il film è stato girato.

Struttura ed uso

Contrasto fra l'imperfetto ed il passato prossimo

1. The imperfect and the **passato prossimo** describe two different types of past actions. Compare the sentences on the left, which use the imperfect, and those on the right, which use the **passato prossimo.**

Ogni anno **andava** alla mostra del cinema a Venezia.

Qualche volta **vedeva** delle stelle del cinema.

La settimana scorsa **è andata** a vedere una mostra di documentari.

Questa volta ha **visto** Silvestro Stallone.

2. The imperfect describes habitual, recurring, or ongoing actions, whereas the **passato prossimo** describes specific completed actions. Time expressions such as **ogni anno, sempre, spesso,** and **di solito** often signal recurring actions. Expressions such as **la settimana scorsa, ieri sera, due ore fa,** and **stamattina** often signal specific past actions.

Si alzavano **sempre** presto.
Spesso guardavo la televisione.
Stamattina si sono alzati tardi.
Ieri sera ho guardato un bel programma alla televisione.

They always used to get up early.
I often watched television.
This morning they got up late.
Last night I saw a good program on television.

3. When both tenses occur in the same sentence, the imperfect describes an action in progress when another event happened. The other event is expressed in the **passato prossimo.**

Giancarlo **controllava** la posta elettronica quando le amiche **sono arrivate.**

Giancarlo was checking his e-mail when his friends arrived.

Giravano un film in centro e **mi sono fermato** a guardare.

They were making a movie downtown and I stopped to watch.

La commessa **ha aperto** la porta mentre mi **spogliavo!**

4. In narratives, the imperfect describes the characters' qualities and habitual actions, the setting, time, weather, and other background. The **passato prossimo** is used to relate specific events or actions that took place.

Cappuccetto Rosso (*Little Red Riding Hood*) **era** una brava bambina che **andava** spesso a trovare la nonna che **abitava** dall'altra parte della foresta. Un giorno **ha preparato** un cestino con dei panini ed **è partita** di buon'ora ...

Salvatore **era** un bravo bambino siciliano che **abitava** con sua madre. **Passava** tutte le ore libere al cinema invece di andare a scuola. Un giorno sua madre l'**ha trovato** lì: l'**ha portato** a casa e **ha detto** ...

A In coppia: Domandi ad un compagno/una compagna che cosa faceva quando gli/le ha telefonato. Il compagno/La compagna risponde secondo i suggerimenti.

◆ spogliarsi   S1: Cosa facevi quando ti ho telefonato?
                    S2: Quando mi hai telefonato mi spogliavo.

1. leggere un romanzo emozionante
2. discutere con mia sorella
3. fare la doccia
4. vestirsi
5. guardare un bel programma alla televisione
6. dormire tranquillamente
7. parlare con il mio ragazzo/la mia ragazza
8. prepararsi per la lezione di storia

In coppia: Dica ad un compagno/una compagna una o due cose che sono successe ieri mentre lei faceva le seguenti attività.

◆ lavorare   Ieri mentre lavoravo ho visto Marco e Paola.

1. uscire di casa	4. mangiare
2. studiare	5. guardare la televisione
3. guidare la macchina	6. dormire

C Tiziana spiega ad una sua collega che cosa ha fatto ieri sera con il fidanzato Carlo. Dia la forma appropriata del passato prossimo o dell'imperfetto dei verbi indicati tra parentesi, secondo il contesto.

Ieri sera? Niente, ieri sera io e Carlo _____ (essere) a casa, _____ (annoiarsi), e finalmente _____ (decidere) di andare al cinema. Veramente io non _____ (avere) nessuna voglia di uscire: _____ (piovere) a catinelle (*it was raining cats and dogs*). Ma Carlo _____ (guardare) sul giornale e alla fine _____ (scegliere) un film giapponese.

Quando _____ (arrivare) al cinema non c'_____ (essere) nessuno. Pensa! Noi _____ (essere) soli in questo cinema. E non solo: il film _____ (essere) in lingua originale; cioè il giapponese. Io non _____ (capire) un bel niente!

D In coppia: Dica ad un amico/un'amica quanti anni aveva quando ha fatto le seguenti cose.

◆ cominciare a frequentare la scuola
   S1: Quanti anni avevi quando hai cominciato a frequentare la scuola?
   S2: Avevo quattro anni quando ho cominciato a frequentare la scuola.

1. imparare ad andare in bicicletta
2. innamorarsi (*to fall in love*) per la prima volta
3. uscire per la prima volta con un ragazzo/una ragazza
4. andare al primo ballo
5. prendere la patente di guida
6. viaggiare da solo/a per la prima volta

Le avventure di Pinocchio by Carlo Collodi (1826–1890) was published in 1881 in an Italian magazine for children. Since then it has become a favorite story around the world.

E Racconti la storia di Pinocchio, completando le frasi con la forma appropriata dell'imperfetto o del passato prossimo del verbo in corsivo.

1. C'era una volta un uomo di nome Geppetto che *volere* avere un figlio.
2. Desiderava tanto questo figlio che un giorno *fare* un burattino di legno (*wooden puppet*).
3. Amava il burattino di legno, ma purtroppo il burattino non *essere* un vero bambino.
4. Una notte, mentre Geppetto dormiva, *venire* la fata azzurra (*blue fairy*).
5. La fata azzurra voleva aiutare Geppetto, e *dare* vita a Pinocchio.
6. Geppetto era contentissimo quando *alzarsi* quella mattina e *vedere* un vero bambino al posto del burattino.
7. Pinocchio era un bravo ragazzo, e ogni mattina *uscire* di buon'ora per andare a scuola.
8. Un giorno, mentre Pinocchio andava a scuola, (Pinocchio) *incontrare* il Gatto e la Volpe (*fox*).

F In coppia: Ricorda il giorno più bello della sua vita? Forse era una gita fatta con la famiglia, un appuntamento con una persona speciale o una vittoria sportiva. Prepari almeno sei frasi per descrivere quest'avvenimento, e poi racconti la storia ad un altro studente/un'altra studentessa. Lei può parlare di:

quanti anni aveva
dove e con chi era
che tempo faceva
cosa è successo
perché era contento/a

G In coppia.

> **S1**
> Ieri mattina alle 8.45 lei si è fermato/a ad un bar vicino al suo posto di lavoro per prendere un espresso. Si è seduto/a ad un tavolino vicino alla porta. Quando più tardi è arrivato/a al lavoro, ha notato che non aveva più i guanti. Erano guanti di pelle nera e molto costosi. Ora, torni al bar e chieda al barista se ha trovato i suoi guanti. Risponda alle sue domande.

> **S2**
> Lei lavora in un bar del centro. Questa mattina, una persona entra e dice che ha perso i guanti nel bar. Aiuti questa persona e domandi com'erano i guanti, dov'era seduto/a quando li ha perduti, come li ha perduti e che ora era.

◆ S1: Scusi, ieri ho lasciato qui qualcosa.
   S2: ...

Plurale di alcuni nomi ed aggettivi

1. Feminine nouns and adjectives that end in **-ca** and **-ga** form the plural in **-che** and **-ghe.**

—Che bella **giacca bianca!** Ma non è molto **pratica.**
—È vero. Le **giacche bianche** non sono **pratiche.**

—Guarda! Una **manica** è più **lunga** dell'altra.
—È vero! Ma tutt'e due le **maniche** sono troppo **lunghe.**

2. Feminine nouns ending in **-cia** and **-gia** whose stress falls on the **i** form the plural in **-cie** and **-gie.**

—La **farmacia** è aperta?
—No, tutte le **farmacie** sono chiuse.

—Hai detto una **bugia** (*lie*)?
—No, non dico mai **bugie.**

Feminine nouns ending in **-cia** and **-gia** that are stressed on any other syllable generally drop the **i** and form the plural in **-ce** and **-ge**.

la **faccia grigia**	le **facce grige**
la lunga **spiaggia**	le lunghe **spiagge**
Exception: la **camicia**	le **camicie**

> The *i* in words like *faccia* or *spiaggia* is not pronounced: it is included to give a soft *c* or *g* sound. In the plural (*-ce, -ge*) the *i* is no longer necessary and is generally dropped.

Una **faccia simpatica.**   Alcune **facce** meno **simpatiche.**

3. Some masculine nouns and adjectives ending in **-co** form the plural in **-chi**, and others form the plural in **-ci.** If the stress is on the next-to-last syllable, use **-chi.**

un **parco tedesco**	i **parchi tedeschi**
il **gioco** divertente	i **giochi** divertenti
il bambino **stanco** (*tired*)	i bambini **stanchi**

If the stress is on the third-to-last syllable, use **-ci.**

un **medico simpatico**	due **medici simpatici**

Exceptions to this rule are:

un amico	tre amici
il greco (*Greek*)	i greci
il nemico (*enemy*)	i nemici
un porco (*pig*)	molti porci

4. Masculine nouns and adjectives ending in **-go** generally form the plural in **-ghi**, regardless of stress.

Questo **dialogo** è **lungo.**   Questi **dialoghi** sono **lunghi.**

But nouns ending in **-ologo**, referring to professions, form the plural in **-ologi.**

il **radiologo**	i **radiologi**
uno **psicologo**	molti **psicologi**

H Dia il plurale delle seguenti espressioni.

◆ il pacco bianco   i pacchi bianchi

1. la farmacia moderna
2. la spiaggia italiana
3. la biblioteca magnifica
4. il viaggio lungo
5. la ciliegia dolce
6. lo psicologo tedesco
7. la conversazione telefonica
8. l'unico luogo

I Completi le seguenti osservazioni con la forma appropriata dei nomi o aggettivi in **-go** e in **-co** della lista in basso.

1. Quegli _____ seguono le teorie (*theories*) di Freud.
2. Quei _____ lavorano nello stesso laboratorio.
3. I _____ italiani sono magnifici!
4. *Sistema* e *system* sono parole _____ .
5. Tutti gli _____ della città sono vicino alla stazione.
6. — Ti piacciono i miei amici? —Sì, sono molto _____ .
7. A volte cari amici possono diventare (*become*) _____ .
8. È ottobre e le notti diventano più _____ .

lungo	psicologo	nemico	albergo
analogo	biologo	lago	simpatico

J In coppia: S1 formula frasi con le cose e gli aggettivi che seguono. S2 risponde che per S1, tutte quelle cose sono come dice lui/lei.

◆ luogo / romantico   S1: Questo luogo è romantico.
S2: Per te, tutti i luoghi sono romantici!

1. giornata / lungo
2. spiaggia / bello
3. medico / tipico
4. gioco / simpatico
5. domanda / logico
6. film / artistico

K Domandi ad un compagno/una compagna se ha le seguenti cose.

◆ giacca / di lino   S1: Hai una giacca di lino?
S2: Sì, ho due giacche di lino. / No, non ho nessuna giacca di lino.

Use the word *paio* (pair) for pants and shoes. The plural of *paio* is *paia: Ho un paio di jeans e tre paia di pantaloni di lana.*

1. un paio di pantaloni / bianco
2. un abito / da sera
3. una camicia / con le maniche lunghe
4. una camicia / con le maniche corte
5. un paio di jeans / classico
6. calzini / a righe
7. una maglia / di poliestere
8. una cravatta / eccentrico

Sapere e *conoscere*

— **Conosci** mio fratello?
— Siete fratelli? Non lo **sapevo!**

1. The verbs **conoscere** and **sapere** both mean *to know* in Italian, but they describe different types of knowledge. **Conoscere** means *to be acquainted* or *familiar with* someone or something. It is often used with people or places, and can also be used with languages. **Conoscere** used in the **passato prossimo** means *to meet.*

— **Conosci** l'Inghilterra?	— *Do you know England? (Have you been there?)*
— Sì, la **conosco** molto bene. Purtroppo non **conosco** l'inglese.	— *Yes, I know it very well. Unfortunately I don't know English.*
— I tuoi genitori **conoscono** Valeria?	— *Do your parents know Valeria?*
— No, non l'**hanno** ancora **conosciuta.**	— *No, they haven't met her yet.*

2. **Sapere** means *to have knowledge of something* or *to know certain information.*

Sai chi è Giuseppe Tornatore?	*Do you know who Giuseppe Tornatore is?*
Sapete dove hanno girato quella scena?	*Do you know where they filmed that scene?*
No, non lo **sappiamo.**	*No, we don't know.*

Sapere + *infinitive* means *to know how to do something.*

— Mio figlio ha solo tre anni e già **sa leggere** e **scrivere.**	— *My son is only three and he already knows how to read and write.*

> Notice that there is no word corresponding to the English *how* in *to know how.* All you need is *sapere* + infinitive.

3. Sapere is irregular in the present tense. Here are its forms:

sapere	
so	sappiamo
sai	sapete
sa	sanno

 Scelga la forma corretta di *conoscere* o *sapere* secondo il contesto.

1. — (Conosci/Sai) chi ha vinto il premio alla mostra del cinema?
   — Sì, lo (conosco/so). Giuliano Forini l'ha vinto.
   — Fantastico!
   — Perché fantastico? Lo (conosci/sai)?
   — Sì che lo (conosco/so); è un mio amico.

2. — È vero che tutti i giovani italiani (conoscono/sanno) l'inglese?
   — Beh, molti lo studiano. Spesso (conoscono/sanno) leggere e scrivere l'inglese.
   — E lo (conoscono/sanno) parlare?
   — Questo è il problema. (Conoscono/Sanno) la grammatica, ma pochi lo (conoscono/sanno) parlare bene.

3. — Scusi, per caso lei (conosce/sa) il ristorante Il Gabbiano?
   — Sì, è qui vicino. Ma Il Gabbiano è chiuso il lunedì.
   — Ah, non lo (conoscevo/sapevo). Lei (conosce/sa) un altro buon ristorante qui vicino?
   — Sì, c'è il ristorante Zi' Luisa, ma non (conosco/so) se è aperto.

> Restaurants in Italy are required by law to be closed one day a week for what is called a *riposo settimanale*.

M In coppia: Scegliete un'altra persona nella vostra classe e poi parlate di questa persona. Domandi al compagno/alla compagna se ha queste informazioni sull'altra persona, se conosce i suoi amici, ecc.

◆ come si chiama   S1: Sai come si chiama quel ragazzo?
                     S2: No, non lo so. / Sì, lo so. Si chiama Jeff.

   i suoi amici   S1: Conosci i suoi amici?
                     S2: No, non li conosco. / Sì, li conosco. Sono tutti
                         simpatici.

1. dove abita
2. il suo numero di telefono
3. se ha il ragazzo / la ragazza
4. che cosa studia
5. se ha sorelle
6. la sua famiglia
7. il suo migliore amico / la sua migliore amica (*best friend*)
8. che fa questa fine settimana

N Intervista: Scriva se lei conosce le seguenti persone, cose o luoghi, o se sa fare le seguenti attività. Poi, domandi ad altri tre studenti se sanno fare le stesse cose o conoscono le stesse persone. Alla fine, confrontate le liste per vedere quale delle tre persone ha il maggior numero di risposte uguali alle sue.

◆ ballare il valzer   S1: Sai ballare il valzer?
                         S2: Sì, so ballare il valzer, ma non troppo bene. / No, non so ballare ma voglio imparare, ecc.

	io	1	2	3
1. suonare la chitarra	_____	_____	_____	_____
2. molte persone italiane	_____	_____	_____	_____
3. il francese	_____	_____	_____	_____
4. giocare a scacchi (*chess*)	_____	_____	_____	_____
5. una pittura di Botticelli	_____	_____	_____	_____
6. un paese europeo	_____	_____	_____	_____
7. usare un computer	_____	_____	_____	_____
8. una persona famosa	_____	_____	_____	_____

Sandro Botticelli (1445–1510) was a Florentine painter. Two of his most famous works are *Primavera* and *The Birth of Venus*.

O In coppia: Dica ad un compagno/una compagna tre cose che lei sa fare molto bene, tre cose che non sa fare e tre cose che lei vuole imparare a fare.

◆ Io so guidare molto bene la macchina.
  Non so parlare cinese.
  Voglio imparare a sciare.

Parliamo un po'

Internet For further practice with the lesson topics, log on to the *Oggi in Italia* website.

A **Un film preferito.** In coppia: Racconti ad un compagno/una compagna la storia di un film che le piace molto. Dica:

chi sono il/la regista e gli attori
chi sono i personaggi principali
dove ha luogo (*takes place*) il film
che cosa succede nel film
perché le piace

B   **Gli stilisti.** In coppia: Voi siete due stilisti abbastanza moderni ed eccentrici. Per una grande festa a Hollywood, quattro persone vi hanno chiesto di creare vestiti originali. Sono:

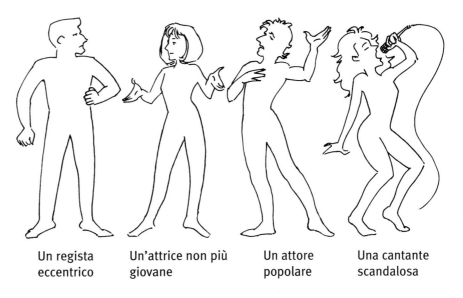

Un regista eccentrico	Un'attrice non più giovane	Un attore popolare	Una cantante scandalosa

Create nuovi "look" per i vostri clienti famosi. Indicate abbigliamento, tessuti e colori. Poi preparate una descrizione delle creazioni per la classe.

Ogni giorno è possibile vedere interessanti film italiani e stranieri nei cinema di Milano.

C **Quale film vedere?** In coppia: Lei desidera andare al cinema e chiama una sua amica/un suo amico per invitarla/lo a venire con lei. L'unico problema è che a lei piacciono i film romantici e all'amica/o piacciono i film di fantascienza o i film gialli. Usando questo programma, decidete quale film volete vedere, dove, e a che ora.

◆ — Pronto, chi parla?
— Ciao, sono ... Senti, vuoi andare al cinema con me stasera?
— Sì, volentieri! Quali film danno? (*What's playing?*) ecc.

CINEMA	EDEN SALA 1
	Via Cola di Rienzo 74
	Una lunga lunga lunga notte di amore
	di F. Ferzetti, con Ornella Muti
	16,15 – 18,20 – 20,30 – 22,40
ALCAZAR	**GIULIO CESARE**
Via Merry del Val 14	*Via Giulio Cesare 15*
Uomini senza donne	**Omicidio al telefono**
di A. Longini, con Alessandro Gassman	di Frank Klox, con Antonio Zequila
16,45 – 18,40 – 20,35 – 22,30	16 – 19 – 22
ANDROMEDA	**PASQUINO**
Via Mattia Battistini 195	*Piazza S. Egidio 1*
Innamorata	**Il gladiatore**
di N. Grassia, con Saverio Vallone	di R. Scott, con Russell Crowe
16,00 – 18,15 – 20,30 – 22,30	10,30 – 13,45 – 16,00 – 18,15 – 20,30
BARBERINI	**QUIRINETTA**
Piazza Barberini 52	*Via Marco Minghetti 4*
L'invasione degli extracorti:	**La strana storia di Olga 'O'**
festival di cortometraggi giapponesi	di A. Bonifacio, con Serena Grandi
15,30 – 17,50 – 20 – 22,30	15,30 – 17,50 – 20,10 – 22,30
DELLE PROVINCE	**TIBUR**
Via delle Province 41/45	*Via degli Etruschi 36*
Il mostro	**Guerre stellari: episodio 2**
di R. Benigni, con Benigni, Nicoletta Braschi	di S. Spielberg
16,20 – 18,20 – 20,30	15 – 17,30 – 20 – 22,30

D **Che cosa indossava?** In coppia: Descriva ad un compagno/una compagna i vestiti che lei indossava l'ultima volta che

ha studiato in biblioteca
è uscito/a con gli amici
è andato/a ad un matrimonio

◆ L'ultima volta che ho studiato in biblioteca indossavo i calzoncini di cotone, una maglietta bianca e le scarpette da ginnastica ...

E **Un quadro falso.** Ecco una riproduzione di un bellissimo quadro (*painting*) fatto a Firenze nel 1485. Ma cosa dice? È falso (*counterfeit*)? Cosa c'è nel quadro che indica una data più recente?

In giro per l'Italia

View the *Parliamo italiano!* video, Module 7, *Vestirsi (Milano).*

A **Definizioni.** Abbini le definizioni con una parola della lista di destra. Ci sono due parole in più nella lista.

1. aggettivo derivato da *Lombardia*
2. nome da cui deriva l'aggettivo *famoso*
3. il contrario di *brutto*
4. luogo dove si rappresentano commedie, tragedie e opere
5. una scuola di belle arti
6. sinonimo di *nazione*
7. luogo dove si possono ammirare pitture e altre opere d'arte
8. sinonimo di *via*
9. sinonimo di *caro*
10. persona che crea articoli di abbigliamento
11. sinonimo di *molto*

a. il museo
b. il teatro
c. costoso/a
d. il paese
e. il negozio
f. bello/a
g. lombardo/a
h. la strada
i. la fama
j. lo stilista
k. l'accademia
l. estremamente
m. splendido/a

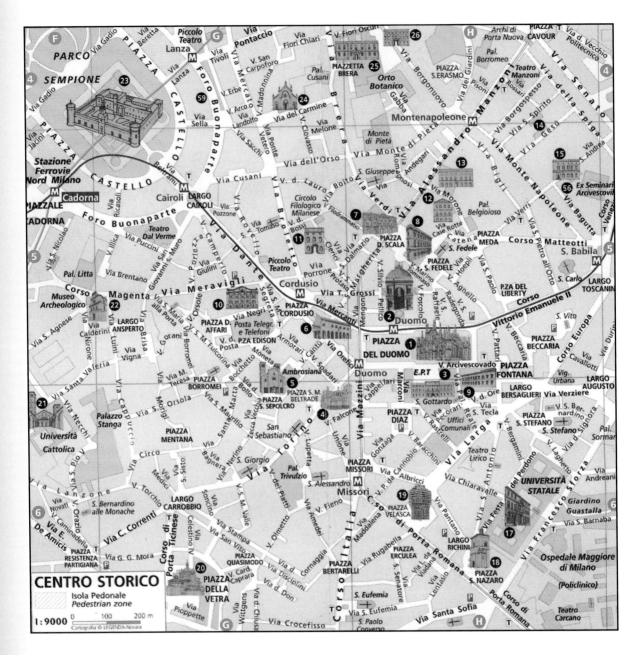

Milano

Milano è il capoluogo della Lombardia. Con quasi due milioni di abitanti, è la città più popolosa d'Italia dopo Roma. Milano è il centro commerciale, industriale e bancario d'Italia e allo stesso tempo svolge un ruolo[1] molto importante nell'arte e nella cultura del paese. L'attrazione artistica più bella di Milano è il Duomo, un capolavoro di architettura gotica. Brera, una delle migliori[2] accademie di belle arti d'Italia è a Milano. Nel palazzo dell'accademia c'è la

1. plays a role   2. best

Tintoretto (1518–1594), **Tiepolo** (1736–1776), and **Caravaggio** (1573–1610) were painters.

Amedeo Modigliani (1884–1920) was a painter and sculptor.

Umberto Boccioni (1882–1916) was a futurist painter and sculptor.

Carlo Carrà (1881–1966) and **Giorgio Morandi** (1890–1964) were painters.

Pinacoteca[3] di Brera, una delle collezioni di dipinti[4] più ricche d'Italia. In questo museo si possono ammirare, oltre alle opere[5] di Tintoretto, Mantegna, Tiepolo, Caravaggio ed altri, anche i dipinti di pittori[6] più moderni come Modigliani, Boccioni, Carrà e Morandi. A Milano si trova anche il Teatro alla Scala, il più famoso teatro lirico[7] del mondo.

Ma il capoluogo lombardo è anche la capitale della moda italiana. A Milano hanno luogo sfilate di moda[8] che sono prestigiose come quelle di Parigi. Nella zona milanese intorno a via Monte Napoleone, conosciuta con il nome di "Montenapo," si trovano negozi di moda che sono tra i più belli del mondo. Altre eleganti strade di questa zona sono via della Spiga, via Sant'Andrea e via Alessandro Manzoni. In queste strade sono situati i negozi di stilisti di fama internazionale come Ferré, Versace, Armani, Krizia e molti altri. Le creazioni vendute in questi negozi sono veramente splendide, ma esse sono anche estremamente costose.

3. art gallery   4. paintings   5. works   6. painters   7. opera house   8. fashion shows

B   **Informazioni.** Dia le seguenti informazioni basate sul brano precedente.

1. vari aspetti di Milano
2. la più bella attrazione artistica di Milano
3. il nome dell'accademia di belle arti di Milano
4. tre pittori le cui opere sono nella Pinacoteca di Brera
5. il nome del teatro lirico milanese
6. come sono le sfilate di Milano
7. vie milanesi dove ci sono eleganti negozi di moda
8. tre stilisti italiani di fama internazionale

Ci sono anche i carabinieri a cavallo all'inaugurazione della stagione dell'opera al Teatro alla Scala di Milano.

Giovani donne fanno i loro acquisti in un negozio alla moda del centro della città.

A **La parola giusta.** Prima di leggere il seguente brano, completi queste frasi con le parole appropriate fra quelle indicate tra parentesi.

1. A Tiziana piace _____ elegantemente.
   (preferire, vestire)
2. Va spesso nei negozi di _____ .
   (abbigliamento, alimentari)
3. Legge anche molte riviste di _____ .
   (cultura, moda)
4. Gli _____ al suo modo di vestire sono sempre costosi.
   (cambiamenti, accessori)
5. I suoi _____ preferiti sono il giallo e il rosso.
   (articoli, colori)
6. Devo dire che Tiziana ha molto _____ .
   (gusto, attenzione)

Vestire bene

Per quasi tutti gli italiani, vestire bene è molto importante. Essi prestano molta attenzione allo stile del loro abbigliamento, alla qualità della stoffa e degli accessori e alla combinazione dei colori.

Gli uomini e le donne di una certa età[1] vestono con un gusto classico e raffinato che non segue molto i cambiamenti stagionali della moda.

I giovani invece vivono con la moda e la seguono di pari passo[2]. Ad ogni cambiamento di stagione, nuovi articoli d'abbigliamento, nuove linee e nuovi colori

---

1. middle-aged   2. keep up with it

appaiono sul mercato. I giovani li accettano subito e talvolta (*sometimes*) aggiungono alcune variazioni più o meno personali. Infatti non dobbiamo dimenticare che la moda giovanile rimane pur sempre[3] una moda semplice, spigliata[4] e sportiva.

3. always   4. carefree

 Un titolo adatto. Fra i seguenti scelga il titolo adatto al brano appena letto.

1. La moda giovanile
2. Gli stilisti italiani
3. L'importanza del vestire
4. La moda e le donne

 Vero o falso? Indichi se le seguenti frasi sono vere o false secondo il brano che lei ha appena letto.

1. In Italia la gente presta molta attenzione alla moda.
2. Quasi tutti gli italiani seguono la moda.
3. La moda sportiva è la moda degli anziani.
4. La moda interessa molto ai giovani italiani.
5. Ai giovani piacciono i vestiti classici e raffinati.

Courmayeur è una famosa località sciistica della Valle d'Aosta.

Lezione 11

La settimana bianca

COMMUNICATIVE OBJECTIVES

- Make plans for recreation
- Refer to parts of the body
- Express likes and dislikes
- Make polite requests and commands

Flavia Mellini e Patrizia Carboni, due ragazze torinesi, si incontrano per programmare un breve soggiorno sulla neve.

Locate Torino on the map on p. 14.

FLAVIA: Allora, Patrizia, andiamo a sciare?

PATRIZIA: Sì. Ma ho bisogno di un nuovo paio di sci.

FLAVIA: Ti posso mostrare i miei sci? Se ti piacciono, puoi andare a comprarli dove li ho comprati io.

5 PATRIZIA: Se sono a poco prezzo, vanno bene anche per me.

FLAVIA: Allora sei d'accordo per una settimana bianca al Sestriere?

PATRIZIA: Certo. In quale albergo andiamo a stare?

FLAVIA: Sai bene che non mi piace andare in albergo.

PATRIZIA: Ma trovare un altro posto a buon prezzo non è facile.

10 FLAVIA: Lo so. Tutta la zona è molto cara, ma ho un'idea. Recentemente mio zio ha comprato un appartamento non molto lontano dalle piste. Forse possiamo stare lì per una settimana.

PATRIZIA: Che fortuna! Perché non gli telefoni allora? Ecco, prendi il
15 mio telefonino.

FLAVIA: Ma come andiamo, in treno o in macchina?

PATRIZIA: Forse possiamo prendere la macchina di mio fratello. Stasera gli chiedo se ci presta la sua Alfa Romeo. Lui, poverino°, si è rotto un braccio due giorni fa e non può guidare.   *poor thing*

20 FLAVIA: Mi dispiace, non lo sapevo.

PATRIZIA: Niente di grave, sono cose che capitano. Ma adesso telefona a tuo zio, così possiamo definire tutto il programma.

FLAVIA: Va bene. Dammi il tuo telefonino. ... Non risponde. Gli telefono più tardi e noi ci sentiamo stasera. D'accordo?

Young Italians customarily spend *una settimana bianca* in the Alps or Apennines during the winter.

Sestriere, an internationally famous mountain resort, is not far from Torino.

Domande

1. Perché si incontrano Flavia e Patrizia?
2. Di che cosa ha bisogno Patrizia?
3. Dove può comprare gli sci Patrizia?
4. Dove decidono di andare a sciare le due amiche?
5. Dove pensano di andare a stare?
6. Perché pensano di potere prendere la macchina del fratello di Patrizia?

Domande personali

1. Lei è andato/a a sciare qualche volta? Dove? Con chi?
2. Lei preferisce gli sport estivi o invernali?
3. Lei pensa di andare a sciare presto? Ha bisogno di comprare qualche cosa prima di partire? Che cosa?
4. Le piace andare in montagna o preferisce andare al mare? Perché?
5. Ha la macchina o la moto? Lei presta volentieri la sua macchina o la sua moto a suo fratello, a sua sorella o ad un amico/un'amica?
6. Si è mai rotto/a un piede (*foot*) o un braccio? Quando? Dove?

Situazioni

1. Domandi ad un amico/un'amica se gli/le piacciono gli sport.

   ◆ — Ti piacciono gli sport?
   — Sì, mi piace sciare e nuotare. (Sì, mi piacciono tutti gli sport. / No, non mi piacciono gli sport. / No, non sono molto sportivo/a.) E a te?

2. Risponda ad un compagno/una compagna che vuole sapere se lei e il suo amico/la sua amica vi sentite spesso.

   ◆ — Tu e il tuo amico/la tua amica vi sentite spesso?
   — Sì, ci sentiamo spesso. (No, non ci sentiamo spesso. / Ci sentiamo tutti i giorni. / Ci sentiamo ogni fine settimana.)

Vocabolario

Parole analoghe

definire   sportivo/a
lo sport

Nomi

il braccio (le braccia)   arm(s)
la fortuna   luck, fortune
la neve   snow
il paio (le paia)   pair
la pista   trail
il posto   place
il prezzo   price
lo sci   ski, skiing
il soggiorno   stay
il telefonino   cell phone
la zona   area

Verbi

capitare   to happen
incontrarsi   to meet each other
nuotare   to swim
prestare   to lend, loan
programmare   to plan; to program
rompere (*p.p.* rotto)   to break

rompersi (un braccio, ecc.)   to break (an arm, etc.)
sciare   to ski
sentirsi   to talk to each other
stare   to stay

Aggettivi

breve   short
facile   easy
grave   serious
torinese   from Turin

Altre parole ed espressioni

appena   as soon as
ci   to us
forse   perhaps
gli   to him
recentemente   recently
ti   to you
volentieri   gladly
dammi   give me
fare una telefonata   to make a phone call
Che fortuna!   What luck!
a poco prezzo   at a low price

Il braccio and *il paio* become feminine in the plural: *le braccia, le paia.*

Lo sci in Italia

In Italia moltissimi giovani praticano lo sci. D'inverno, intere famiglie approfittano[1] della fine settimana e di periodi di vacanza per passare con piacere qualche giorno sulla neve.

Molte sono le località italiane famose conosciute anche all'estero. Sulle Alpi, hanno fama internazionale il Sestriere, Madonna di Campiglio e Cortina d'Ampezzo. Nel 1956 Cortina fu[2] anche la sede delle Olimpiadi invernali. I continui successi sportivi di atleti italiani alle Olimpiadi e in gare[3] internazionali hanno contribuito a far diventare lo sci uno sport di massa. Nuovi centri di sci sono così sorti sulle Alpi e sugli Appennini. Nell'Italia centrale i centri di sci più frequentati sono Campo Felice, Roccaraso e Campo Imperatore, che è situato alle pendici[4] del Gran Sasso, la vetta[5] più alta degli Appennini.

Anche la scuola incoraggia[6] lo studente verso lo sci. Durante l'inverno, "settimane bianche" sulla neve sono organizzate per gli studenti più giovani. In speciali centri sportivi e sotto la guida[7] di maestri di sci[8], questi giovani vengono a contatto con la neve ed imparano a sciare.

■ Si usa fare la settimana bianca nel suo paese? Quali sono i luoghi preferiti per le vacanze d'inverno?

La settimana bianca sulla neve è anche una buona occasione per incontrarsi con gli amici.

[1]take advantage   [2]was   [3]competitions   [4]slopes   [5]peak   [6]encourages   [7]guidance   [8]ski instructors

Pratica

Ostia is a seashore town about 15 km from Rome.

1. In coppia: Componete un dialogo basato sulle seguenti informazioni. È una giornata molto calda di agosto a Roma. La temperatura è di 34 gradi centigradi e lei vuole andare alla spiaggia di Ostia. Lei telefona ad un amico/un'amica per sapere se viene al mare con lei. Non avete la macchina e quindi decidete di andare al mare con la metropolitana (*subway*). Partite alle 11.30 e arrivate ad Ostia alle 12.00. La sera tornate a casa alle 20.00. Presentate il vostro dialogo alla classe.

2. Usi la fantasia per descrivere in dieci frasi quello che può essere successo a lei e a un amico/un'amica quando siete andati/e al Sestriere. Dica come siete andati/e, per quanto tempo, dove avete dormito, che tempo faceva, chi avete conosciuto e se vi siete divertiti/e facendo qualche cosa.

Val di Fassa is a mountain resort in Trentino-Alto Adige. Locate this region on the map on p. 14. *Con quali paesi stranieri confina questa regione? Con quali altre regioni italiane confina il Trentino-Alto Adige?*

Pronuncia

Il suono /ɲ/

In Italian, the letters **gn** are pronounced with a nasal palatal sound much like *ny* in *canyon*. Most English speakers are familiar with this sound, /ɲ/, in the word **lasagne**.

Ascolti e ripeta le seguenti parole.

o**gn**i	monta**gn**a	co**gn**ome	compa**gn**o
si**gn**orina	biso**gn**o	giu**gn**o	Spa**gn**a
si**gn**ora	o**gn**uno	ma**gn**ifico	compa**gn**a

 Proverbi. Legga ad alta voce i seguenti proverbi e poi li detti ad un altro studente/un'altra studentessa.

Al bisogno si conosce l'amico.
A friend in need is a friend indeed.
(Literally: In need one recognizes a friend.)

Ogni medaglia ha il suo rovescio.
There are two sides to every coin.
(Literally: Every medal has its other side.)

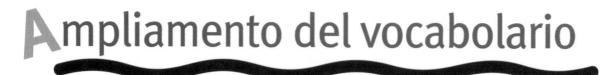

Ampliamento del vocabolario

Il corpo umano

la testa
la spalla
il gomito
il braccio
lo stomaco
la gamba
il ginocchio
la mano
il dito
la caviglia
il piede

i capelli
l'occhio
il viso (la faccia)
il naso
i denti
la bocca
le labbra
l'orecchio
la gola
il collo

1. Note that **il braccio** and **il dito** are irregular in the plural.

il braccio   le braccia
il dito   le dita

2. Although the noun **mano** ends in **-o,** it is feminine. The plural ending is **-i:**
la mano, le mani. The noun **capelli** (*hair*) is used in the plural in Italian:

Ho **i capelli** biondi.   *I have blond hair.*

Altre parole ed espressioni

Ti (Le) fa male la testa? Do you have a headache?

Mi fa male la gola. My throat hurts.

Mi fanno male i piedi. My feet hurt.

Mi sono fatto male al piede sinistro (destro). I hurt my left (right) foot.

Ho la febbre. I have a fever.

i capelli biondi (castani, neri, grigi) blond (brown, black, gray) hair

i capelli lunghi (corti) long (short) hair

gli occhi blu (verdi, castani) blue (green, brown) eyes

A In coppia: Domandi ad un altro studente/un'altra studentessa quali parti del corpo associa con le seguenti attività fisiche. L'articolo appropriato deve essere usato con le parole.

◆ giocare a pallone (*soccer*)

— Quale parte del corpo associ con il giocare a pallone?

— il piede (i piedi/la gamba/le gambe)

1. ascoltare la musica
2. suonare la chitarra
3. pensare agli esami
4. vedere uno spettacolo
5. fare una passeggiata
6. parlare con gli amici
7. giocare a tennis
8. mangiare una pizza
9. odorare (*to smell*) un profumo
10. salutare un amico

B In coppia: Domandi al suo amico/alla sua amica perché ieri ha o non ha fatto alcune cose.

◆ — Perché ieri non hai potuto pensare a niente?

— Perché mi faceva male la testa.

1. Perché ieri non sei venuto/a a lezione?
2. Perché ieri non hai mangiato niente?
3. Perché ieri non hai fatto una passeggiata nel parco?
4. Perché ieri sei dovuto/a andare dal dentista?
5. Perché ieri non hai potuto cantare?
6. Perché ieri non hai fatto i compiti?
7. Perché ieri sei stato/a a letto tutto il giorno?
8. Perché ieri non sei andato/a a sciare?

C In coppia: Preparate la descrizione di un personaggio storico o celebre usando solo le sue caratteristiche fisiche e personali. Sfidate (*Challenge*) un'altra coppia ad identificarlo.

◆ Non era molto giovane. Aveva i capelli neri ed era alto e magro. Aveva un aspetto serio e intelligente. È stato presidente degli Stati Uniti più di cento anni fa. (*Abraham Lincoln*)

Oggetti personali utili

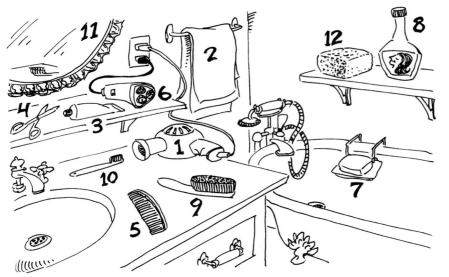

1. l'asciugacapelli (*m.*)
2. l'asciugamano
3. il dentifricio
4. le forbici
5. il pettine
6. il rasoio (elettrico)
7. il sapone
8. lo shampoo
9. la spazzola per capelli
10. lo spazzolino da denti
11. lo specchio
12. la spugna

Espressioni utili

asciugarsi le mani (la faccia)   to dry one's hands (face)

fare/farsi il bagno   to take a bath

fare/farsi la doccia   to take a shower

guardarsi allo specchio   to look at oneself in the mirror

lavarsi i denti   to brush one's teeth

lavarsi le mani (la faccia)   to wash one's hands (face)

radersi (la barba)   to shave (one's beard)

pettinarsi i capelli   to comb one's hair

tagliarsi i capelli (le unghie)   to cut one's hair (nails)

D Dica di che cosa lei ha bisogno in queste circostanze.

◆ Lei vuole tagliarsi le unghie perché sono molto lunghe.
  Ho bisogno delle forbici.

1. Lei deve andare a mangiare e vuole lavarsi le mani.
2. Lei deve uscire subito, ma ha i capelli bagnati (*wet*).
3. Si è messo/a un vestito nuovo e vuole guardarsi per vedere come le sta.
4. Ha finito di mangiare e vuole lavarsi i denti.
5. Desidera tagliarsi i capelli che sono troppo lunghi.
6. Ha la barba lunga e ha bisogno di radersi.
7. Tira vento e i suoi capelli sono in disordine.
8. Ha fatto la doccia e desidera asciugarsi.

E In coppia: Insieme ad un suo amico/una sua amica lei va a passare una fine settimana di ottobre a New York. Per non portare oggetti uguali, decidete quali cose ognuno di voi porta nella borsa da viaggio (*travel bag*).

◆ — Allora, per questa fine settimana a New York, io porto …
   — Io invece porto …

Struttura ed uso

Pronomi indiretti

— Papà, **mi presti** cinquanta euro?
— Perché?
— Domani è il compleanno della mamma e voglio **farle** un bel regalo.

1. The indirect object of a verb is a person or thing that indirectly receives the action of the verb. Many verbs of giving and doing (**dare, offrire, mandare, portare, preparare, regalare**) and verbs of communication (**parlare, dire, domandare, rispondere, telefonare, scrivere, insegnare**) take indirect objects.

> Indirect objects in Italian always use a preposition: usually *a*, but sometimes *per*. Notice that English does not always use a preposition.

Regalo un paio di sci **a Gianluca** e do una camicetta **a Carla**.
Scrivo una lettera **a mio zio** per vedere se può prestare la macchina **a noi**.

I'm giving a pair of skis to Gianluca and I'm giving Carla a blouse.
I'll write my uncle to see if he can lend us his car.

2. An indirect object can be replaced by a pronoun. Here are the forms of the indirect object pronouns:

Singular		Plural	
mi	to/for me	**ci**	to/for us
ti	to/for you	**vi**	to/for you
gli	to/for him	**loro** or **gli**	to/for them
le	to/for her	**loro**	to/for you (*formal*)
le	to/for you (*formal*)		

3. Like direct object pronouns, indirect object pronouns generally precede a conjugated verb. In a phrase that includes an infinitive, they attach to the end of the infinitive. In a phrase with the modal verbs **dovere, potere,** or **volere,** the pronoun can either precede the conjugated verb or be attached to the infinitive.

Gli telefono appena torno a casa.	*I'll call him as soon as I get home.*
Ho una cosa importante da chieder**gli.**	*I have something important to ask him.*
Forse **ci** può prestare la macchina. / Forse può prestar**ci** la macchina.	*Maybe he can lend us his car.*

Indirect object pronouns follow and combine with **tu, noi,** and **voi** imperatives but precede the verb in formal commands.

Datemi una mano!	**Mi dia** una mano!	*Give me a hand!*
Digli la verità.	**Gli dica** la verità.	*Tell him the truth.*

4. The indirect object pronoun **loro** always follows the verb. In conversational Italian, **gli** is used more commonly than **loro** to mean *to (for) them.*

— Quando hai parlato ai tuoi genitori?	— *When did you speak to your parents?*
— Ho parlato **loro** (**Gli** ho parlato) sabato scorso.	— *I talked to them last Saturday.*
— Come risponde alle persone che le dicono "Buon appetito!"?	— *How do you answer people who wish you "Buon appetito!"?*
— Dico **loro** (**Gli** dico) "Grazie, altrettanto!"	— *I tell them, "Thank you, same to you!"*

Italians often say *"Buon appetito!"* ("Enjoy your meal!") at the beginning of a meal. The usual response is *"Grazie, altrettanto!"*

5. In the **passato prossimo,** the past participle does not agree with a preceding indirect object pronoun as it does with direct object pronouns.

— Hai telefonato alla signora dell'ufficio per il turismo?	— *Did you phone the woman at the tourist agency?*
— Sì, **le** ho **telefonato.**	— *Yes, I called her.*

6. The following verbs require indirect object pronouns to specify to whom or for whom something is done, said, etc. You know most of these verbs already.

chiedere	*to ask for*	Gli chiedo informazioni.
consigliare	*to advise*	Non le consiglio questo libro.
dare	*to give*	Mi ha dato un'audiocassetta per Natale.
dire	*to say*	Gli dico "Grazie."
dispiacere	*to be sorry; to mind*	Le dispiace andare da solo?
domandare	*to ask*	Domandiamo loro dove abitano.
insegnare	*to teach*	La professoressa ci insegna i pronomi.
mandare	*to send*	Mando loro una lettera.
offrire	*to offer*	Posso offrirvi un caffè?
parlare	*to speak*	Le parlavo ieri.
prestare	*to lend*	Mio fratello ci presta la sua macchina.
regalare	*to give as a gift*	Cosa vi ha regalato la nonna?
rispondere	*to answer*	Non gli ha risposto ancora?
scrivere	*to write*	La mia ragazza mi scrive ogni giorno.
spedire	*to send*	Lei può spedirci il suo curriculum.
spiegare	*to explain*	Non le posso spiegare perché è così.
telefonare	*to call*	Gli telefono appena arrivo.

(A) Lei è molto gentile, ed è sempre pronto/a a prestare le sue cose agli altri studenti del suo dormitorio. Guardi quello che dicono gli altri, e poi offra loro uno degli articoli della colonna di destra.

◆ Devo radermi la barba.
  Allora ti presto il mio rasoio.

1. Ho voglia di tagliarmi i capelli.
2. Andiamo a lavarci i denti.
3. Patrizia ha le mani sporche. Deve lavarle.
4. Sergio ha bisogno di fare la doccia.
5. Mi fa male la testa!
6. Abbiamo comprato un'audiocassetta e vogliamo ascoltarla.
7. Ho i capelli in disordine.
8. Mariangela ha freddo.

l'asciugamano
il dentifricio
il sapone
il rasoio
il registratore
la spazzola
la maglia di lana
le forbici
l'aspirina

Sulle piste innevate gli sciatori risalgono in seggiovia, mentre altri sciano dolcemente a valle.

B Lei parte per una settimana bianca, ma ha bisogno di varie cose prima di partire. Dica che telefona alle seguenti persone, e che chiede loro le cose indicate.

◆ il mio amico / una maglia   Telefono al mio amico e gli chiedo una maglia.

1. mia sorella / un paio di sci
2. i genitori / soldi
3. la mia amica / una borsa da viaggio
4. un compagno di scuola / i pantaloni da sci
5. i miei amici / la macchina
6. lo zio / l'appartamento in montagna

C Risponda alle domande usando pronomi diretti o indiretti.

◆ —Parli agli amici?   — Sì, parlo loro. / Sì, gli parlo.
  —Vedi gli amici?   — Sì, li vedo.

1. Scrivi al tuo ragazzo?   5. Hai risposto alla professoressa?
2. Parli a me?   6. Hai mandato le lettere?
3. Vedi gli altri ragazzi?   7. Hai fatto i compiti?
4. Usi il dentifricio Colgate?   8. Hai telefonato ai tuoi genitori?

D In coppia: Parli con un amico/un'amica per sapere se è generoso/a o no. Indichi se lui/lei fa le seguenti cose spesso, ogni tanto o mai.

◆ prestare la macchina a tua sorella
  S1: Presti la macchina a tua sorella?
  S2: Le presto la macchina ogni tanto. / Non le presto mai la macchina.

1. regalare vestiti vecchi ai poveri	spesso	ogni tanto	mai
2. scrivere lettere ai nonni	spesso	ogni tanto	mai
3. telefonare regolarmente a tua madre	spesso	ogni tanto	mai
4. offrire aiuto agli altri studenti	spesso	ogni tanto	mai
5. prestare soldi agli amici	spesso	ogni tanto	mai
6. dare soldi ai poveri	spesso	ogni tanto	mai

(E) Dica come lei risponde nelle seguenti situazioni.

◆ Le persone le dicono "Grazie."
Quando le persone mi dicono "Grazie," io rispondo loro "Prego."

1. Le persone le dicono "Buon appetito!"
2. Le persone le domandano "Che ore sono?"
3. Il professore le dice "Capisce?"
4. Sua madre le domanda "Dove vai?"
5. Un amico le dice "Salute!"
6. Un'amica le chiede "Puoi prestarmi 20 dollari?"
7. Gli amici le dicono "In bocca al lupo!"

> *"Salute"* is said to someone who sneezes. *"In bocca al lupo"* (in the wolf's mouth) is said to wish someone good luck on a test. The usual response is *"Crepi il lupo!"* (May the wolf die!)

(F) Lei è una persona romantica? Faccia il seguente quiz per scoprire se lei è molto o poco romantico/a in amore.

1. Per San Valentino:
   a. gli/le dà un libro di poesie.
   b. gli/le dà una scatola (*box*) di Baci.
   c. gli/le dà una cartolina con Snoopy.

2. Quando non siete insieme:
   a. gli/le telefona cinque volte al giorno.
   b. gli/le telefona una volta al giorno.
   c. gli/le manda un messaggio elettronico.

3. Quando siete usciti per la prima volta:
   a. gli/le ha parlato di arte e di viaggi.
   b. gli/le ha parlato di sport e della famiglia.
   c. gli/le ha parlato di "Star Trek."

4. Quando lui/lei le chiede "Tu mi ami veramente?" lei:
   a. gli/le risponde, "Con tutto il cuore (*heart*)!"
   b. gli/le risponde, "Sì, perché?"
   c. gli/le risponde, "Sì, come una sorella/un fratello!"

> *Baci* are chocolate-hazelnut candies made by the Perugina company. *Baci* also means *kisses*.

Costruzioni con *piacere*

1. The verb **piacere** expresses the English concept *to like*, but literally means *to be pleasing to* or *to give pleasure to*. In order to say that you like Italian cinema, for example, you must say that Italian cinema is pleasing to you. In the following sentence, **il cinema italiano** is the subject of the verb. The person to whom it gives pleasure is the indirect object **mi**.

Mi piace il cinema italiano.   *Italian cinema pleases me. (I like Italian cinema.)*

A plural subject requires a plural verb.

Mi piacciono i film italiani.   *Italian films please me. (I like Italian films.)*

> Remember that *piacere* is almost always used in the third person, singular or plural. To tell someone you like him/her, you can use *Tu mi piaci*. It is more common to say *Tu mi sei molto simpatico/a*.

2. When the subject is an infinitive, the singular form of **piacere** is used.

— **Vi piace dormire** in albergo?   — *Do you like sleeping in a hotel?*
— No, **ci piace dormire** nel   — *No, we like to sleep in our own bed.*
  nostro letto.

3. When the indirect object of **piacere** is a noun or a disjunctive pronoun, the
preposition **a** is used.

— **A Marisa** e **ad Angelo** piace   — *Do Marisa and Angelo like to ski?*
  sciare?
— Piace **a lui** ma **a lei** non piace   — *He likes it, but she doesn't*
  affatto.   *like it at all.*

> To say that someone doesn't like something, use *non + piacere*. Non mi piace = I don't like ...; *Mi dispiace* = I'm sorry.

4. **Piacere** is conjugated with **essere** in the **passato prossimo.** The past participle agrees with the subject.

— Signora, le **è piaciuta** la   — *Did you enjoy the fashion*
  sfilata di ieri sera?   *show last night, ma'am?*
— Sì, alcuni **vestiti** mi **sono**   — *Yes, I liked some of the*
  piaciuti molto.   *dresses very much.*
— Le **sono piaciute** le **creazioni**   — *Did you like the designs by*
  di Versace?   *Versace?*
— A me no, ma a mia figlia **sono**   — *I didn't, but my daughter*
  piaciute molto.   *liked them a lot.*

Mi piace gennaio ...
e **mi piace** febbraio ...
ma non **mi piacciono** i
mesi estivi!

> Practice using *piacere* with items you see around you: *Mi piace la televisione. Non mi piace la fotografia.* Then do the same with plural items: *Mi piacciono le tue scarpe,* etc.

G In coppia: Dica se queste cose piacciono o non piacciono alle persone
indicate.

◆ Elizabeth Taylor / i diamanti   S1: A Elizabeth Taylor piacciono i diamanti?
                                   S2: Sì, le piacciono. (No, non le piacciono.)

1. Madonna / i vestiti tradizionali
2. David Duchovny / gli extraterrestri
3. Braccio di Ferro (*Popeye*) / gli spinaci
4. Alberto Tomba / sciare
5. Martha Stewart / decorare la casa
6. Steven Spielberg / i film spettacolari
7. Pinocchio / le bugie
8. gli studenti universitari / gli esami

Dica perché le persone non hanno fatto le attività indicate secondo il modello.

◆ Gli amici non sono andati in discoteca …
Gli amici non sono andati in discoteca perché a loro non piace (non gli piace) ballare.

1. I miei nonni non hanno viaggiato in aereo perché …
2. La tua amica non ha visitato i musei perché …
3. I suoi genitori non hanno sciato perché …
4. Gli studenti non hanno usato il computer perché …
5. Voi non siete andati/e al ristorante cinese perché …
6. La zia non ha comprato la camicia di lino perché …
7. Noi non abbiamo preparato la cena perché …

 In gruppi di tre: Uno di voi lavora in un'agenzia di viaggi e deve capire i gusti dei suoi clienti. Gli altri due sono marito (S3) e moglie (S2) che non sono mai d'accordo. Domandate e rispondete come nel modello.

◆ gli alberghi di lusso   S1: Vi piacciono gli alberghi di lusso?
S2: A me piacciono, ma a lui no.

viaggiare in treno   S1: Vi piace viaggiare in treno?
S3: A me non piace, ma a lei sì.

1. viaggiare in Europa
2. i paesi del Mediterraneo
3. i grandi musei
4. i monumenti storici
5. prendere il sole su una spiaggia tranquilla
6. le crociere (*cruises*)
7. la cucina esotica
8. sciare

J In coppia: Racconti ad un amico/un'amica l'ultima volta che lei è andato/a a mangiare in un ristorante. L'amico/a chiederà se le è piaciuto il ristorante e se le sono piaciute le cose che ha ordinato.

◆ — Sono andato al ristorante ...
— Ah, e ti è piaciuto?
— Sì, (No, non) mi è piaciuto / molto / abbastanza / affatto.
— E che cosa hai mangiato?
— Ho ordinato i tortellini, la ...
— I tortellini ti sono piaciuti?
   ecc.

K In coppia: Con un compagno/una compagna, dica tre cose che piacciono e due cose che non piacciono alle persone indicate.

1. Pina è una ragazza molto romantica e sentimentale. Legge sempre libri tristi ed è sempre con la testa fra le nuvole.
2. Daria è una ragazza che ama le avventure e il pericolo (*danger*). Non rimane mai in un posto per molto tempo. Preferisce essere sempre in movimento.
3. Giorgio e Nadia sono due vegetariani che mangiano sempre prodotti naturali e genuini. Pensano spesso all'ambiente (*environment*).
4. Antonio è un signore molto tradizionale e non vuole mai vedere cambiamenti e innovazioni. Preferisce il mondo di cinquant'anni fa.
5. Pit e Gigi sono due ragazzi moderni e trasgressivi (*rebellious*) che amano solo le cose più recenti e scandalose. Odiano (*They hate*) tutte le cose del passato.

Verbi riflessivi con significato di reciprocità

1. To express reciprocal actions, expressed in English using *each other* and *one another*, Italian uses the reflexive pronouns **ci, vi,** and **si** with the plural forms of the verb. As with reflexive verbs, the pronoun generally precedes the verb or is attached to the end of an infinitive.

Flavia e Patrizia **si aiutano** a fare i compiti.	*Flavia and Patrizia help each other with their homework.*
Vi incontrate spesso in biblioteca?	*Do you often meet (each other) at the library?*
Abbiamo bisogno di **vederci.**	*We need to see each other.*

2. Reciprocal verbs are conjugated with **essere** in the **passato prossimo.** The past participle agrees with the subject of the verb.

— Dove **si sono conosciuti** i tuoi genitori?	*— Where did your parents meet?*
— Ad una festa. **Si sono innamorati** immediatamente.	*— At a party. They fell in love with each other immediately.*

3. Here are a few common verbs that have reciprocal meaning.

aiutarsi	*to help each other*
amarsi	*to love each other*
conoscersi	*to know each other, to meet (for the first time)*
incontrarsi	*to meet each other (at a place)*
innamorarsi	*to fall in love with each other*
odiarsi	*to hate each other*
parlarsi	*to speak to each other*
salutarsi	*to greet each other*
scriversi	*to write to each other*
sposarsi	*to marry each other*
vedersi	*to see each other*

Quando **ci siamo incontrati** la prima volta **ci odiavamo**.
Poi **ci vedevamo** piuttosto spesso e ad un certo punto **ci siamo innamorati**. **Ci sposiamo** a giugno.

When we met each other the first time, we hated each other. Then we used to see each other fairly often and at a certain point we fell in love with each other. We're getting married (to each other) in June.

L Formuli frasi al presente con le parole indicate.

◆ noi / incontrarsi / questo pomeriggio
Noi ci incontriamo questo pomeriggio.

1. Paolo e Susanna / scriversi / spesso
2. tu ed io / amarsi / da un anno
3. voi / incontrarsi al bar / il venerdì
4. i nostri compagni / vedersi / al Caffè Italia
5. Franco e Mirella / non odiarsi / affatto
6. io ed Alberto / incontrarsi / a Milano
7. tu e Stefano / aiutarsi / a studiare la chimica
8. Carla e Vera / vedersi / ogni settimana

M In coppia: Chieda ad un compagno/una compagna alcune informazioni sul suo migliore amico/sulla sua migliore amica.

1. Come si chiama il tuo migliore amico/la tua migliore amica?
2. Da quanto tempo vi conoscete?
3. Vi vedete spesso?
4. Vi telefonate ogni giorno?
5. Vi dite tutto quello che vi preoccupa?
6. Vi aiutate quando avete problemi?
7. Vi capite bene?

N Ora racconti al compagno/alla compagna come lei e il suo migliore amico/la sua migliore amica vi siete conosciuti.

Ci siamo conosciuti dieci anni fa. Frequentavamo la stessa scuola. Ci parlavamo qualche volta e poi ...

○ Guardi la serie di disegni in basso e racconti la storia di Enzo ed Emilia usando strutture reciproche.

Parliamo un po'

🪐 **Internet** For further practice of lesson topics, log on to the *Oggi in Italia* website.

Ⓐ **Un sondaggio.** In coppia: Lei lavora per una grande ditta (*firm*) che produce prodotti igienici, e fa un sondaggio per sentire le opinioni dei consumatori. Intervisti un altro studente/un'altra studentessa per sapere i prodotti che preferisce.

Quali prodotti usa:

per lavarsi i capelli   _____

per lavarsi i denti   _____

per radersi (la barba o le gambe)   _____

quando fa il bagno/la doccia   _____

Altri commenti: perché sceglie questi prodotti particolari? _____

_____

B **Che cosa regalare?** In gruppi di tre: Arriva il periodo di Natale, e lei deve fare regali (*gifts*) a tre amici o a tre parenti. Dica al gruppo le caratteristiche e gli interessi di ognuno, e il gruppo le suggerisce i regali appropriati per ciascuna di queste persone.

Nome, rapporto, età	Caratteristiche	Gli/le piace/ piacciono	Regali appropriati
◆ Pino fratello 5 anni	intelligente	la matematica	una calcolatrice, il gioco di "Jeopardy"
1. _____ _____ _____	_____	_____	_____ _____
2. _____ _____	_____	_____	_____
3. _____ _____	_____	_____	_____ _____

◆ S1: Il mio fratellino Pino ha cinque anni ed è molto intelligente. Gli piace la matematica.
   S2: Puoi regalargli una calcolatrice!
   S3: Dagli il gioco di "Jeopardy!"

C **Conosce bene gli amici?** In coppia: Prima, indichi se le piacciono o no le cose della lista. Poi, pensi al suo compagno/alla sua compagna, e cerchi di indovinare se a lui/lei piacciono o no.

Poi, chieda se ha indovinato o no.

◆ sciare   S1: Ti piace sciare.
           S2: Sì, hai ragione. Mi piace. / No, non mi piace per niente.

	io	*lui/lei*
sciare	sì / no	sì / no
le motociclette	sì / no	sì / no
la musica classica	sì / no	sì / no
i campeggi	sì / no	sì / no
viaggiare in aereoplano	sì / no	sì / no
i vestiti firmati	sì / no	sì / no
alzarsi presto la mattina	sì / no	sì / no
il caldo	sì / no	sì / no
il pesce	sì / no	sì / no
guidare velocemente	sì / no	sì / no
la neve	sì / no	sì / no

Vestiti firmati: Designer-label clothing, both American and Italian, is very popular among Italian young people.

D   **Sestriere On-Line.** In coppia: Voi desiderate andare a sciare in Italia e uno di voi (S1) ha cercato informazioni sulla rete internazionale (*Internet*). Adesso S2 fa alcune domande su Sestriere, la destinazione scelta. S1 risponde usando informazioni trovate sulla pagina Sestriere on-line.

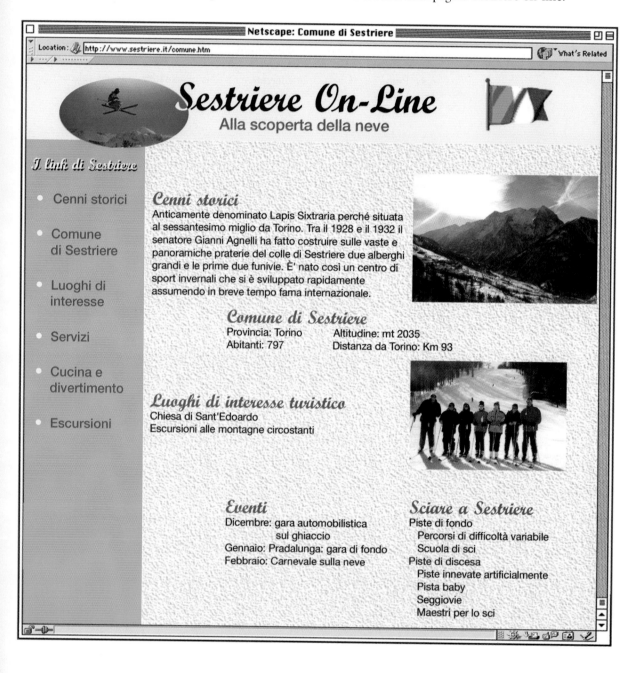

Netscape: Comune di Sestriere

Location: http://www.sestriere.it/comune.htm   What's Related

Sestriere On-Line
Alla scoperta della neve

I link di Sestriere

- Cenni storici
- Comune di Sestriere
- Luoghi di interesse
- Servizi
- Cucina e divertimento
- Escursioni

Cenni storici
Anticamente denominato Lapis Sixtraria perché situata al sessantesimo miglio da Torino. Tra il 1928 e il 1932 il senatore Gianni Agnelli ha fatto costruire sulle vaste e panoramiche praterie del colle di Sestriere due alberghi grandi e le prime due funivie. È nato così un centro di sport invernali che si è sviluppato rapidamente assumendo in breve tempo fama internazionale.

Comune di Sestriere
Provincia: Torino   Altitudine: mt 2035
Abitanti: 797   Distanza da Torino: Km 93

Luoghi di interesse turistico
Chiesa di Sant'Edoardo
Escursioni alle montagne circostanti

Eventi
Dicembre: gara automobilistica
          sul ghiaccio
Gennaio: Pradalunga: gara di fondo
Febbraio: Carnevale sulla neve

Sciare a Sestriere
Piste di fondo
    Percorsi di difficoltà variabile
    Scuola di sci
Piste di discesa
    Piste innevate artificialmente
    Pista baby
    Seggiovie
    Maestri per lo sci

E **Alla stazione sciistica.**

S1

Lei è appena arrivato/a alla stazione di una famosa località sciistica. Vada all'ufficio informazioni della stazione e

chieda una piantina (*map*) del paese
domandi come trovare l'Albergo Gardena Palace
come arrivare alle piste di sci
se possono consigliare un buon ristorante caratteristico

S2

Lei lavora all'ufficio informazioni della stazione di una località sciistica. Un turista arriva e le fa varie domande. Risponda alle sue domande, usando la piantina (*map*) in basso. Alcune espressioni utili:

girare a destra/a sinistra   *to turn right/ left*

andare dritto   *to go straight*
prendere l'autobus   *to take the bus*

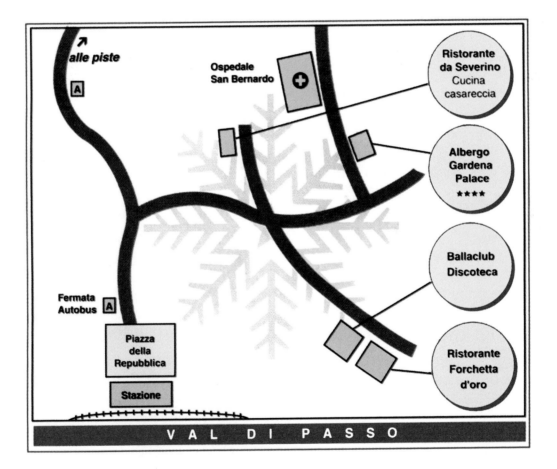

In giro per l'Italia

View the *Parliamo italiano!* video, Module 8, *Lavorare (Torino)*.

A **Definizioni.** Abbini le definizioni con una parola della lista di destra. Ci sono due parole in più nella lista.

1. aggettivo che si riferisce alla *città*
2. abbreviazione di *automobile*
3. viene dopo *primo/a*
4. nome derivato da *abitare*
5. nome che comprende vestiti, gonne, giacche, ecc.
6. aggettivo derivato da *industria*
7. luogo dove ci sono piante verdi e fiori
8. un nome derivato da *importante*
9. una grande città
10. le persone che vivono a Torino

a. la metropoli
b. i torinesi
c. l'abitante
d. industriale
e. secondo/a
f. l'importanza
g. la struttura
h. l'abbigliamento
i. l'auto
j. urbano/a
k. enorme
l. il parco

La città di Torino con l'imponente Mole Antonelliana, originariamente un tempio ebreo costruito nel diciannovesimo secolo.

Torino

Locate Piemonte and Torino on the map on p. 14.

The Savoia royal family ruled in Italy from 1860 to 1946.

Torino, capoluogo del Piemonte, è il secondo centro industriale italiano dopo Milano. La città, situata nel nordovest d'Italia, ha oggi più di un milione di abitanti. Antica colonia romana, Torino ha una struttura urbana moderna, ampliata e perfezionata dai Savoia nel XVI (sedicesimo) secolo[1]. Grandi vie, ampie[2] piazze e molti parchi verdi sono le caratteristiche di questa metropoli elegante e ricca di attività lavorative e culturali. I negozi più belli e raffinati[3] si trovano sotto i portici di via Roma. E piazza San Carlo, a metà di[4] via Roma, è il luogo dove i torinesi preferiscono incontrarsi.

Dopo la seconda guerra mondiale[5], Torino ha avuto uno sviluppo industriale enorme. Dire Torino è dire Fiat (Fabbrica italiana automobili Torino). L'automobile italiana è nata proprio in questa città nel 1899. Oggi la Fiat ha più di duecentomila dipendenti[6] e produce il maggior numero delle auto usate in Italia. Di notevole importanza è anche l'industria tessile e dell'abbigliamento. A Torino, città colta[7], ci sono numerose case editrici[8]. C'è anche una buona università e un altrettanto[9] buon conservatorio musicale. A Torino è pubblicato il giornale "La Stampa," uno dei più autorevoli quotidiani[10] d'Italia.

1. century 2. wide 3. refined 4. halfway along 5. World War 6. employees 7. learned
8. publishing houses 9. just as 10. influential dailies

B **Vero o falso?** Indichi se le seguenti frasi sono vere o false secondo il brano precedente.

1. La prima città industriale d'Italia è Torino.
2. La struttura urbana del capoluogo del Piemonte è moderna.
3. Torino è una città elegante e piena di attività.
4. La Fiat è una grande fabbrica di automobili di Torino.
5. A Torino c'è solo l'industria delle automobili.
6. Il giornale pubblicato a Torino si chiama "La Repubblica."

A **Definizioni.** Prima di leggere il seguente brano, abbini le definizioni con una parola della lista di destra. Ci sono due parole in più nella lista.

1. aggettivo derivato da *Alpi*
2. sinonimo di *ostacolo*
3. passaggio sotterraneo sinonimo di *tunnel*
4. aggettivo derivato da *Piemonte*
5. sinonimo di *essere umano*
6. tipo di formaggio
7. un cereale
8. un tipo di vino
9. contrario di *corto/a*
10. contrario di *piccolo/a*

a. lo spumante
b. piemontese
c. la fontina
d. grande
e. lungo/a
f. l'uomo
g. alpino/a
h. il riso
i. accessibile
j. la barriera
k. il fiume
l. la galleria

Al lavoro in una risaia del Piemonte.

Can you guess the meaning of Piemonte? (Piemonte is a compound of two words: *piede* and *monte*.)

On the map on p. 12, follow the course of the Po River to the Adriatic. On the same map, find Lake Maggiore.

On a more detailed map of Italy, locate Vercelli, Novara, Asti, and Alba. Alba is famous for its truffles.

Bagna cauda is a sauce used as antipasto.

Il Piemonte

Ad ovest e a nord, il Piemonte è circondato dall'arco alpino che divide questa regione dalla Francia e dalla Svizzera. In questa zona, le Alpi rappresentano una grande barriera, ma valichi[1] più o meno accessibili e gallerie scavate[2] dall'uomo permettono il passaggio dal Piemonte ai paesi oltralpe[3]. La galleria ferroviaria[4] del Frejus, lunga più di 13.000 metri, unisce l'Italia con la Francia, e quella del Sempione, lunga più di 19.800 metri, la unisce con la Svizzera.

Sulle Alpi nascono molti fiumi che attraversano[5] il Piemonte. Il più importante è il Po, lungo 652 km (chilometri). Questo fiume che passa per Torino, dopo il Piemonte, bagna[6] anche la Lombardia, l'Emilia-Romagna e il Veneto, e sbocca[7] poi nel mare Adriatico. Uno dei laghi alpini, il pittoresco lago Maggiore, separa il Piemonte dalla Lombardia.

La ricchezza delle acque rendono la terra piemontese molto fertile. Le risaie[8] intorno a Vercelli e Novara danno la maggiore produzione di riso in Europa. Il Piemonte produce anche buoni vini di fama internazionale. Il Barbera, il Barolo e lo spumante d'Asti sono alcuni dei vini prodotti sulle colline piemontesi.

Questi e altri vini pregiati[9] accompagnano spesso i piatti[10] tipici della regione come la bagna cauda, la fonduta[11] con fontina e il riso con i costosissimi e rinomati tartufi[12] bianchi di Alba.

1. mountain passes 2. dug 3. beyond the Alps 4. railroad 5. cross 6. runs through
7. flows into 8. rice fields 9. rare 10. dishes 11. fondue 12. truffles

B **Informazioni.** Dia le seguenti informazioni basate sul brano precedente.

1. Paesi stranieri che confinano con il Piemonte …
2. Due gallerie ferroviarie che uniscono il Piemonte con i paesi oltralpe …
3. Il fiume che passa per Torino …
4. Il lago che divide il Piemonte dalla Lombardia …
5. Città piemontesi intorno alle quali ci sono molte risaie …
6. Tre vini piemontesi …
7. Tre piatti tipici del Piemonte …

Francesco Totti, un campione del calcio italiano, esulta dopo aver segnato un gol in una partita internazionale.

Lezione 12
Chi gioca?

COMMUNICATIVE OBJECTIVES

- Talk about sports
- Express preferences related to sports
- Talk about future plans and actions
- Express probability in the future
- Discuss past events

Alberto Manzini e Daniela Poli fanno programmi per la fine settimana.

ALBERTO: Daniela, vieni allo stadio con me domenica! Andiamo a
vedere una bella partita di calcio. Che ne dici?

DANIELA: Non so se posso venirci. Chi gioca?

ALBERTO: Roma e Napoli. Fa' la brava e vieni. Sarà un incontro
5 interessante e spettacolare, ne sono sicuro.

DANIELA: D'accordo. Verrò. Ma ci verranno anche Luciano e i suoi
amici?

ALBERTO: Non lo so. Perché?

DANIELA: Sono un gruppo di ragazzi molto simpatici e durante la
10 partita fanno sempre un tifo tremendo per la Roma. È
proprio° un divertimento andare allo stadio con loro. *really*

ALBERTO: Sì, però qualche volta esagerano. Fare il tifo per la propria
squadra è bello, ma non è necessario insultare o litigare con i
tifosi dell'altra squadra.

15 DANIELA: Hai ragione. Ma dimmi°, a che ora dovremo essere allo *tell me*
stadio?

ALBERTO: Verso l'una. I posti non sono riservati e ci saranno quasi
centomila persone.

DANIELA: Allora bisogna comprare subito i biglietti!

20 ALBERTO: Eh°, sì. Ci avevo pensato anch'io. Posso comprarli oggi *Well*
pomeriggio da un rivenditore vicino a casa mia.

DANIELA: Ah, il denaro! Adesso ne ho poco con me. Ho degli euro. Ne
ho solo dieci però. Ti darò il resto domenica pomeriggio. Va
bene?

25 ALBERTO: Non essere sciocca. Li pagherò io per tutti e due.

DANIELA: Grazie. Sei sempre molto gentile.

ALBERTO: Allora, questa sera telefono a Luciano e poi ti farò sapere se
anche lui verrà allo stadio con noi.

> Every major Italian city has a professional soccer team, and large cities such as Turin, Milan, and Rome have two teams.

Domande

1. Dove andranno domenica Alberto e Daniela? Chi gioca?
2. Come sono Luciano e i suoi amici?
3. Cosa fanno durante la partita?
4. A che ora dovranno essere allo stadio gli amici? Perché?
5. Chi comprerà i biglietti? Dove li comprerà?
6. Che cosa farà stasera Alberto?

Domande personali

1. Che programma ha fatto lei per la fine settimana?
2. Si giocano (*Are played*) partite di calcio o di football nella sua città?
3. Preferisce assistere ad un incontro di calcio, ad una partita di tennis o ad una di baseball?
4. A lei piace andare allo stadio o preferisce vedere le partite alla televisione?
5. Per quale squadra di calcio (pallacanestro/hockey/baseball) fa il tifo lei?

Situazioni

1. Inviti un compagno/una compagna ad andare con lei ed altri amici in qualche luogo.

    ◆ — Verrai allo stadio (in discoteca/a mangiare una pizza/alla partita di pallacanestro) con noi?
    — Sì, volentieri. (Mi dispiace, ma non posso./Forse. Vi telefonerò./Dipende dai miei impegni./Perché no?)

2. Domandi ad un amico/un'amica se ha fatto programmi per la fine settimana.

    ◆ — Hai fatto programmi per la fine settimana (le vacanze/l'estate prossima?)
    — Sì, uscirò (farò una gita/andrò al mare) con gli amici.

Firenze: In una domenica di primavera le strade della città ospitano una gara di maratona.

Vocabolario

Parole analoghe

il baseball	il gruppo	insultare	spettacolare
dipendere (da)	l'hockey	il resto	tremendo/a
esagerare	interessante	riservato/a	

Nomi

il calcio   soccer
il denaro   money
il divertimento   fun
l'impegno   commitment, obligation
l'incontro   game, match (sports)
la partita   game
le persone   people, persons
il posto   seat
il rivenditore   dealer, seller
la squadra   team
il tifoso   fan

Aggettivi

proprio/a   one's own
sciocco/a   foolish

Verbi

litigare   to quarrel, fight

Altre parole ed espressioni

fare il bravo/la brava   to be good
fare programmi   to make plans
fare (il) tifo   to root, cheer
fare sapere   to let know
per tutti e due   for both
ci   there, about it
ne   about it, of it, of them

> *Il denaro = i soldi.* Both terms are used, but *i soldi* is more common.

> *Partita* and *incontro* can be used interchangeably when talking about sports: *una partita (un incontro) di calcio.*

Pratica

1. In coppia: Lei ha intenzione di andare alla partita di calcio con un amico/un'amica, ma ancora non ha potuto comprare i biglietti. Chieda all'amico/a di comprarli e dica che gli/le darà i soldi quando lo/la vedrà.
2. In coppia: Lei ha due biglietti per la partita di domenica prossima, ma altri impegni non le permettono di andare allo stadio. Allora lei telefona ad un amico/un'amica, gli/le offre i biglietti e gli/le spiega perché non può andare a vedere la partita.

Gli sport in Italia

In Italia parlare di sport significa discutere spesso di calcio. Il calcio è lo sport e il passatempo nazionale per nove mesi all'anno, da settembre a giugno. Durante questo periodo molti italiani passano la sera o il pomeriggio allo stadio o davanti al televisore per vedere la partita e fare il tifo per la propria squadra. Il calcio è stato sempre uno sport per uomini, ma oggi molte donne seguono con interesse questo sport e vanno spesso allo stadio. Da qualche anno si sono formate anche squadre di calcio femminili, che a livello semiprofessionale ricevono molta attenzione da parte del pubblico italiano.

Il secondo sport più popolare è il ciclismo[1]. I giovani specialmente praticano questo sport con passione durante i mesi caldi dell'anno, fra maggio e settembre. Ogni anno poi il Giro d'Italia[2] attrae[3] l'interesse della gente e della stampa[4] nazionale ed estera[5]. Molti ciclisti italiani e stranieri partecipano a questa corsa[6] ciclistica, che inizia verso la metà di maggio e dura circa venti giorni. Facendo tappa[7] in differenti città italiane, ogni anno il Giro attraversa tutta la penisola e porta con sé un'atmosfera di allegria e di gioventù.

Ciclismo: Giovani dilettanti pronti a partire in una gara di biciclette.

■ Chi pratica principalmente il calcio nel suo paese?

■ Il ciclismo è uno sport popolare? Ci sono gare (*competitions*) di ciclismo nel suo paese?

[1]bicycle racing   [2]Tour of Italy   [3]attracts   [4]press   [5]foreign   [6]race   [7]pausing

Pronuncia

I suoni /ts/ e /ds/

The sound of the letters **z** and **zz** is pronounced in two ways in Italian: **ts** as in the English word *cats*, and **ds** as in *fads*. As the first letter of a word, **z** is pronounced like **ds**. In any other position, when followed by **-ia, -ie,** or **-io, z** is pronounced like **ts**. When not followed by these combinations, **z** is pronounced in some words like **ts** and in other words like **ds**. Double **zz** is generally pronounced as **ts**.

Ⓐ Ascolti l'insegnante e ripeta le seguenti parole.

zio	piazza	zero	azzurro
pazienza	bellezza	zaino	mezzo
zucchero	ragazzo	marzo	pizza
attenzione	prezzo	zona	mezzogiorno

Ⓑ **Proverbi.** Legga ad alta voce i seguenti proverbi e poi li detti ad un altro studente/un'altra studentessa.

L'ozio è il padre dei vizi.
Laziness is the root of all evil.
(Literally: Idleness is the father of the vices.)

Dal dire al fare c'è di mezzo il mare.
Easier said than done.
(Literally: Between saying and doing there's an ocean.)

Ampliamento del vocabolario

Gli sport

Espressioni utili

correre to run
nuotare (al lago, al mare, in piscina) to swim (in the lake, in the sea, in a pool)
pattinare to skate
sciare to ski
andare a cavallo to go horseback riding
andare in barca to go sailing
andare in bicicletta to ride a bike

fare le gare to compete
fare dello sport to engage in sports
fare dell'alpinismo to go mountain climbing
giocare al calcio (a pallone) to play soccer
giocare a pallacanestro (a pallavolo, a baseball, a hockey) to play basketball (volleyball, baseball, hockey)

lo sci   il pattinaggio   il nuoto   la vela   il ciclismo

il tennis   la pallacanestro   il calcio   l'equitazione   la corsa

Describe what the people in the drawings are doing, using the *Espressioni utili* on page 274.

A In coppia: A turno domandate quali sport possono essere associati con le seguenti cose.

◆ — Quale sport associ con la piscina?
  — Il nuoto.

1. la montagna
2. il cavallo
3. il mare
4. la neve
5. il lago
6. lo stadio
7. il freddo e il ghiaccio (*ice*)
8. le gomme (*tires*), i freni (*brakes*) e i pedali

B Domandi ad alcuni studenti se e quando praticano i seguenti sport.

◆ — Pratichi il ciclismo?
  — Sì, lo pratico. / No, non …
  — Quando lo pratichi?
  — In primavera e d'estate.

1. l'equitazione
2. il nuoto
3. l'alpinismo
4. il pattinaggio
5. la vela
6. lo sci
7. il calcio
8. la pallavolo
9. il tennis
10. la pallacanestro

C In coppia: Intervisti un compagno/una compagna e gli/le chieda quali sono i suoi interessi sportivi.

1. Fai qualche sport? Quali sport pratichi?
2. Quale sport preferisci? Perché?
3. Ti piace pattinare? Dove vai a pattinare?
4. Sei andato/a a cavallo qualche volta? Dove?
5. Preferisci nuotare al lago, al mare o in piscina?
6. Sei mai andato/a a vedere una partita di calcio? Dove?
7. Vai in barca qualche volta? Dove? Vai da solo/a o con gli amici?
8. Hai mai scalato una montagna? Quale?
9. Hai mai fatto qualche gara sportiva? In quale sport?

D In gruppi di tre o quattro: Scrivete brevi descrizioni di cinque personaggi sportivi. Poi, leggendo ogni descrizione, fate identificare i personaggi da un altro gruppo di studenti.

Struttura ed uso

Futuro semplice

—Sono sicura che ti **piacerà** Alberto. Lo **troverai** molto divertente!

1. The future tense is used to talk about future actions. In English the future is usually expressed with the auxiliary *will* or with *to be going to*. In Italian the simple future tense consists of one word.

Daniela e Alberto **andranno** alla partita di calcio.

Daniela and Alberto are going to go to the soccer game.

Alberto **dovrà** comprare i biglietti una settimana prima.	*Alberto will have to buy the tickets a week ahead.*
Come al solito **sarà** un incontro spettacolare.	*As usual, it will be a spectacular match.*
Sono sicuro che **ci divertiremo.**	*I'm sure we'll have fun.*

2. The future is formed by dropping the final **-e** from the infinitive and adding the endings **-ò, -ai, -à, -emo, -ete, -anno.** In **-are** verbs, the **a** of the infinitive changes to **e.** Notice that the endings are the same for all verbs.

	comprare	**prendere**	**partire**
io	compre**rò**	prende**rò**	parti**rò**
tu	compre**rai**	prende**rai**	parti**rai**
lui/lei	compre**rà**	prende**rà**	parti**rà**
noi	compre**remo**	prende**remo**	parti**remo**
voi	compre**rete**	prende**rete**	parti**rete**
loro	compre**ranno**	prende**ranno**	parti**ranno**

3. Verbs ending in **-care** and **-gare** add an **h** to the future tense stem after the **c** or **g** in order to retain the hard pronunciation. Verbs ending in **-ciare** or **-giare** drop the **i** from the ending.

> Remember the spelling change necessary in present tense -*care* and -*gare* verbs.

Le due squadre **giocheranno** con vigore.	*The two teams will play with all their might.*
Quando mi **ripagherai** i venti euro?	*When are you going to pay me back the twenty euros?*
L'incontro **comincerà** all'una e mezzo.	*The match will begin at one-thirty.*
Dopo la partita **mangeremo** da Luciano.	*After the game we are eating at Luciano's.*

4. The following thirteen verbs have irregular future stems. Their endings are regular.

Infinitive	Future stem	Future tense
andare	**andr-**	andrò, andrai ...
avere	**avr-**	avrò, avrai ...
bere	**berr-**	berrò, berrai ...
dare	**dar-**	darò, darai ...
dovere	**dovr-**	dovrò, dovrai ...
essere	**sar-**	sarò, sarai ...
fare	**far-**	farò, farai ...
potere	**potr-**	potrò, potrai ...
sapere	**sapr-**	saprò, saprai ...
stare	**star-**	starò, starai ...
vedere	**vedr-**	vedrò, vedrai ...
venire	**verr-**	verrò, verrai ...
volere	**vorr-**	vorrò, vorrai ...

> Notice that many of these verbs simply drop a vowel from their infinitive ending to form the future stem: *andare, andr-; avere, avr-;* etc.

5. The future tense is used to talk about future actions and intentions and to predict future actions. The present tense is also used to talk about future actions, especially if they are certain or about to happen.

Se possibile **andremo** a trovare la zia fra qualche mese.	*If possible we'll go visit our aunt in a few months.*
Sono sicura che la nostra squadra **vincerà** il prossimo campionato.	*I'm sure our team will win the next championship.*
Sabato **andiamo** a cavallo. **Vieni** anche tu?	*On Saturday we're going horseback riding. Are you coming too?*
Comprami il biglietto e ti **pago** domani.	*Buy me a ticket and I'll pay you tomorrow.*

6. The future tense is also used in Italian to guess or conjecture about circumstances in the present. This use of the future is called future of probability.

Di chi è questo zaino? **Sarà** di Fulvio.	*Whose backpack is this? It's probably Fulvio's.*
Quanti anni ha il tuo professore? Non so! **Avrà** almeno quarant'anni.	*How old is your professor? I don't know! He must be at least forty.*
Che ore **saranno?** **Saranno** le dieci.	*What time do you think it is? It must be around ten.*

7. The future tense is used after **quando** (*when*), **appena** (*as soon as*), and **se** (*if*) when the action of the main verb takes place in the future. In English, the present tense is used in parallel situations.

Quando **andremo** in montagna, staremo all'albergo Principe Vittorio.	*When we go to the mountains, we'll stay at the Hotel Principe Vittorio.*
Le telefonerò appena **arriveremo.**	*I'll call you as soon as we arrive.*
Se gli altri **porteranno** i loro sci, io porterò i miei.	*If the others bring their skis, I'll bring mine.*

A Dica quello che le seguenti persone faranno domenica.

◆ noi / andare a sciare
   Noi andremo a sciare domenica.

1. i miei fratelli / giocare al calcio
2. un mio amico / pattinare nel parco
3. io / andare a cavallo
4. mia sorella / praticare la vela
5. voi / fare dell'alpinismo
6. tu / assistere ad un concorso di equitazione
7. mio padre ed io / vedere la partita alla televisione
8. mia zia / volere giocare a tennis

B È sabato, e oggi lei non ha voglia di fare niente. Farà tutto domani, o forse dopodomani o la settimana prossima. … Risponda alle domande, e dica quando farà ogni cosa.

◆ Hai spedito le lettere?　　Non ancora. Le spedirò domani (dopodomani, ecc.).

1. Hai chiamato i tuoi genitori?
2. Hai letto l'articolo sulla rivista?
3. Hai studiato la lezione d'italiano?
4. Hai finito i compiti di matematica?
5. Sei andato/a al supermercato?
6. Hai fatto gli acquisti per la festa?
7. Hai dato le cassette agli amici?
8. Hai incontrato la professoressa d'inglese?

C In coppia: Un compagno/Una compagna vuole sapere se lei farà le seguenti cose la prossima fine settimana. Risponda che le farà se succederanno le cose indicate.

◆ andare alla partita / se trovare un biglietto
　— Andrai alla partita?
　— Sì, andrò alla partita se troverò un biglietto.

1. fare una passeggiata / se fare bel tempo
2. mangiare in un ristorante elegante / se avere i soldi
3. parlare con i miei genitori / se loro essere a casa
4. vedere un film / se tu venire con me al cinema
5. andare ad una festa / se gli amici invitarmi
6. divertirti / se non dovere studiare troppo

D In coppia: Risponda alle domande con il futuro di probabilità.

◆ S1: Che ore sono?
　S2: Saranno le undici e mezzo.

1. Cosa c'è in quello zaino?
2. Quanti studenti ci sono in quest'università?
3. Qual è la data di oggi?
4. Quanti dollari hai con te?
5. Quanti anni ha la professoressa/il professore?
6. Quando è il prossimo quiz?
7. Di chi è quella borsa?
8. Dove abita quel ragazzo?

il telefono: un collaboratore sempre pronto

 1631 NOTIZIE SPORTIVE　　 **1635** IPPOTEL NOTIZIAREO IPPICO　　 **1637** TELESPRINT　　 **196** BOLLETTINO NAUTICO

E È domenica, e tutti i canali televisivi trasmettono programmi sportivi. Mentre lei cambia canale, sente alcune frasi. Lei si chiede: Che tipo di programma sarà? Sarà un programma sul tennis, sul pattinaggio? ...

1. Ecco! Finalmente siamo arrivati alla vetta (*peak*)!
2. Siamo al diciottesimo giorno del Giro d'Italia e i partecipanti cominciano a sentire la fatica (*hardship*) di questa corsa tanto difficile.
3. Gol!!!
4. Dopo le finali emozionanti dello slalom gigante vi porteremo alle piste secondarie per vedere un'altra gara molto contesa (*contested*).
5. Con il caldo inaspettato, il ghiaccio si scioglie (*the ice is melting*) e non ci sarà nessun record oggi.
6. È una bellissima giornata qui sulla spiaggia di San Remo e fra pochissimo tempo s'incontreranno due squadre che sembrano quasi imbattibili.
7. Fa il primo salto in perfetta forma. Ma il fantino cade. È caduto il fantino! Il cavallo continua a correre!
8. E la vincitrice esce dalla piscina. ...

F In coppia: Dica ad un compagno/una compagna le seguenti cose.

tre cose che lei farà la prossima fine settimana
tre cose che lei farà durante le prossime vacanze
tre cose che lei farà appena finirà l'università
tre cose che lei non farà mai

G In coppia: Lei ha vinto un milione di euro alla lotteria ma dovrà aspettare due mesi prima di ricevere i soldi. Dica ad un amico/un'amica cinque cose che farà appena avrà i soldi.

◆ Appena avrò i soldi, comprerò... , andrò... , darò... , ecc.

H In gruppi di tre: Secondo voi, come sarà il mondo fra cinquant'anni? Discutete le seguenti domande nel vostro gruppo, usando il futuro dove appropriato.

1. Ci sarà la pace (*peace*) nel mondo o ci saranno più guerre (*wars*)? Dove? Fra quali paesi?
2. Quali saranno le nazioni più importanti fra cinquant'anni?
3. Le donne avranno più potere (*power*) politico ed economico fra cinquant'anni? Ci sarà una donna presidente degli Stati Uniti?
4. L'Europa sarà completamente unita? Quale sarà la lingua dominante?
5. Troveranno una cura per l'AIDS? Per il cancro (*cancer*)? Per il raffreddore (*cold*)?
6. La gente guiderà macchine elettriche? Ci saranno nuovi mezzi di trasporto? Quali?
7. Le persone si vestiranno come oggi? Come cambierà la moda?
8. Quale sarà lo sport più popolare?
9. Come cambierà la vostra università? Sarà più grande? Costerà di più?

Trapassato

Quando gli altri sono arrivati al traguardo, ... Alberto **era** già **arrivato** da cinque minuti!

1. The **trapassato** is used to talk about an action that *had taken place* before another past event. The more recent past event may be expressed in the **passato prossimo** or the **imperfetto.**

Non voleva mangiare con noi perché **aveva** già **mangiato** a casa.	*He didn't want to eat with us because he had already eaten at home.*
Non mi **ero** ancora **svegliata** quando hai telefonato alle otto.	*I hadn't woken up yet when you called at eight o'clock.*
Già nel 1348 Giovanni Boccaccio **aveva scritto** vari libri.	*In 1348 Giovanni Boccaccio had already written several books.*
Quando Alberto Tomba aveva trent'anni, **aveva** già **vinto** tre medaglie olimpiche.	*When Alberto Tomba was thirty, he had already won three Olympic medals.*

2. The **trapassato** is formed with the imperfect of the auxiliary verb **avere** or **essere** + *the past participle.* As in the **passato prossimo,** the past participle agrees with the subject when the verb is conjugated with **essere.**

	dire	venire
io	avevo detto	ero venuto/a
tu	avevi detto	eri venuto/a
lui/lei	aveva detto	era venuto/a
noi	avevamo detto	eravamo venuti/e
voi	avevate detto	eravate venuti/e
loro	avevano detto	erano venuti/e

I Dica che le persone indicate non avevano mai fatto prima certe cose, come nel modello.

◆ Ieri mia sorella ha visto una partita di calcio.
   Non aveva mai visto prima una partita di calcio.

1. Sabato scorso i miei genitori sono andati a sciare.
2. Ieri i due amici sono arrivati a lezione in orario.
3. Domenica io sono andato/a a cavallo.
4. Il mese scorso mia nonna ha usato il computer.
5. Ieri il dentista mi ha fatto male.
6. Venerdì sera ci siamo annoiati ad una festa.
7. Stamattina hai giocato a pallavolo.
8. Una settimana fa gli studenti hanno visto un film italiano.

> Remember that in compound forms, the past participles of verbs conjugated with *essere* agree with the subject.

J In coppia: Domandi ad un amico/un'amica se stamattina alle otto aveva già fatto queste cose.

◆ svegliarsi
   S1: Stamattina alle otto ti eri già svegliato/a?
   S2: Sì, mi ero già svegliato/a. / No, non mi ero ancora svegliato/a.

1. alzarsi dal letto
2. fare la prima colazione
3. prendere il caffè
4. parlare con qualcuno
5. vestirsi
6. lavarsi i denti
7. uscire

K Domandi ad un compagno/una compagna tre cose che aveva già fatto a quindici anni, e tre cose che non aveva ancora fatto.

◆ S1: Che cosa avevi già fatto a quindici anni?
   S2: Quando avevo quindici anni, avevo già imparato a guidare, ero già andato/a all'estero e avevo già finito la scuola media. Non avevo ancora …

L Completi la descrizione, mettendo i verbi tra parentesi nel passato prossimo o nel trapassato, secondo il contesto.

Ieri sera una mia amica (preparare) _____ una cena per alcuni amici che lei (conoscere) _____ all'università. Purtroppo, la cena (andare) _____ male perché tutti gli invitati (avere) _____ problemi durante il giorno. Francesco (arrivare) _____ di cattivo umore perché (discutere) _____ con la ragazza. Io (arrivare) _____ tardi perché il mio direttore mi (dare) _____ un sacco di lavoro da fare alle tre del pomeriggio. Cecilia non (venire) _____ perché (rompersi) _____ un braccio mentre sciava.

A few dates to help you: Dante Alighieri (1265–1321), Giuseppe Garibaldi (1807–1882), Benito Mussolini (1883–1945), Cristoforo Colombo (1451–1506), Marco Polo (1254–1324).

In coppia: Decidete quale avvenimento storico è accaduto prima. Combinate le due frasi mettendo un verbo al passato prossimo e l'altro nel trapassato, secondo le date degli avvenimenti.

◆ Cristoforo Colombo ha scoperto (*discovered*) il nuovo mondo. / È nato Michelangelo.

Quando Cristoforo Colombo ha scoperto il nuovo mondo, Michelangelo era già nato.

1. Dante ha scritto la *Divina Commedia*. / Shakespeare ha scritto *Romeo e Giulietta*.
2. Garibaldi ha unificato l'Italia. / Gli Stati Uniti si sono separati dall'Inghilterra.
3. Il Presidente Kennedy è morto. / Neil Armstrong ha messo piede sulla luna.
4. È cominciata la seconda guerra mondiale. / Mussolini è morto.
5. Cristoforo Colombo ha portato i pomodori dalle Americhe. / Marco Polo ha portato gli spaghetti dalla Cina.

Il pronome *ne* e l'avverbio *ci*

— Mi sono ricordato che ti piace il peperoncino piccante. **Ne** ho messo abbastanza?

1. The pronoun **ne** (*of it, of them*) is used when referring back to a phrase introduced by the partitive or the preposition **di,** or a complete idea meaning *about* or *of* a certain thing.

Note that English often omits *of it* and *of them*, whereas Italian requires the use of *ne*.

— Avete comprato **del pane?**
— Sì, **ne** abbiamo comprato.

— *Did you buy some bread?*
— *Yes, we bought some (of it).*

— Desidera **delle carote?**
— Sì, **ne** prendo un chilo.

— *Do you want some carrots?*
— *Yes, I'll take a kilo (of them).*

— Discutete spesso **di politica?**
— No, non ci piace parlar**ne.**

— *Do you often discuss politics?*
— *No, we don't like to talk about it.*

— Ma sei sicura che la partita è domani?
— Sì, sì; **ne** sono sicura.

— *Are you sure the game is tomorrow?*
— *Yes, I'm sure (of it).*

2. Ne is also used to replace a direct object introduced by a number or an expression of quantity.

— Quanti **anni** ha lui?   — *How old is he?*
— **Ne** ha quasi **trenta.**   — *He's almost thirty.*

— Desidera **dei** fagiolini?   — *Would you like some green beans?*
— Sì, **ne** prendo un po'.   — *Yes, I'll take some.*

> Remember that *Quanti anni ha?* means *How many years does he have?* The answer means literally *He has almost thirty (of them).*

If this occurs in the **passato prossimo**, the past participle agrees with the noun that it refers to.

— Quanti **CD** avete comprato?   — *How many CDs did you buy?*
— **Ne** abbiamo comprati sei.   — *We bought six (of them).*

3. The adverb **ci** (meaning either *here* or *there*) is used to refer to a previously mentioned place, particularly a phrase preceded by **a, da,** or **in.** Its position in a sentence is that of a direct object pronoun.

— Vai spesso **dal dentista?**   — *Do you often go to the dentist?*
— Sì, **ci** vado tre volte all'anno.   — *Yes, I go (there) three times a year.*

— Volete venire **alla partita?**   — *Do you want to come to the game?*
— No, non possiamo venir**ci.**   — *No, we can't come (there).*

— Sei mai stato **in Alaska?**   — *Have you ever been to Alaska?*
— Sì, **ci** sono andato da piccolo.   — *Yes, I went there when I was small.*

4. Ci is also used to replace **a** + *phrase* after the verbs **pensare, credere,** and **riuscire** (*to succeed in, manage to*).

> *Riuscire* is conjugated like *uscire* and uses *essere* as its auxiliary verb: *Non riesco a ... Siamo riusciti a ...*

— Pensi **alla tua ragazza?**   — *Are you thinking about your girlfriend?*
— Sì, **ci** penso.   — *Yes, I'm thinking about her.*

— Credi **all'oroscopo?**   — *Do you believe in the horoscope?*
— No, veramente non **ci** credo.   — *No, I really don't believe in it.*

— Sei riuscita **a pattinare** senza cadere?   — *Did you manage to skate without falling?*
— Sì, **ci** sono riuscita con grande difficoltà.   — *Yes, I managed (to do it) with great difficulty.*

N   Risponda con *ne* e un numero alle seguenti domande.

◆ Quanti fratelli ha?   Ne ho due.
                         Non ne ho.

1. Quante sorelle ha?
2. Quanti cugini ha?
3. Quante lezioni ha oggi?
4. Quante lingue parla?
5. Quanti corsi segue questo semestre?
6. Quanti compagni/Quante compagne di camera ha?
7. Quanti anni ha?
8. Quanti anni aveva quando ha imparato a guidare?

O Chieda ad un altro studente/un'altra studentessa se ha alcuni degli oggetti indicati.

◆ CD italiani   S1: Hai dei CD italiani?

                      S2: Sì, ne ho molti/pochi/due. / No, non ne ho.

1. giornali italiani
2. libri di poesie
3. fotografie della tua famiglia
4. scarpe italiane
5. amici che parlano italiano
6. animali domestici
7. riviste di moda
8. esami questa settimana
9. capelli bianchi

P In coppia: Chieda ad un altro studente/un'altra studentessa se va spesso, mai, qualche volta, sempre, ecc., nei seguenti luoghi. Chi risponde deve usare *ci* nelle risposte.

◆ da McDonald's   S1: Vai spesso da McDonald's?

                      S2: Sì, ci vado spesso (qualche volta, una volta al mese, ecc.). / No, non ci vado mai.

1. dal dentista
2. a sciare
3. al laboratorio di lingue
4. ai ristoranti cinesi
5. al cinema
6. in discoteca
7. al supermercato
8. alle partite di pallacanestro
9. ai concerti dei Phish

Q Risponda alle seguenti domande, sostituendo i pronomi *ne* o *ci* alle parole in corsivo.

◆ — Ha bisogno *di aiuto?*   — Sì, ne ho bisogno. / No, non ne ho bisogno.

  — Riesce *a capire la*   — Sì, ci riesco facilmente. / No, non ci riesco.
     grammatica?

1. Lei discute *di politica* con i suoi amici?
2. Ha voglia *di un cappuccino* adesso?
3. Pensa spesso *alle vacanze estive?*
4. Ha bisogno *di un computer?*
5. Crede *agli extraterrestri?*
6. Parla mai *di sport?*
7. Riesce *ad arrivare sempre puntuale a lezione?*
8. Ha bisogno *di soldi?*
9. È mai stato/a *in Sardegna?*

R Chieda ad un altro studente/un'altra studentessa se è mai stato/a in questi luoghi. Se risponde di sì, gli chieda in quali circostanze.

◆ in Italia   S1: Sei mai stato/a in Italia?

S2: No, non ci sono mai stato/a, ma vorrei andarci. / Sì, ci sono stato/a.

S1: Quando ci sei andato/a? (Con chi? Perché? Ti è piaciuta?, ecc.)

1. in Africa
2. in Australia
3. sulla Statua della Libertà
4. in elicottero
5. a Disney World
6. alle Cascate del Niagara
7. a Pompei
8. a Las Vegas
9. in Messico
10. all'Hard Rock Café

Internet For further practice with lesson topics, log on to the *Oggi in Italia* website.

Vivere in Italia!

SEMPRE PIÙ IRRESISTIBILE, SEMPRE PIÙ UOMO.

oviesse
Vesto bene, spendo meglio

A   **Annuncio pubblicitario.** Parli con un amico/un'amica di questo annuncio di CasaModa che ha ricevuto per posta. Gli/Le domandi se ha bisogno di comprare qualche cosa e se vuole venire con lei a fare alcuni acquisti.

- S1: (Anna/Antonio), ho appena ricevuto …
  S2: …

ULTIME NOVITÀ

CASAMODA

PREZZI IMBATTIBILI

Uomo

Vestito in pura lana	€210,00
Giacca	€36,10
Cappotto	€120,45
Impermeabile	€65,70
Pantaloni in pura lana	€23,50
Camicie puro cotone	€20,80
Maglioni	€28,40
Jeans	€27,25
Jeans Firmati	€30,90

Donna

Cappotto in pura lana	€190,50
Tailleurs	€40,35
Completi pura lana	€80,00
Giacche di cashemire	€120,00
Gonne Jeans	€13,80
Jeans di Marca	€20,60
Maglie pura lana	€15,50
Camicette puro cotone	€8,80
Felpe	€21,35

AMPIA SCELTA DI MODELLI, COLORI, E DISEGNI

PREZZI BASSISSIMI

LE PIÙ FAMOSE MARCHE DI JEANS E DI ARTICOLI SPORTIVI

sci   scarponi   cappello   bastoncini

giacca a vento   pantaloni   tuta   guanti

occhiali da neve   attacchi

B **Andiamo a sciare!** In coppia: La settimana prossima lei va a sciare sulle Dolomiti e ha bisogno di alcuni articoli di abbigliamento. Adesso è in un negozio e parla con il commesso/la commessa (*clerk*). Fate riferimento agli articoli e ai prezzi indicati al lato.

◆ COMMESSO/A: Buon giorno, signorina (signore). Desidera?
      LEI: Buon giorno. Ho bisogno di …

C **Un questionario.**
    In gruppi di due o tre: Faccia ai suoi amici domande sul cinema basate sulle seguenti informazioni. Prenda appunti e presenti poi i risultati alla classe.

■ la capitale del cinema negli Stati Uniti

■ i tre migliori attori americani

■ le tre attrici americane più popolari

■ il miglior film di quest'anno

■ i due migliori registi americani

■ se vanno spesso al cinema, quante volte al mese

■ se vedono film stranieri, l'ultimo film straniero che hanno visto

L'attore-regista Roberto Benigni durante la lavorazione del film *La vita è bella.*

Gli Italiani e lo sport

I giovani italiani fanno attività sportive per mantenersi in forma e migliorare il loro aspetto fisico. Frequentano centri sportivi, palestre e piscine. Nei luoghi dove non ci sono molti impianti[1] pubblici o privati, come nel sud d'Italia, i giovani non si preoccupano più di tanto. C'è sempre il calcio, che è uno sport non difficile da praticare. Basta uno spazio aperto, un pallone, qualche amico e ... un po' d'ingegno.

In basso è riportata una statistica delle attività sportive praticate dai giovani uomini e donne italiani.

1. establishments

■ Quale attività preferiscono i ragazzi? E le ragazze?

■ E lei, quale attività preferisce? Perché?

5- LA TESTA É NEL PALLONE

	Maschi	Femmine
Calcio	47,9	2,1
Atletica leggera	4,5	5,1
Podismo[1], footing[2]	2,2	3,7
Ciclismo	3,2	2,5
Ginnastica, danza	10,2	39,0
Basket, pallavolo	10,4	16,4
Nuoto, tuffi[3]	10,5	19,2
Tennis	19,5	13,6
Sport invernali	6,4	11,0
Caccia	1,2	–
Pesca	2,4	–
Altri sport	11,3	7,6
Non indicato	2,8	3,6

1. Walking   2. jogging   3. diving

	1	2	3	4
Nome				
Attività sportive che pratica				
Sport preferito				
Squadra preferita				
Guarda lo sport alla tv				
o va allo stadio				
È partecipante				
o è spettatore di avvenimenti sportivi				

D **Sondaggio.** In gruppi di tre o quattro: Fate un sondaggio sugli sport preferiti dai vostri compagni di scuola. Prendete appunti e riferite le informazioni alla classe.

Giovani allo stadio che fanno il tifo per la squadra nazionale italiana.

Un gruppo di amici festeggia il compleanno di Giulio con una torta squisita.

Lezione 13
Cento di questi giorni!

COMMUNICATIVE OBJECTIVES

- Talk about meals and celebrations
- Express wants and wishes politely
- Talk about what you would do in different situations

Alcuni amici festeggiano il compleanno di Giulio Forattini, che oggi compie venti anni. Franco Bresciani va alla festa con Paola Marullo.

Scena 1

FRANCO:	(*Agli amici*) Ragazzi, vi presento mia cugina Paola. Paola, ecco i miei amici. Vieni che te li presento.
LUCIANA:	Io sono Luciana. Lieta di conoscerti, Paola. Sei la cugina che viene da Napoli, vero?
5 PAOLA:	Sì, e tu sei l'amica di cui Franco mi parla molto spesso.
LUCIANA:	Ah, sì? Ne sono lusingata. Sentite, vorreste bere qualcosa adesso?
FRANCO:	Sì, io berrei qualcosa di fresco.
LUCIANA:	Là ci sono i piatti e i bicchieri. Sul tavolo ci sono gli antipasti
10	e le bevande sono nel frigorifero. Potete servirvi da soli.
PAOLA:	Grazie, sei molto gentile.
LUCIANA:	Più tardi poi come primo piatto mangeremo gli spaghetti al pesto.
FRANCO:	Al solo pensiero mi viene l'acquolina in bocca°.

> *Il pesto* is a green sauce made with basil leaves, garlic, olive oil, pine nuts, and Parmesan cheese.

> *Just thinking about it makes my mouth water.*

Scena 2

Gli amici sono a tavola.

15 FRANCO:	Questi spaghetti sono davvero squisiti. Complimenti, Luciana!
LUCIANA:	Il merito è anche di Marisa, che mi ha aiutata in cucina.
FRANCO:	Ho proprio ragione io quando dico che devono essere le donne ad occuparsi della cucina.
20 LUCIANA:	Sì, ma anche gli uomini dovrebbero saper cucinare.
FRANCO:	Scusa Luciana, io sto solo scherzando°.
LUCIANA:	Sei sempre il solito spiritoso, tu!
MARISA:	Ragazzi, ecco la torta! Viene dalla migliore pasticceria della città.
25 FRANCO:	Ed ecco lo spumante! Facciamo un bel brindisi a Giulio.
LUCIANA:	Tanti auguri, Giulio! Buon compleanno!
PAOLA:	Cento di questi giorni!

> *I'm only joking*

> It is customary in Italy to eat fresh fruit at the end of a meal. Sweet desserts are eaten mostly on special occasions.

Domande

1. Perché si sono riuniti gli amici?
2. Chi è Paola?
3. Che cosa possono mangiare gli invitati?
4. Che dice Franco delle donne? Parla sul serio o scherza?
5. Cosa ha portato Marisa per la festa?
6. Che cosa bevono gli amici per fare il brindisi?
7. Quali espressioni usano per fare gli auguri a Giulio?

> In Italian the lyrics to "Happy Birthday" are *"Tanti auguri a te, Tanti auguri a te, Tanti auguri a (Giulio), Tanti auguri a te."*

Domande personali

1. Quando lei fa una festa, quante persone invita? Chi invita? Preferisce le feste con molta gente o con poca gente?
2. Quali sono le occasioni di queste feste—compleanni, visite di amici o parenti, o niente di speciale?
3. Che cosa serve lei ai suoi invitati?
4. Quando sarà il suo compleanno?
5. Le piace festeggiare il suo compleanno? Come lo festeggia? Invita gli amici a casa? Va a mangiare al ristorante con la sua famiglia o con i suoi amici?
6. Cosa le piace fare alle feste? Cantare? Ascoltare la musica? Ballare?

Esercizio di comprensione

Le seguenti frasi basate sul dialogo a pagina 292 sono in ordine sbagliato. Le metta in ordine per formare un brano di senso compiuto.

1. Luciana ha preparato molte cose da mangiare.
2. Franco presenta Paola ai suoi amici.
3. Oggi Giulio festeggia il suo compleanno.
4. Quindi gli amici fanno un bel brindisi e fanno tanti auguri di buon compleanno a Giulio.
5. I suoi amici vanno da Luciana per festeggiarlo.
6. Cucina anche gli spaghetti al pesto con l'aiuto di Marisa.
7. Ora ci sono la torta e lo spumante.

Ti invito con il presente
alla festa per il mio
18° Compleanno
che si terrà nella Discoteca
"El Cid"
Viale Tirreno, 164
Giovedì 19 settembre alle ore 21.30
Ti aspetto!
Federica

Vocabolario

Parole analoghe

il merito
l'occasione (f.)
la scena
la visita

Nomi

l'antipasto   hors d'oeuvre,
   appetizer
l'aiuto   help
la bevanda   drink
il brindisi   toast (a drink in
   someone's honor)
il compleanno   birthday
la cucina   cooking
il frigorifero   refrigerator
la pasticceria   pastry shop
il piatto   dish
lo/la spiritoso/a   wise guy
lo spumante   sparkling wine

Aggettivi

lieto/a   glad
lusingato/a   flattered
solito/a   usual, same old
squisito/a   delicious

Verbi

aiutare   to help
compiere   to complete
cucinare   to cook
festeggiare   to celebrate
occuparsi (di)   to attend to
riunirsi   to get together
rivolgersi (a)   to turn (to)
scherzare   to joke
scusare   to excuse
servirsi   to help oneself

Altre parole ed espressioni

basta   enough
che   who, that
complimenti!   (my)
   compliments! congratulations!
cui   whom; di cui   about whom
proprio   really
buon compleanno!   happy
   birthday!
cento di questi giorni!   many
   happy returns!
fare gli auguri   to wish someone
   well
fare una festa   to have a party
il primo piatto   first course
tanti auguri!   lots of good
   wishes!

BUON COMPLEANNO!

La gastronomia italiana

Cucinare bene e mangiare meglio è una buona regola[1] di tutti gli italiani. Ogni regione d'Italia è famosa per le sue specialità gastronomiche, e visitando il paese si possono assaggiare molte cucine diverse. Dalla carne al pesce, dalla pasta ai contorni[2], dall'antipasto al dolce, è tutta una serie di piatti squisiti preparati con prodotti genuini.

Fra le tante specialità, ricordiamo il pesto alla genovese, la cotoletta[3] alla milanese, il ragù e i tortellini alla bolognese, gli strangozzi[4] al tartufo dell'Umbria, la pizza napoletana, le orecchiette[5] con i broccoli alla pugliese e i cannoli alla siciliana.

Il tipico pranzo festivo italiano è molto lungo e laborioso. Di solito, il pranzo inizia con un antipasto di prosciutto, salame e sottaceti[6]. Poi arriva il primo piatto costituito da pastasciutta o minestra. Segue il secondo piatto con carne o pesce e vari contorni di verdure crude o cotte[7]. Formaggio, frutta e dolce annunciano la fine del pranzo. Acqua minerale, vino bianco o rosso e qualche volta birra accompagnano questi piatti abbondanti e deliziosi. Chiude il pranzo un caffè espresso, spesso seguito da un digestivo[8], ... che a questo punto è veramente necessario.

■ Quali sono i piatti tipici del suo paese?
Com'è un tipico pranzo festivo americano?

Piatti prelibati sono in bella mostra in questo tipico ristorante italiano.

A *digestivo* isn't just a liqueur, but one thought to aid in the digestion of rich meals. Some *digestivi* are *il Fernet Branca, la China Martini, l'Amaretto, la Sambuca,* etc.

[1]rule [2]side dishes [3]cutlet [4]a type of thick, heavy pasta (from the verb "to strangle") [5]= "little ears" (a small, round pasta) [6]pickled vegetables [7]raw or cooked [8]liqueur

Pratica

1. In coppia: Mandate un messaggio di posta elettronica ai vostri amici per invitarli ad una festa. Indicate l'occasione della festa, dove e quando avrà luogo, cosa indossare, se si può portare un amico/un'amica e se si deve portare qualcosa da bere o da mangiare.
2. È l'anniversario di matrimonio dei suoi genitori. Prepari un piccolo discorso per fare il brindisi in onore della mamma e del papà. Usi alcune delle seguenti espressioni: **Buon anniversario! Auguri! Cento di questi giorni!** Reciti il suo discorso ad alta voce ad un amico/un'amica.

Ampliamento del vocabolario

I pasti e le stoviglie

> *i pasti* = meals
> *le stoviglie* = utensils

Here are more terms related to food (**i cibi**) and meals (**i pasti**) to add to those you learned in *Lezione 7*.

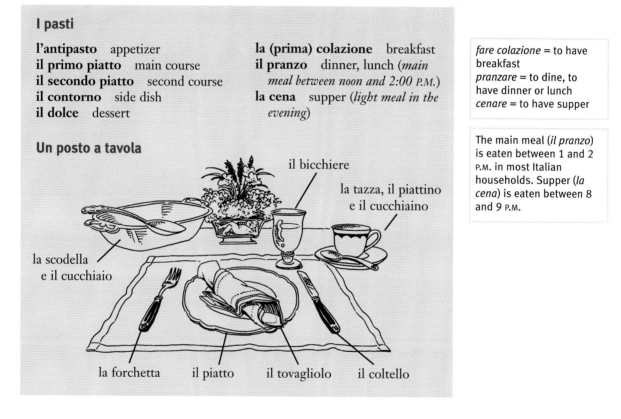

I pasti

l'antipasto appetizer
il primo piatto main course
il secondo piatto second course
il contorno side dish
il dolce dessert

la (prima) colazione breakfast
il pranzo dinner, lunch (*main meal between noon and 2:00 P.M.*)
la cena supper (*light meal in the evening*)

> *fare colazione* = to have breakfast
> *pranzare* = to dine, to have dinner or lunch
> *cenare* = to have supper

> The main meal (*il pranzo*) is eaten between 1 and 2 P.M. in most Italian households. Supper (*la cena*) is eaten between 8 and 9 P.M.

Un posto a tavola

il bicchiere

la tazza, il piattino e il cucchiaino

la scodella e il cucchiaio

la forchetta   il piatto   il tovagliolo   il coltello

A Dica il nome degli oggetti che si usano per fare le seguenti cose.

◆ per mangiare il gelato   Uso il cucchiaino.

1. per bere il vino
2. per tagliare (*cut*) la carne
3. per mangiare la minestra
4. per pulirsi la bocca e le mani
5. per mangiare l'insalata
6. per portare il pesce a tavola
7. per bere il caffè

Faccia le seguenti domande a due o tre studenti.

1. A che ora fai la prima colazione? Cosa mangi?
2. A che ora pranzi? Quali piatti compongono (*make up*) il tuo pranzo?
3. A che ora ceni? Quali piatti compongono la tua cena?
4. Che cosa bevi durante i pasti?
5. Tra un pasto e l'altro che cosa mangi?

C In coppia: Pensi ad un pasto speciale che lei ha fatto con la sua famiglia o con gli amici. Poi risponda alle domande di un amico/un'amica che vuole sapere l'occasione del pranzo o della cena, chi era presente e quello che avete mangiato.

1. Che cosa avete celebrato?
2. Quante persone c'erano a pranzo (a cena)?
3. Che tipo di antipasto avete mangiato?
4. Quale e com'era il primo piatto?
5. E il secondo piatto? C'era solo un secondo piatto?
6. Cosa avete bevuto durante il pranzo (la cena)?
7. Cosa avete mangiato alla fine del pranzo (della cena)? Cosa avete bevuto?
8. C'era il dolce? Che tipo?

Rivenditori e negozi

Ancora oggi alcuni italiani preferiscono fare la spesa ogni giorno nei piccoli negozi del proprio quartiere. In questi negozi la gente riceve più attenzione e un miglior servizio da parte dei rivenditori.

Rivenditori		Negozi	
il lattaio	milkman	**la latteria**	dairy shop
il macellaio	butcher	**la macelleria**	butcher shop
il panettiere	baker	**la panetteria**	bakery
il pasticciere	confectioner	**la pasticceria**	pastry shop
il pescivendolo	fish vendor	**la pescheria**	fish market
il salumiere	delicatessen owner	**la salumeria**	delicatessen

The feminine forms of various *rivenditori* do exist (*la lattaia, la macellaia,* etc.) but are rarely used.

D Completi il seguente brano con una parola appropriata scelta dal precedente gruppo di parole.

Stamattina sono andata a vari negozi. Prima sono andata dal _____ per comprare il pane fresco. Mentre ero nella _____ ho incontrato la mia vicina e sono andata con lei in una _____ lì vicino per comprare il latte. Poi dal _____ ho comprato un chilo di carne. Mentre ero nella _____ , è entrato il _____ e mi ha detto che aveva del pesce fresco. Quindi sono andata con lui alla _____ dove ho comprato mezzo chilo di scampi e una sogliola (*sole*). Dopo mi sono ricordata che avevo bisogno di prosciutto e sono andata alla _____ . Prima di rientrare a casa, sono andata nella _____ di mio cugino dove ho comprato mezza dozzina di paste. Mio cugino è un bravo _____ e fa delle paste squisite.

Struttura ed uso

Condizionale

— Che cosa **vorrebbe**, signore?
— **Vorrei** un polpo, per favore. È fresco oggi?

1. The conditional is used to express what would occur under certain conditions or circumstances.

Berrei qualcosa di fresco.	*I would drink something cold (if you have it).*
Sarebbe una festa divertente.	*It would be a fun party (if it were to take place).*
Non **direi** quelle cose.	*I wouldn't say those things (if I were you).*

2. The conditional is also used to add politeness to requests, offers, and advice.

Vorrebbe un caffè?	*Would you like a coffee?*
Vorremmo vedere la casa.	*We'd like to see the house.*
Dovreste lavorare di più.	*You should (ought to) work more.*
Mi **aiuteresti** in cucina?	*Would you help me in the kitchen?*
Potresti passare dal lattaio?	*Could you stop by the dairy shop?*

> Three useful forms:
> *vorrei* = I would like
> *potrei* = I could
> *dovrei* = I should

RISTORANTE CAVALLINO

3. The conditional is formed with the future stem (see page 277) of the verb plus the conditional endings **-ei, -esti, -ebbe, -emmo, -este,** and **-ebbero.**

> Be sure to pronounce the double consonants in the conditional forms. Pay particular attention to the *noi* form: future = *-emo*, conditional = *-emmo*.

	abitare	prendere	finire
io	abiter**ei**	prender**ei**	finir**ei**
tu	abiter**esti**	prender**esti**	finir**esti**
lui/lei	abiter**ebbe**	prender**ebbe**	finir**ebbe**
noi	abiter**emmo**	prender**emmo**	finir**emmo**
voi	abiter**este**	prender**este**	finir**este**
loro	abiter**ebbero**	prender**ebbero**	finir**ebbero**

4. The rules for the formation of the future that you learned in *Lezione 12* are also true for the conditional. Verbs ending in **-care** and **-gare** add **h** to the conditional forms. All verbs that have an irregular future stem use the same stem for the conditional.

> Remember that most verbs with an irregular future stem drop a vowel from the infinitive ending: *andare → andr-*.

— **Dimentichereste** la vostra promessa?

— *Would you forget your promise?*

— Non **potremmo** mai dimenticarla.

— *We could never forget it.*

— **Sarebbe** possibile rimandare l'appuntamento a domani?

— *Would it be possible to postpone our appointment until tomorrow?*

— Lo **farei** volentieri, ma domani sono occupato.

— *I would do it gladly, but I'm busy tomorrow.*

(A) Dica che queste persone farebbero le azioni indicate, e spieghi poi perché non le fanno.

◆ Enzo / giocare a pallacanestro
 Enzo giocherebbe a pallacanestro ma non ha tempo (ma deve lavorare, ma non è possibile, ecc.).

1. Roberta / prendere un caffè
2. i bambini / servire le bevande
3. io / accompagnare Luciana alla festa
4. noi / passare dalla nonna
5. voi / essere con la famiglia ogni fine settimana
6. mia sorella / aiutarmi in cucina
7. loro / fare una passeggiata
8. io / restare a casa con Piero

(B) Lei è in una trattoria della Costa Smeralda. Come potrebbe dire le seguenti frasi in maniera più cortese?

◆ Portami il pane!   Mi porterebbe il pane, per piacere?

1. Avete un tavolo per due con vista sul mare?
2. Venga qui un momento.
3. Mi porti il menù!
4. Che cosa vuol dire *cucchiaio?*
5. Preferisco il vino rosso.
6. Voglio gli spaghetti alle vongole.
7. È possibile farmi il conto?
8. Dov'è il bagno?

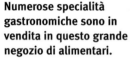

Numerose specialità gastronomiche sono in vendita in questo grande negozio di alimentari.

C In coppia: Dica al compagno/alla compagna che cosa farebbe con le seguenti cose o persone.

◆ un aeroplano privato
S1: Che cosa faresti con un aeroplano privato?
S2: Ogni fine settimana tornerei a casa. Per le vacanze potrei ... E tu che cosa ci faresti?
S1: Andrei ...

un milione di dollari
una Lamborghini
un cavallo
un ristorante elegante
un fratello gemello identico/una sorella gemella identica
un appartamento a Roma
le risposte per il prossimo esame d'italiano

D Intervisti un compagno/una compagna per sapere cosa farebbe se tutto fosse (*were*) possibile. Gli/Le chieda:

dove andare in vacanza   quale lavoro fare
quale macchina guidare   che tipo di persona sposare
quale università frequentare

◆ vivere   S1: Dove vivresti?
S2: Vivrei in California.

E In coppia: Cosa fareste voi in queste situazioni?

1. La macchina non funziona e dovete arrivare a scuola in tempo per un esame.
2. Non siete soddisfatti del vostro voto (*grade*) in un esame.
3. Non potete dormire perché il vostro compagno di camera russa (*snores*).
4. Avete tre esami e un lungo progetto da finire lo stesso giorno.
5. Il vostro migliore amico parte per due anni in Australia.
6. In un ristorante, un piatto che avete ordinato non è buono.
7. Per il vostro compleanno un amico vi regala una maglia che non vi piace per niente.

F In gruppi di tre: Chieda alle altre persone del gruppo se farebbero queste cose.

◆ dire che le piace un regalo anche se non è vero
   S1: Tu diresti che ti piace un regalo anche se non è vero?
   S2: Sì, direi che mi piace.
   S3: No, direi la verità: direi che non mi piace.

1. uscire con la ragazza/il ragazzo del suo migliore amico/della sua migliore amica
2. prestare molti soldi al suo compagno/alla sua compagna di camera
3. sposarsi con una donna/un uomo molto ricca/o ma antipatica/o
4. andare a vivere all'estero da solo/a
5. dire una bugia per aiutare un amico
6. regalare una cosa ricevuta in regalo
7. fare l'autostop (*hitchhike*) da solo/a
8. chiamare la polizia dopo avere visto un furto (*robbery*)
9. andare ad una spiaggia per i nudisti

Pronomi combinati

1. When direct and indirect object pronouns are both used in a sentence, the indirect object pronoun precedes the direct object pronoun, except for **loro.** The following chart shows indirect object pronouns combined with direct object pronouns as well as with the particle **ne.**

Indirect object pronouns	Direct object pronouns				Particle *ne*
	+ lo	**+ la**	**+ li**	**+ le**	**+ ne**
mi	me lo	me la	me li	me le	me ne
ti	te lo	te la	te li	te le	te ne
gli le }	glielo	gliela	glieli	gliele	gliene
ci	ce lo	ce la	ce li	ce le	ce ne
vi	ve lo	ve la	ve li	ve le	ve ne
loro	lo ... loro	la ... loro	li ... loro	le ... loro	ne ... loro

2. The indirect object pronouns **mi, ti, ci,** and **vi** become **me, te, ce,** and **ve** before **lo, la, li, le,** and **ne.**

Anna mi chiede un favore.	*Anna asks me for a favor.*
Me lo chiede.	*She asks me for it.*
Roberto ti ha comprato il biglietto.	*Roberto bought you the ticket.*
Te l'ha comprato.	*He bought it for you.*
Ci preparano i dolci.	*They are preparing desserts for us.*
Ce li preparano.	*They're preparing them for us.*
Vi scrive le poesie.	*He writes you poems.*
Ve le scrive.	*He writes them for you.*

The indirect object pronouns **gli** and **le** become **glie** when combined with the direct object pronouns **lo, la, li, le,** and **ne.**

Gli spedirò il questionario.	*I'll send him the questionnaire.*
Glielo spedirò.	*I'll send it to him.*
Le ho comprato il libro.	*I bought her the book.*
Gliel'ho comprato.	*I bought it for her.*
Gli abbiamo parlato della festa.	*We spoke to them about the party.*
Gliene abbiamo parlato.	*We spoke to them about it.*

Come secondo piatto l'agnello è molto buono. **Glielo** posso consigliare.

3. The combined object pronouns, like single pronouns, generally precede a conjugated verb. In infinitive constructions, the combined pronouns are attached to the end of the infinitive. In constructions with the modal verbs **dovere, potere, volere,** the pronouns may either precede the conjugated verb or attach to the infinitive.

> Remember that when pronouns attach to an infinitive, the infinitive drops its final *-e: dire* → *dirglielo.*

— Vendi la tua macchina a
  Giuliana?

— *Are you selling your car to
  Giuliana?*

— Sì, forse **gliela** vendo.
  Penso di vender**gliela.**
  Vorrei vender**gliela** (*or* **Gliela**
  vorrei vendere).

— *Yes, maybe I'll sell it to her.*
  I'm thinking of selling it to her.
  I'd like to sell it to her.

4. The indirect object pronoun **loro** always follows the verb. It never attaches
to the direct object pronoun or to an infinitive.

Mando **loro** il pacco.	*I'm sending them the package.*
Lo mando **loro.**	*I'm sending it to them.*
Devo mandar**lo loro.**	*I have to send it to them.*

> Remember that *gli* is increasingly replacing *loro* in conversational Italian to mean "to them." You can express "I'm sending it to them" as *Lo mando loro* or *Glielo mando.*

5. In **tu, noi,** and **voi** commands with two object pronouns, both pronouns follow the verb and are attached to it.

Porta**melo!**	*Bring it to me!*
Spedite**cela!**	*Send it to us!*

> In formal commands, the pronouns precede the verb: *Me lo porti, signora* (Bring it to me, ma'am); *Non **ce la** spedisca, per favore* (Please don't send it to us).

In negative **tu, noi,** and **voi** commands, the pronouns usually precede the verb, though many Italians attach them to the end of the verb.

Non **me lo** portare.	*or*	Non portar**melo.**
Non **ce la** spedite.	*or*	Non spedite**cela.**

G In coppia: In un ristorante, lei chiede al cameriere le seguenti cose. Il cameriere dice che gliele porterà subito.

◆ il menù   S1: Mi potrebbe portare il menù?
              S2: Certo. Glielo porto subito.

1. il sale	5. una bistecca alla fiorentina
2. la lista dei vini	6. gli spinaci
3. gli spaghetti alle vongole	7. un'altra forchetta
4. un bicchiere d'acqua	8. il conto (*check*)

H Nelle seguenti conversazioni completi le risposte, usando le forme appropriate dei pronomi combinati.

1. — Mi puoi comprare i biglietti?
   — Sì, posso _____ .
2. — Vuole portare le bevande ai ragazzi?
   — No, voglio _____ quando arrivano tutti.
3. — Quando devi dare i regali a Giulio?
   — Devo _____ più tardi.
4. — Potete preparare il caffè per il signore?
   — Sì, possiamo _____ ora.
5. — Vogliono presentare Elena agli amici?
   — Sì, vogliamo _____ .

I Lei è molto generoso/a, e ogni volta che una persona ha bisogno di una cosa sua, gliela presta volentieri. Finisca le frasi come nel modello.

◆ Avete bisogno di questo dizionario? Allora, ve lo presterò.
  Ha bisogno di queste cassette? Allora, gliele presterò.

1. Hai bisogno dello shampoo?
2. Avete bisogno del mio computer?
3. Ha bisogno delle forbici?
4. Hanno bisogno della macchina?
5. Avete bisogno dei miei libri di arte?
6. Ha bisogno di questo rasoio?
7. Hanno bisogno del registratore?

J In coppia: Un suo amico/Una sua amica non vuole fare le cose che lei gli/le suggerisce. Ordini che le faccia, usando i pronomi con l'imperativo.

◆ S1: Da' il registratore a Roberto!
  S2: Non voglio darglielo.
  S1: Daglielo!

1. Spiega il problema a noi!
2. Scrivi la lettera alla tua amica!
3. Spedisci i libri a Giorgio e a Tina!
4. Presenta tua sorella a me!
5. Chiedi le informazioni a Sandra!
6. Fa' la domanda al professore!
7. Prepara il pranzo ai ragazzi!

K In coppia: Faccia le seguenti domande ad un altro studente/un'altra studentessa. Poi invertite i ruoli.

1. Fai molti regali a Natale ed a Hannukah? A chi? Fai regali agli amici? Che cosa regali loro? E alla ragazza/al ragazzo?
2. Lasci sempre la mancia (*tip*) al cameriere quando vai al ristorante? Anche quando il servizio è stato mediocre?
3. Scrivi messaggi elettronici agli amici? Alla mamma?
4. Ti lavi i capelli ogni giorno? Quante volte al giorno ti lavi i denti?
5. Quando ti metti i guanti? E il cappotto? E il costume da bagno?
6. Quando è il compleanno di un tuo amico gli prepari una torta? Gli fai un regalo?

L In coppia: Ecco una lista di tutte le cose che oggi lei doveva fare in ufficio, ma lei è riuscito/a a farne solo alcune. Quando alla fine della giornata il suo capoufficio (*boss*) le chiede se ha fatto le varie cose, risponda in maniera appropriata usando i pronomi.

> Even when attached to an indirect object pronoun, a preceding direct object pronoun will cause agreement of the past participle.

1.) scrivere la lettera alla direttrice
2.) mandare il messaggio elettronico al signor Tonfi
3.) spedire i libri ai clienti ✓
4.) spiegare il problema alla signorina Campo ✓
5.) presentare l'amica al direttore
6.) chiedere le informazioni alle segretarie ✓
7.) portare il registratore a Tonino ✓
8.) comprare una torta per la direttrice ✓

◆ S1: Ha scritto la lettera all'avvocato?
S2: Sì, gliel'ho scritta. / No, non gliel'ho ancora scritta.

Pronomi relativi *che* e *cui*

— Ho un gruppo di amici con **cui** discuto le grandi opere letterarie.

1. Relative pronouns like **che** and **cui** connect a dependent clause to a main clause. A relative pronoun refers to a specific noun in the main clause.

Main clause	Dependent clause
Lisa è una giovane	**che** studia pittura a Firenze.
Tu sei l'amica	di **cui** Franco mi parla spesso.

2. The most common relative pronoun in Italian is **che** (*who, whom, that, which*). It can refer to either the subject or the direct object of the main clause. Notice that English often omits the relative pronoun. In Italian it is necessary.

Non mi piacciono i ragazzi **che** fanno gli spiritosi.	*I don't like guys who think they are funny.*
Puoi portare le bevande **che** sono nel frigorifero.	*You can bring out the drinks that are in the refrigerator.*
Ho ricevuto il biglietto **che** mi hai mandato.	*I received the card (that) you sent me.*

3. The relative pronoun **cui** is used when the dependent clause is introduced by a preposition.

Alberto Moravia è lo scrittore **di cui** parlava la professoressa.	*Alberto Moravia is the writer about whom the professor was talking.*
Un cavatappi è una cosa **con cui** puoi aprire le bottiglie.	*A cavatappi is something with which you can open bottles.*
Questa è la porta **da cui** è uscita la signora.	*This is the door through which the lady left.*
Ecco il ristorante **in cui** ho conosciuto mio marito.	*Here's the restaurant in which I met my husband.*

In conversation, **dove** is often used instead of **in cui** to refer to places.

Ecco il ristorante **dove** ho conosciuto mio marito.

M Completi il brano con i pronomi relativi **che** o **cui**.

Signori e signore, benvenuti (*welcome*) a Verona e benvenuti alla casa di Romeo e Giulietta. Questa è la casa in _____ viveva la famiglia Cappelletti. Se saliamo al piano di sopra, troviamo la camera in _____ Giulietta dormiva. Guardate a destra: lì c'è il vestito _____ Giulietta si è messa per andare alla festa in _____ ha conosciuto Romeo. Sulla sinistra potete vedere il balcone da _____ Giulietta parlava con Romeo. E fuori c'è l'albero su _____ Romeo è salito per essere più vicino alla ragazza. Notate che sulla tavola c'è ancora la penna con _____ Giulietta ha scritto la famosa lettera, e la bottiglia di medicina _____ Giulietta ha preso per sembrare morta. Se uscite da quella porta, vedrete il telefono _____ la madre di Giulietta ha usato per chiamare l'ambulanza.

N Completi le frasi con il pronome relativo corretto: **che, in cui, con cui** o **di cui**.

1. Mi piacciono le ragazze _____ vestono elegantemente.
2. Conosco una signora _____ lavora in quella pasticceria.
3. Ho letto un libro _____ c'erano poesie moderne.
4. Abbiamo visto il film _____ ci hai consigliato.
5. È quel film _____ tutti parlano.
6. Ho un amico _____ gioca a pallacanestro.
7. Ecco Paolo, il ragazzo _____ noi giochiamo a pallacanestro.
8. Ecco la discoteca _____ ho conosciuto il mio ragazzo.
9. Ho ricevuto la fotografia _____ mi hai spedito dalla Grecia.

O In coppia: Dica ad un compagno/una compagna le cose che le piacciono, usando le frasi in basso.

◆ Mi piacciono i bambini che ...
   S1: Mi piacciono i bambini che dormono sempre.
   S2: A me piacciono i bambini che non fanno rumore.

1. Mi piacciono i ragazzi che ...
2. Mi piacciono i professori che ...
3. Mi piacciono i ristoranti che ...
4. Mi piace l'arte che ...
5. Mi piacciono i film in cui ...
6. Mi piacciono le feste a cui ...
7. Mi piacciono i giorni in cui ...
8. Mi piacciono i negozi dove ...

P Finite le frasi in maniera logica.

◆ Cos'è una valigia? È una cosa in cui ...
   È una cosa in cui mettiamo i vestiti quando facciamo un viaggio.

1. Cos'è un giornale? È una cosa che ...
2. Chi sono i tedeschi? Sono persone che ...
3. Cos'è una forchetta? È una cosa che ...
4. Chi è Leonardo da Vinci? È l'uomo che ...
5. Cos'è Natale? È il giorno in cui ...
6. Cos'è il dentifricio? È una cosa con cui ...
7. Cos'è un portafoglio? È una cosa in cui ...
8. Cos'è una macelleria? È un luogo dove ...

Parliamo un po'

A **Un invito.** In coppia.

 **Internet** For more practice with lesson topics, log on to the *Oggi in Italia* website.

S1
Lei ha ricevuto in omaggio (*complimentary*) due biglietti per andare in discoteca. Telefoni ad un'amica e la inviti ad andare con lei. Prima di accettare l'invito, l'amica vorrebbe sapere alcune cose. Risponda alle domande, utilizzando il biglietto riportato sopra.

S2
Una sua amica le telefona per sapere se vuole andare ad una nuova discoteca. Le piace l'idea, ma prima domandi:

come si chiama la discoteca	a che ora
dov'è	se può portare anche un amico
quando potete andare	che cosa pensa di indossare l'amica

B **Notizie liete.** Legga le notizie liete (*happy news*) negli annunci riportati in basso, e poi dia le informazioni indicate.

NOTIZIE LIETE

Anniversario

★ *A Rosi e Roberto* nel primo anniversario tanti auguri mamma papà *Daniela Enrico* zio *Carlo e Anna.*

Compleanno

★ *Massimo* tantissimi auguri *Gabri Gianni* e mamma *Clelia* bacissimi.

Compleanno

★ *Patrizia Santolamazza.* Oggi è un giorno da non dimenticare i tuoi meravigliosi 18 anni auguri Papà Mamma *Catia.*

Culla

★ *Clelia* e famiglia augurano tanta felicità alla piccola *Claudia.*

Culla

★ Finalmente è arrivato *Andrea* inondando il nostro cuore di gioia auguri gli amici di Licenza.

Messaggio

D'amore per *Anna Maria.* Non posso vivere senza di te.

Nozze

★ *Oggi,* alle ore 17, nell'Abbazia S. Nilo di Grottaferrata, *Tiziana Simone e Renzo D'Alessandris* coronano il loro sogno d'amore. A *Tiziana e Renzo* giungano gli auguri più sinceri.

1. Compie diciotto anni:
2. Tipo di messaggio per Anna Maria:
3. A che ora e dove si sposano Tiziana e Renzo:
4. Lo festeggia Massimo:
5. Lo festeggiano Rosi e Roberto:
6. Sono appena nati:

C **Cosa servire?** Cosa farebbe lei in una delle seguenti situazioni? Ne scelga una, scriva un menù con antipasto, un primo piatto e un secondo piatto e prenda appunti sulle altre cose da fare. Poi spieghi ad un compagno/una compagna che cosa farebbe.

1. Ha invitato dieci amici a festeggiare il compleanno della sua migliore amica. Quali cibi servirebbe loro? Quali bibite comprerebbe? Quali attività organizzerebbe?

2. Lei invita nel suo appartamento il suo ragazzo/la sua ragazza per una cena intima a due. Che cosa gli/le preparerebbe? Come sarebbe l'appartamento?

3. I suoi futuri suoceri vengono a cena. Quali cibi servirebbe loro? Come si vestirebbe? Inviterebbe altre persone?

D **Scegliere un ristorante.** In gruppi di tre: Sono finiti tutti i vostri esami e stasera avete voglia di celebrare. Vorreste andare ad un nuovo ristorante. Guardate i menù in basso. Ognuno di voi sceglie il ristorante che gli/le interessa di più, poi decide con gli altri dove andare.

RISTORANTE BIBÒ

P.za Santa Felicita 6/R - Tel. 045 2398554
Chiuso il martedì
Prezzo fisso: **€14,00**
1° Penne alla fiesolana o Zuppa verdura
   o Ravioli alla cardinale
2° Braciole alla fiorentina o Costola di
   maiale alla salvia o Trota al burro
3° Patate o Spinaci o Insalata
4° Frutta o Creme caramel o Gelato
Bevande: non comprese nel prezzo fisso

**RISTORANTE CINESE
CITTÀ IMPERIALE**

Via dei Banchi 30/R - Tel. 045 218368
Chiuso il lunedì
Prezzo fisso: **€9,50**
1° Involtini primavera o Ravioli al vapore
   o Wal-con fritti
2° Riso alla cantonese o con gamberetti
   o Pasta cinese
3° Maiale o Stufato con funghi cinesi e
   bambù o Pollo alla mandorle o Pollo
   in salsa piccante
4° Frutta mista cinese o Frutta fritta
Bevande: Acqua o Tè cinese o Vino
Tavoli all'aperto d'estate

**RISTORANTE PIZZERIA
CHARLIE'S**

Via T. Alderotti 87/R - Tel. 045 4360470
Chiuso il mercoledì
Prezzo fisso: **€14,50**
1° Antipasto toscano
2° Penne alla boscaiola o Strascicate o
   Rigatoni
3° Roast beef o Arista al forno o
   Milanese
4° Piselli o Insalata o Patate
5° Gelato o Macedonia
Bevande: Vino o Acqua
Aria condizionata

TAVOLA CALDA DA ROCCO

Interno mercato di Sant'Ambrogio
Chiuso la domenica
Prezzo fisso: **€8,00**
1° Pasta fredda o Lasagne o Spaghetti o
   Penne
2° Trippa o Cotolette o Crocchette di
   vitella
3° Verdura o Insalata o Sformati
4° Macedonia o Creme caramel o Pere o
   Mele cotte
Bevande: Vino o Minerale

◆ S1: Mi piacerebbe andare ... perché mi piace ...
   S2: No, io vorrei andare ... perché ...
   S3: Io preferisco ...

E **Alla salumeria.** In coppia: Lei deve preparare una festa informale per il compleanno di un amico. Va alla salumeria del quartiere e compra almeno tre articoli dal salumiere.

◆ — Mi dica, signorina.
   — Dunque, vorrei un chilo di ... Quanto costa ... ?
   — Desidera altro?
   — Sì, mi potrebbe dare una bottiglia di ...

In giro per l'Italia

View the *Parliamo italiano!* video, Module 9, *Viaggiare (Sardegna).*

A **Definizioni.** Abbini le definizioni con una parola della lista di destra. Ci sono due parole in più nella lista.

1. gli abitanti della Sardegna
2. lo fa il vento
3. danno l'uva
4. la persona che scrive
5. aggettivo derivato da *Sardegna*
6. la lingua della Sardegna
7. alberi che danno olio
8. lavoro collegato al mare e ai pesci
9. gli abitanti della Spagna
10. una regione della Spagna

a. gli ulivi
b. gli spagnoli
c. il sardo
d. la pesca
e. la Catalogna
f. i monumenti
g. lo scrittore o la scrittrice
h. sardo/a
i. tira
j. i sardi
k. l'isola
l. i vigneti

La Sardegna

Dopo la Sicilia, la Sardegna è la seconda isola del Mediterraneo. Essa è situata a 200 km dalla penisola italiana e a solo 12 km dalla Corsica. La Sardegna è una terra antichissima dove si trovano vari monumenti preistorici. I nuraghi, per esempio, sono grandi strutture in pietra[1] che risalgono[2] a quasi duemila anni avanti Cristo.

I paesaggi[3] sardi sono molto diversi. Le coste, tra le più belle d'Italia, sono frastagliatissime[4]. Il territorio presenta monti, valli, qualche pianura e massicci[5] isolati con poca vegetazione. L'isola è molto ventosa[6], e molti alberi crescono nella direzione in cui tira il vento. In Sardegna crescono querce di sughero[7], ulivi, vigneti e alberi da frutta. L'economia dell'isola si basa sull'agricoltura, la pastorizia[8], la pesca[9], l'industria mineraria[10], l'artigianato e il turismo.

Gli abitanti dell'isola sono più di un milione e mezzo. Essi hanno una propria lingua, il sardo, che comprende vari dialetti. Nel lessico sardo si possono distinguere elementi latini, prelatini, greci, spagnoli e catalani. Le città principali della Sardegna sono Cagliari, Sassari e Nuoro. Cagliari, il capoluogo, ha l'aspetto di una città moderna con un bell'aeroporto e un porto molto attivo. A Cagliari è nato Antonio Gramsci (1891–1936), scrittore e figura politica di grande rilievo. Sassari, nel nord dell'isola, è una città con caratteristiche medievali. In questa città, in cui è nato il pittore Mario Sironi (1885–1961), ogni anno si svolge un'importante mostra dell'artigianato sardo. A Nuoro, una città della Sardegna centrale ai piedi del massiccio del Gennargentu, è nata la scrittrice Grazia Deledda (1871–1936), a cui fu assegnato il premio Nobel per la letteratura nel 1926.

The strait that separates Corsica from Sardegna is called Bocche di Bonifacio.

Locate Sardegna on the map on p. 14. Then locate Corsica. *È vicina o lontana la Corsica dalla Sardegna? A quale paese straniero appartiene* (belongs) *la Corsica? Come si chiama il mare al nord della Corsica? E il mare ad est della Sardegna? È vicina o lontana la Sardegna dall'Italia? E dalla Sicilia?* Finally locate Cagliari. *Cagliari è nel nord o nel sud dell'isola?*

On the political map of Italy on p. 14, locate Sassari and Nuoro.

Gennargentu (1,834 m) is the highest peak in Sardegna.

1. stone   2. date back to   3. landscapes   4. very winding   5. groups of mountain peaks
6. windy   7. cork trees   8. sheepherding   9. fishing   10. mining

B **Vero o falso?** Indichi se le seguenti frasi sono vere o false secondo il brano precedente.

1. La Sardegna è la più grande isola del Mediterraneo.
2. La Sardegna è a 12 km dall'Italia.
3. La Corsica è un'isola al nord della Sardegna.
4. I nuraghi sono monumenti preistorici.
5. Le coste sarde non sono molto frastagliate.
6. In Sardegna tira sempre vento.
7. Il turismo è la sola industria dell'isola.
8. Gli abitanti dell'isola parlano il sardo.
9. Il capoluogo della Sardegna è Sassari.
10. Grazia Deledda è una scrittrice sarda.

Una giovane donna indossa un tipico costume della Sardegna.

Luogo di vacanza e di riposo è questa caratteristica località della Costa Smeralda in Sardegna.

A **La parola giusta.** Completi le seguenti frasi con le parole appropriate fra quelle indicate tra parentesi.

1. D' ... fa molto caldo.
   (festa, estate)
2. Molte persone ... in Sardegna.
   (sono ricchi, vanno in vacanza)
3. Di solito i turisti prendono... .
   (l'aereo, l'estate)
4. Per prendere l'aereo bisogna andare... .
   (alle linee marittime, all'aeroporto)
5. I turisti ricchi vanno a stare in... .
   (macchina, alberghi di lusso)
6. Quando fa caldo è bello stare... .
   (sulla spiaggia, in macchina)
7. In Sardegna ci sono bei posti di... .
   (traffico, villeggiatura)

On the political map of Italy on page 14, locate Alghero and Porto Torres. Also locate Civitavecchia (*un porto vicino a Roma*) and Livorno (*un porto della Toscana*).

Una bella meta[1] turistica

D'estate molti turisti italiani e stranieri vanno in vacanza in Sardegna. Se non sono così ricchi da avere una barca[2] privata, essi vanno in traghetto[3] o in aereo. Ci sono varie linee marittime con le quali si può raggiungere[4] l'isola, con traghetti che partono per Cagliari da Civitavecchia, Napoli e Palermo. Porto Torres, vicino a Sassari, può essere raggiunto da Genova e Livorno. E bisogna prenotare[5] con molto anticipo, altrimenti[6] non si trova posto, specialmente se uno vuole portare con sé la macchina. Nei mesi estivi anche il traffico aereo diventa particolarmente intenso nei moderni aeroporti di Cagliari ed Alghero.

1. destination   2. boat   3. ferry   4. to reach   5. to make reservations   6. otherwise

Gabriella e Piero, i due giovani del video "Parliamo italiano," prendono l'aereo per andare a Cagliari.

Un posto di villeggiatura molto esclusivo è la Costa Smeralda, nel nord-est della Sardegna. Questa zona ricca di alberghi di lusso, di porti turistici e di campi da golf[7] attrae turisti internazionali molto facoltosi[8]. Un'altra zona molto bella è Alghero, nel nord-ovest dell'isola. Alghero prende il nome dalla quantità di alghe che si accumulano sulle sue spiagge. In questo piccolo porto si pratica anche la pesca del corallo. Alghero ricorda[9] la Spagna. Infatti questo porto, occupato dai catalani[10] nel 1354, ha conservato la lingua e i costumi di quella regione spagnola. Per ricordare questo legame[11], ogni anno ha luogo uno scambio[12] fra gli abitanti di Alghero e della Catalogna.

Altri luoghi sardi molto visitati dai turisti sono le isole della Maddalena e di Caprera al sud della Corsica. A Caprera ci sono la casa e la tomba dell'eroe nazionale Giuseppe Garibaldi. Il turismo è una grande industria per la Sardegna; i visitatori possono assistere anche a tante feste popolari dove i sardi indossano bei costumi regionali e cantano indimenticabili canti[13] tradizionali.

> On the political map of Italy on page 14, locate the islands Maddalena and Caprera.

> Giuseppe Garibaldi fought for the unification of Italy during the second half of the nineteenth century.

7. golf courses   8. wealthy   9. is reminiscent of   10. Catalonians   11. link   12. exchange   13. unforgettable songs

B **Informazioni.** Dia le seguenti informazioni basate sul brano precedente.

1. Come si può raggiungere la Sardegna ...
2. Da dove partono i traghetti che vanno a Cagliari ...
3. Un bellissimo posto di villeggiatura della Sardegna ...
4. Da che cosa deriva il nome di Alghero ...
5. Pesca particolare praticata in Alghero ...
6. Una regione spagnola che ha contatti con Alghero ...
7. Due piccole isole vicino alla Sardegna ...
8. Un eroe italiano la cui casa e tomba si trovano su una di queste piccole isole ...

Giovani studenti romani manifestano contro il razzismo.

Lezione 14

Il telegiornale delle venti

COMMUNICATIVE OBJECTIVES

- Report on and react to news
- Name and locate European countries and capitals
- Express hopes, wants, demands, and opinions
- Give advice
- Talk about politics

Sono le venti e il telegiornale della sera va in onda.

ANNUNCIATRICE: Buona sera! Ecco i titoli del nostro giornale.

- Stasera l'incontro dei due leader degli opposti schieramenti politici.
- La richiesta di adesione alla UE° di altre tre nazioni europee.   *UE = Unione Europea*
- Visita al Papa del re di Spagna.
- Un altro sbarco di clandestini in Puglia.
- All'alba ancora un incidente mortale dopo la discoteca.
- Continua l'altalena dell'euro rispetto al° dollaro.   *compared with*
- La squadra nazionale di calcio incontra stasera la Germania.

Buona sera a tutti i nostri telespettatori!

- Le elezioni politiche sono alle porte°. Questa sera alle 22,00 ci sarà su questo   *imminent*
  canale il primo incontro televisivo tra i due leader politici della destra e della
  sinistra. Gli elettori sperano che i candidati presentino un programma
  politico-economico serio e credibile.

> Look at the maps of Europe and Italy and locate all the places mentioned in the newscast.

- A Strasburgo il Parlamento europeo discute la richiesta di adesione alla UE di
  tre paesi dell'est Europa. I parlamentari pensano di prendere una decisione al
  più presto.
- Dopo la visita di ieri al Presidente della repubblica italiana, il re di Spagna si
  reca oggi dal Papa.
- Durante la notte si è arenata sulla costa pugliese una nave carica di trecento
  clandestini extracomunitari°, per lo più donne e bambini. È possibile che la   *from a non-EU country*
  maggior parte venga rimpatriata°.   *sent back*
- Dopo una notte in discoteca, quattro giovani hanno perso la vita in un
  incidente automobilistico vicino a Bologna. Sembra che, come al solito, l'eccessiva velocità sia la causa di questa disgrazia.
- Sui mercati finanziari l'euro è in difficoltà e continua a perdere valore rispetto
  al dollaro. È necessario che la Banca centrale Europea prenda immediate
  decisioni per sostenerlo.
- Per lo sport, vi ricordo che su questa rete alle ore ventuno ci sarà l'incontro di
  calcio tra la nostra squadra nazionale e quella della Germania. Buon
  divertimento!

Grazie per averci seguito°, e buona serata!   *for being with us*

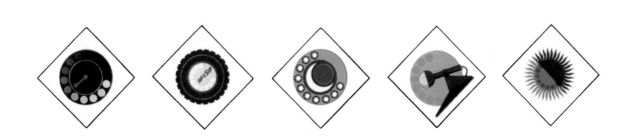

Domande

1. Perché l'annunciatrice annuncia i titoli del telegiornale?
2. Che cosa c'è stasera alle ore 22.00? Che cosa sperano gli elettori?
3. Che cosa si discute al Parlamento europeo?
4. Chi va a visitare il Papa oggi? Dove si è recato ieri?
5. Chi c'era sulla nave che è arrivata in Puglia?
6. Quale è stata la causa dell'incidente automobilistico?
7. Cosa succede all'euro?
8. Con chi gioca la nazionale di calcio italiana?

Domande personali

1. Lei ascolta il telegiornale? Quale? A che ora? Quale annunciatore/annunciatrice preferisce?
2. Preferisce ascoltare le notizie locali, nazionali o internazionali?
3. Quali problemi discute il governo in questi giorni?
4. Quali sono i maggiori problemi internazionali riportati in questi giorni dal telegiornale?
5. Qual è il suo sport preferito? Qual è la sua squadra preferita?
6. Ha mai avuto un incidente automobilistico (*traffic accident*)? Quando? Dove? Da che cosa è stato causato?

Esercizio di comprensione

Indichi se le seguenti frasi sono vere o false.

1. I leader politici si incontrano per discutere dei clandestini.
2. Due paesi dell'est europeo chiedono l'adesione alla UE.
3. Il re di Spagna ha visitato il presidente della repubblica italiana.
4. Gli extracomunitari arrivati in Puglia sono per lo più uomini.
5. In un incidente automobilistico sono morti un uomo e una donna.
6. L'euro non ha nessuna difficoltà rispetto al dollaro.
7. La partita di calcio tra l'Italia e la Germania va in onda alle venti e trenta.

Il sistema politico italiano

Lo stato italiano è nato nel 1861 con il nome di Regno[1] d'Italia. Nel 1925 con l'affermazione[2] del fascismo, la Costituzione italiana subì[3] profonde modificazioni e cambiamenti. Caduto il regime fascista nel 1943, con il referendum del 1946 il popolo italiano scelse[4] la repubblica invece della monarchia. Dal 1948, con l'entrata in vigore[5] della nuova costituzione, l'Italia è una repubblica democratica.

Al vertice[6] dello stato, vari organi esercitano il potere esecutivo, legislativo e giudiziario, ognuno nei limiti stabiliti dalla costituzione. Il presidente della repubblica rappresenta l'unità dello stato e promuove[7] ed armonizza l'attività degli altri organi. La linea politica del governo[8] è invece determinata dal consiglio dei ministri, composto dal presidente del consiglio, che esercita la funzione più importante nel governo, e da vari ministri. Il Parlamento è formato dalla Camera dei deputati (630 membri) e dal Senato (315 membri). Nel settore giudiziario molto importante è la Corte Costituzionale, che ha il compito di assicurare[9] la corretta applicazione della costituzione italiana.

■ Com'è il sistema politico americano? È simile a quello italiano o è diverso? In che modo?

Oggi i deputati del Parlamento italiano hanno votato, ma questa legge non è stata approvata.

---

[1]Kingdom   [2]ascension to power   [3]underwent   [4]chose   [5]enforcement   [6]At the head   [7]fosters   [8]Government policy
[9]the duty of guaranteeing

Vocabolario

Parole analoghe

l'adesione	l'istituzione
annunciare	locale
il candidato	nazionale
la causa	la nazione
il clandestino	opposto/a
continuare	il parlamentare
credibile	il parlamento
eccessivo/a	politico/a
l'elezione	il presidente
europeo/a	la repubblica
finanziario/a	serio/a
immediato/a	televisivo/a
internazionale	il valore

Nomi

l'alba (*f.*)   dawn
l'altalena   ups and downs, see-saw
l'annunciatore (*m.*)/ **l'annunciatrice** (*f.*) newscaster
il canale   channel
la destra   right (side)
la disgrazia   accident, misfortune
l'elettore (*m.*)/**l'elettrice** (*f.*) voter
l'incidente (*m.*)   accident
l'incontro   meeting
la nave   ship
la notizia   news
il Papa   Pope
il re   king

la rete   network
la richiesta   request
lo sbarco   landing
lo schieramento   alignment
la sinistra   left (side)
il telespettatore (*m.*)/**la telespettatrice** (*f.*)   TV viewer
la velocità   speed
la vita   life
il telegiornale   TV newscast
il titolo   headline

Aggettivi

automobilistico/a   car
mortale   fatal

Verbi

recarsi   to go
ricordare   to remind
sostenere   to support
sperare   to hope
succedere   to happen

Altre parole ed espressioni

andare in onda   to be broadcast, to go on the air
come al solito   as usual
la maggior parte   the majority
per lo più   mostly
prendere una decisione   to make a decision

Pratica

1. In gruppi di tre o quattro: Ogni studente riferisce una breve notizia riportata recentemente dal telegiornale. Ecco alcune espressioni da usare per reagire alle notizie annunciate dagli studenti.

Ancora!	Again! Still!	**Che disgrazia!**	What a disaster!
Meno male!	All the better!	**Sarebbe ora!**	It's about time!
Non ci credo proprio!	I don't believe it!	**Che buffo!**	How funny!
		Che bello!	How nice!
Oh, mio Dio!	Oh, my God!	**Sarà vero?**	Could it be true?

2. Scriva un breve articolo per un giornale italiano basato sulla notizia presentata nella Pratica 1. È importante spiegare prima che cosa è successo e dopo chi sono i personaggi importanti, dove è successo l'avvenimento, quando, come e perché.

Ampliamento del vocabolario

Paesi e capitali d'Europa

Here is a partial list of European countries and their capitals.

l'Austria   Vienna
il Belgio   Bruxelles
la Danimarca   Copenaghen
la Francia   Parigi
la Germania   Berlino
la Gran Bretagna   Londra
la Grecia   Atene
l'Irlanda   Dublino
l'Italia   Roma
l'Olanda   Amsterdam
la Polonia   Varsavia
il Portogallo   Lisbona
la Russia   Mosca
la Spagna   Madrid
la Svizzera   Berna
l'Ungheria   Budapest

1. The definite article is generally used with the names of countries. The article contracts with the preposition **di.**

L'Italia è un paese interessante. *Italy is an interesting country.*
La capitale **del Portogallo** è Lisbona. *The capital of Portugal is Lisbon.*
Parigi è la capitale **della Francia.** *Paris is the capital of France.*

2. The definite article is not used with the preposition **in** + *name of country,* except before a plural or modified noun.

Vado **in Francia.** *I'm going to France.*
I miei amici sono **in Spagna.** *My friends are in Spain.*

But: Abito **negli** Stati Uniti. *I live in the United States.*
Nella Spagna centrale ci *In central Spain there are many*
sono molte belle città. *beautiful cities.*

(A) In gruppi di due o tre: Fate le domande ai vostri compagni basate sulle informazioni che seguono.

◆ la capitale dell'Italia   — Qual è la capitale dell'Italia?
                              — Roma.

1. la capitale della Gran Bretagna
2. dov'è Lisbona
3. le nazioni che confinano con l'Italia
4. le lingue ufficiali della Svizzera
5. dov'è Atene
6. la capitale e la lingua ufficiale della Francia
7. due isole del Nord Europa che sono nazioni importanti
8. tre paesi europei che non confinano con il mare
9. tre paesi europei sul Mediterraneo
10. due paesi europei con le coste sull'Atlantico e sul Mediterraneo

La politica e il governo

l'ambasciatore ambassador
la Camera dei deputati house of representatives
il comune city hall
il consiglio dei ministri council of ministers (cabinet)
la costituzione constitution
il deputato representative
governare to govern
il governo government; administration
il ministro minister; **il presidente del consiglio** prime minister

la monarchia monarchy; **la monarchia costituzionale** constitutional monarchy
il partito political party
il presidente president
il re king
la regina queen
la repubblica republic
il senato senate
il senatore/la senatrice senator
il sindaco mayor
lo stato state

> Use these expressions to create a crossword puzzle.

B In coppia: Dia la parola giusta per ciascuna delle seguenti definizioni.

◆ la moglie del re   — Come si chiama la moglie del re?
                      — Si chiama la regina.

1. la persona che rappresenta il proprio paese in una nazione straniera
2. tipo di governo dove c'è una famiglia reale (*royal*)
3. il documento che contiene le leggi fondamentali di un paese
4. un membro del senato
5. il capo della repubblica
6. governa una città o un paese
7. il posto del governo di una città o di un paese
8. il posto dove si riuniscono i rappresentanti eletti dalla gente
9. la persona che è a capo di una monarchia
10. vi fanno parte tutti i ministri del governo
11. il ministro più importante di tutti
12. il femminile di *senatore*

C In gruppi di due o tre: Faccia le seguenti domande agli altri studenti.

1. Sai i nomi dei senatori del tuo stato? Quali sono?
2. Ti piacerebbe dedicarti alla politica? Perché?
3. Quali sono i partiti più importanti nel tuo paese?
4. Sai il nome del presidente del consiglio dell'Italia? del primo ministro della Francia? del cancelliere (*chancellor*) della Germania?
5. Sai dirmi quali sono alcuni paesi in cui c'è la monarchia? Conosci il nome del re/della regina?
6. Si è mai dimesso (*resigned*) un presidente degli Stati Uniti? Chi?
7. Quando è stata firmata (*signed*) la Costituzione degli Stati Uniti?
8. Quanti deputati ci sono negli Stati Uniti? Quanti senatori?

D In gruppi di due o tre: Lei vuole presentarsi come candidato/a alla presidenza del comitato studentesco. Prepari insieme ai suoi compagni un messaggio pubblicitario da mandare in onda alla radio dell'università. Ecco alcuni problemi (*issues*) che possono interessarvi:

il rapporto fra studenti e professori
l'orario della biblioteca
luoghi di studio e di riposo necessari agli studenti pendolari
il cibo della mensa (*cafeteria*) universitaria
le attività sportive nell'università

Struttura ed uso

Congiuntivo presente: Verbi che esprimono desiderio, volontà e speranza

— Spero che questo film
non **finisca** mai!
— Io invece voglio che
finisca presto!

1. Verbs have both tense **(tempo),** which tells you when the action takes place relative to the present, and mood **(modo),** which tells you how the speaker perceives the statement. Most of the tenses you have learned so far are in the *indicative mood,* which is used for stating facts and certainties. Another mood in Italian is the subjunctive **(il congiuntivo),** which also has several tenses. English has a subjunctive mood as well, but it is used infrequently.

We would prefer that you **be** prompt.
I wish you **were** here.

2. The subjunctive is nearly always used in a subordinate clause introduced by **che.** Compare the verb forms in the pairs of sentences below. The verb in the first sentence is in the indicative mood: it states a fact. The verb in the **che** clause of the second sentence is in the subjunctive mood.

Indicativo	*Congiuntivo*
La nostra squadra vince.	Speriamo che la nostra squadra **vinca.**
Il Papa visita la Spagna.	È importante che il Papa **visiti** la Spagna.
I candidati presentano un nuovo programma.	Gli elettori vogliono che i candidati **presentino** un nuovo programma.

3. Certain conditions expressed in the main clause of a sentence require the subjunctive in the subordinate clause. If the main clause expresses a desire, a demand, or a hope, the subordinate clause will be in the subjunctive. Some verbs of desire or hope that require the subjunctive in a dependent clause are:

desiderare to want, desire	**sperare** to hope
insistere to insist	**suggerire** to suggest
preferire to prefer	**volere** to want

Gli italiani **sperano che** l'euro non **perda** valore.	*The Italians hope that the euro doesn't lose its value.*
Vogliamo che i politici ci **ascoltino.**	*We want politicians to listen to us.*
Spero che trovino una soluzione.	*I hope they find a solution.*

The subjunctive is used only when the main clause and the subordinate clause have two different subjects. An infinitive is used if there is no change of subject.

Patrizia spera di **divertirsi** questo semestre.	*Patrizia hopes to have fun this semester.*
I genitori sperano che Patrizia **prenda** buoni voti questo semestre.	*Patrizia's parents hope that she gets good grades this semester.*
Non voglio che tu **vada** a quella discoteca.	*I don't want you to go to that club.*
Ma voglio **andarci!**	*But I want to go there!*

> Notice the use of *di* with *sperare* and an infinitive.

4. The following chart shows the present subjunctive of regular **-are**, **-ere**, and **-ire** verbs.

	-are	-ere	-ire	-ire (-isc)
	guardare	vedere	seguire	capire
... che io	guard**i**	ved**a**	segu**a**	capi**sca**
... che tu	guard**i**	ved**a**	segu**a**	capi**sca**
... che lui/lei	guard**i**	ved**a**	segu**a**	capi**sca**
... che noi	guard**iamo**	ved**iamo**	segu**iamo**	capi**amo**
... che voi	guard**iate**	ved**iate**	segu**iate**	capi**ate**
... che loro	guard**ino**	ved**ano**	segu**ano**	capi**scano**

> Note that the singular forms of the present subjunctive are identical. If you need to clarify the subject of a subordinate clause, use a subject pronoun: *Spero che tu capisca.*

> Reflexive pronouns in the subjunctive precede the verb as in the indicative.

> Notice that the singular forms are identical to the *lei* commands you already know: *Io voglio che lei ascolti. Ascolti!*

Suggerisco che vi **alziate** presto domani mattina.
Speriamo che loro **finiscano** fra poco.

5. Verbs ending in **-care** and **-gare** add **h** to all forms of the present subjunctive to retain the hard sound of the **c** or **g**.

Speriamo che **giochino** bene.	*Let's hope they play well!*
Preferiamo che **paghiate** voi.	*We prefer that you pay.*

A In coppia: Il suo fratellino non vuole fare certe cose. Con un compagno/una compagna che fa la parte del fratellino, insista che il piccolo faccia tutto quello che non vuole fare.

◆ scrivere gli esercizi   S1: Non voglio scrivere gli esercizi!
                            S2: Insisto che tu scriva gli esercizi!

1. pulire la camera   6. finire di giocare
2. lavarsi le mani   7. prendere la medicina
3. aiutarti   8. ubbidire
4. leggere questo libro   9. addormentarsi subito
5. ascoltarti

B Indichi quello che vogliono le seguenti persone.

◆ la mamma / volere / io / leggere la lettera
   La mamma vuole che io legga la lettera.

1. papà / volere / tu / chiudere la porta
2. io / sperare / Laura e Gina / non perdere il treno
3. noi / sperare / i ragazzi / vincere alla lotteria
4. tu / insistere / Grazia / partire con noi
5. voi / insistere / i bambini / restare a casa
6. Giacomo / sperare / tu / telefonare domani sera
7. Roberto ed io / preferire / voi / ordinare una pizza
8. i genitori / desiderare / noi / interessarsi di politica

C In coppia: Patrizia parte per l'università e spera di fare molte cose. I suoi genitori, però, sperano che lei faccia altre cose. Lei dice quello che spera di fare Patrizia, e il suo compagno/la sua compagna dice quello che i suoi genitori sperano.

◆ conoscere i miei amici / conoscere buoni amici
   S1: Patrizia spera di conoscere i miei amici.
   S2: I genitori sperano che Patrizia conosca buoni amici.

1. prendere una B in italiano / prendere una A in italiano
2. andare a molte feste / frequentare molte lezioni
3. uscire spesso / studiare spesso
4. trovare un ragazzo / trovare un lavoro
5. mangiare quello che vuole / mangiare bene
6. tornare a casa a Natale / tornare a casa ogni fine settimana
7. studiare le lingue straniere / studiare informatica

D Adesso dica al suo compagno/alla sua compagna cinque cose che lei spera di fare, e cinque cose che i suoi genitori sperano.

◆ Io spero di studiare filosofia. Mia madre (Mio padre) spera che io studi medicina.

E Lei è il Presidente della Repubblica italiana. Ad una conferenza stampa (*press conference*), risponda alle domande dei giornalisti e dica quello che lei spera o vuole.

◆ — I paesi dell'est europeo sono arrivati ad un accordo?
— Lei ha parlato con il Ministro delle Finanze?

— Spero che arrivino ad un accordo fra qualche giorno.
— Spero di parlare con lui fra poco.

1. Il Presidente del Consiglio torna da Bruxelles con buone notizie?
2. I parlamentari europei hanno preso una decisione?
3. Lei vincerà alle prossime elezioni?
4. La banca centrale europea ha trovato una soluzione alla crisi?
5. Lei parte presto per una visita al presidente americano?
6. Quando finiranno questi problemi con gli extracomunitari?
7. Lei assisterà all'incontro di calcio Italia-Germania?
8. Secondo lei, cosa vuole il popolo italiano dal governo?

Verbi irregolari nel congiuntivo presente

The following common verbs have irregular present subjunctive forms. Note that all the endings have the same characteristic vowel, **a**, regardless of whether they are **-are**, **-ere**, or **-ire** verbs. For the present subjunctive of additional irregular verbs, see Appendix F.

Infinitive	Present subjunctive
andare	vada, vada, vada, andiamo, andiate, vadano
avere	abbia, abbia, abbia, abbiamo, abbiate, abbiano
bere	beva, beva, beva, beviamo, beviate, bevano
dare	dia, dia, dia, diamo, diate, diano
dire	dica, dica, dica, diciamo, diciate, dicano
dovere	debba, debba, debba, dobbiamo, dobbiate, debbano
essere	sia, sia, sia, siamo, siate, siano
fare	faccia, faccia, faccia, facciamo, facciate, facciano
potere	possa, possa, possa, possiamo, possiate, possano
rimanere	rimanga, rimanga, rimanga, rimaniamo, rimaniate, rimangano
stare	stia, stia, stia, stiamo, stiate, stiano
uscire	esca, esca, esca, usciamo, usciate, escano
venire	venga, venga, venga, veniamo, veniate, vengano
volere	voglia, voglia, voglia, vogliamo, vogliate, vogliano

> Notice that the endings of irregular verbs are the same as the endings of regular *-ere* and *-ire* verbs.

Spero che **stiano** bene.
I professori insistono che io **faccia** più attenzione durante le lezioni.

I hope that they're all right.
My professors insist that I pay more attention during the lessons.

— Perfetto! Voglio che tu **rimanga** proprio così!

F In coppia: Fino ad oggi voi avete sempre cercato di avere pazienza con il vostro compagno/la vostra compagna di camera (*roommate*) che fa molte cose che non vi piacciono. Per esempio:

Va a dormire alle tre di mattina.
Non ha nessun senso di responsabilità.
Fa molte telefonate interurbane, ma non vi dà mai i soldi per pagare il
   telefono.
Ascolta la musica di Marilyn Manson.
Non vi dice quando qualcuno vi ha telefonato.
Esce sempre senza pulire la cucina.
È troppo generoso/a con le vostre cose: le presta a tutti i suoi amici.
Fa molte feste e invita molte persone sconosciute nel vostro appartamento.

Finalmente avete deciso di dirgli/le esattamente quello che volete che lui/lei faccia. Cosa gli/le dite?

◆ Vogliamo che tu vada a dormire più presto. Insistiamo che tu non faccia rumore dopo mezzanotte ...

G Forse *avere* un figlio o una figlia è ancora più difficile di *essere* un figlio o una figlia. Pensi a quando lei forse sarà una madre o un padre, e quello che lei vorrà che suo figlio faccia o non faccia. Scriva almeno cinque frasi utilizzando espressioni come *Insisto che mio figlio/mia figlia...* , *Preferisco che...* , *Voglio che...* , ecc.

◆ Voglio che mia figlia faccia molto sport, ma insisto che sia anche brava a scuola. Spero che abbia molti amici e preferisco che ...

In coppia: Discutete i desideri possibili delle seguenti persone e finite le frasi con due o tre possibilità per ogni frase.

Gli elettori preferiscono che i candidati ...
Il presidente di un paese vuole che ...
I politici della destra insistono che ...
I politici della sinistra desiderano che ...
Il Papa spera che ...
Il sindaco di una grande città vuole che ...

In coppia: Pensi ad una persona con cui ha un rapporto molto stretto (*close relationship*): un parente, un amico/un'amica, la sua ragazza o il suo ragazzo. Poi scriva:

tre cose che lei vuole che questa persona faccia
tre cose che questa persona vuole che lei faccia
due cose che voi sperate di fare insieme

Poi riferisca l'informazione ad un altro studente/un'altra studentessa.

◆ Voglio che lui sia sempre onesto. Voglio che mi aiuti a studiare, e non voglio che esca con il suo amico Mark che non mi piace.
  Lui vuole che io ...
  Noi speriamo di ...

In coppia: Pensi ad un viaggio che lei spera di fare. Dica ad un amico/un'amica quello che lei spera di fare e quello che lei spera che succeda durante il viaggio.

◆ Spero di partire per la Florida il 13 febbraio.
  Spero che faccia bel tempo, ecc.

Interno dell'elegante Galleria Umberto I di Napoli

Congiuntivo con espressioni impersonali

— È bene che **pulisca** la casa.
— Sì, ma è impossibile che **sia** sempre così allegra!

1. The subjunctive is used after certain expressions of necessity, possibility, probability, and opinion that indicate the speaker's attitude.

È necessario che i capi della UE discutano il problema.
Ma non **è probabile che** trovino facilmente una soluzione.

These common impersonal expressions usually require the subjunctive.

è bene	it's good	**è opportuno**	it's appropriate, suitable
è giusto	it's right		
è importante	it's important	**è ora**	it's time
è impossibile	it's impossible	**è possibile**	it's possible
è improbabile	it's unlikely	**è preferibile**	it's preferable
è inopportuno	it's inappropriate, unsuitable	**è probabile**	it's probable
		sembra	it seems
è meglio	it's better	**pare**	
è necessario	it's necessary		

È probabile che oggi il re di Spagna si rechi dal Papa.

It's probable that the king of Spain is going to visit the Pope today.

Sembra che l'eccessiva velocità sia la causa dell'incidente.

It seems that excessive speed is the cause of the accident.

È necessario che la banca prenda decisioni immediate.

It's necessary that the bank make some immediate decisions.

È ora che gli extracomunitari vengano rimpatriati.

It's about time that illegal aliens be sent back home.

2. If no subject is specified, an infinitive is used after an impersonal expression.

È importante **seguire** le notizie
politiche.

*It's important to follow the
political news.*

È importante **che tu segua** le
notizie politiche.

*It's important that **you** follow the
political news.*

È bene **sapere** quello che
succede nel mondo.

*It's good to know what's going on
in the world.*

È bene **che noi sappiamo** quello
che succede nel mondo.

*It's good that **we** know what's
going on in the world.*

3. With impersonal expressions that indicate certainty, the indicative is used in
the **che** clause.

È vero che l'euro è in crisi.

It's true that the euro is in crisis.

È chiaro che le elezioni sono
alle porte.

*It's clear that the elections are just
around the corner.*

K In coppia: Con un compagno/una compagna, parlate di quello che voi e
gli altri fate questa fine settimana. Formulate frasi complete con gli
elementi delle tre colonne.

◆ È meglio che tu stia a casa.

È necessario	che noi	uscire con Michele
È bene	che gli amici	andare ad una festa
È meglio	che tu	venire a casa mia
È possibile	che io	stare a casa
È preferibile	che tu e Gina	divertirsi
È importante		assistere ad un concerto
È probabile		giocare a pallavolo
		guardare un vecchio film
		lavorare

L Lei fa parte della squadra di pallavolo della sua università. Un suo
amico/Una sua amica vorrebbe partecipare, ma prima vuole sapere che
cosa deve fare. Gli/Le dica le regole (*rules*) di comportamento della
squadra come indicato nel modello.

◆ È importante andare a dormire presto.
È importante che tu vada a dormire presto.

1. È necessario dormire otto ore.
2. È necessario alzarsi alle sei e mezzo ogni mattina.
3. È importante venire a tutti gli allenamenti (*practices*).
4. È necessario non arrivare in ritardo.
5. È importante fare ginnastica tre volte alla settimana.
6. È importante non mangiare troppo.
7. È necessario prendere voti buoni.
8. È importante avere molta pazienza.

Lei ha ascoltato il telegiornale, ma non molto attentamente. Riferisca ad un compagno/una compagna le notizie che ha sentito, usando espressioni quali *pare che, sembra che* ed *è possibile che.*

◆ Il consiglio dei ministri si riunisce domani.
Pare che il consiglio dei ministri si riunisca domani.

1. Il prezzo della benzina aumenta.
2. I ministri si incontrano per discutere la situazione economica.
3. Il Papa rimane a Roma per l'inverno.
4. Sabato le case di moda presentano le ultime creazioni.
5. La squadra nazionale di calcio si prepara per l'incontro di domenica.
6. C'è un grave incidente automobilistico a Roma.
7. Quattro giovani sono morti.
8. La situazione è molto confusa.

N Finisca le frasi in maniera logica.

1. È bene che i giovani ...
2. È importante che gli studenti universitari ...
3. Sembra che il governo ...
4. Spero che i capi di tutti i paesi del mondo ...
5. È opportuno che il nostro presidente ...

O **Signora Sapienza.** Lei scrive una rubrica (*column*) su un giornale in cui dà consigli alle persone che hanno problemi. Con un amico/un'amica, leggete le seguenti lettere e date risposte appropriate usando frasi quali *è necessario che, è opportuno che, non è giusto che,* ecc.

Cara signora Sapienza,

Sono una ragazza simpatica e ho sempre molti impegni e appuntamenti. Mia nonna, che abita dall'altra parte del bosco, insiste che io vada a trovarla ogni giorno, e che le porti qualcosa da mangiare. Io voglio bene alla nonna ma la sua casa è lontana e non ho la macchina: devo andare a piedi. E poi il bosco è pericoloso (*dangerous*) e sembra che ci siano i lupi (*wolves*). Mi dica cosa devo fare?

C. R.

Cara signora Sapienza,

Sono un principe allegro e disinvolto. Un mese fa, mentre camminavo nel bosco ho visto una principessa che dormiva sull'erba (*grass*). Era così bella che mi sono innamorato immediatamente. Ma questa principessa non mi parla, non mi guarda e non ascolta le mie canzoni d'amore. Dorme e basta. Cosa posso fare per farmi notare?

Disperato

Cara signora Sapienza,

Noi siamo sette piccoli fratelli e viviamo in una bella casetta nel bosco. Fino a due settimane fa, non avevamo problemi. Giorni fa, però, siamo ritornati dal lavoro e abbiamo trovato una signorina che puliva la nostra casa. Da quel giorno questa signorina è stata sempre con noi: canta, pulisce, balla e cucina. Noi preferiamo che la nostra casa sia sporca (*dirty*), e non vogliamo più sentirla. Cosa ci consiglia di fare, lei che sa tutto?

Scocciati (*Fed up*)

Did you recognize these traditional stories? In Italian they are called *Cappuccetto Rosso, La bella addormentata nel bosco,* and *Biancaneve e i sette nani.*

P In gruppi di tre: Discutete le qualità di un buon presidente. Com'è? Cosa fa? Trovate almeno due modi di finire le seguenti frasi, e poi riferite le vostre opinioni alla classe.

È importante che il Presidente ...   È necessario che ...
È bene che ...   È preferibile che ...
È possibile che ...

Parliamo un po'

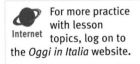

For more practice with lesson topics, log on to the *Oggi in Italia* website.

A **Noleggiare un video.** In coppia: È venerdì sera e lei vorrebbe noleggiare una videocassetta: ma dove? Chieda al compagno/alla compagna di casa se sa dov'è possibile noleggiarla. Lei vuole sapere:

dove andare
il nome del negozio
l'indirizzo
se il negozio è vicino o lontano dal vostro appartamento
che genere di film hanno

B **Scegliere un film.** In gruppi di tre: Lei e due amici arrivate al Videoclub La Mela e trovate che sono rimaste solo quattro videocassette. Sono:

Le nuove avventure dei Puffi (Smurfs) *nello spazio.* Cartoni animati.
Morte e distruzione. Un film italiano degli anni cinquanta; in bianco e nero con sottotitoli in inglese.
Venerdì tredici VII: Il terrore finale.
Baciami, cretino! (Kiss me, stupid!). Film comico del 1964 con Doris Day e Rock Hudson.

Scelga uno dei quattro film e convinca i suoi amici a noleggiarlo.

C **Guarda il telegiornale?** Lei vuole fare un sondaggio per sapere se gli altri studenti della classe guardano regolarmente il telegiornale. Parli con tre studenti, e prenda appunti.

	1	2	3
guarda il telegiornale?	_____	_____	_____
quale canale?	_____	_____	_____
a che ora?	_____	_____	_____
quante volte alla settimana?	_____	_____	_____
annunciatore/annunciatrice preferito/a?	_____	_____	_____
È importante seguire regolarmente le notizie.	sì / no	sì / no	sì / no
È importante che i giovani sappiano quello che succede nel mondo.	sì / no	sì / no	sì / no
I giovani di oggi sono molto informati.	sì / no	sì / no	sì / no
Il telegiornale presenta sufficienti notizie locali.	sì / no	sì / no	sì / no
Sufficienti notizie nazionali.	sì / no	sì / no	sì / no
Sufficienti notizie internazionali.	sì / no	sì / no	sì / no

D **Le ultime notizie.** In gruppi di quattro: Preparate un telegiornale su quello che è successo ieri nella vostra città, o la settimana scorsa nella vostra università. Siete tre annunciatori/annunciatrici (uno/a di sport) e un meteorologo.

E **Un'intervista particolare.**

S1

Lei è un/una giovane giornalista che deve intervistare un famoso senatore/ una famosa senatrice americano/a. Lei vuole sapere da questa persona:

da quanti anni fa questo lavoro
come ha cominciato a fare politica
la persona più interessante che abbia mai conosciuto
se ha avuto momenti comici durante le campagne elettorali
cosa consiglia a una persona giovane che desidera fare politica

S2

Lei è un famoso senatore/una famosa senatrice americano/a e ha accettato un'intervista da parte di un/una giovane giornalista. Risponda alle domande del/della giornalista usando la fantasia per provvedere le informazioni richieste.

In giro per l'Italia

View the *Parliamo italiano!* video, Module 10, *Uscire (Napoli).*

A Definizioni. Abbini le definizioni con una parola della lista di destra. Ci sono due parole in più nella lista.

1. piccole montagne
2. che ha lo stesso nome
3. la bella veduta di un posto
4. indica il tempo che fa in un determinato posto
5. statue e palazzi famosi
6. una piccola piazza
7. il contrario di *pochi/e*
8. il contrario di *vecchio/a*
9. luogo religioso
10. il contrario di *moderno/a*

a. la chiesa
b. la piazzetta
c. il golfo
d. il panorama
e. il fascino
f. il clima
g. i monumenti
h. antico/a
i. le colline
j. omonimo/a
k. numerosi/e
l. nuovo/a

Napoli

Napoli si estende ad anfiteatro[1] sulle colline di Posillipo e del Vomero e si affaccia[2] sul golfo omonimo. Questa città fu fondata nel secolo VIII (ottavo) avanti Cristo dai greci che la chiamarono "Neapolis," che vuol dire "nuova città." Conquistata poi dai romani, Napoli attraverso[3] i secoli è stata governata da numerose famiglie reali[4] e persino[5] da Giuseppe Buonaparte e Gioacchino Murat.

Napoli è una città incantevole[6] il cui fascino[7] deriva non solo dallo splendido panorama e dal clima mite della zona, ma anche dalla ricchezza di monumenti e musei e dalla caratteristica struttura della città. Dominato dal vulcano Vesuvio, il golfo di Napoli è uno dei più belli del mondo. Fra i monumenti ricordiamo il Teatro San Carlo, che ha un'acustica perfetta ed è uno dei più importanti teatri lirici italiani. Il Museo Archeologico Nazionale è uno dei più ricchi del mondo per quanto riguarda[8] l'arte della Grecia antica e l'arte romana. La vita cittadina si svolge nella bella piazza del Plebiscito e alla Galleria Umberto I. I vecchi quartieri[9] sono molto caratteristici, con numerose chiese, piazzette pittoresche e moltissimi vicoli[10] sempre pieni di vita.

Negli ultimi tempi, sotto la direzione della nuova amministrazione comunale[11], molte parti di Napoli sono state rimesse a nuovo[12]. Dopo tanti anni di trascuratezza[13], chiese barocche e bei palazzi sono stati ripuliti[14] e aperti al pubblico. La città è diventata di nuovo la meta turistica di molti italiani e stranieri. L'antico detto popolare "Vedi Napoli e ... poi muori," che suggerisce che non c'è al mondo città più incantevole di Napoli, è tuttora[15] valido.

Locate Napoli on the map on p. 14. *In che regione si trova Napoli? Come si chiama un'altra città della stessa regione?*

Napoleon Buonaparte appointed his brother Giuseppe (1768–1844) king of Naples in 1806. Two years later he appointed his aide Gioacchino Murat (1767–1815) to succeed his brother as king of Naples.

1. like an amphitheater 2. looks out 3. through 4. royal 5. even 6. charming
7. whose charm 8. with regard to 9. neighborhoods 10. alleys 11. municipal
12. have been renovated 13. neglect 14. cleaned up 15. still

L'incantevole isola di Capri nel Golfo di Napoli.

B **Che cosa ricorda?** Dia il nome o la descrizione delle seguenti caratteristiche di Napoli.

1. il clima
2. due monumenti famosi
3. cosa rende spettacolare il panorama
4. alcuni aspetti dei vecchi quartieri
5. chi ha fondato la città e quando
6. significato della parola *Napoli*
7. il vulcano di Napoli
8. un vecchio detto popolare associato con Napoli

A **Definizioni.** Abbini le definizioni con una parola della lista di destra. Ci sono due parole in più nella lista.

1. aggettivo derivato da *fascino*
2. sinonimo di *gente*
3. sinonimo di *atmosfera*
4. nome da cui deriva *generoso/a*
5. contrario di *buono/a*
6. una bevanda che eccita
7. il contrario di *sorella*
8. un cantante
9. composizione di musica e parole

a. la generosità
b. la canzone
c. cattivo/a
d. il fratello
e. l'ambiente
f. il tenore
g. affascinante
h. gli spaghetti
i. la partita di calcio
j. il popolo
k. il caffè

Il popolo napoletano

Un aspetto affascinante di Napoli sono i suoi abitanti, gente vivace e ricca di fantasia. Il genio napoletano nasce e cresce nell'atmosfera cittadina, esuberante e briosa[1]. Si dice che l'arte del vivere dei napoletani si basa sull'improvvisazione, sulla poesia, sulla generosità e sul senso pratico. Il loro stile di vita ha caratteristiche particolari. Essi amano le feste sia popolari che religiose. Le partite di calcio della squadra napoletana diventano spesso manifestazioni di entusiasmo e di un irresistibile spirito di identità con la propria città. In esse compaiono[2] spesso i simboli associati alle tradizioni e alle credenze[3] popolari. I napoletani sono molto superstiziosi e fanno di tutto[4] per tenere[5] lontana la cattiva sorte[6].

I piatti tipici dei napoletani sono la pizza e gli spaghetti al pomodoro. Nella cucina essi utilizzano i prodotti freschi che crescono nei fertili campi della Campania. Il caffè fatto nella tipica caffettiera[7] napoletana è qualcosa di cui non possono fare a meno.

I napoletani amano la musica, e alcune bellissime canzoni popolari come "O sole mio" sono conosciute in tutto il mondo. Il dialetto napoletano è colorito, musicale e molto espressivo. Esso ha dato vita a una tradizione letteraria molto vasta che va dalla poesia al teatro. La simpatica maschera di Pulcinella è un contributo napoletano alla commedia dell'arte. E non si possono ignorare i fratelli De Filippo, specialmente Edoardo (1900–1984), che hanno avuto un ruolo molto importante nel teatro napoletano di questo secolo. Napoli è anche la città di musicisti, cantanti, poeti, artisti e filosofi. In questa città sono nati il tenore Enrico Caruso (1873–1921), il compositore Ruggero Leoncavallo (1858–1919), lo scultore, pittore e architetto Gian Lorenzo Bernini (1598–1680), e il filosofo Giambattista Vico (1668–1744).

1. full of life   2. appear   3. beliefs   4. do all they can   5. to keep   6. luck   7. coffeemaker

G. Bernini designed the beautiful colonnade in St. Peter's Square in Rome.

Napoli: Un'esibizione di Pulcinella, caratteristica maschera del teatro napoletano.

B **Vero o falso?** In coppia: A turno identificate le seguenti frasi come vere o false secondo il brano precedente. Correggete le frasi false.

1. Il popolo napoletano ha poca fantasia.
2. A Napoli non si fanno mai feste popolari.
3. La superstizione fa parte del carattere napoletano.
4. La pizza e gli spaghetti al pomodoro sono i piatti più popolari della cucina napoletana.
5. Le canzoni napoletane sono conosciute solo a Napoli.
6. Il napoletano è un dialetto monotono e poco comprensibile.
7. Arlecchino è una maschera del teatro napoletano.
8. A Napoli sono nati molti atleti famosi.
9. Enrico Caruso era un compositore.
10. Edoardo De Filippo è stata una figura di rilievo della canzone napoletana.

Molti spettatori sono presenti questa sera ad un importante concerto presentato al Teatro La Scala.

Lezione 15

Che cosa è in programma?

COMMUNICATIVE OBJECTIVES

- Discuss various kinds of music

- Express personal preferences

- Express emotions, doubts, and beliefs about events in the present and the past

- Express opinions about past events

Mariella Vannini, Giuliana Liverani e Carlo Masina passeggiano per una via di Roma. Ad un tratto° Giuliana si ferma davanti ad un cartello pubblicitario.

Suddenly

GIULIANA: Guardate, sabato prossimo alle Terme di Caracalla c'è l'*Aida* di Verdi. Vogliamo andare a vederla?

MARIELLA: Mi sorprende che tu voglia andare all'opera. Non sai che sabato sera al Palazzo dello Sport si dà un concerto di musica
5   leggera con il famoso complesso *I Cavalieri della notte?* Perché non si va lì invece?

CARLO: Ma... , non so. Sebbene io sia già stato alcune volte a Caracalla, non ho mai visto l'*Aida*. Quindi penso che potrà essere una serata divertente.

10 GIULIANA: È vero. Il dramma di *Aida*, i bellissimi costumi, la musica e le luci nello scenario di Caracalla sono qualcosa di indimenticabile.

MARIELLA: Sì, però al Palazzo dello Sport si possono ascoltare anche altri cantanti eccezionali. Michele Orlandini suona la chitarra
15   e canta divinamente e ...

CARLO: Mariella, io non credo che per una volta un po' di musica classica ti faccia male!

MARIELLA: E va bene! Benché io non m'intenda molto di musica classica o di opera, vediamo pure° quest'*Aida*.

20 GIULIANA: Brava, mi fa piacere che ti abbiamo convinta. Stasera stessa telefonerò per prenotare i biglietti.

> **Giuseppe Verdi** (1813–1901) was an Italian composer. Among his many operas are *Rigoletto, La Traviata,* and *Il Trovatore.*

> *Terme di Caracalla:* Ancient thermal baths in Rome built during the reign of the Emperor Caracalla. They were inaugurated in the year 216 A.D.

let's see anyway

Roma — Terme di Caracalla
Stagione d'Opera 2001
Sabato 21 luglio 2001 — Ore 20.30
A I D A
Opera in quattro atti

Musica di
Giuseppe Verdi

Personaggi

Aida
Radames
Amneris
Amonasro

Direttore d'orchestra
Alessandro Biasi
Direttore del Coro
Luigi Abate

Interpreti

Matilde Braga
Filippo Lambertini
Eva Spini
Tiberio Ponzi

Scene e costumi
Patrizia Selva
Regia
Silvano Bravetta

Informazioni e prenotazioni presso la biglietteria delle Terme:
tel. 06/6778705
Orario: dalle 14.00 alle 19.30.

PALAZZO DELLO SPORT-EUR
Sabato 21 luglio 2001 — Ore 21.00
Il Comune di Roma, nel quadro delle manifestazioni
folcloristiche e musicali dell'Estate Romana presenta
CONCERTO DI MUSICA LEGGERA

Partecipano: *Complessi*
I Cavalieri della notte
Gli Scapestrati
I Melanconici
Le Sorelle Nostrane
Lucia e i Compagni

Cantanti
Michele Orlandini
Gustavo da Rieti
Marina Lattanzi
Daniela
Ettore Boni

I biglietti sono in vendita presso i botteghini del Palazzo dello Sport tutti
i giorni dalle ore 10.00 alle ore 16.00.
Per informazioni telefonare al 06/5485100.

Palazzo dello Sport: Sports Palace in Rome where sports events and many rock concerts are held.

scapestrato = wild, dissolute

Domande

1. Che cosa si presenta sabato prossimo alle Terme di Caracalla?
2. Che cosa è in programma al Palazzo dello Sport?
3. Perché secondo Giuliana l'*Aida* è indimenticabile?
4. Chi preferisce andare al Palazzo dello Sport? Perché?
5. Di che cosa non s'intende Mariella? Alla fine cosa decide di fare Mariella?

Domande personali

1. Ha mai visto un'opera? Dove?
2. A lei piace l'opera? Perché?
3. Quale opera conosce?
4. Conosce qualche tenore o soprano famoso? Quale?
5. Qual è il suo cantante o la sua cantante preferito/a? E il suo complesso preferito?
6. Ha mai visto uno spettacolo all'aperto? Quale? Dove?

Esercizio di comprensione

Scelga la risposta corretta.

1. L'*Aida* è
   a. un concerto di Puccini.
   b. un'opera di Giuseppe Verdi.
   c. un concerto di musica leggera.

2. Le Terme di Caracalla
   a. sono antiche costruzioni romane.
   b. è un teatro molto elegante.
   c. è un'opera di Verdi.

3. Nel cartello pubblicitario si annuncia
   a. le Terme di Caracalla.
   b. la presentazione dell'opera *Aida*.
   c. uno spettacolo di danza popolare.

4. Carlo è stato alle Terme di Caracalla
   a. raramente.
   b. alcune volte.
   c. spesso.

5. Al Palazzo dello Sport si presentano
   a. cavalieri eccezionali.
   b. un tenore ed un soprano famosi.
   c. complessi e cantanti eccezionali.

La musica e i giovani

I giovani italiani amano molto la musica. I concerti all'aperto o nei teatri, i festival della canzone, gli spettacoli dei cantanti e le discoteche sono i luoghi di ritrovo[1] di ragazzi e ragazze. Attraverso la musica, i giovani si incontrano, si conoscono e scoprono[2] interessi comuni.

La musica americana e anglosassone, trasmessa nei programmi della radio e della televisione, esercita una grande influenza sulla gioventù italiana. Per i giovani questa musica è il naturale complemento al fast-food, molto diffuso nelle maggiori città, e all'abbigliamento "casual," che caratterizza il vestire del giovane italiano.

Ma non è solo la musica leggera che va di moda in Italia. Molti giovani seguono anche la musica classica e l'opera, che hanno in Italia una lunga tradizione. Per avvicinare ancor più[3] i giovani alla musica classica e all'opera, molti spettacoli sono allestiti[4] in luoghi antichi e suggestivi. L'Arena di Verona e le Terme di Caracalla a Roma sono solo i due luoghi più conosciuti tra i tanti teatri che sono a disposizione[5] degli appassionati della musica italiana.

Ecco i Lunapop, nuovo gruppo musicale italiano molto popolare tra i giovani.

- Che tipo di musica preferiscono i giovani americani?

- Agli studenti americani piace l'opera?

- Quali sono i teatri dell'opera più famosi degli Stati Uniti?

[1]gathering places   [2]they discover   [3]to bring even closer   [4]produced   [5]at the disposal

Locate Verona on the map on p. 14. *In che regione è situata Verona? Quali famosi personaggi shakespeariani sono di Verona?*

TEATRO ALLA SCALA

Settore 2
Galleria 1 n. 80
OP. UN BALLO IN MASCHERA

31/05/01	ore 20.00	L. 90.000
		L. 18.000
		Euro 46.48
SAPT 17241 010531a		Euro 9,30
VILLA MIRNA		
N. 42/ 8 INTERO		

0712579   SCONTRINO PER IL CONTROLLO

Vocabolario

Parole analoghe

annunciare	il dramma	l'orchestra
classico/a	eccezionale	partecipare
il concerto	famoso/a	la presentazione
convincere (*p.p.* convinto)	l'informazione	lo scenario
il coro	musicale	il soprano
la costruzione	l'opera	il tenore
divinamente		

Nomi

la biglietteria   ticket office
il/la cantante   singer
il cartello   poster
la chitarra   guitar
il complesso   (musical) group
l'interprete (*m.* or *f.*)
   interpreter; performer
la luce   light
la manifestazione   exhibition
il palazzo   building, palace
il personaggio   character
la prenotazione   reservation
la serata   evening

Aggettivi

contento/a   happy, glad
indimenticabile   unforgettable
leggero/a   popular (pop), light
preferito/a   favorite
pubblicitario/a   advertising

Altre parole ed espressioni

benché   even though
sebbene   even though
che cosa è in programma?
   what's playing?
fare piacere   to please

Verbi

intendersi (di)   to be an expert in
prenotare   to reserve, to make
   reservations
suonare   to play (an instrument)

Pratica

1. In coppia: Domandi ad un amico/un'amica se vuole andare al Palazzo dello Sport. Risponda alle domande dell'amico/a che vuole sapere che cosa è in programma, dove e quando si possono comprare i biglietti e qual è il numero di telefono del Palazzo dello Sport.
2. Riassuma in cinque o sei frasi il dialogo a pagina 338, dichiarando (*stating*) dove vuole andare ogni persona, che cosa vuole vedere, quando e perché.

Ampliamento del vocabolario

Gli strumenti musicali

l'**armonica** harmonica
l'**arpa** harp
la **batteria** drums
la **chitarra** guitar
il **clarinetto** clarinet
la **fisarmonica** accordion
il **flauto** flute
l'**oboe** oboe

l'**organo** organ
il **pianoforte** piano
il **sassofono** saxophone
il **tamburo** drum
la **tromba** trumpet
il **violino** violin
il **violoncello** cello

A In gruppi di due o tre: Lei cerca una chitarra classica, dischi e cassette, o un organo elettronico. Legga i seguenti annunci e poi telefoni alle persone che vendono questi oggetti. Discuta la qualità e il prezzo, e poi decida quale oggetto comprare secondo il risultato della telefonata.

Dischi e cassette originali dei Beatles + cofanetto[1] 10 dischi 33 giri[2] successi del jazz anni 50 vendo. Tel. 055 / 4964750	Chitarra classica Eko lavorazione artigianale ottimo stato[3] permuto[4] con buona chitarra acustica con fodero[5]. Chiamare Gianluca. Tel. 02 / 534115
Organo elettronico modello Kumar 198, 2 tastiere[6] pedaliera/bassi ritmi con accompagnamento e memoria. Ottimo stato '345. Chiamare Silvano. Tel. 011 / 813974	Vendo collezione discografica completa del soprano Maria Callas comprendente tutte le incisioni[7] dal 1947. Per informazioni telefonare ore serali allo 081 / 2137864.

1. boxed set   2. 33 rpm   3. excellent condition   4. trade   5. case   6. keyboards
7. recordings

◆ — Pronto?
— C'è Gianluca?
— Sono io. Chi parla?
— Sono … (Ho letto …). (Vorrei sapere …)
— Ah, sì, vediamo un po', …

B In coppia: Domandi ad un altro studente/un'altra studentessa:

1. se suona uno strumento musicale; quale?
2. se non lo suona, vuole imparare a suonare uno strumento musicale; quale? perché?
3. quale strumento musicale preferisce ascoltare; perché?
4. se conosce qualche musicista famoso; quale?
5. se è mai andato/a ad ascoltare un'orchestra sinfonica; quale? dove?

I prefissi *in-, s-, dis-* e *ri-*

The addition of the prefixes **in-**, **s-**, and **dis-** to certain words reverses their meaning, just as *un-* and *dis-* do in English. **In-** is normally used only with adjectives; **s-** and **dis-** may be added to certain adjectives, verbs, and nouns. The prefix **ri-** added to certain verbs signifies repetition.

in-	utile *useful*	**in**utile *useless*	
	felice *happy*	**in**felice *unhappy*	
s-	fortuna *luck*	**s**fortuna *bad luck*	
	consigliare *to advise*	**s**consigliare *to advise against*	
	conosciuto/a *known*	**s**conosciuto/a *unknown*	
dis-	piacere *pleasure*	**dis**piacere *displeasure, misfortune*	
	fare *to do*	**dis**fare *to undo*	
	organizzato/a *organized*	**dis**organizzato/a *disorganized*	
	occupato/a *occupied, employed*	**dis**occupato/a *unoccupied, unemployed*	
ri-	leggere *to read*	**ri**leggere *to read again*	
	aprire *to open*	**ri**aprire *to reopen*	
	fare *to do*	**ri**fare *to do again*	
	aggiustare *to fix*	**ri**aggiustare *to fix again*	

C In coppia: Risponda alle domande o osservazioni di un altro studente/un'altra studentessa, usando il contrario delle parole indicate. Per ogni gruppo di frasi, usi il prefisso suggerito.

◆ — Sei *felice* adesso?   — No. Sono *infelice*.

in-

1. Sei *capace* di fare questo lavoro?
2. È *utile* quello che fai?
3. Sei *disciplinato/a?*
4. È *soddisfacente* la tua vita sociale?
5. Ti senti *soddisfatto/a* di te stesso/a?
6. È *sufficiente* quello che guadagni (*earn*)?

s-

7. Anna è *fortunata*, non è vero?
8. Sono *conosciute* le sue canzoni?
9. La critica le è sempre *favorevole?*
10. Il suo ultimo concerto è stato un'esperienza *piacevole*, non è vero?
11. Dovremmo *consigliarle* di fare un altro concerto?

dis-

12. Siete in *accordo* adesso?
13. È *abitata* la casa che volete comprare?
14. È *organizzato/a* il tuo amico/la tua amica?
15. Sei una persona *ordinata?*
16. Avete una vita *agiata* (*comfortable*)?
17. C'è molta *armonia* fra voi due?

D A lei piace rifare le cose che ha già fatto. Dica quello che vuole rifare, aggiungendo il prefisso *ri-* alle parole in corsivo.

◆ Vorrei *vedere* l'*Aida*.   Vorrei *rivedere* l'*Aida*.

1. Vorrei *leggere* Via col vento.
2. Vorrei *provare* quel vestito.
3. Penso di *andare* in centro.
4. A me piace *fare* un viaggio in Italia.
5. Vorrei *vedere* un film di Fellini.

Struttura ed uso

Congiuntivo con espressioni di emozione, dubbio o convinzione

— **Credi** ancora che l'opera **sia** noiosa?

1. The subjunctive is used in dependent **che** clauses after expressions of emotion such as **essere contento/scontento, essere felice/infelice, piacere/dispiacere, avere paura, temere,** and **essere sorpreso/a,** when the subjects of the two clauses are different.

Carla, sono contenta che tu **venga** con noi.	*Carla, I'm happy that you are coming with us.*
Sono felice che **possiamo** passare un po' di tempo insieme.	*I'm pleased that we will be able to spend some time together.*
Ho paura che mio fratello non **possa** venire.	*I'm afraid my brother can't come.*

2. The subjunctive is used in a dependent **che** clause if the main clause expresses an opinion or belief. **Credere, immaginare, sembrare, parere,** and **pensare** take the subjunctive in the subordinate clause if the subjects of the two clauses are different.

Noi giovani pensiamo che la musica classica **abbia** poco da dirci.	*We young people think that classical music has little to offer us.*
Ci sembra che la musica popolare **rifletta** il mondo attuale.	*It seems to us that popular music reflects today's world.*
Allora ti pare che Eros Ramazzotti **canti** meglio di Luciano Pavarotti?	*So you think that Eros Ramazzotti sings better than Luciano Pavarotti?*

3. The subjunctive is also used after expressions of doubt, disbelief, and uncertainty. **Dubitare, non essere sicuro, non sapere, non credere,** and **non pensare** take the subjunctive in the subordinate clause if the subjects of the two clauses are different.

Dubito che tu **voglia** vedere l'opera alle Terme di Caracalla.	*I doubt that you want to see the opera at the Baths of Caracalla.*
Non sappiamo che cosa **sia** in programma.	*We don't know what is on the schedule.*
Non sono sicuro se **diano** l'*Aida* o *Rigoletto*.	*I'm not sure if they're performing* Aida *or* Rigoletto.

Main clauses expressing certainty, however, take the indicative in the subordinate clause.

Sappiamo che **presentano** un'opera di Verdi.	*We know that they are doing an opera by Verdi.*
Sono sicuro che ci **sono** ancora biglietti per lo spettacolo di domani.	*I'm sure that there are still tickets for tomorrow's show.*

4. The infinitive is used when there is no change of subject. The preposition **di** is often required before the infinitive.

È contenta **di essere** qui.	*She's happy to be here.*
È contenta che tu **sia** qui.	*She's happy that you are here.*
Credo **di capire** adesso.	*I think I understand now.*
Credo che voi **capiate** adesso.	*I think you understand now.*

A Reagisca alle seguenti affermazioni, usando le parole fra parentesi.

◆ Parlo con mia zia. (Sono felice che ...)
Sono felice che tu parli con tua zia.

1. Sua sorella arriva tardi. (Temo che ...)
2. Riceviamo tante telefonate. (Sono sorpreso/a che ...)
3. Non finiscono il progetto per domani. (Temo che ...)
4. Non possiamo andare in vacanza. (Mi dispiace che ...)
5. C'è un problema. (Ho paura che ...)
6. Mi piacciono queste scarpe. (Sono contento/a che ti ...)
7. Vanno bene in quel corso di informatica. (Dubito che ...)
8. Mi sono fidanzata. (Sono felice che ...)

B Dica che lei è contento/a delle seguenti cose.

◆ Oggi è venerdì.   Sono contento/a che oggi sia venerdì.
Non ho lezioni domani.   Sono felice di non avere lezioni domani.

1. Stasera c'è il concerto di Jovanotti.
2. Alcuni amici hanno i biglietti per il concerto.
3. Posso andare con loro.
4. Non lavoro domani.
5. I miei genitori vanno in montagna per la fine settimana.
6. Voi venite a trovarmi nel pomeriggio.
7. Vi aiuto un po' a studiare la biologia.
8. Dopo andiamo a mangiare qualcosa in una pizzeria.

C Pensi alla vita che lei conduce: alle cose che fa, ai suoi amici, alla sua famiglia, ecc. Finisca le frasi in maniera logica, esprimendo opinioni e sentimenti su vari aspetti della sua vita. Poi riferisca l'informazione a un compagno/una compagna.

1. Io sono contento/a che ...
2. Sono contento/a di ...
3. Mi piace che ...
4. Mi dispiace che ...
5. A volte mi sembra che ...
6. Ho paura che ...
7. Sono sicuro/a che ...
8. Non so se ...

In gruppi di tre: Chieda alle altre persone del gruppo se credono che le seguenti frasi siano vere.

◆ Il cinema hollywoodiano riflette i gusti del pubblico?
   S1: Voi credete che il cinema hollywoodiano rifletta i gusti del pubblico?
   S2: Sì, io credo che rifletta i gusti di una società violenta.
   S3: No, dubito che il cinema rifletta i gusti del pubblico in generale.

1. Un titolo universitario è necessario nel mondo di oggi.
2. Un titolo universitario garantisce un buon lavoro.
3. Il matrimonio ha una funzione vitale nella società moderna.
4. I politici vogliono aiutare la gente.
5. Gli esseri umani sono buoni per natura.
6. Nel mondo siamo tutti fratelli.

E Risponda alle seguenti domande.

1. Crede che il calcio sia uno sport interessante?
2. Pensa che la musica leggera sia migliore (*better*) della musica classica?
3. Le pare che oggi l'opera non abbia più successo?
4. Pensa che sia piacevole essere famoso/a?
5. Crede che i genitori di oggi capiscano i loro figli?
6. Crede che i politici siano onesti?
7. Le sembra che il telegiornale sia imparziale?

F In gruppi di tre: Discutete gli aspetti positivi e negativi della vostra università. Trovate:

tre cose che vi piacciono
tre cose che non vi piacciono
i tre problemi più gravi

Usate espressioni quali *ci piace che*, *siamo contenti che*, *non ci piace che*, *non è giusto che*, *ci sembra che*, *crediamo che*, ecc. Poi riferite le vostre opinioni al resto della classe.

 In coppia: Dica ad un amico/un'amica cosa pensa dell'attuale presidente degli Stati Uniti. Pensa che faccia un buon lavoro? Crede che sia onesto? Intelligente? Le sembra che rappresenti gli interessi del popolo americano? Le pare che sia troppo liberale? Troppo conservatore?

Congiuntivo passato

1. The past subjunctive is used in a dependent **che** clause to describe a past action when the verb in the main clause is in the present tense and calls for the subjunctive.

Non credo che tu **sia stata** al Palazzo dello Sport.	*I don't think you've been to the Palazzo dello Sport.*
È impossibile che tu **abbia** mai **visto** un concerto così.	*It's impossible that you've ever seen a concert like this one.*

Sono contento che **abbiano cantato** anche la mia canzone preferita.

I'm glad (that) they sang my favorite song too.

Penso che ci **siano stati** più di ventimila spettatori.

I think there were more than 20,000 spectators.

— Sembra che mi **abbiano riconosciuto!**

2. The past subjunctive is formed with the present subjunctive of the auxiliary **avere** or **essere** and the past participle. The past participle of a verb conjugated with **essere** agrees with the subject. The following chart shows the past subjunctive of **trovare** and **partire.**

> Follow the rules you already know for the *passato prossimo* to choose the auxiliary verb and for agreement. Refer to *Lezione 6* if you need a review.

	trovare	partire
... che io	abbia trovato	sia partito/a
... che tu	abbia trovato	sia partito/a
... che lui/lei	abbia trovato	sia partito/a
... che noi	abbiamo trovato	siamo partiti/e
... che voi	abbiate trovato	siate partiti/e
... che loro	abbiano trovato	siano partiti/e

— Spero che Michele e Antonella **siano arrivati.**

— È possibile che Michele **sia** già **arrivato,** ma credo che Antonella **sia partita** più tardi e che arrivi fra poco.

— *I hope that Michele and Antonella have arrived.*

— *It's possible that Michele has already arrived, but I think that Antonella left later and will arrive soon.*

H Ieri sera lei è andato/a a sentire un'opera lirica. Esprima un'opinione sulle seguenti frasi, secondo le parole fra parentesi.

◆ È stata un'*Aida* bellissima. (Sono contento/a)
Sono contento/a che sia stata un'*Aida* bellissima.

1. Lo spettacolo è cominciato un po' tardi. (Mi dispiace)
2. Matilde Braga ha cantato divinamente. (Credo)
3. Filippo Lambertini ha recitato la parte di Radames con energia. (Mi pare)
4. Eva Spina si è sentita male e non ha potuto cantare. (Mi dispiace)
5. Alla fine Aida e Radames sono morti insieme. (È triste)
6. È stata l'ultima rappresentazione della stagione estiva. (Penso che)
7. Anche voi vi siete divertiti all'opera. (Sono felice)

I Le cose che succedono oggi sono successe anche ieri. Metta la frase subordinata al congiuntivo passato come nel modello.

◆ Non credo che il Napoli vinca la partita.
Non credo che il Napoli abbia vinto la partita.

1. La mamma dubita che io ritorni prima di mezzanotte.
2. Mi dispiace che il tuo amico non mangi con noi.
3. È bene che voi sentiate le notizie.
4. Sembra che tu non capisca.
5. Speriamo che non ti succeda niente.
6. È possibile che i nonni vengano dopo pranzo.
7. Siamo felici che Roberto e Sandra si sposino.
8. Pare che gli altri vadano a casa.

Cerimonia di premiazione nel cortile del Palazzo Ducale di Venezia in occasione della Mostra Internazionale del Cinema.

Novella 2000 is a weekly magazine that specializes in celebrity gossip, scandals, and photographs taken by *paparazzi*.

 J In coppia: Si pubblicano le cose più strane sui giornali. S1 crea titoli per gli articoli pubblicati su *Novella 2000*, usando le parole ed espressioni indicate. S2 reagisce a queste cose, usando frasi come *dubito che...*, *è impossibile che...*, ecc.

◆ Cristina Aguilera / uscire / con Eminem
    S1: Cristina Aguilera è uscita con Eminem.
    S2: Non è possibile che Cristina Aguilera sia uscita con Eminem.

1. I romani / vendere / il Colosseo ai giapponesi
2. Io / sposarmi / con un extraterrestre
3. Noi / vedere Elvis / nel nostro frigorifero
4. Bill Gates / perdere / tutti i suoi milioni / e rimanere / senza un soldo
5. Bambina torinese / nascere / con tre teste
6. Barbara Bush / suonare la chitarra / per i Grateful Dead

K In coppia: Dica al suo compagno/alla sua compagna alcune cose che le sono successe durante il primo anno all'università. Il suo compagno/La sua compagna esprime un'opinione su quello che lei ha detto.

◆ S1: Ho incontrato alcuni buoni amici durante il primo anno qui.
    S2: Sono contento che tu abbia incontrato buoni amici.

    S1: Ho avuto una D in economia.
    S2: Mi dispiace che tu abbia avuto una D in economia.

L In coppia: È lunedì mattina, e alcune persone nella sua classe sembrano diverse da com'erano venerdì scorso. Con un compagno/una compagna dica quale possa essere il motivo di questa differenza.

◆ Gino sembra molto contento.
    S1: È possibile che abbia vinto alla lotteria.
    S2: È anche possibile che sia uscito con la sua ragazza.

1. Michele si è tagliato i capelli molto corti e porta la cravatta.
2. Pietro e Laura non sono in classe.
3. Quelle due ragazze sembrano molto stanche.
4. A Massimo fa male la gamba.
5. Margherita porta un anello (*ring*) con un diamante enorme.
6. Tre ragazzi che amano lo sport sembrano piuttosto tristi.

M In gruppi di tre o quattro: Una persona del gruppo dice il nome di una persona famosa nel mondo della musica. Le altre persone dicono tutto quello che sanno di questa persona, per esempio: dove e quando è nata, le cose che ha fatto, ecc.

◆ S1: Giacomo Puccini
    S2: Credo che sia nato in Italia.
    S3: Penso che abbia scritto *Tosca*.
    S4: Credo che sia morto negli anni venti.

Congiuntivo dopo le congiunzioni

— Va bene. Stasera andiamo al concerto che preferisci tu **a condizione che** domani tu **venga** a quello che preferisco io.

1. The subjunctive is used in dependent clauses introduced by the following conjunctions.

affinché perché	so that, in order that	Lavora **affinché** i figli possano frequentare l'università. Parlate lentamente **perché** tutti vi capiscano.
benché sebbene	although, even though	Suona ancora il sassofono **benché** sia dopo mezzanotte. Esce **sebbene** faccia molto freddo.
in caso che	in case, in the event that	Lascia il tuo numero di telefono **in caso che** io debba parlarti.
a condizione che	provided that, as long as	Te lo presto **a condizione che** tu me lo ridia subito.

> A conjunction is a part of speech that joins two complete phrases.

2. The preceding conjunctions take the subjunctive in the subordinate clause even if the subject of the two clauses is the same.

Paolo ha comprato un violino **benché** non **sappia** suonare.

Paolo bought a violin even though he doesn't know how to play.

N Usi le congiunzioni tra parentesi per unire le due frasi.

◆ Spiego l'inglese a Tullio. Lo impara bene. (affinché)
Spiego l'inglese a Tullio affinché lo impari bene.

1. Ti presto la mia macchina. Me la riporti stasera. (a condizione che)
2. Metti le fotografie qui! Le possiamo guardare insieme. (perché)
3. Offrono i biglietti per il concerto a prezzo ridotto. Tutti possono andarci. (affinché)
4. Vado a telefonare agli amici. Vogliono venire con me. (in caso che)
5. Vado in Grecia a settembre. Non ho molto denaro. (benché)
6. Mangio a mezzogiorno. Ho fatto la prima colazione alle dieci. (sebbene)
7. Sandro mi aiuta. Posso finire i compiti. (affinché)
8. Non ho trovato una soluzione. Ho studiato attentamente il problema. (benché)

O Cambi le frasi, usando *sebbene* invece di *ma* come nel modello.

◆ Vado in centro ma è tardi.   Vado in centro sebbene sia tardi.

1. Voglio comprare una chitarra ma costa molto.
2. Voglio uscire stasera ma fa freddo.
3. Cerco lavoro ma è difficile trovarlo.
4. Vado alla partita ma piove.
5. Do un passaggio a Marina ma sono in ritardo.

P Completi il brano, usando le congiunzioni indicate.

sebbene   in caso che
affinché   a condizione che

The Italian singer-songwriter Lucio Dalla has been popular since the 1970s.

Domani Lucio Dalla darà un concerto nel parco _____ faccia bel tempo. Hanno stabilito una data alternativa _____ piova. Lucio Dalla canta ancora divinamente, _____ non sia più troppo giovane. Offrono i biglietti a prezzi ridotti _____ tutti possano andare al concerto. Vado a comprare due biglietti _____ non siano esauriti.

Q Finisca le frasi in maniera logica.

1. I genitori lavorano molto affinché i loro bambini ...
2. Fanno molti sacrifici perché ...
3. Sperano che i figli ...
4. Mettono da parte (*They put aside*) molti soldi in caso che ...
5. Ci sono problemi in famiglia sebbene ...
6. I ragazzi vogliono essere indipendenti benché ...

R In coppia: Parli ad un amico/un'amica dei corsi che lei segue. Parli delle ragioni per cui li segue, e delle difficoltà che trova in questi corsi, usando espressioni quali *sebbene*, *affinché*, ecc.

◆ Seguo un corso di informatica affinché possa usare i computer. Il corso mi piace benché sia piuttosto difficile. Prenderò una B a condizione che finisca presto questo progetto di lavoro.

Costruzioni con *si*

È agosto! **Si parte** per le vacanze!   È settembre. **Si torna** in città.

1. Italians often use the construction **si** + *a third-person verb* to talk about actions that take place without specifying who is doing the action. English uses *one, they, you, we,* or the passive voice in these circumstances.

> You have seen this form since *Lezione 3: Dove si va? Si va a ballare?*

Domenica **si vota!**	*On Sunday we are voting!*
Non **si deve** parlare così.	*You (One) shouldn't talk like that.*
In questa classe non **si parla** inglese.	*In this class English is not spoken.*
Stasera **si darà** un concerto di jazz.	*Tonight a jazz concert will be given.*

2. When **si** + *verb* is followed by a plural noun, the verb is in the third person plural.

In questo negozio **si parlano** tutte le lingue.	*All languages are spoken in this store.*
Le sigarette **si vendono** solo nelle tabaccherie.	*Cigarettes are sold only at tobacco stores.*
Non **si possono** trovare i giornali italiani qui.	*One can't find Italian newspapers here.*

S Cosa si fa al Circolo (*club*) Italiano? Un membro di un Circolo Italiano parla di tutte le attività organizzate dal circolo. Cambi ogni frase alla costruzione *si + verbo* come nell'esempio.

◆ Offriamo lezioni d'italiano.
   Si offrono lezioni d'italiano.

1. Organizziamo cene e feste.
2. Vendiamo magliette con la scritta "Io ♥ l'Italia."
3. A volte andiamo all'opera.
4. Facciamo pubblicità.
5. Parliamo sempre italiano.
6. Una volta al mese vediamo un film.
7. Prepariamo una conferenza sulla cultura italoamericana.

> An *edicola* is an outdoor kiosk that sells newspapers, magazines, and often tickets for public transportation. Bus tickets can also be bought at bars and tobacco shops.

T In coppia: Quando lei andrà in Italia, vedrà che lì la vendita dei prodotti è un po' diversa da quella americana. Determinati prodotti si possono comprare soltanto in certi negozi. Domandi ad un compagno/una compagna dove si comprano queste cose: in una tabaccheria, ad un'edicola di giornali o in una farmacia.

◆ francobolli (*stamps*)
   S1: Dove si comprano i francobolli?
   S2: I francobolli si comprano alla tabaccheria.

1. le riviste
2. i francobolli
3. un biglietto per l'autobus
4. la vitamina C
5. le aspirine
6. il giornale
7. le sigarette
8. una penna

U In gruppi di tre o quattro: Nella vostra città è possibile godere di prodotti e di aspetti della cultura italiana? Formulate domande con le frasi indicate e poi discutete le possibilità.

◆ comprare la pasta Barilla
   S1: Dove si può comprare la pasta Barilla in questa città?
   S2: La pasta Barilla si compra al ...
   S3: Non si può comprare qui. Si deve andare a ...

1. comprare giornali e riviste italiani
2. mangiare piatti italiani autentici
3. vedere film italiani
4. vedere una partita di calcio
5. prendere un buon cappuccino
6. ammirare quadri italiani
7. trovare vestiti di stilisti italiani come Armani e Versace
8. vedere un'opera

Pisa: Piazza dei Miracoli con la Torre pendente.

 In coppia: Cosa si fa la fine settimana alla vostra università? Con un amico/un'amica fate una lista delle cose che si fanno il venerdì sera, il sabato e la domenica.

◆ Il venerdì sera di solito si esce. Si va alla ...
  Il sabato si dorme fino alle ...

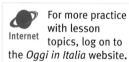

Internet — For more practice with lesson topics, log on to the *Oggi in Italia* website.

Vivere in Italia!

A **La nostra città.** In gruppi di tre: Un suo amico/Una sua amica viene dall'Italia e lei non sa dove portarlo/la. Usando "Tre cose buone che so di lei" come guida, chieda ai suoi amici di suggerirle alcuni posti.

◆ S1: Dove potrei portare il mio amico/la mia amica a fare gli acquisti?

S2: Lo/La potresti portare …

S3: Forse è meglio che …

Ottimi acquisti sono possibili al mercato di San Lorenzo a Firenze.

Tre cose buone che so di lei

RITORNO ALLA CAPITALE

Un vostro carissimo amico torna a Roma dopo 10 anni di assenza e siete voi ad ospitarlo…

1) In quale strada lo portereste a fare shopping? ★☆

2) In quale ristorante lo invitereste a cena? ★☆

3) In quale locale notturno gli fareste passare la serata? ★☆

B **Viva l'Italia.** Un sondaggio ha chiesto agli italiani se sono contenti di vivere in Italia e per quale motivo, e in quale altro paese vorrebbero vivere. Legga i risultati di questo sondaggio e poi risponda alle domande che seguono.

- Quanti italiani sono contenti di vivere in Italia?

- Quali sono i tre motivi principali per cui preferiscono vivere in Italia?

- Quanti italiani preferirebbero vivere in un altro paese?

- In quale altro paese vivrebbe più volentieri la maggior parte degli italiani?

- In quali altri paesi stranieri piacerebbe vivere agli italiani?

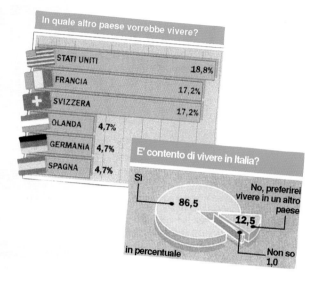

In quale altro paese vorrebbe vivere?

STATI UNITI	18,8%
FRANCIA	17,2%
SVIZZERA	17,2%
OLANDA	4,7%
GERMANIA	4,7%
SPAGNA	4,7%

E' contento di vivere in Italia?

Sì — 86,5

No, preferirei vivere in un altro paese — 12,5

Non so 1,0

in percentuale

Per quale motivo si vive meglio in Italia che in un altro paese?

1)	la libertà	18,9
2)	il clima	12,5
3)	il tenore di vita	11,5
4)	il carattere degli italiani	8,6
5)	il modo di vivere	6,8
6)	le bellezze naturali	6,4
7)	i rapporti tra le persone	5,3
8)	la tranquillità	5,2
9)	il patrimonio artistico	4,3
10)	la cucina	2,9

Una veduta dei trulli di Alberobello, pittoresco paese della Puglia.

6-TUTTO ROCK E MELODIA

Rock	46,6
Canzone d'autore italiana	39,9
Discomusic	38,6
Tutta la musica moderna	27,2
Pop	15,1
Tutta (compresa la classica)	13,0
Classica e/o lirica	11,9
Jazz	9,5
Country/folk	9,5
Quello che capita	8,2
Altro tipo di musica	5,6
Non ascolta mai/quasi mai	1,9

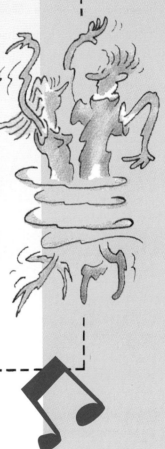

C **Preferenze musicali.** Come tutti i giovani del mondo, anche i giovani italiani amano molto la musica. Un sondaggio ha rivelato quali sono le loro preferenze musicali. Questo è il risultato del sondaggio.

■ Che tipo di musica preferisce il 47% circa dei giovani italiani?

■ A quanti di loro piace ascoltare la musica classica?

■ Quanti di loro non ascoltano quasi mai la musica?

D **Un'inchiesta.** Faccia un giro della classe e domandi a tre o quattro dei suoi amici quali sono le loro preferenze musicali. Lei vuole sapere:

- il loro/la loro cantante preferito/a
- il genere di musica che preferiscono
- il concerto più bello a cui abbiano mai assistito
- la stazione radio che ascoltano di più
- quante ore al giorno ascoltano la musica
- la loro canzone preferita

E **Una canzone originale.** Scriva una breve canzone in italiano usando la melodia di una canzone popolare.

Andrea Bocelli prova un'aria prima di un concerto in programma all'Arena di Verona

F **Una biografia.** In gruppi di tre o quattro: Mettete insieme la biografia di un/una cantante o personaggio televisivo, cinematografico o politico, usando informazioni generali note a tutti. Prendete appunti e poi scrivete la biografia che avete messo insieme.

◆ S1: Madonna è una cantante conosciuta in tutto il mondo.
   S2: È nata a ... ed ha ... (anni).
   S3: Quando era bambina cantava ...

Giovani donne usano la tecnologia moderna nel loro lavoro quotidiano.

Lezione 16

E dopo la laurea?

COMMUNICATIVE OBJECTIVES

- Talk about job prospects and qualifications

- Express emotions, thoughts, and opinions about the past

- Describe hypothetical situations

Giovanni Conti, giornalista di una stazione radio privata di Milano,
intervista tre studenti universitari.

GIORNALISTA:	Amici ascoltatori, buona sera. Per la trasmissione "I nostri giovani" abbiamo qui con noi tre laureandi°: Giorgio Salviati, in scienze politiche, Patrizia Ranieri, in architettura, e Claudia Massoni, in ingegneria. Giorgio, tu pensi che la tua preparazione accademica sia sufficiente per trovare un buon lavoro?	*degree candidates*

See *Lezione 2* to review
names of academic
subjects.

5

GIORGIO:	No. Io sono convinto che noi potremmo avere una preparazione migliore e quindi più possibilità d'impiego se avessimo una migliore assistenza dai professori e se l'università avesse più soldi a disposizione°. Inoltre° sarebbe più facile trovare lavoro se esistessero contatti più stretti fra l'università e le imprese.	*at (its) disposal / In addition*
GIORNALISTA:	E tu, Patrizia, sei d'accordo con Giorgio?	
PATRIZIA:	Sì. A volte penso che avrei dovuto scegliere un'altra laurea. Penso che sarebbe stato più facile trovare lavoro se mi fossi specializzata in chimica o informatica. Ma a me piace l'architettura e sono sicura che prima o poi riuscirò a sistemarmi.	
GIORNALISTA:	Sentiamo adesso il parere di Claudia.	
CLAUDIA:	Io non sapevo che ingegneria fosse una facoltà così difficile. Adesso però che sto per laurearmi, credo che per me sarà facile trovare un buon lavoro.	
GIORNALISTA:	Ragazzi, avete qualche suggerimento da dare ai giovani che sono in ascolto°?	*are listening*
GIORGIO:	Sì. È vero che oggi abbiamo la possibilità di lavorare liberamente in tutti i paesi della UE, ma c'è una forte concorrenza per ogni buon lavoro. Quindi è necessario avere un'ottima laurea.	
CLAUDIA:	Però sarebbe bene che nel futuro i giovani si orientassero anche verso una preparazione interdisciplinare. Combinare la biologia con l'informatica, o le lingue straniere con l'economia è molto utile per intraprendere le nuove professioni.	
GIORNALISTA:	Bene, ragazzi. Adesso facciamo una breve pausa pubblicitaria e poi continueremo a discutere.	

10

15

20

25

30

35

I giovani italiani e il lavoro

Migliaia di giovani, alla ricerca di un posto di lavoro, partecipano ad un concorso per un pubblico impiego.

S pesso gli studenti italiani scelgono e frequentano una facoltà universitaria solo per il prestigio del titolo accademico o per una tradizione di famiglia. Questo è specialmente vero per le facoltà di medicina e di giurisprudenza[1]. Infatti oggi in Italia ci sono moltissimi laureati[2] in medicina e in legge, ma solo pochi di loro riescono a sistemarsi in professioni adeguate alla loro preparazione accademica. Per molti laureati la ricerca[3] di un lavoro è lunga e difficile e spesso bisogna adattarsi a ciò che si riesce a trovare.

Ma ora con la riforma della scuola e dell'università si parla molto di orientamento e informazione per aiutare i giovani a scegliere un lavoro. Si spera che con questi nuovi metodi la ricerca di lavoro diventi più facile. Si organizzano quindi[4] corsi di formazione[5] per dare ai diplomati[6] e a quelli che abbandonano la scuola prima di diplomarsi[7] l'opportunità di prepararsi per specifiche carriere. Nelle università invece, con la nuova riforma, sono previsti gli "stage"[8] presso aziende e società private. Gli stagisti[9] possono così acquisire esperienza in diversi campi di lavoro e prepararsi più adeguatamente per le carriere che vogliono intraprendere.

■ Nel suo paese, come si preparano i giovani per il mondo del lavoro?

■ Come si svolge la ricerca di lavoro? È facile o difficile per i giovani trovare un lavoro?

[1]law   [2]graduates   [3]search   [4]therefore   [5]training   [6]high school graduates   [7]getting a high school diploma   [8]internships
[9]interns

Domande

1. Quale tema discutono il giornalista e gli studenti?
2. Quali sono le osservazioni che fa Giorgio?
3. Secondo Patrizia, in che cosa avrebbe dovuto specializzarsi per trovare subito lavoro?
4. Dove possono lavorare adesso i giovani italiani?
5. Quali suggerimenti dà Claudia ai giovani?

Domande personali

1. Lei è contento/a dei suoi corsi e dei suoi professori? Perché?
2. Quale corso di laurea ha scelto lei? È soddisfatto/a della scelta? Perché?
3. Secondo lei, quale laurea offre immediate possibilità di lavoro?
4. Per i laureati è difficile trovare lavoro nella sua città o nel suo paese? Perché?
5. Come vede il suo futuro nel mondo del lavoro? Perché?

Esercizio di comprensione

Il seguente brano è basato sull'intervista. Completi il brano con parole ed espressioni appropriate.

"I nostri giovani" è una _____ radiofonica settimanale presentata dal _____ Giovanni Conti. La trasmissione discute i problemi dei _____ che si preparano a entrare nel mondo del _____ . Giorgio dice che è necessaria una migliore _____ dai _____ . Inoltre le università non hanno molti _____ a disposizione e non ci sono _____ stretti fra l'università e le _____ . Patrizia dice che le piace l'_____ . Claudia pensa che la _____ di ingegneria sia _____ . Alla fine Giorgio dice ai giovani che è necessario avere un'ottima _____ , mentre Claudia dice che è importante avere una preparazione _____ .

Quando è possibile seguire questi corsi? A che cosa preparano? Quanto tempo durano? Quali di questi corsi le piacerebbe seguire?

Vocabolario

Parole analoghe

accademico/a	immediato/a	la professione
l'assistenza	interdisciplinare	specializzarsi
combinare	orientarsi	sufficiente
esistere	la possibilità	

Nomi

la concorrenza competition
il/la giornalista journalist
l'impiego job, employment
l'impresa business firm
l'ingegneria engineering
la laurea degree
il parere opinion
il suggerimento suggestion

Aggettivi

migliore better
stretto/a close
stimolante challenging

Altre parole ed espressioni

liberamente freely
il corso di laurea (university) major
la pausa pubblicitaria commercial break

Verbi

intervistare to interview
intraprendere to undertake
laurearsi to graduate
sistemarsi to get a job, get settled

> The plural of *il giornalista* is *i giornalisti;* the plural of *la giornalista* is *le giornaliste.*

Accademia
Raymond Riachi
Scultura - Pittura - Disegno - Arte orafa
CORSO TECNICO PROFESSIONALE DI ARTE ORAFA
riconosciuto dalla Regione toscana. Corsi liberi di scultura e pittura.
Per informazioni Via dei Conti 4 Firenze tel. 055-263831.

Pratica

1. In gruppi di tre o quattro: Lei è un/una giornalista della radio che intervista alcuni studenti. Chieda quali sono le loro opinioni sulla preparazione che ricevono all'università e se si sentono preparati per entrare nel mondo del lavoro.
2. In gruppi di tre o quattro: Domandi ai suoi amici quale lavoro pensano di svolgere una volta laureati e se pensano di trovare subito un posto (*job*). Prenda appunti e paragoni (*compare*) i suoi risultati con quelli di altri gruppi.

Ampliamento del vocabolario

Mestieri, professioni e altre occupazioni

1. Many nouns referring to occupations have both a masculine and a feminine form.

l'impiegato   (male) clerk   **l'impiegata**   (female) clerk
l'operaio   (male) blue-collar   **l'operaia**   (female) blue-collar
   worker   worker

2. Some masculine nouns that end in **-tore** have a feminine form that ends in **-trice.**

l'attore   actor   **l'attrice**   actress
lo scrittore   (male) writer   **la scrittrice**   (female) writer

3. Some masculine nouns form the feminine by dropping the final vowel and adding **-essa.**

il dottore   (male) doctor   **la dottoressa**   (female) doctor
il professore   (male) professor   **la professoressa**   (female) professor
lo studente   (male) student   **la studentessa**   (female) student

4. Some masculine nouns that end in **-ista, -ente,** or **-ante** can be feminine or masculine depending on the context.

il/la dentista   dentist   **il/la regista**   film director
l'elettricista   electrician   **l'agente**   agent
il/la farmacista   pharmacist   **il/la dirigente**   executive
il/la pianista   pianist   **il/la cantante**   singer

> Remember that nouns ending in *-ista* end in *-isti* in the masculine plural, and in *-iste* in the feminine plural: *i pianisti/le pianiste.*

il/la pianista   il/la cantante   il/la regista   l'elettricista

5. Some nouns have only a masculine or only a feminine form.

Masculine form only

l'architetto architect
l'avvocato lawyer
il meccanico mechanic
il medico doctor
l'uomo d'affari businessman

Feminine form only

la casalinga homemaker
la donna d'affari businesswoman

l'uomo d'affari   la donna d'affari   il medico

Espressioni utili

che lavoro fa (fai)? what work
   do you do?
che mestiere fa (fai)? what is
   your occupation?
**esercitare (svolgere) una profes-
   sione (un mestiere)** to practice
   a profession (a skilled craft)

**faccio il meccanico (l'avvo-
   cato)** I'm a mechanic (lawyer)
**scegliere una professione o un
   mestiere** to choose a
   profession or occupation

A In coppia: Faccia le seguenti domande ad un altro studente/un'altra
studentessa.

1. Quando finisci di studiare, quale professione ti piacerebbe svolgere o
   quale mestiere vorresti fare?
2. Che tipo di preparazione devi avere per svolgere la professione o fare il
   mestiere che hai scelto (*chosen*)?
3. Preferisci svolgere un lavoro che ti dia molti soldi, molta soddisfazione o
   molto tempo libero? Perché?
4. Quale professione o quale mestiere svolge tuo padre? Tua madre? Tuo
   fratello o tua sorella?

B In coppia: Lei chiede ad un altro studente/un'altra studentessa come si chiamano le persone che fanno i seguenti lavori.

◆ chi disegna palazzi e costruzioni
— Come si chiama chi disegna palazzi e costruzioni?
— L'architetto.

1. chi scrive per un giornale
2. chi suona il pianoforte
3. quelli che vendono medicine
4. le donne che non lavorano fuori casa
5. chi aggiusta i motori delle macchine
6. chi dirige (*directs*) un film
7. la donna che scrive libri
8. chi lavora in una fabbrica
9. chi interpreta i personaggi di un film
10. quelli che lavorano in un ufficio

Il mondo del lavoro

Nomi

il capo   chief, boss
la carriera   career
il colloquio   job interview
la fabbrica   factory
le ferie   vacation
la gestione   management
l'impiegato/a   employee
l'impiego   job, employment
il posto   job, position
la qualifica   qualification
il salario   wage, pay
lo stipendio   salary

Verbi

assumere   to hire
gestire   to manage
guadagnare   to earn
licenziare   to fire
licenziarsi   to quit (a job)
richiedere   to require, seek

Altre parole ed espressioni

guadagnarsi la vita   to earn one's living
sostenere un colloquio   to have a job interview

C In coppia: Intervisti un altro studente/un'altra studentessa per sapere se cerca lavoro per l'estate prossima e che tipo di lavoro vorrà fare.

1. Cerchi lavoro per l'estate prossima? Che tipo d'impiego pensi di trovare?
2. Cos'è più importante per te in questo impiego: lo stipendio o un'esperienza utile per fare carriera nel futuro?
3. Quanto ti piacerebbe guadagnare al mese?
4. Lavori adesso? Dove lavori?
5. Per quale lavoro sei qualificato/a?
6. Come ti vesti per andare a sostenere un colloquio per un posto di lavoro? Come ti prepari?
7. Quanti giorni di ferie all'anno ti piacerebbe avere?
8. C'è molta disoccupazione nella tua città o nel tuo paese, oppure (*or*) è abbastanza facile trovare lavoro?

D In coppia: Leggete i seguenti annunci. Poi a turno fate le domande che seguono e rispondete ad esse.

OFFERTE DI LAVORO

In Italy it is commonplace to indicate desired age range for jobs in newspaper ads. There are no antidiscrimination laws for age (or sex).

INDUSTRIA RICERCA

Laureato in chimica in possesso dei seguenti requisiti:
• età tra i 25 e 35 anni
• 2 o 3 anni di esperienza
Il candidato sarà responsabile per:
• lo studio e lo sviluppo di nuovi prodotti
• l'assistenza tecnica ai clienti.
Inviare dettagliato Curriculum vitae a: Agenzia Parini, Casella Postale 35, 22100 Como

Azienda[1] importanza nazionale cerca giovane laureato in

ECONOMIA E COMMERCIO

Si richiede:
• Buona votazione[2] di laurea
• Ottima conoscenza ragioneria[3]
• Ottima conoscenza inglese
• Età massima 26 anni
Inviare dettagliato curriculum vitae a: Agir Selezione, Casella 70, 00100 Roma

Società[4] multinazionale americana cerca

GIOVANI DIPLOMATI E LAUREATI

per una carriera dinamica e stimolante nel mondo delle vendite. I candidati, massimo venticinquenni e militesenti, devono possedere:
✓ una forte aspirazione al successo personale
✓ elevato impegno[5]
✓ determinazione e solide motivazioni
✓ buon rapporto interpersonale
L'attività lavorativa si svolgerà nel Centro-Sud d'Italia. Inviare dettagliato curriculum con recapito telefonico[6] a: Selezione e Consulenza, Casella Postale 155, 20100 Milano

Assumiamo GRAFICO/A[7] con esperienza di 2 o 3 anni presso agenzia di pubblicità. Età tra i 24 e 30 anni. Telefonare al (045) 2076935 di Verona

1. firm   2. grades   3. accounting
4. company   5. commitment
6. phone number   7. graphic designer

1. Quali sono le responsabilità di lavoro del candidato ricercato dall'industria chimica?
2. Chi cerca giovani laureati e diplomati?
3. Quali caratteristiche devono avere i candidati?
4. Che tipo di laurea è richiesta da un'azienda d'importanza nazionale?
5. Quale tipo di esperienza e quanti anni di attività nel ramo (*field*) deve avere il candidato/la candidata per l'impiego offerto a Verona? Secondo lei, sono sufficienti le informazioni sul lavoro offerto?

E In coppia: Telefoni ad un amico/un'amica e gli/le parli di uno degli annunci di lavoro riportati in alto. Risponda all'amico/a che vuole sapere il nome della ditta, i requisiti (*qualifications*) necessari e dove può telefonare o scrivere per quest'impiego.

F In coppia: Supponga di dover sostenere un colloquio per ottenere un lavoro presso un'agenzia di viaggi. Prepari un curriculum vitae riempiendo (*filling out*) il seguente modulo (*form*) e lo presenti al capo del personale.

Curriculum vitae

Titolo di studio: _____

Esperienza di lavoro: _____

_____

Caratteristiche personali: _____

Lingue straniere conosciute: _____

Altre qualifiche: _____

Referenze: _____

Poi risponda alle domande del capo che vuole sapere:

quando può cominciare a lavorare
se le piace viaggiare
quanto desidera guadagnare al mese

Struttura ed uso

Imperfetto del congiuntivo

— Mamma e papà volevano che io **avessi** una posizione importante nel mondo dello spettacolo!

1. The imperfect subjunctive is used in dependent **che** clauses when the verb in the main clause is in a past tense or in the present conditional.

Io non sapevo che ingegneria **fosse** così difficile.	*I didn't know that engineering was so difficult.*
Pensavo che **esistessero** più possibilità di lavoro.	*I thought that there were more employment possibilities.*
Sarebbe bene che voi **sceglieste** un'altra facoltà.	*It would be better if you were to choose another field of study.*
Vorrei che ci **fosse** più tempo per pensarci.	*I wish there were more time to think about it.*

2. To form the imperfect subjunctive of most verbs, drop the **-re** from the infinitive and add the endings **-ssi, -ssi, -sse, -ssimo, -ste,** and **-ssero.** The following chart shows the imperfect subjunctive of regular **-are, -ere,** and **-ire** verbs.

	studiare	prendere	capire
che io	studia**ssi**	prende**ssi**	capi**ssi**
che tu	studia**ssi**	prende**ssi**	capi**ssi**
che lui/lei	studia**sse**	prende**sse**	capi**sse**
che noi	studia**ssimo**	prende**ssimo**	capi**ssimo**
che voi	studia**ste**	prende**ste**	capi**ste**
che loro	studia**ssero**	prende**ssero**	capi**ssero**

Notice that both types of *-ire* verbs—those that take *-isc* in the present tense and those that do not—are conjugated identically in the imperfect subjunctive.

3. The following verbs are irregular in the imperfect subjunctive.

bere: bevessi, bevessi, bevesse, bevessimo, beveste, bevessero
dare: dessi, dessi, desse, dessimo, deste, dessero
dire: dicessi, dicessi, dicesse, dicessimo, diceste, dicessero
essere: fossi, fossi, fosse, fossimo, foste, fossero
fare: facessi, facessi, facesse, facessimo, faceste, facessero
stare: stessi, stessi, stesse, stessimo, steste, stessero

Notice that some of these verbs have the same irregular stem in the imperfect indicative: *fare: facevo/facessi; dire: dicevo/dicessi; bere: bevevo/bevessi.*

A Formuli frasi con le parole tra parentesi, come indicato nel modello.

◆ Giorgio studiava ingegneria. (Era opportuno)
Era opportuno che Giorgio studiasse ingegneria.

1. Voleva diventare architetto. (Sembrava)
2. I suoi corsi erano difficili. (Gli pareva)
3. Ingegneria richiedeva una buona preparazione in matematica. (Pensava)
4. Si preoccupava per il suo futuro. (Era normale)
5. I suoi amici trovavano subito lavoro. (Era contento)
6. La sua ragazza andava in un'altra città. (Gli dispiaceva)
7. Lei rimaneva qui. (Giorgio preferiva)
8. Lui le diceva la verità. (Sarebbe meglio)

B Completi la seguente descrizione di una settimana veramente difficile, usando l'imperfetto del congiuntivo dei verbi fra parentesi.

Benché io (dovere) leggere duecento pagine di storia, lunedì i miei amici hanno voluto che io li (aiutare) a studiare il latino. Martedì, la mia compagna di camera ha voluto che io le (dare) un passaggio con la macchina. Poi non sapevo che mercoledì ci (essere) l'esame di economia, e quindi non ho studiato. Ma il professore ha insistito che io (fare) l'esame lo stesso. Giovedì è stato necessario che io (parlare) con il professore. Poi i miei genitori hanno voluto che io (tornare) a casa venerdì per la fine settimana. Gli ho detto che andavo a casa a condizione che loro mi (permettere) di invitare alcuni amici. Che settimana!

C In coppia: Dica ad un compagno/una compagna cinque cose che i suoi professori volevano la settimana scorsa.

◆ La settimana scorsa la professoressa d'inglese voleva che noi leggessimo *Antonio e Cleopatra* e che studiassimo per un esame. Il professore d'italiano voleva che io parlassi della mia famiglia in classe ...

D Lei è andato/a a sostenere un colloquio di lavoro per un posto in una fabbrica. Siccome lei non è ben preparato/a, risponde all'intervistatore dicendo che lei immaginava che le cose stessero in maniera diversa.

◆ Questa fabbrica produce asciugacapelli.
Oh! Ma io pensavo che producesse videoregistratori!

1. Il giorno lavorativo comincia alle sette e mezzo.
2. La fabbrica non offre l'assistenza sanitaria (*health insurance*).
3. La posizione richiede una laurea in economia.
4. Ci sono più di duecento impiegati nella fabbrica.
5. La fabbrica chiude per ferie ad agosto.
6. Preferiamo assumere persone con molta esperienza.
7. Lo stipendio aumenta automaticamente ogni due anni.
8. Non abbiamo posizioni a tempo parziale (*part-time*).

E In coppia: Dica ad un amico/un'amica cosa pensava prima di cominciare a frequentare questa università.

Prima di venire qui, ...

1. pensavo che ...
2. non sapevo che ...
3. speravo che ...
4. speravo di ...
5. avevo paura che ...
6. avevo paura di ...

> Don't forget to use an infinitive if the subject of both clauses is the same: *Speravo di specializzarmi in ingegneria.*

Trapassato del congiuntivo e correlazione dei tempi

— E il pallone? Dov'è?

— Ma io pensavo che lo **avessi portato** tu!

1. Compare the forms of the verb in the following examples.

I genitori credevano che Maria Luisa **andasse** a scuola.	*Her parents thought that Maria Luisa was going to school.*
I genitori credevano che Maria Luisa **fosse andata** a scuola.	*Her parents thought that Maria Luisa had gone to school.*

The verb in bold type in the second sentence is in the **trapassato del congiuntivo** (pluperfect subjunctive), which is used when the action of the dependent clause takes place before that of the main clause.

I genitori non sapevano (domenica) che Maria Luisa **fosse andata** ad una festa (sabato).	*Her parents didn't know (on Sunday) that Maria Luisa had gone to a party (on Saturday).*

2. The **trapassato del congiuntivo** is a compound form consisting of an auxiliary verb (**avere** or **essere**) in the imperfect subjunctive and a past participle.

	arrivare	finire
che io	fossi arrivato/a	avessi finito
che tu	fossi arrivato/a	avessi finito
che lui/lei	fosse arrivato/a	avesse finito
che noi	fossimo arrivati/e	avessimo finito
che voi	foste arrivati/e	aveste finito
che loro	fossero arrivati/e	avessero finito

Ci sembrava che i ragazzi **si fossero preparati** abbastanza e che **avessero risposto** bene alle domande.	*It seemed to us that the guys had prepared themselves enough and that they had answered the questions well.*

3. The following charts summarize the sequence of tenses when the verb in the dependent **che** clause is in the subjunctive.

Main clause	che + dependent clause (describing simultaneous or future action)
presente futuro $\}$	**che** + congiuntivo presente

Spero che lui **arrivi.**   *I hope he arrives.*
È possibile che **si incontrino**   *It's possible that they will meet each other*
domani.   *tomorrow.*
Vorrà che tu **venga** con noi.   *He'll want you to come with us.*

Main clause	che + dependent clause (describing prior action)
presente futuro $\}$	**che** + congiuntivo passato

Spero che lui **sia arrivato.**   *I hope he has arrived.*
È possibile che **si siano** già   *It's possible that they already met each*
conosciuti.   *other.*
Penserà che voi **abbiate** già   *He'll think that you already read the*
letto il messaggio.   *message.*

Main clause	che + dependent clause (describing simultaneous or future action)
imperfetto passato prossimo trapassato condizionale $\}$	**che** + imperfetto del congiuntivo

Speravo che lui **arrivasse.**   *I hoped that he was arriving.*
Ci **sembrava** che **si**   *It seemed to us that he was getting*
sistemasse nel nuovo posto.   *settled in his new job.*
Avevamo pensato che **fosse**   *We had thought it was too late.*
troppo tardi.
Vorrei che me lo **chiedeste**   *I wish you would ask me tomorrow.*
domani.

Main clause	che + dependent clause (describing prior action)
imperfetto passato prossimo trapassato condizionale $\}$	**che** + trapassato del congiuntivo

Speravo che lui **fosse arrivato.**   *I hoped that he had arrived.*
Vorrei che me lo **avessi chiesto** ieri.   *I wish you had asked me yesterday.*
Ho voluto che lei **fosse stata** la   *I wanted her to have been the first to*
  prima a parlare.   *speak.*
Avevano pensato che noi **fossimo**   *They had thought that we had left*
  partiti insieme.   *together.*

F   Formuli frasi che descrivono quello che è successo nella facoltà di lingue dell'università. Scelga gli elementi appropriati dalle tre colonne, e usi il trapassato del congiuntivo nella frase subordinata.

Sembrava	la professoressa	fare i compiti
Era importante	noi	licenziarsi
Dubitavo	lo studente	usare il computer
Era meglio	gli studenti	uscire subito alla fine della
Temevo	i professori	lezione
Era bene	io	guadagnare poco
	le segretarie	parlare bene l'italiano
		lasciare i libri a casa
		perdere il quaderno
		arrivare prima dei professori

◆ Era importante che gli studenti fossero arrivati prima dei professori.

G   Spesso quando i genitori partono per la fine settimana, i figli fanno cose diverse da quelle che i genitori si aspettano. Dica quello che i genitori pensavano che i figli avessero fatto durante la loro assenza.

◆ Maria Luisa è andata ad una festa.
  I genitori non sapevano che Maria Luisa fosse andata ad una festa. Pensavano che Maria Luisa fosse andata in chiesa.

1. Maria Luisa è ritornata alle tre di mattina.
2. Ha invitato alcuni amici a casa.
3. Maria Luisa e gli amici hanno giocato a poker.
4. Bruno ha preso la macchina della mamma.
5. È andato al centro con alcuni amici.
6. È tornato a casa domenica mattina.
7. Il fratellino non ha mangiato niente.
8. Maria Luisa e Bruno non hanno fatto attenzione al fratellino.

H   In coppia: Dica ad un amico/un'amica tre o quattro cose del suo passato (per esempio: dov'è nato/a, quale liceo ha frequentato, un luogo interessante che ha visitato, un corso che ha seguito, ecc.).
  L'amico/L'amica risponde che non sapeva queste cose, o credeva qualche altra cosa.

◆ S1: Sono nata in Florida.
  S2: Sapevo che tu eri nata in Florida. / Non sapevo che tu fossi nata in Florida. / Credevo che tu fossi nata in Louisiana.

Ⓘ Riscrivete tutte le frasi nel passato.

◆ Ho paura che il mio ragazzo non mi ami più.
   Avevo paura che il mio ragazzo non mi amasse più.

1. Mi dispiace che non mi chiami spesso.
2. Sembra strano che non mi abbia telefonato ieri.
3. Non credo che lui abbia un'altra ragazza.
4. Voglio che facciamo la pace e che parliamo chiaramente.
5. Gli scrivo una poesia, affinché lui possa capire i miei sentimenti.
6. È possibile che si sia dimenticato di me.
7. Gli telefono prima che sia troppo tardi.

Ⓙ Quando si vive in famiglia, ogni dichiarazione (*statement*) provoca reazioni diverse dai vari membri della famiglia. Esprima queste reazioni, come nel modello.

◆ Ho avuto un altro incidente con la macchina!
   Non posso credere che tu ...
   Non posso credere che tu abbia avuto un altro incidente con la macchina.
   Immaginavo che tu ...
   Immaginavo che tu avessi avuto un altro incidente con la macchina.

1. Aspetto un bambino!
   Non è possibile che tu ...
   Vorrei tanto che tu ...
   Sono veramente contento/a che tu ...

2. I miei genitori hanno intenzione di farci una visita!
   Mi dispiace che i tuoi genitori ...
   Speravo che ...
   Dubito che ...

3. Ho trovato un lavoro!
   Non posso credere che ...
   Sarebbe bellissimo che ...
   La mamma sarà contentissima che tu ...

4. Abbiamo vinto alla lotteria!
   Sarebbe un miracolo se ...
   Non sapevo che ...
   È incredibile che ...

5. La mia ragazza ha venti anni più di me!
   Non sembra che la tua ragazza ...
   Non mi piace che ...
   Infatti, avevo l'impressione che ...

Frasi introdotte da *se*

— Se **fossi** architetto, ti **costruirei** due castelli. Se **fossi** parrucchiere, ti **taglierei** i capelli.

1. When the word **se** (*if*) is used to talk about circumstances that are real or likely to occur, the indicative is used in the **se** clause and the indicative or the imperative is used in the main clause.

Se **ho** bisogno di soldi, **lavoro** con mio zio.	*If I need money, I work for my uncle.*
Se **hai** bisogno di soldi, **trova** un lavoro!	*If you need money, find a job!*
Se **andrai** all'ufficio di collocamento, **troverai** molte possibilità di lavoro.	*If you go to the employment office, you'll find many job possibilities.*
Se non **riusciva** a trovare un altro lavoro, mio nonno **vendeva** anche i giornali.	*If he wasn't able to find any work, my grandfather would even sell newspapers.*

2. **Se** can also be used to talk about imaginary, unlikely, and impossible situations. In these cases the **se** clause is in the imperfect subjunctive and the main clause is in the conditional.

Se **avessi** un milione di dollari, non **lavorerei** più.	*If I had a million dollars, I wouldn't work anymore.*
Io invece se **fossi** milionario, **continuerei** a lavorare.	*If I were a millionaire, I'd continue to work.*
Se i miei genitori mi **ascoltassero**, **vedrebbero** che ho ragione.	*If my parents only listened to me, they would see that I am right.*

K In coppia: Dica ad un altro studente/un'altra studentessa quello che lei generalmente fa nelle seguenti situazioni.

◆ Se fa freddo ...   S1: Se fa freddo non esco.
                            S2: Se fa freddo mi metto una maglia.

1. Se ho molta fame ...
2. Se non capisco una cosa in classe ...
3. Se ho molti compiti da fare e poco tempo ...
4. Se ho bisogno di parlare con qualcuno ...
5. Se mi telefona un amico noioso ...
6. Se non riesco a dormire ...

L Trasformi queste frasi, usando il condizionale nella frase principale e l'imperfetto del congiuntivo nella subordinata, come nel modello.

◆ Se posso, lo faccio.   Se potessi, lo farei.

1. Se parli, ti ascolto.
2. Se mangiamo poco, ci sentiamo meglio.
3. Se abbiamo bisogno di soldi, li chiediamo a papà.
4. Se ho tempo, cucino qualcosa.
5. Se non corro ogni giorno, mi sento più stanco.
6. Se vuole parlare con te, ti telefona.
7. Se è possibile, veniamo.

M Dica quello che lei farebbe nelle seguenti situazioni.

1. Se fossi donna/uomo ...
2. Se potessi essere un personaggio storico ...
3. Se adesso fossi in Italia ...
4. Se avessi più tempo ...
5. Se fossi invisibile ...
6. Se potessi uscire con qualsiasi persona ...
7. Se fossi professore universitario ...

 In gruppi di tre: Domandi alle altre persone del gruppo cosa farebbero se succedessero le seguenti cose. Poi riferisca l'informazione alla classe.

se vedessero un UFO
se non potessero trovare un lavoro dopo aver finito l'università
se trovassero un portafoglio (*wallet*) con mille dollari
se vedessero la ragazza del migliore amico con un altro uomo
se durante un esame vedessero un altro studente copiare da un
     compagno/una compagna
se si trovassero in montagna senza cibo

◆ se vedessero un UFO   S1: Cosa faresti se vedessi un UFO?
                         S2: Io telefonerei ai giornali.
                         S1: E tu cosa faresti?
                         S3: Io ...

Condizionale passato

— Massimo, **avresti dovuto** telefonare prima!

1. The past conditional is a compound form consisting of an auxiliary verb (**avere** or **essere**) in the present conditional plus a past participle. The following chart shows the forms of the past conditional.

	scegliere	uscire
io	avrei scelto	sarei uscito/a
tu	avresti scelto	saresti uscito/a
lui/lei	avrebbe scelto	sarebbe uscito/a
noi	avremmo scelto	saremmo usciti/e
voi	avreste scelto	sareste usciti/e
loro	avrebbero scelto	sarebbero usciti/e

2. The past conditional corresponds to *would have (done something)*. It is also used to report a future action *as viewed from the past*, which English expresses with the simple conditional.

Giorgio ha scelto ingegneria ma io **avrei scelto** matematica.

Giorgio chose engineering, but I would have chosen math.

Patrizia si è iscritta ad architettura ma noi **ci saremmo iscritti** a scienze politiche.

Patrizia enrolled in architecture, but we would have enrolled in political science.

Claudia ha detto che **avrebbe scelto** la facoltà l'anno dopo.

Claudia said that she would choose a major the following year.

3. The past conditional of **dovere** + *infinitive* means *should have (done something)*. Similarly, the past conditional of **potere** + *infinitive* means *could have (done something)*.

Avrebbero dovuto parlare prima con me.

They should have spoken to me first.

Avresti potuto lavorare a tempo parziale.

You could have worked part-time.

4. To talk about a contrary-to-fact or imaginary situation entirely in the past, use **se** + **trapassato del congiuntivo** + *past conditional*.

> The order of the two clauses can be switched: *Non ci sarei andato se lo avessi saputo prima.*

Se lo **avessi saputo** prima, non ci **sarei andato**.

Se non **avessero incontrato** Gianni, non **avrebbero saputo** la buona notizia.

If I had known sooner, I wouldn't have gone.

If they hadn't run into Gianni, they wouldn't have learned the good news.

O In coppia: Riferisca all'amico/all'amica quello che le seguenti persone hanno detto riguardo alla festa che avrebbero organizzato.

◆ Caterina: Io porterò le bibite.

S1: Cosa ha detto Caterina?
S2: Ha detto che avrebbe portato le bibite.

1. Marcella: Arriverò un po' tardi.
2. Tina e Giuseppe: Noi aiuteremo con le decorazioni.
3. Tuo cugino: Porterò i CD e le cassette.
4. Massimo: Mio fratello non verrà.
5. Angela e Caterina: Prepareremo cinquanta panini.
6. Betti: Dovrò andare via presto.
7. Gli amici: Ci divertiremo tanto!

P In coppia: Ieri lei non aveva molta voglia di lavorare. Quando il suo compagno/la sua compagna le chiede perché non ha fatto le seguenti cose, risponda con una scusa appropriata.

◆ fare i compiti

S1: Hai fatto i compiti?
S2: No. Li avrei fatti, ma ho perduto il mio libro d'italiano.

1. scrivere il tema
2. preparare la relazione per il corso d'ingegneria
3. andare al laboratorio
4. finire gli esercizi di grammatica
5. leggere due capitoli nel libro di storia
6. guardare il documentario per il corso di antropologia
7. dormire abbastanza

Q In gruppi di tre: Decidete che cosa avrebbero dovuto fare queste persone.

◆ Quando si è svegliata una vostra amica aveva la febbre. La sua temperatura era di 104 gradi F.
S1: Avrebbe dovuto chiamare subito il dottore.
S2: Sarebbe dovuta andare all'ospedale.
S3: Avrebbe dovuto prendere due aspirine.

1. Un vostro amico ha sostenuto un colloquio di lavoro. Ma non si è preparato bene per il colloquio, si è vestito in maniera un po' informale e non ha risposto bene alle domande. Quindi il colloquio è andato male.
2. Una vostra amica era seduta in un caffè e ha visto un ragazzo che le piaceva molto. Ma, poverina, era timida e non sapeva che cosa dire. Lui è andato via prima che lei potesse parlargli.

3. Un vostro amico è disperato perché dopo tre anni capisce di avere sbagliato quando ha scelto la facoltà. Non gli piace per niente la biologia!

4. La vostra compagna di camera non ha potuto trovare un lavoro per l'estate.

5. Un vostro amico ha dimenticato il compleanno della sua ragazza. Adesso la ragazza non vuole più parlare con lui.

R Risponda alle seguenti domande.

1. Che cosa avrebbe fatto se la sua università non l'avesse accettato/a?
2. Quale università avrebbe frequentato se fosse stato possibile?
3. Cosa avrebbe fatto l'estate scorsa se avesse avuto i soldi?
4. Come sarebbe stato il mondo se gli europei non avessero scoperto l'America?
5. Come sarebbe stato il mondo se lei non fosse nato/a?

Parliamo un po'

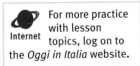

For more practice with lesson topics, log on to the *Oggi in Italia* website.

A **Un sondaggio.** Intervisti quattro studenti per sapere in che cosa vogliono specializzarsi e perché. Se una persona non ha ancora deciso, chieda quale sarà la sua specializzazione più probabile.

Studente	Specializzazione	Perché
1. _____	_____	_____
2. _____	_____	_____
3. _____	_____	_____
4. _____	_____	_____

Remember to use an infinitive if the subject of both clauses is the same: *Vorrei trovare un posto nella mia città.*

B **Il primo lavoro.** In coppia: Quale sarà il suo primo posto di lavoro quando uscirà dall'università? Dica ad un amico/un'amica come vorrebbe che fosse questo lavoro. Quando è possibile, usi espressioni quali *vorrei che, sarebbe bello se, preferirei che,* ecc.

◆ Sarebbe bello se potessi lavorare in una grande banca. Vorrei che il mio stipendio fosse ...

C. Lei è in cerca di lavoro e va all'ufficio di collocamento affinché l'aiutino nelle sue ricerche. La prima cosa che deve fare quando arriva è compilare il modulo (*fill out the form*) in basso.

Data _____

I. **Dati personali**

Nome _____

Indirizzo _____

Numero di telefono _____

Luogo e data di nascita _____

II. **Titoli di studio**

Istituto _____ Anno _____

Specializzazione _____

Lingue straniere _____

III. **Lavori precedenti**

Nome della ditta	Data d'impiego	Responsabilità
_____	_____	_____
_____	_____	_____
_____	_____	_____

On official documents, Italians generally write their last name followed by their first name.

D. **Candidati per un posto.** In gruppi di quattro: Le tre persone rappresentate nel disegno sono venute alla società BigBog a sostenere un colloquio per una posizione con questa azienda. Con il gruppo, usate la fantasia e compilate il modulo dell'attività C per ogni candidato. Poi, scrivete un breve paragrafo per ogni candidato in cui la persona spiega perché dovrebbe avere la posizione in questione.

◆ Se la società BigBog mi offrisse questo posto, farei ...

E **Il colloquio.** Negli stessi gruppi di quattro: Uno studente fa la parte del direttore/della direttrice della società Bigbog, che conduce i colloqui con i tre personaggi dell'attività D (gli altri tre studenti). Il direttore/La direttrice guarda il modulo di ogni candidato e prepara almeno tre domande che vuole fare a tutti e tre. Dopo aver sentito le loro risposte, il direttore/la direttrice prende una decisione.

In giro per l'Italia

View the *Parliamo italiano!* video, Module 11, *Leggere (Firenze)*.

The *Rinascimento* (Renaissance) was a cultural and artistic movement that flourished in Florence between the 14th and 16th centuries. The *Medici* were a great Florentine family who governed Florence at this time. *Lorenzo il Magnifico* (1449–1492) was a poet as well as a statesman.

Centuries (*i secoli*) are referred to in two ways, corresponding to the use in English of "19th century" and "1800s." 1200–1299 = *il tredicesimo secolo* or *il Duecento*. But, 2000–2099 = *il ventunesimo secolo*.

Dante Alighieri (1265–1321) was a Florentine poet and writer.

Giovanni Boccaccio (1313–1375) was a Florentine writer.

Niccolò Machiavelli (see page 144) was the author of the political treatise *Il Principe*.

Donatello (1386–1466) was a Florentine sculptor.

A **La parola giusta.** Completi le seguenti frasi con le parole appropriate fra quelle indicate tra parentesi.

1. All'università ho seguito un corso di _____ italiane.
   (famiglia, lingua e cultura)
2. Abbiamo letto due libri importanti di _____ contemporanea.
   (letteratura, gloria)
3. Abbiamo visto le statue più belle della _____ del Cinquecento.
   (scultura, parte)
4. Abbiamo ammirato i bellissimi palazzi dell'_____ italiana.
   (accademia, architettura)
5. Abbiamo conosciuto le opere di molti _____ del Rinascimento.
   (stranieri, artisti)
6. Abbiamo studiato opere di stile _____ e di stile _____ .
   (gotico, comune / fiorentino, romanico)
7. Gli artisti fiorentini sono _____ in tutto il mondo.
   (famosi, studiosi)
8. A me piacciono soprattutto le _____ di Giotto.
   (chiese, pitture)

Firenze

Firenze, capoluogo della Toscana, è una delle città d'arte più famose del mondo. Secondo un sondaggio[1] turistico, viene subito dopo Gerusalemme per il numero di visitatori che accoglie[2] annualmente. Fin[3] dal Medioevo, Firenze è stata un importante centro di cultura e civiltà. Già nel Duecento vi[4] cominciano a fiorire[5] le arti quali la letteratura, la pittura, la scultura e l'architettura. Nel Rinascimento poi, sotto la guida dei Medici, e in particolare di Lorenzo il Magnifico, Firenze raggiunge l'apice[6] della sua gloria. Poeti e scrittori quali Dante, Boccaccio e Machiavelli, e artisti quali Michelangelo, Leonardo e Donatello lasciano a Firenze e al mondo intero un enorme patrimonio artistico e culturale di immenso valore.

1. survey   2. welcomes   3. Since   4. there   5. flourish   6. apex

Firenze: Veduta parziale della Cupola e del Campanile del Duomo.

Filippo Brunelleschi (1377–1446) was a Florentine architect and sculptor.

Giotto (1267–1337) was an architect and painter, especially of frescoes.

Fra i tanti monumenti della città, il più solenne è il Duomo[7] di Santa Maria del Fiore. Di stile gotico e decorato con marmi[8] di vario colore, esso è abbellito[9] dall'elegante cupola[10] del Brunelleschi, dall'alto e snello campanile[11] di Giotto e dal Battistero di stile romanico[12] ricoperto di marmi verdi e bianchi. Altri monumenti importanti sono il Palazzo della Signoria, oggi sede del comune della città, e la chiesa di Santa Croce, dove sono sepolti[13] alcuni grandi artisti e scrittori italiani.

Nei numerosi musei fiorentini sono raccolte[14] alcune delle opere d'arte più belle del mondo. Il famoso *David* di Michelangelo può essere ammirato nella Galleria dell'Accademia, mentre le più belle pitture italiane dipinte dal Duecento al Seicento[15] sono nella Galleria degli Uffizi. E questi sono solamente alcuni dei capolavori[16] che continuamente richiamano a Firenze studiosi[17], artisti e turisti italiani e stranieri.

7. cathedral   8. marble   9. embellished   10. dome   11. belltower   12. Romanesque
13. buried   14. gathered   15. seventeenth century   16. masterpieces   17. scholars

B   **Definizioni.** Abbini le definizioni con una parola della lista di destra. Ci sono due parole in più nella lista.

1. la città più visitata del mondo dopo Gerusalemme
2. secolo in cui cominciano a fiorire le arti a Firenze
3. il periodo più importante della storia culturale di Firenze
4. lo stile architettonico del Duomo di Firenze
5. lo stile architettonico del Battistero di Firenze
6. può essere ammirato nella Galleria dell'Accademia

a. il Medioevo
b. il Seicento
c. gotico
d. Firenze
e. il *David*
f. il Duecento
g. il Rinascimento
h. romanico

A **Definizioni.** Abbini le definizioni con una parola della lista di destra. Ci sono due parole in più nella lista.

1. sinonimo di *lingua*
2. opera principale di un artista
3. la persona che scrive opere letterarie
4. la persona che scrive poesie
5. il tredicesimo (*thirteenth*) secolo
6. linguaggio tipico di una regione o di una città diverso dalla lingua nazionale

a. lo scrittore
b. il dialetto
c. il Duecento
d. il linguaggio
e. l'origine
f. il Trecento
g. il capolavoro
h. il poeta

Le origini della lingua italiana

Oltre ad avere una storia artistica e culturale di grande importanza, Firenze è stata anche la culla[1] della lingua italiana. Infatti le origini dell'italiano risalgono[2] al dialetto fiorentino del '200 (Duecento) e del '300 (Trecento). Il padre dell'italiano è Dante Alighieri. Grande poeta ma anche grammatico[3], Dante getta[4] le basi della lingua italiana. Egli scrive un'opera in latino dedicata allo studio del

1. cradle   2. date back   3. grammarian   4. lays

Il grande poeta italiano Dante Alighieri sembra un po' pensieroso. Perché?

volgare[5], linguaggio che poi utilizza per scrivere la *Vita Nuova,* dove racconta il suo primo incontro con Beatrice. Dante si innamora di questa giovane donna che sarà l'ispiratrice del suo capolavoro letterario, la *Divina Commedia.*

Un altro padre della lingua italiana è Francesco Petrarca (1304–1374), che non è fiorentino, ma anch'egli è toscano in quanto[6] nato ad Arezzo. Uno dei più grandi poeti lirici italiani, il Petrarca è l'autore del *Canzoniere,* una raccolta[7] di poesie fra le quali domina il sonetto. Il poeta dedica questo capolavoro alla donna amata, Laura.

Il terzo gigante della letteratura e lingua italiane dell'epoca è Giovanni Boccaccio. L'opera principale di questo scrittore fiorentino è il *Decamerone,* una raccolta di cento novelle[8] raccontate nel giro[9] di dieci giorni da dieci giovani (sette donne e tre uomini) che si rifugiano[10] fuori Firenze durante la peste[11].

> *Decamerone* (from *deka,* Greek for "ten") means "book of ten days."

5. vernacular   6. by virtue of being   7. collection   8. short stories   9. in the course
10. take refuge   11. plague

B **La parola giusta.** Completi le seguenti frasi con le parole appropriate fra quelle indicate tra parentesi.

1. _____ italiana è nata a Firenze.
   (il dialetto, la lingua)
2. Dante è il _____ della lingua italiana.
   (poeta, padre)
3. Oltre ad essere poeta, Dante era anche un _____ .
   (grammatico, scrittore)
4. La *Divina Commedia* è _____ letterario di Dante.
   (il capolavoro, l'opera)
5. Beatrice è l' _____ della *Divina Commedia.*
   (autrice, ispiratrice)
6. Francesco Petrarca è l' _____ del *Canzoniere.*
   (ispiratrice, autore)
7. Il *Decamerone* di Giovanni Boccaccio è una raccolta di cento _____ .
   (poesie, novelle)

Cortile interno di un caratteristico palazzo di Milano.

Lezione 17

In cerca di un appartamento

COMMUNICATIVE OBJECTIVES

- Discuss renting an apartment, its location, and cost
- Compare people, places, and things
- Describe rooms and their furnishings
- Talk about what you are/were doing

Francesca Bellini è di Arezzo ma frequenta l'università di Firenze. Invece di fare la pendolare, Francesca vuole vivere a Firenze, ed è già in cerca di un alloggio. Sta leggendo i diversi annunci attaccati in una bacheca quando arriva la sua amica Roberta.

ROBERTA:	Ciao, Francesca, cosa stai facendo? Cerchi qualcosa?
FRANCESCA:	Sto guardando questi annunci. Ho deciso di trasferirmi a Firenze e sto cercando casa.
ROBERTA:	Sei già andata ad un'agenzia immobiliare?
5 FRANCESCA:	Oh, no, è troppo costosa. E poi non ho intenzione di prendere in affitto un appartamento. Mi basta condividere un alloggio con qualche altra ragazza.
ROBERTA:	Bene, ti aiuto a leggere questi annunci. Chissà, forse potrai trovare qualcosa di buono.
10 FRANCESCA:	Lo spero proprio.
ROBERTA:	Ecco, leggi un po' qua! Questo annuncio è più interessante degli altri e potrebbe fare al caso tuo°. (*Francesca legge l'annuncio.*)

> Cerco studentessa per condividere appartamentino grazioso con vista, zona tranquilla, non lontano dall'università. Due camere, cucina, bagno, balcone e riscaldamento autonomo. 400 euro mensili escluse le utenze. Contattare Mariangela ore pasti. Tel: 055-4974521

FRANCESCA:	Sembra proprio il posto che fa per me°, sebbene sia un po' 20 caro.
ROBERTA:	Guarda che a Firenze trovare casa non è così semplice come ad Arezzo. Gli appartamenti dati in affitto sono pochi e molto costosi. Quindi ti conviene non perdere tempo e se puoi, prendi quest'appartamento.
25 FRANCESCA:	Sì, hai proprio ragione. E poi non voglio fare più la pendolare. Perciò ti saluto e vado subito a telefonare.

Arezzo: Tuscan city located about 60 km southwest of Florence.

Many students from towns and cities near major universities commute to the university by train, bus, or car. This is due to the scarcity of rental apartments and the expense of living away from home.

chissà = chi sa

could be right for you

Appartamentino is a diminutive of *appartamento.*

La vista also means "eye-sight": *Se vedi quel segnale, hai una buona vista.*

is right for me

costoso = caro

Domande

1. Dove abita Francesca Bellini? Dove va all'università?
2. Che cosa vuole fare Francesca? Perché?
3. Che cosa cerca adesso Francesca?
4. Perché Francesca non va a un'agenzia immobiliare?
5. Che cosa dice l'annuncio che attrae l'attenzione di Francesca?
6. Com'è la situazione degli affitti a Firenze?

Domande personali

1. Lei abita in un appartamento o in una villa? Com'è la sua casa?
2. Da quanto tempo lei abita lì? Le piacerebbe trasferirsi? Perché?
3. Lei abita vicino all'università o fa il/la pendolare?
4. Come sono gli affitti nella sua città?
5. Quanto costa al mese l'affitto di un appartamento vicino all'università?
6. Se lei fosse in cerca di un appartamento, lo cercherebbe sui giornali, presso le agenzie immobiliari o nelle bacheche dell'università? Perché?

Esercizio di comprensione

Metta in ordine logico le seguenti frasi basate sul dialogo.

1. Ci sono tanti annunci attaccati alla bacheca della facoltà.
2. Francesca sta guardando gli annunci perché ha deciso di trasferirsi a Firenze.
3. Roberta vede un annuncio che sembra più interessante degli altri.
4. Francesca Bellini è di Arezzo.
5. Roberta domanda a Francesca se è andata ad un'agenzia immobiliare.
6. Francesca pensa che l'affitto sia un po' caro, ma Roberta le dice che trovare casa a Firenze non è così semplice come ad Arezzo.
7. Francesca preferisce non andare all'agenzia immobiliare perché è troppo cara.

Vocabolario

Parole analoghe

autonomo/a	tranquillo/a
il balcone	la vista
contattare	

Nomi

l'affitto rent
l'alloggio apartment, lodging
l'annuncio ad(vertisement)
la bacheca bulletin board
il bagno bathroom
la camera room
il pasto meal
il/la pendolare commuter
il riscaldamento heat
le utenze utilities

Aggettivi

attaccato/a attached
costoso/a costly, expensive
grazioso/a charming
mensile monthly

Verbi

bastare to be enough
condividere to share
convenire to be convenient
trasferirsi to move

Altre parole ed espressioni

chissà who knows
qua here
l'agenzia immobiliare real estate agency
in cerca di in search of
dare in affitto to rent
fare il/la pendolare to commute
più ... di more . . . than
prendere in affitto to lease, rent
così ... come as . . . as

A BRACCIO CON LE NUOVE GENERAZIONI

Quigiovani

QUOTIDIANO NAZIONALE DEL MONDO GIOVANILE

IN LINEA DIRETTA CON LE NUOVE GENERAZIONI

IL GIORNALE CRITICO, AUTONOMO
SENZA RISERVE MENTALI

Il quotidiano = il giornale Come si chiama il giornale? A chi è diretto questo giornale? Quando e dove può essere comprato? Com'è questo giornale?

I giornali italiani

I n Italia la stampa[1] è un mezzo d'informazione importante, nonostante la concorrenza[2] della televisione e della radio. Alcuni giornali sono indipendenti, ma molti sono finanziati da enti statali[3], gruppi privati, organizzazioni cattoliche e partiti politici. Ogni grande città italiana ha il suo quotidiano[4] e in alcune città si stampano[5] vari giornali. A Roma, per esempio, si pubblicano cinque importanti giornali quali *Il Messaggero, Paese Sera, La Repubblica, L'Unità* e *Il Tempo.* Tra i giornali italiani più autorevoli[6] ricordiamo *Il Corriere della Sera* di Milano, *La Stampa* di Torino e *La Repubblica* di Roma.

L'edicola di giornali all'angolo della strada è una caratteristica delle città italiane.

Molto diffuse[7] sono anche le riviste illustrate settimanali, stampate quasi tutte a Milano, che è il principale centro editoriale italiano. Le più note riviste sono quelle di attualità[8] e varietà come *Oggi, Gente,* e quelle femminili come *Grazia.* Fra le riviste politiche, d'opinione e di cultura, le più lette sono *L'Espresso* e *Panorama,* che svolgono[9] una funzione di critica del costume[10] e di formazione[11] etico-politica.

■ Quali sono i giornali più conosciuti in questo paese?
Qual è il giornale più autorevole?

---

[1]press   [2]competition   [3]government agencies   [4]daily newspaper   [5]are published   [6]authoritative   [7]widespread   [8]current events
[9]perform   [10]customs   [11]development

Pratica

1. In coppia: Assuma il ruolo di Francesca e telefoni a Mariangela che ha messo l'annuncio dell'appartamento nella bacheca. Lei vuole sapere l'indirizzo, se e quando può vedere l'appartamento, chi altro lo occupa e se lei deve condividere la camera con un'altra persona.

2. Lei abita in un appartamento che desidera condividere con una o due persone durante l'anno accademico. Prepari un annuncio da attaccare alla bacheca dell'università.

Ampliamento del vocabolario

La casa

In Italian cities people live mainly in apartments. Suburban living is uncommon in Italy, and single-family houses are found mostly in small towns and in the countryside.

Le stanze

1. **la camera da letto** bedroom
2. **il bagno** bathroom
3. **lo studio** study, den
4. **la cucina** kitchen
5. **la sala da pranzo** dining room
6. **il salotto** living room

Fuori della casa

7. **il cortile** courtyard
8. **il giardino** garden
9. **il garage** garage

Altre parti della casa

a. **la soffitta** attic
b. **il soffitto** ceiling
c. **il camino** fireplace
d. **la cantina** cellar
e. **il pavimento** floor
f. **le scale** stairs
g. **la parete** wall

La parete is the inside wall; the outside wall is *il muro*.

In coppia: Faccia le seguenti domande ad un altro studente/un'altra studentessa.

1. Quante stanze ci sono nella tua casa?
2. Fa' una lista delle stanze della tua casa.
3. Dove mangi di solito, in cucina o nella sala da pranzo? E quando hai invitati, dove mangi?
4. C'è un giardino intorno (*around*) alla tua casa?
5. Dove studi e fai i compiti?
6. Dove guardi la televisione? Dove ascolti la radio?
7. Dove ti lavi?

B In coppia: Chieda ad un altro studente/un'altra studentessa di descrivere la propria casa ideale.

◆ — Secondo te, come dovrebbe essere la casa ideale?
   — Secondo me, la casa ideale ...

I mobili e gli elettrodomestici

I mobili

l'armadio   armoire, wardrobe, closet
il comò   chest of drawers
la credenza   sideboard
il divano   sofa
il guardaroba   closet
la lampada   lamp
la libreria   bookcase
la poltrona   armchair
il quadro   painting
lo scaffale   shelf
la scrivania   desk
il tavolo/la tavola   table
il tappeto   rug
la tenda   curtain

Gli elettrodomestici

l'aspirapolvere (*m.*)   vacuum cleaner
l'asciugatrice (*f.*)   clothes dryer
il ferro da stiro   iron
il forno (a microonde)   (microwave) oven
il frigo(rifero)   refrigerator
la lavastoviglie   dishwasher
la lavatrice   washing machine

La libreria can also mean "bookstore."

Stoviglie in *lavastoviglie* means "dishes and cutlery."

C In gruppi di tre o quattro: A turno descrivete un mobile o un elettrodomestico che gli altri studenti devono indovinare.

◆ — Questa cosa serve per vedere meglio. Dà luce. Può essere nello studio, in camera da letto o in salotto.
   — La lampada.

D In coppia: Intervisti un altro studente/un'altra studentessa per sapere com'è la sua stanza. Gli/Le domandi:

1. se la stanza è grande o piccola e quante finestre ci sono
2. se ci sono sedie e poltrone e quante di esse
3. se ci sono quadri e di che tipo
4. dove sono i libri
5. quali oggetti sono sulla scrivania
6. se c'è un comò e che cosa c'è sul comò e dentro il comò
7. se c'è un frigo e che cosa c'è nel frigo
8. se c'è un guardaroba e che cosa c'è nel guardaroba

E In coppia: Lei vuole comprare due o tre di questi articoli venduti in una televendita e telefona alla stazione televisiva. Collabori con un altro studente/un'altra studentessa che risponde al telefono e compila la sua fattura (*fills out your bill*).

◆ — Cosa desidera comprare?
　 — Desidero comprare ...

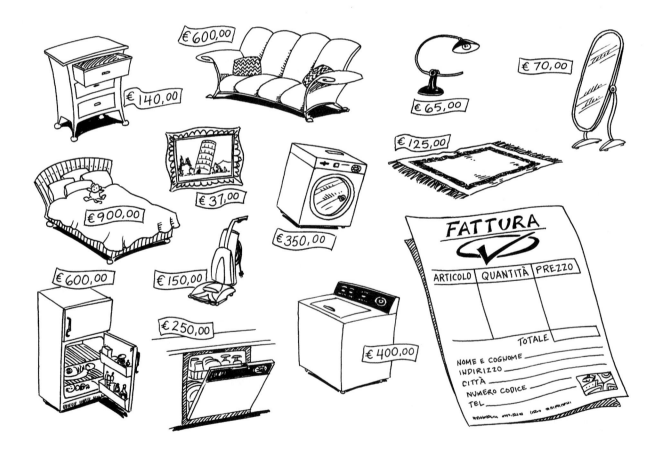

Struttura ed uso

Comparativo d'uguaglianza

— Vedi, cara? Il salotto del Papa è quasi **così** grande **come** il nostro!

1. Comparisons of equality using adjectives and adverbs are expressed in Italian with **così ... come** or **tanto ... quanto.** In practice, **così** and **tanto** are often omitted.

Il salotto è (**così**) grande **come** lo studio.	*The living room is as big as the office.*
La cucina è (**tanto**) moderna **quanto** il bagno.	*The kitchen is as modern as the bathroom.*
Paolo guida (**così**) lentamente **come** suo fratello.	*Paolo drives as slowly as his brother.*

Note that when the second part of a comparison contains a pronoun, a disjunctive form is used.

Il fratello di Paolo guida (tanto) lentamente quanto **te.**

See *Lezione 9* for disjunctive pronouns.

2. Comparisons of equality of nouns and verbs are expressed with the pattern **tanto ... quanto.** When **tanto** precedes a noun, it agrees with the noun.

Mio fratello mangia **quanto** un elefante.	*My brother eats as much as an elephant.*
Ha **tanta** fame **quanto** un lupo.	*He is as hungry as a wolf.*
Mangia **tante** verdure **quanto** te.	*He eats as many vegetables as you do.*

Fame (hunger) is feminine. Remember that *avere fame* means "to be hungry" (to have hunger).

When the quantity of two nouns is being compared, **tanto** and **quanto** agree with the nouns.

Nel frigo ci sono **tante** arance **quante** mele, e c'è **tanto** tè freddo **quanta** limonata.

There are as many oranges as apples in the refrigerator, and there is as much iced tea as lemonade.

A Parli dei membri della sua famiglia, usando elementi dalle tre colonne e formulando comparativi di uguaglianza.

◆ I miei nonni sono (così) religiosi come il Papa.
  I miei nonni sono (tanto) religiosi quanto il Papa.

mio padre	alto	Babbo Natale
mia madre	intelligente	una fotomodella
mio fratello	bello	un giocatore di pallacanestro
mia sorella	spende tanti soldi	un attore/un'attrice del cinema
i nonni	forte	un professore universitario
lo zio	religioso	il Senato
la zia	buono	the Rock
i cugini	generoso	un santo/una santa
	ha tanti vestiti	il Papa

B Una vedova (*widow*) con tre figlie e un vedovo con tre figli si sono sposati. Hanno costruito una casa con due camere da letto uguali: la prima per le figlie e la seconda per i figli. Formulate comparativi di uguaglianza con le informazioni date.

◆ Nella prima camera ci sono tre letti. Anche nella seconda camera ci sono tre letti.
  Nella prima camera ci sono tanti letti quanti nella seconda.

1. La camera dei ragazzi è molto grande, ma anche la camera delle ragazze è grande.
2. Ci sono due finestre nella prima camera. Anche nella seconda ci sono due finestre.
3. I mobili dei figli sono moderni. Quelli delle figlie sono anche moderni.
4. Ci sono tre scrivanie nella prima camera e tre scrivanie nella seconda.
5. Nella camera dei ragazzi ci sono dieci fotografie di giocatori di palla-canestro e dieci poster di cantanti rock.

C In coppia: Usando la fantasia, dica ad un amico/un'amica com'è il suo ragazzo/la sua ragazza.

◆ allegro/a
  La mia ragazza è così allegra come Biancaneve./La mia ragazza è tanto allegra quanto Biancaneve.

1. bello/a
2. intelligente
3. simpatico/a
4. divertente
5. ha molti amici
6. ha molta pazienza
7. buono/a

Comparativo di maggioranza e di minoranza

— Aspetta! La mia parte del divano è **più** pesante **della** tua!

1. Comparisons of inequality between two different subjects are formed with the patterns **più ... di** and **meno ... di.** Such comparisons may pertain to adjectives, adverbs, nouns, or pronouns. When the second part of the comparison is a pronoun, the disjunctive form is used.

La sala da pranzo è **più** grande **del** salotto.	*The dining room is larger than the living room.*
La cantina è **meno** fresca **del** giardino.	*The cellar is less cool than the garden.*
Quest'appartamento ha **più** elettrodomestici **dell'**altro.	*This apartment has more appliances than the other.*
Questa casa ha **meno** scale **della** mia.	*This house has fewer stairs than mine.*

2. Più di and **meno di** are used with cardinal numbers in comparisons.

Abbiamo visto **più di** venti appartamenti.	*We looked at more than twenty apartments.*
L'affitto di quest'appartamento è **meno di** €500 al mese.	*The rent for this apartment is less than €500 a month.*

3. Che is used instead of **di** when comparing two adjectives or two nouns pertaining to the same subject.

Ho più amiche **che** amici.	*I have more female friends than male friends.*
Studio più in biblioteca **che** a casa.	*I study more at the library than at home.*

D Formuli frasi comparative secondo i modelli proposti.

◆ Filippo / intelligente / Roberto   Filippo è più intelligente di Roberto.

1. la Francia / grande / l'Austria
2. Carlo / fortunato / me
3. mio fratello / alto / te
4. il professore / gentile / la direttrice
5. tu / simpatico / mia sorella

◆ Luisa / magro / me   Luisa è meno magra di me.

6. la nostra casa / piccola / la tua
7. salotto / elegante / la sala da pranzo
8. Franco e Antonietta / simpatico / Roberto e Magda
9. io / stanco / te
10. la lavatrice / costoso / l'asciugatrice

◆ Lui ha / coraggio / intelligenza   Lui ha più coraggio che intelligenza.

11. ho / cugine / cugini
12. vado / al cinema / a teatro
13. in aula ci sono / studenti / studentesse
14. mangiamo / prosciutto / salame
15. studio / a casa / in biblioteca

E Esprima la propria opinione sulle seguenti cose e persone, usando la forma corretta del comparativo.

◆ storia / interessante / filosofia   La storia è più (meno) interessante della filosofia.

1. chimica / difficile / matematica
2. aerobica / faticoso / ciclismo
3. tennis / divertente / calcio
4. lasagne / buono / spaghetti
5. cinema / stimolante / teatro
6. appartamenti / comodo (*comfortable*) / case
7. amici / importante / famiglia
8. macchine giapponesi / costoso / macchine americane

F Confronti alcuni aspetti della vita italiana con quelli della vita americana. Usi il comparativo di uguaglianza, di maggioranza o di minoranza.

1. L'Italia ha quasi 58 milioni di abitanti. Gli Stati Uniti hanno più di 265 milioni di abitanti.
2. L'italiano medio (*average*) fuma undici sigarette al giorno. L'americano medio fuma otto sigarette al giorno.
3. L'italiano medio consuma dieci litri di benzina alla settimana. L'americano medio consuma ventuno litri di benzina alla settimana.
4. L'italiano medio ha 0,85 figli. L'americano medio ha 1,02 figli.
5. L'americano medio compra un libro all'anno e compra tre CD all'anno.
6. L'americano medio compra venti tubetti di dentifricio all'anno e l'italiano medio compra venti tubetti di dentifricio all'anno.

Vuoi comprare un apparta-mento in un antico palazzo appena ristrutturato?

 In coppia: Voi siete andati a vedere due appartamenti e avete preso appunti su quello che avete visto. Adesso dovete scegliere quale appartamento preferite. Formulate frasi comparative con le informazioni indicate, e poi decidete quale appartamento prendere e perché.

Appartamento A	Appartamento B
vicino all'università	lontano dall'università
la via è rumorosa	molto rumore
affitto: 500 euro mensili	affitto: 540 euro mensili
metri quadrati: 84	metri quadrati: 90
poca luce; solo tre finestre	molta luce; cinque finestre e un balcone
frigo, forno a gas, lavastoviglie, lavatrice, asciugatrice	frigo, forno elettrico, lavatrice
una camera da letto	due camere da letto

H In gruppi di due o tre: Confrontate l'italiano con un'altra lingua che conoscete.

1. Quale lingua è più facile da imparare?
2. Quale lingua è meno complicata?
3. Quale lingua ha più tempi verbali?
4. Quale lingua ha meno verbi irregolari?
5. Quale lingua è più utile?
6. Quale lingua è più popolare nella vostra università?

I In gruppi di quattro: Ognuno di voi scrive su cartoncini (*cards*) separati i nomi di cinque personaggi famosi o della televisione. Mettete tutti i cartoncini in una busta (*envelope*). Poi, a turno, ognuno di voi prende due cartoncini dalla busta e formula una frase comparativa logica usando i due nomi che ha in mano.

◆ Homer Simpson / Faith Hill   Faith Hill è più ricca di Homer Simpson.

Tempi progressivi

— Cosa **stai facendo?**
— **Sto aggiustando** il mio computer!

1. As you know, Italian often uses present or imperfect verb forms to talk about ongoing actions for which English uses progressive forms.

— Che **fai?**	— *What are you doing?*
— **Guardo** questi annunci.	— *I'm looking at these ads.*
— Ti **disturbo?**	— *Am I bothering you?*
— No, non **facevo** niente di speciale.	— *No, I wasn't doing anything special.*

Italian also has progressive tenses, which are used when the speaker wants to stress that the action is going on at the moment, or was going on when something else occurred.

— Cosa **stai facendo?**
— **Sto guardando** questi annunci.

— Ti **sto disturbando?**
— No, non **stavo facendo** niente di speciale.

2. The progressive tenses are made up of **stare** plus the **-ando** or **-endo** form of the verb: **-ando** is added to the infinitive stem of **-are** verbs, and **-endo** to the infinitive stems of **-ere** and **-ire** verbs.

studiare:	**sto studiando**	*I am studying*
leggere:	**sto leggendo**	*I am reading*
dormire:	**sto dormendo**	*I am sleeping*

The following chart shows the present and past progressive of **studiare.**

	Present progressive	**Past progressive**
io	sto studiando	stavo studiando
tu	stai studiando	stavi studiando
lui/lei	sta studiando	stava studiando
noi	stiamo studiando	stavamo studiando
voi	state studiando	stavate studiando
loro	stanno studiando	stavano studiando

3. The verbs **fare, bere,** and **dire** have irregular progressive forms.

Sto facendo i compiti.	*I am doing my homework.*
Cosa **stai bevendo?**	*What are you drinking?*
Ieri **stavo dicendo** a Michele ...	*Yesterday I was saying to Michele . . .*

4. Object and reflexive pronouns may precede **stare,** or they may follow and be attached to the gerund.

Lo stiamo finendo adesso.	*or*	Stiamo finendo**lo** adesso.
Mi stavo lavando i denti.	*or*	Stavo lavando**mi** i denti.

J Metta le frasi nel progressivo presente o passato.

◆ Che cosa fa Francesca?   Che cosa sta facendo Francesca?

1. Francesca cerca casa a Firenze.
2. Legge tutti gli annunci.
3. Chiama tutti i suoi amici.
4. Noi la aiutiamo.
5. Aspettiamo la risposta da un'agenzia immobiliare.
6. Ma Francesca arriva alla fine della sua ricerca.
7. Ieri infatti Francesca tornava ad Arezzo.
8. Viaggiava con altre tre ragazze.
9. Una delle ragazze vive a Firenze e cerca qualcuno con cui condividere la casa.

K Rivolga queste domande ad un altro studente/un'altra studentessa, che risponderà usando i pronomi nelle risposte.

◆ Guardi la televisione?   Sì, la sto guardando ora./Sì, sto guardandola ora.

1. Leggi il giornale?
2. Ti diverti?
3. Aspetti il treno?
4. Ti prepari per uscire?
5. Ti alzi adesso?
6. Telefoni al tuo amico?

L In coppia: Copra la lista del suo compagno/della sua compagna con un foglio di carta. A turno, mimate (*act out*) le attività della vostra lista. Ognuno di voi deve indovinare quello che il compagno/la compagna sta mimando.

◆ cercare il portafoglio   S1: mima l'azione di cercare il portafoglio
S2: Stai cercando qualcosa. Stai cercando il portafoglio!

S1	telefonare a qualcuno
	guardare una partita di tennis
	aspettare un autobus
	sciare
	fare la doccia

S2	fare una fotografia
	giocare con un videogioco
	guidare una motocicletta
	mettersi un paio di jeans stretti (*tight*)
	mangiare gli spaghetti

M In gruppi di quattro: Trovi in questo libro una fotografia con alcune persone e attività diverse. Domandi ai suoi compagni cosa stanno facendo le persone della foto.

◆ S1: Cosa stanno facendo le persone in questa foto a pagina _____ ?
S2: L'uomo sta suonando la chitarra.
S3: Alcune persone stanno ascoltandolo.
S4: Queste persone stanno prendendo il caffè ...

N In coppia: Dica ad un amico/un'amica che cosa stava facendo in determinati periodi.

◆ stamattina alle sette e mezzo
S1: Che cosa stavi facendo stamattina alle sette e mezzo?
S2: Stamattina alle sette e mezzo stavo dormendo/facendomi la barba/ guidando ...

1. ieri a mezzogiorno
2. sabato scorso alle dieci di sera
3. a mezzanotte in punto di Capodanno (*New Year's*)
4. il pomeriggio del giorno prima di Natale
5. la sera del suo compleanno

Avverbi di tempo, luogo, modo e quantità

— Mi scusi, ma deve proprio guidare così **velocemente?**

1. Adverbs are words that modify a verb, an adjective, or another adverb. They generally tell *when*, *where*, *how*, and *how often* something happens.

— Sono arrivati **ieri.**	— Quando?	— Ieri.
— Dormono **qui.**	— Dove dormono?	— Qui.
— Parlano **bene** l'inglese.	— Come lo parlano?	— Bene.
— Vogliono uscire **spesso.**	— Quanto?	— Spesso.

2. Adverbs ending in **-mente** correspond to English adverbs ending in *-ly*. They are formed by adding **-mente** to the feminine singular form of the adjective.

È una ragazza **allegra.** Canta **allegramente.**
È un treno **lento.** Va **lentamente.**
Sono studenti **attenti.** Studiano **attentamente.**

Adjectives that end in a vowel + **-le** or **-re** drop the final **-e** before adding **-mente.**

È un corso **facile.** Capiamo **facilmente** i concetti.
È una giornata **particolare**, e siamo **particolarmente** nervosi.

3. Most adverbs immediately follow the verb.

Emilio si è svegliato **tardi.**	*Emilio woke up late.*
Mi ha telefonato **dopo.**	*He called me afterwards.*
Ci vediamo **raramente.**	*We see each other rarely.*

In sentences with compound verbs, the adverbs **già**, **mai**, **ancora**, and **sempre** generally occur between the auxiliary verb and the past participle.

— Hai **già** letto gli annunci?

— *Have you read the announcements yet?*

— No, non li ho **ancora** letti.

— *No, I haven't read them yet.*

Non ho **mai** fatto il pendolare.
Ho **sempre** vissuto a due passi dal lavoro.

I have never commuted to work.
I've always lived close to my work.

 Completi il seguente brano con gli avverbi suggeriti.

bene	disperatamente	finalmente	lì
mai	prima	recentemente	sempre
spesso	rapidamente	vicino	troppo

Giampaolo cercava _____ una casa. Leggeva _____ gli annunci sui giornali di Pisa e girava _____ la città in cerca di un appartamento in affitto. _____ abitava a Lucca perché la sua famiglia era _____ . Non è andato ad un'agenzia immobiliare perché diceva che costava _____ . _____ una persona che Giampaolo conosce _____ si è trasferita _____ in un'altra città, lasciando libero un appartamento _____ all'università.

 Come fa certe cose Angela? Completi le frasi con gli avverbi derivati dagli aggettivi della prima parte della frase.

◆ Angela è una ragazza tranquilla; fa ogni cosa ...
Angela è una ragazza tranquilla; fa ogni cosa tranquillamente.

1. Angela sta attenta quando parla il professore; lo ascolta ...
2. Ama le macchine veloci e ama guidare ...
3. Trova molto facile la chimica e finisce ... i suoi compiti.
4. Le sue parole sono sempre chiare; parla ...
5. È una persona cortese; saluta ... ogni persona che vede.
6. I suoi vestiti sono sempre eleganti; si veste ...
7. È una persona quasi perfetta, e lo sa ...

 In coppia: Rispondete alle domande personali.

1. Hai mai sostenuto un colloquio di lavoro?
2. Hai già compiuto ventun anni?
3. Ti sei già iscritto/a per votare?
4. Hai mai dovuto cercare casa?
5. Hai mai letto un giornale italiano?
6. Sei già andato/a dal dentista quest'anno?
7. Ti è sempre piaciuto studiare le lingue straniere?
8. Hai già mangiato oggi?

Parliamo un po'

Internet For more practice with lesson topics, log on to the *Oggi in Italia* website.

A **Dove le piacerebbe vivere?** In coppia.

S1
Lei è andato/a da un agente immobiliare (*real estate agent*) che l'aiuta a trovare la casa ideale. Prima, guardi i suggerimenti indicati e decida che tipo di casa vuole. Poi risponda alle domande dell'agente.

S2
Lei è un agente immobiliare (*real estate agent*). Un/Una cliente viene da lei perché lo/la aiuti a trovare la casa ideale. Faccia le domande basate sui suggerimenti indicati.

LOCALITÀ: In quale città? Al centro della città o in periferia? Le piacerebbe vivere in campagna o in montagna?

TIPO DI ABITAZIONE: Lei preferirebbe abitare in un appartamento, in una villa o in un castello?

CARATTERISTICHE DELLA CASA: un garage? un giardino? una piscina? un campo da tennis? una vista panoramica? Quante stanze? Quanti bagni?

IL PREZZO DELLA CASA: Quanto vorrebbe pagare? Da affittare o da comprare?

B **Problemi nell'appartamento.** In coppia: Telefoni al proprietario dell'appartamento dove lei vive e si lamenti di quattro cose che non vanno bene. L'altro studente/L'altra studentessa fa la parte del proprietario che promette di risolvere i vari problemi.

PROBLEMI POSSIBILI: (1) un elettrodomestico non funziona, (2) una finestra si è rotta, (3) manca il riscaldamento o l'acqua calda, (4) una porta non si chiude bene, ecc.

C **Le vostre case.** In coppia: Prima ciascuno descrive la propria casa al compagno/alla compagna. Poi fate un confronto fra le due case e presentatelo alla classe. Confrontate:

il numero delle camere da letto, dei bagni, ecc.
l'anno in cui è stata costruita
qual è più vicina al centro
il numero di persone che ci abitano
i mobili

D **L'appartamento svaligiato.** In coppia: Il disegno a sinistra fa vedere il vostro appartamento come l'avevate lasciato stamattina. Mentre stavate fuori, sono entrati i ladri (*thieves*) e i risultati si vedono nel disegno a destra. Descrivete alla polizia quello che è successo.

◆ I ladri hanno rotto la nostra lampada Romeo e Giulietta.

E **Il liceo e l'università.** In coppia: Dica ad un compagno/una compagna cinque cose che faceva al liceo e che non fa più all'università. Poi, insieme fate una lista delle differenze tra la vita degli studenti liceali e la vita degli studenti universitari. Cercate di usare il comparativo dove possibile.

In giro per l'Italia

View the *Parliamo italiano!* video, Module 12, *Sognare*.

A **Definizioni.** Abbini le definizioni con una parola della lista di destra. Ci sono tre parole in più nella lista.

1. libro che descrive paesi e città
2. aggettivo derivato da *turista*
3. il contrario di *cominciato*
4. una regione italiana
5. una città italiana
6. il contrario di *completo*
7. il continente dove si trova l'Italia

    a. turismo
    b. Torino
    c. incompleto
    d. la guida
    e. l'Europa
    f. la Lombardia
    g. turistico/a
    h. la casa editrice
    i. finito
    j. l'America

Una guida incompleta

Gabriella e Piero, i due giovani del video "Parliamo italiano!," hanno finito il loro lavoro. Ora sono tornati a Torino e sono nella casa editrice per la quale hanno preparato la nuova guida turistica dell'Italia. Infatti la guida è già stampata[1] e pare che stia vendendo abbastanza bene. Adesso c'è un altro progetto in attesa[2]: una guida dell'Europa.

See the political map of Italy on p. 14 for the names of the other regions of Italy.

Nel loro giro per l'Italia i due giovani ci hanno presentato undici delle venti regioni italiane. Ci hanno presentato città o aspetti del Lazio, dell'Emilia-Romagna, della Sicilia, dell'Umbria, della Liguria, del Veneto, della Lombardia, del Piemonte, della Sardegna, della Campania e della Toscana. Vi ricordate i nomi delle altre regioni che i due giovani non ci hanno presentato?

1. printed   2. expected

B **Vero o falso?** Indichi se le seguenti frasi sono vere o false secondo il brano precedente. Corregga le frasi false.

1. Gabriella e Piero ci hanno presentato tutte le regioni d'Italia.
2. Le regioni d'Italia sono venti.
3. La casa editrice che ha pubblicato la guida è a Milano.
4. La nuova guida sta avendo successo.
5. I due giovani non hanno nessun altro progetto.
6. Due delle regioni che i due giovani ci hanno presentato sono l'Abruzzo e la Valle d'Aosta.

Trentino-Alto Adige: Bella veduta delle Alpi.

Uno dei tanti incontri tra Ministri e capi di stato dei paesi membri con il Commissario dell'Unione Europea

(A) **Definizioni.** Prima di leggere il seguente brano, abbini le definizioni con una parola della lista di destra. Ci sono due parole in più nella lista.

1. nome derivato da *unire*
2. sinonimo di *nazione*
3. sinonimo di *est*
4. un colore
5. avverbio derivato da *libero*
6. un documento politico

a. blu
b. liberamente
c. il lavoro
d. il trattato
e. l'iniziativa
f. l'unione
g. orientale
h. il paese

L'Italia e l'Europa

Fin dal 1957, quando è stato firmato[1] il Trattato di Roma, l'Italia è entrata a far parte della Comunità economica europea (CEE). Insieme all'Italia, gli altri cinque paesi che hanno partecipato a questa iniziativa sono la Francia, la Germania, il Belgio, l'Olanda (i Paesi Bassi) e il Lussemburgo. Oggi la CEE ha cambiato nome. Si chiama Unione Europea (UE) e ad essa appartengono[2] tanti altri paesi europei, fra i quali la Gran Bretagna, l'Irlanda e la Spagna. Altri paesi, inclusi quelli dell'Europa orientale, stanno oggi facendo il possibile per entrare nell'Unione. L'Europa ha un suo Parlamento, situato a Strasburgo, e una sua bandiera[3], che su uno sfondo[4] blu mostra un cerchio di stelle[5], pari[6] al numero dei paesi membri.

Enorme progresso è stato fatto dal 1957, e oggi i paesi dell'Unione godono[7] di molti privilegi. Le dogane[8] sono state abolite e c'è la libera circolazione di

1. signed   2. belong   3. flag   4. background   5. circle of stars   6. equal   7. enjoy
8. customs

merci[9] e di persone; è possibile anche cambiare nazione per cercare lavoro liberamente dentro l'Unione europea. Poi, nel 1991, è stato firmato il Trattato di Maastricht con cui si è creato l'euro che da gennaio del 2002 è la moneta unica[10] europea. Si spera che in futuro si possa arrivare anche all'unione politica dei paesi membri.

> Maastricht is a city in the Netherlands (*l'Olanda* or *i Paesi Bassi*).

9. merchandise, goods   10. single currency

B **Informazioni.** Dia le seguenti informazioni basate sul brano precedente.

1. l'anno in cui è stato firmato il Trattato di Roma: _____
2. i sei paesi che hanno firmato il Trattato di Roma: _____
3. il nome dato all'inizio all'organizzazione europea: _____
4. il nome nuovo dell'organizzazione: _____
5. la città e il paese dove è situato il Parlamento europeo: _____
6. due caratteristiche della bandiera europea: _____
7. quando è stato firmato il Trattato di Maastricht e che cosa è stato creato in questa circostanza: _____
8. la speranza futura dei paesi dell'UE: _____

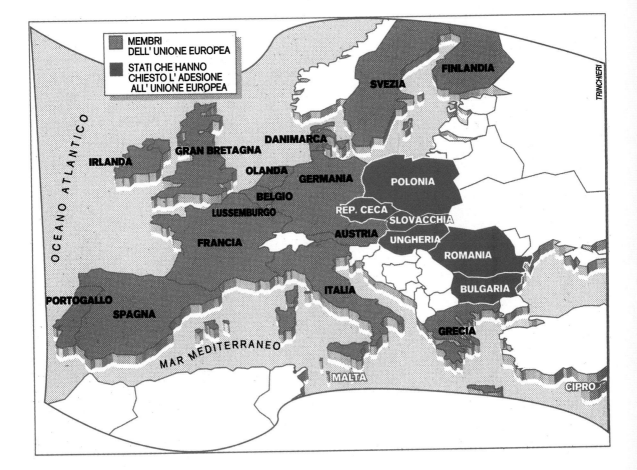

MEMBRI DELL' UNIONE EUROPEA

STATI CHE HANNO CHIESTO L' ADESIONE ALL' UNIONE EUROPEA

OCEANO ATLANTICO

IRLANDA
GRAN BRETAGNA
DANIMARCA
SVEZIA
FINLANDIA
OLANDA
GERMANIA
BELGIO
LUSSEMBURGO
POLONIA
REP. CECA
SLOVACCHIA
FRANCIA
AUSTRIA
UNGHERIA
ROMANIA
BULGARIA
ITALIA
PORTOGALLO
SPAGNA
GRECIA
MAR MEDITERRANEO
MALTA
CIPRO
TRINCHIERI

Una domenica ecologica in una città italiana. Tutti vanno a piedi e non ci sono automobili. Il centro è riservato ai cittadini e alle biciclette.

Lezione 18

Abiti sempre in città?

COMMUNICATIVE OBJECTIVES

- Talk about advantages and disadvantages of city living
- Discuss environmental problems
- Talk about means of transportation
- Compare people and things
- Describe distinctive traits of people and things

Sono le otto di mattina. Luca Rosati, un giovane laureato in informatica, è sulla metropolitana di Roma e incontra il suo amico Giuliano Moretti, laureando in scienze politiche.

LUCA:	Giuliano! È molto tempo che non ci vediamo. Dove stai andando?	
GIULIANO:	All'università. Ma tu, che fai qui? Dove vai?	
LUCA:	Io ho cominciato a lavorare da qualche mese e vengo in città ogni giorno. Adesso abito ad Albano, ma lavoro presso° la Banca di Roma.	*at*
GIULIANO:	Non ti piace più abitare in città?	
LUCA:	Roma è bellissima. Forse è la più bella città d'Italia, ma per me è diventata invivibile. Non c'è niente di peggio del traffico romano. Per non parlare poi° dell'inquinamento.	*Not to mention*
GIULIANO:	È vero. Tutti vorremmo vivere meglio e il mio desiderio maggiore è di poter vivere una vita meno stressante.	
LUCA:	Ecco perché io vivo fuori città. Tu, invece, abiti sempre a Piazza Risorgimento?	
GIULIANO:	E dove vuoi che vada? Non è facile trasferirsi in un'altra città. Ormai mi sono abituato al traffico, ai rumori e all'inquinamento di Roma.	
LUCA:	Ma, dimmi, la statua di Garibaldi in mezzo alla° piazza è stata più pulita?	*in the middle of*
GIULIANO:	Macché! Con il passare degli anni, da grigia che era, sta diventando sempre più nera. Penso che quanto prima comincerà a sgretolarsi°, se non saranno presi subito dei provvedimenti.	*to fall to pieces*
LUCA:	Certo, il problema dell'inquinamento è oggi una cosa molto seria.	
GIULIANO:	Eh, sì, in città non respiriamo più. Hai fatto bene tu ad andare via da Roma. Ormai non ci rimane che° fuggire tutti verso il verde e la campagna.	*there is nothing left for us but*

Line markers: 5, 10, 15, 20, 25

Albano: picturesque town in the hills (*Castelli Romani*) outside Rome.

Risorgimento: Historical process that led to the unification of Italy in 1870.

Giuseppe Garibaldi (1807–1882) was a general who fought for Italian independence.

Domande

1. Dove si incontrano Luca e Giuliano?
2. Dove sta andando Giuliano?
3. Quando ha cominciato a lavorare Luca? Dove lavora?
4. Dove vive Luca?
5. Cosa dice di Roma Luca?
6. A che cosa si è abituato Giuliano?
7. Che effetto sta avendo l'inquinamento sulla statua di Garibaldi in Piazza Risorgimento?
8. Dove va ad abitare la gente per fuggire dall'inquinamento della città?

Domande personali

1. Di solito quali mezzi pubblici usa lei?
2. In città preferisce usare la macchina, l'autobus o la metropolitana? Perché?
3. Preferisce vivere in una metropoli o in una cittadina? Perché?
4. Lei vivrebbe in campagna? Quali vantaggi e svantaggi offre la vita in campagna?
5. Secondo lei, quali sono gli svantaggi della vita in città? E quali i vantaggi?
6. Nella sua città o nel suo paese ci sono problemi di inquinamento? Quali sono?

Esercizio di comprensione

Completi le seguenti frasi basate sul dialogo a pagina 411 con una parola o frase appropriata.

1. Luca si è laureato in _____ .
2. Il suo amico invece sta per laurearsi in _____ .
3. Luca _____ ad Albano, ma _____ a Roma.
4. Giuliano vorrebbe una vita meno _____ .
5. La statua di Garibaldi sta diventando _____ .
6. L'inquinamento è un problema _____ .
7. La gente non respira più e va verso _____ e _____ .

Il traffico e l'ambiente nelle città italiane

L'automobile è il mezzo di trasporto più diffuso nelle città italiane. Lo sviluppo industriale, non solo automobilistico, degli ultimi cinquanta anni ha trasformato completamente il paese. Da nazione essenzialmente agricola, l'Italia è oggi uno dei sette paesi più industrializzati del mondo.

Ma questo progresso ha anche portato un grande caos e l'inquinamento dell'ambiente, specialmente nelle grandi città. Le strade strette e irregolari, gli antichi palazzi addossati[1] l'uno all'altro e i monumenti storici delle città non sopportano[2] più il traffico causato principalmente dai mezzi di trasporto privati. In alcuni centri cittadini gli ingorghi[3] automobilistici durano tutto il giorno. I fumi di scarico[4] delle auto, i rumori assordanti dei clacson[5] e dei motori e l'eccessivo traffico causano danni[6] non solo alle strade, ai palazzi e ai monumenti ma anche alle persone.

Per far fronte a[7] questo problema ogni città ha provato soluzioni diverse. Sono nate così le isole pedonali[8], il centro storico è stato chiuso al traffico, sono state create corsie preferenziali[9] per autobus e taxi e si sono stabiliti giorni e ore in cui le automobili non possono circolare. Così sono tornate di moda le biciclette e le moto alle quali si aggiungono[10] tantissimi motorini. Questi mezzi possono circolare sempre e tranquillamente, ma essi creano spesso confusione, disordine e, in molti casi, anche inquinamento. In alcune grandi città come Roma, Milano e Torino, la metropolitana ha dato un po' di respiro[11] al movimento dei cittadini. Ma a tutt'oggi il problema del grande traffico nelle città italiane non è stato ancora risolto molto bene.

Moto e motorini sono un importante mezzo di trasporto per moltissimi giovani che vivono in città.

■ Com'è il traffico nelle città americane?
  Quali sono i maggiori problemi ambientali nel suo paese?

[1]huddled   [2]cannot withstand   [3]traffic jams   [4]exhaust   [5]deafening car horns   [6]harm   [7]To address   [8]traffic-free zones   [9]designated lanes   [10]are added   [11]respite

Vocabolario

Parole analoghe

l'autobus	la metropoli	la statua
l'effetto	serio/a	il traffico

Nomi

la campagna countryside
il desiderio wish
l'inquinamento pollution
la metropolitana subway
il provvedimento measure, precaution
il rumore noise
lo svantaggio disadvantage
il vantaggio advantage

Aggettivi

invivibile unlivable
stressante stressful

Verbi

abituarsi (a) to get used to
cominciare (a) to begin to
fuggire to flee
respirare to breathe

Altre parole ed espressioni

contro against
macché of course not
meno less
peggio worse
sempre still
i mezzi pubblici public transportation
quanto prima very soon

> The adjective *stressante* derives from *lo stress,* borrowed from English.

Pratica

1. In gruppi di tre o quattro: Faccia un sondaggio per sapere quali sono, secondo i suoi compagni, i problemi ambientali più seri della vostra città. Servitevi della lista indicata per fare una graduatoria (*to make a rating scale*). Prenda appunti e riferisca alla classe i risultati del suo sondaggio.

   il traffico intenso e disordinato
   i fumi di scarico (*exhaust fumes*) delle auto
   il rumore delle macchine
   il rumore delle fabbriche
   i rifiuti urbani (*solid waste*)
   il fumo di scarico del riscaldamento dei palazzi
   l'acqua inquinata dei fiumi, dei laghi e del mare

2. In coppia: Intervisti un compagno/una compagna sui vantaggi e gli svantaggi della vita in città e della vita in campagna. Gli/Le chieda dove preferisce vivere e perché.

Ampliamento del vocabolario

I mezzi di trasporto

l'aereo

l'autobus

il treno

la motocicletta (la moto)

l'automobile (l'auto)/la macchina

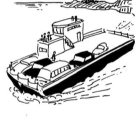
il traghetto

la metropolitana

l'elicottero

il tassì (il taxi)

il tram

la nave

l'autocarro (il camion)

andare in macchina (in aereo, in autobus, in tram, in treno, in moto(cicletta), in traghetto, in elicottero, in tassì)   to go by car (by plane, by bus, by tram, by train, by motorcycle, by boat, by helicopter, by taxi)

andare con la nave   to go by ship
andare a piedi   to go on foot
prendere la metropolitana   to take the subway

A In coppia: Domandi ad un altro studente/un'altra studentessa cosa fa o farebbe in queste circostanze.

1. Se (tu) dovessi andare in Italia, quale mezzo di trasporto useresti? Perché?
2. Se (tu) abitassi a New York, prenderesti la metropolitana o l'autobus per andare a scuola o a lavorare? Perché?
3. Se devi andare dalla tua città a San Francisco, quale mezzo di trasporto preferisci prendere?
4. Secondo te, qual è il mezzo di trasporto più sicuro (*safe*)? Perché?
5. Pensi che la gente dovrebbe usare di più i mezzi pubblici? Perché?

> *La metropolitana* is frequently referred to as *il metro*.

B In coppia: Preparate una lista dei mezzi di trasporto che si usano nella vostra città. Dite quali sono le zone della città che servono e quanto costano. Indicate se e quali altri mezzi di trasporto sarebbero necessari per servire meglio la gente che vive in città.

L'ambiente

l'ambiente (*m.*) environment	**il riciclaggio** recycling
l'ecologia ecology	**riciclare** to recycle
l'inquinamento pollution	**i rifiuti** (solid) waste, rubbish
inquinare to pollute	**salvaguardare** to save,
la pioggia acida acid rain	preserve

Il riciclaggio di alcuni materiali viene fatto anche in Italia. Nella foto vediamo una campana per la raccolta della carta.

Qual è il messaggio di quest'annuncio? Qual è uno degli oggetti che è possibile fabbricare con la plastica?

la panchina = bench

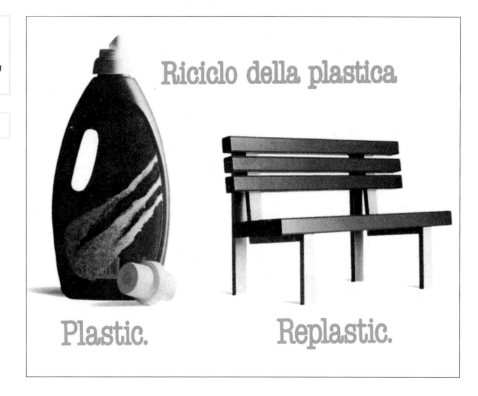

C In gruppi di tre o quattro: Faccia un sondaggio per sapere che cosa pensano i suoi compagni dell'inquinamento e quali provvedimenti sono necessari per salvaguardare l'ambiente naturale. Prenda appunti e paragoni i suoi risultati con quelli di altri gruppi.

1. Quali sono alcuni aspetti evidenti dell'inquinamento dell'ambiente naturale?
2. Secondo te, quali sono le principali cause dell'inquinamento dell'aria? E del mare? E della terra?
3. Quali provvedimenti aiutano a salvaguardare l'ambiente?
4. C'è l'inquinamento nella tua città? Da che cosa è causato?
5. A quale forma di riciclaggio partecipi? A quello della carta, del vetro (*glass*), dei metalli o della plastica? O a tutti e quattro?
6. Secondo te, quali sono i paesi più inquinati del mondo? Perché?
7. Nella tua città ci sono associazioni che difendono l'ambiente? Quali sono e che cosa fanno?
8. Sei iscritto/a a qualche associazione ambientalista? Quale? Di che cosa si occupa?
9. Pensi che l'effetto serra (*greenhouse effect*) sia una vera minaccia per la terra e per l'umanità? Perché?

Struttura ed uso

Superlativo relativo e superlativo assoluto

il mezzo **più** efficiente

il mezzo **più** tranquillo

1. The relative superlative is used to single out people or things from others in the same group or with similar characteristics. The superlative is formed by using a definite article + **più/meno** + *adjective* + **di. Di** contracts with a definite article in the usual prepositional contractions.

Roma è forse **la** città **più bella** d'Italia.	*Rome is perhaps the most beautiful city in Italy.*
Trastevere è **il** quartiere **più caratteristico di** Roma.	*Trastevere is the most picturesque neighborhood of Rome.*
Bologna è fra **le** città **meno conosciute** d'Italia.	*Bologna is among the least well-known cities in Italy.*
Io abito ne**lla** strada **meno tranquilla della** città.	*I live on the least quiet street in the city.*

2. The absolute superlative expresses the highest possible degree of a quality or characteristic. The absolute superlative can be expressed with **molto,** or by adding the suffix **-ssimo (-ssima, -ssimi, -ssime)** to the masculine plural form of adjectives.

Adjective	Masc. pl.	Suffix	Superlative
bello	belli	+ ssimo	bellissimo/a
grande	grandi	+ ssimo	grandissimo/a
bianco	bianchi	+ ssimo	bianchissimo/a
lungo	lunghi	+ ssimo	lunghissimo/a
simpatico	simpatici	+ ssimo	simpaticissimo/a

— È **piccolo** il giardino?   — Sì, è **molto piccolo**; è **piccolissimo.**
— È **stressante** la tua vita?   — Sì, è **molto stressante**; è **stressantissima.**
— Sono **moderne** le case?   — Sì, sono **molto moderne**; sono **modernissime.**

3. The suffix **-issimo** can also be added to some adverbs after dropping the final vowel.

— Parlano bene l'italiano?   — Sì, lo parlano **benissimo.**
— Ti senti male?   — Sì, **malissimo.**
— Studiate molto?   — Sì, ma non **moltissimo.**

A **Qual è?** Abbinate le cose o persone di sinistra con le frasi di destra.

> Mount Vesuvius is an active volcano on the Bay of Naples; it destroyed the city of Pompeii in A.D. 79.
>
> The Leaning Tower of Pisa was built in the thirteenth century as a belltower for the city's cathedral.

Il Vesuvio
La Ferrari e la Lamborghini
Giuseppe Garibaldi
La torre pendente (*leaning tower*)
Il Lago di Garda
Milano e Torino
Il Po
Quelle di Ferragamo
Il Gran Sasso

il fiume più lungo d'Italia
le città più industrializzate d'Italia
il lago più grande d'Italia
le scarpe più eleganti del mondo
le macchine più veloci di tutte
il vulcano più famoso del mondo
l'eroe più amato del Risorgimento
    italiano
la montagna più alta degli Appennini
il monumento più famoso di Pisa

B In coppia: Parlate dei monumenti e luoghi d'interesse a Roma, usando il superlativo relativo come nel modello.

◆ Villa Borghese / parco / bello   Villa Borghese è il parco più bello di Roma.

1. la Galleria Borghese / museo / importante
2. San Pietro / monumento / grandioso
3. il Pantheon / edificio / antico
4. via Condotti / via / elegante
5. l'Antico Caffè Greco / bar / caratteristico
6. l'Hassler / albergo / costoso
7. Battistoni e Bulgari / negozi / cari
8. via del Corso / strada / trafficata

In coppia: Parlate delle cose della vostra città secondo le categorie indicate.

◆ strada più importante

S1: Qual è la strada più importante di questa città?
S2: Main Street è la strada più importante della città.

1. palazzo più alto
2. zona più caratteristica
3. negozio più elegante
4. negozio meno elegante
5. ristorante più costoso
6. ristorante meno costoso
7. aspetto più bello
8. aspetto meno bello

D In coppia: Voi siete andati a vedere un film che è piaciuto molto all'uno, ma per niente all'altro. Rispondete alle domande, usando il superlativo relativo e assoluto come nel modello.

◆ Il film era bello o brutto?

S1: Era bellissimo!
S2: Macché! Era bruttissimo!

Macché! = You don't know what you're talking about!

1. Il film era divertente o noioso?
2. Era buffo o triste?
3. La storia era originale o banale?
4. Gli attori recitavano bene o male?
5. La musica era piacevole o spiacevole?
6. Il film sembrava breve o lungo?

E In coppia: Fate una lista di quattro film che avete visto e che hanno fatto una certa impressione su di voi. Poi preparate almeno tre commenti per ogni film, usando il superlativo relativo e assoluto.

◆ *Guerre stellari* è un film bellissimo.
È il film più originale che io abbia mai visto.
È anche il film più popolare di tutti.

F In coppia: Voi lavorate in un'agenzia pubblicitaria e dovete creare degli slogan per i seguenti prodotti. Cercate di usare il superlativo negli slogan pubblicitari che create.

◆ Acecasa (un detersivo per i pavimenti)
Usate Acecasa: il detersivo più efficace per pavimenti bellissimi!

1. Ultrabrill (uno shampoo per signora)
2. Leggilux (un sistema di software per aiutare i bambini a leggere)
3. Snellabell (una linea di cibi dietetici)
4. Odorstop (un deodorante)
5. Autoflash (un olio per la macchina)
6. Cioccodent (un dentifricio al cacao)

In gruppi di tre: Parlate della vostra università facendo referimento ai seguenti temi.

1. il corso più difficile
2. il corso meno difficile
3. la specializzazione più impegnativa (*challenging*)
4. la specializzazione più utile
5. la specializzazione più popolare
6. il luogo più tranquillo per studiare
7. il luogo meno tranquillo per studiare
8. i/le professori/esse più bravi/e dell'università

Comparativi e superlativi irregolari

il **migliore** film dell'anno

il **peggiore** film dell'anno

1. The adjectives **buono, cattivo, grande,** and **piccolo** have both regular and irregular comparative and relative superlative constructions. The regular and irregular forms are often interchangeable, although the context sometimes determines when each should be used. The following chart shows the irregular forms.

Adjective	Comparative	Irregular Superlative			
buono	migliore/i		migliore		migliori
cattivo	peggiore/i	il	peggiore	i	peggiori
grande	maggiore/i	la	maggiore	le	maggiori
piccolo	minore/i		minore		minori

The irregular forms of *grande* and *piccolo* often refer to numbers rather than physical size: *È il maggiore della famiglia* (in years); *È il più grande della famiglia* (in size).

Quest'ingorgo è **peggiore** di quello di ieri.	*This traffic jam is worse than the one yesterday.*
Il traffico qui è **migliore** di quello di Milano.	*The traffic here is better than in Milan.*
Milano ha un **maggiore** numero di automobili.	*Milan has a greater number of cars.*
Queste sono le ore **peggiori** della giornata per il traffico.	*These are the worst hours of the day for traffic.*

Maggiore and **minore** are often used in the sense of *older/oldest* and *younger/youngest.*

Giuseppe è il **minore** di quattro fratelli.	*Giuseppe is the youngest of four brothers.*
Chiede consigli ai suoi fratelli **maggiori**.	*He asks his older brothers for advice.*

2. **Buono, cattivo, grande,** and **piccolo** also have regular and irregular absolute superlative forms. The irregular forms are not always interchangeable with the regular forms.

buono	{ buonissimo/a ottimo/a		grande	{ grandissimo/a massimo/a
cattivo	{ cattivissimo/a pessimo/a		piccolo	{ piccolissimo/a minimo/a

Queste torte sono **ottime** (buonissime)!	*These cakes are excellent!*
Quel vino è **pessimo** (cattivissimo)!	*That wine is awful!*
Oggi la temperatura **massima** è di 20° C.	*Today the highest temperature is 20° C.*
Qual è stata la temperatura **minima** di ieri?	*What was the lowest temperature yesterday?*

3. The adverbs **bene, male, poco,** and **molto** have irregular forms when used in comparative constructions.

Adverb	Comparative
bene	meglio
male	peggio
molto	più
poco	meno

— Oggi mi sento bene. Mi sento **meglio** di ieri.	*— I feel fine today. I feel better than yesterday.*
— Io invece mi sento male. Mi sento **peggio** di ieri.	*— I feel badly. I feel worse than yesterday.*

— Tu usi molto la macchina. La
  usi **più** di me.
— Sì, ma tu esci poco. Esci
  meno di me.

— *You use the car a lot. You use
  it more than I do.*
— *Yes, but you don't go out much.
  You go out less often than I do.*

H Paragoni (*Compare*) le seguenti persone. Formuli frasi complete, usando la
forma *irregolare* del comparativo degli aggettivi indicati.

◆ Laura / grande / me
  Laura è maggiore di me.

1. mio cugino / cattivo / tuo cugino
2. tu / piccolo / Luigi
3. i miei amici / buono / i suoi amici
4. mia sorella / grande / la sorella di Carlo
5. i miei fratelli / piccolo / i tuoi fratelli
6. voi / cattivo / loro
7. la signora Speroni / grande / il signor Dini
8. lui / buono / lei

I Completi le frasi con il nome di una persona della sua famiglia, di un
amico/un'amica o di una persona famosa. Poi confronti se stesso/a con
queste persone, come nel modello.

◆ scrivere bene   Jane Austen scrive bene. Scrive meglio di me.
  parlare molto   Mio fratello Giorgio parla molto, ma io parlo più di lui.

1. studiare molto
2. cantare male
3. giocare bene a pallacanestro
4. cucinare male
5. mangiare poco
6. parlare bene l'italiano
7. uscire molto
8. guidare male

 In coppia: Compilate una lista delle cose migliori e peggiori della vostra
città. Categorie possibili:

migliore/peggiore pizza
migliore/peggiore gelato
migliore/peggiore club o discoteca
migliori/peggiori negozi (di scarpe, di vestiti, ecc.)
migliori/peggiori ristoranti (italiano, cinese, ecc.)

◆ La migliore pizza si mangia alla Pasquale's House of Pizza. La peggiore pizza si
  mangia alla mensa universitaria.

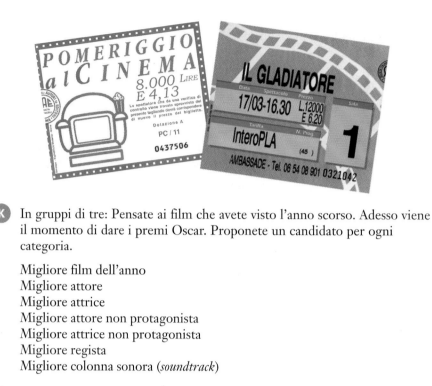

K In gruppi di tre: Pensate ai film che avete visto l'anno scorso. Adesso viene il momento di dare i premi Oscar. Proponete un candidato per ogni categoria.

Migliore film dell'anno
Migliore attore
Migliore attrice
Migliore attore non protagonista
Migliore attrice non protagonista
Migliore regista
Migliore colonna sonora (*soundtrack*)

L **Il migliore amico/La migliore amica.** Parli ad un compagno/una compagna del suo migliore amico o della sua migliore amica. Dica quanti anni ha, almeno tre delle sue caratteristiche e tre cose che fa bene. Poi confronti queste caratteristiche e attività con se stesso/a.

◆ Il mio amico migliore si chiama Todd. Ha diciannove anni. È più giovane di me. Todd è molto studioso, ma io sono più studioso di lui. Lui sa pattinare bene: pattina meglio di me ...

Verbi che richiedono una preposizione

— Come **riusciamo ad** andare via?

1. The following verbs require the preposition **a** before an infinitive.

> **Verb + *a* + infinitive**
>
> | | |
> |---|---|
> | **aiutare a** to help to | **imparare a** to learn to |
> | **andare a** to go to | **insegnare a** to teach to |
> | **cominciare a** to begin to | **mettersi a** to begin to |
> | **continuare a** to continue to | **riuscire a** to succeed at |
> | **divertirsi a** to have fun | **venire a** to come to |

La banda **ha cominciato a** suonare alle nove.
The band started playing at nine o'clock.

E **ha continuato a** suonare fino a tardi.
And it continued playing until late.

Ci siamo divertiti a ballare.
We had fun dancing.

Chi ti **ha insegnato a** ballare così?
Who taught you to dance like that

Non **sono** mai **riuscito a imparare a** ballare bene.
I've never managed to learn to dance well.

2. The following verbs and expressions require the preposition **di** before an infinitive.

> **Verb + *di* + infinitive**
>
> | | |
> |---|---|
> | **avere bisogno di** to need to | **dire di** to say, to declare |
> | **avere paura di** to be afraid to | **finire di** to finish |
> | **cercare di** to try to | **pensare di** to think about |
> | **chiedere di** to ask to | **permettere di** to allow to |
> | **consigliare di** to advise to | **promettere di** to promise to |
> | **credere di** to believe | **ricordarsi di** to remember to |
> | **decidere di** to decide to | **sperare di** to hope to |
> | **dimenticarsi di** to forget to | **suggerire di** to suggest |

Abbiamo bisogno di utilizzare nuove fonti di energia.
We need to use new sources of energy.

Cerchiamo di riciclare quanto più possibile.
Let's try to recycle as much as possible.

Le leggi attuali non **permettono di** inquinare i mari.
Current laws do not permit polluting of the seas.

Non **dimentichiamoci di** usare i mezzi pubblici.
Let's not forget to use public transportation.

Assisi: La vita è più tranquilla nelle piccole città di provincia.

3. The following verbs require no preposition before an infinitive.

Verb + infinitive		
amare to love to	**preferire** to prefer to
desiderare to wish to	**sapere** to know how to
dovere to have to	**volere** to want to
potere to be able to	

I miei amici **amano** vivere in campagna. — *My friends love living in the country.*

Anch'io **vorrei** trasferirmi in un piccolo paese. — *I'd like to move to a small town too.*

Così non **dovremmo** mai usare la macchina. — *That way we wouldn't ever have to use our car.*

Il vetro usato non si butta. Si sfrutta.
Mettilo qui.

Il Pellicano metropolitano

Un cartello pubblicitario invita a riciclare il vetro usato.

Formuli frasi di senso compiuto abbinando le espressioni delle tre colonne e usando la preposizione appropriata.

mio fratello	sperare	guardare la TV
la mamma	cominciare	mettere i bicchieri a tavola
Claudia	promettere	telefonare ad un cliente
io	dire	bere un caffè
mia zia	avere paura	rimanere a casa
mio padre	riuscire	trovare il mio telefonino
mia nonna	continuare	chiudere la porta del garage
io e Gigi	chiedere	tornare a casa alle undici
mia sorella	aiutare	prestarmi la macchina
mio zio e mia zia		cenare presto
mio cugino		cucinare il mio piatto preferito
		andare a letto tardi
		riciclare la carta

◆ Mio fratello promette di rimanere a casa.

N Completi le descrizioni, aggiungendo *a* o *di* dov'è necessario.

1. Durante la festa, Mario ed io abbiamo cominciato _____ cantare mentre gli altri continuavano _____ mangiare. Poi volevamo _____ suonare alcune canzoni nuove, ma ci siamo dimenticati _____ portare la chitarra. Allora ci siamo messi _____ ballare.

2. Nella classe di russo, non ho imparato _____ parlare bene. Quindi ho deciso _____ studiare con un maestro privato. Il maestro desiderava _____ darmi tre lezioni alla settimana, ma gli ho detto che dovevo _____ lavorare dopo la scuola. Allora abbiamo pensato _____ fare una lezione di tre ore ogni sabato mattina.

3. Gli studenti della nostra classe hanno promesso _____ riciclare il più possibile. Sperano _____ evitare la creazione di rifiuti eccessivi. Sono già riusciti _____ riciclare numerose tonnellate di giornali e riviste. Continuano _____ cercare modi alternativi per proteggere l'ambiente.

O Racconti la vita di un famoso poeta italiano, formulando frasi complete con le parole ed espressioni indicate.

◆ il poeta / cominciare / scrivere / poesie / all'età di dodici anni
Il poeta ha cominciato a scrivere poesie all'età di dodici anni.

1. la maestra / insegnargli / amare / buoni libri
2. lui / cercare / scrivere / poesie in stile classico
3. decidere / seguire / lo stile moderno
4. non dimenticarsi / aiutare / giovani poeti
5. a Parigi / lui / mettersi / insegnare corsi di poesia
6. non riuscire mai / guadagnare molti soldi
7. consigliare ai giovani / studiare i poeti antichi

In coppia: Uno di voi fa la parte di un personaggio famoso dello sport o dello spettacolo (*show business*). L'altro fa la parte di un giornalista che intervista questa persona famosa per poi scrivere un articolo. Parlate delle seguenti cose:

quando ha cominciato a svolgere quest'attività
come e quando ha imparato a farlo
cosa desiderava fare da giovane
perché ha deciso di fare quest'attività
cosa spera di fare in futuro
cosa consiglia di fare ai giovani che vogliono svolgere quest'attività
cosa deve fare una persona per avere successo in questo campo (*field*)

◆ Signor King, quando ha cominciato a scrivere libri dell'orrore?
   Ho cominciato a scrivere quando avevo sette anni ...

Q Parli della sua vita, finendo le frasi in maniera logica con la preposizione appropriata e un verbo all'infinito.

1. Quando ero giovane i miei genitori non mi permettevano ...
2. Avevo sempre paura ...
3. Il mio migliore amico/La mia migliore amica mi ha insegnato ...
4. Non sono mai riuscito/a ...
5. Mi dimentico troppo spesso ...
6. Nel futuro vorrei continuare ...
7. Ho fatto bene quando ho deciso ...
8. I miei amici mi suggeriscono ...

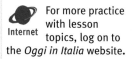

For more practice with lesson topics, log on to the *Oggi in Italia* website.

Internet

Vivere in Italia!

Vivere in città significa anche avere negozi, bar et ristoranti a portata di mano.

A **Cosa farai nel futuro?** In gruppi di quattro o cinque: Intervisti i suoi amici per sapere cosa intendono fare quando, finiti gli studi, cominceranno a vivere nel "mondo reale". Prenda appunti e riferisca le informazioni alla classe.

- S1: (Simone), tu che cosa farai nel futuro?
  S2: Io diventerò (un cantante) di fama internazionale.
  S1: E tu, (Claudio), … ?
  S3: …

B **Dove ti piacerebbe vivere?** In coppia: Risponda ad un amico/un'amica che le domanda dove le piacerebbe vivere e vuole sapere

- la località che preferisce
- il tipo di abitazione che preferisce
- le caratteristiche che dovrebbe avere questa casa o appartamento
- se le/gli piacerebbe vivere da solo/a o con qualcuno

- S1: (Andrea), dove ti piacerebbe vivere?
  S2: Mi piacerebbe vivere a/in …
  S1: Preferiresti abitare al centro o in periferia?

In Toscana le verdi colline del Chianti producono dell'ottimo vino rosso.

Dove vivere

Lo studente italiano che abita in una città lontana dall'università non ha una vita facile. Deve decidere se fare ogni giorno il pendolare con i mezzi di trasporto o se deve trasferirsi nella città dove è situata l'università. In questo caso lo studente deve prendere in affitto un appartamento per tutto l'anno accademico, e ciò non è una cosa semplice. Gli appartamenti da affittare sono pochi e spesso costano molto. Quindi una soluzione possibile è mettersi insieme ad altri due o tre studenti, affittare un piccolo appartamento e dividere con loro le spese. Non è questa una situazione ideale per affrontare un lungo periodo di studio, ma bisogna avere pazienza e, come si dice, fare buon viso a cattivo gioco (*make the best of a bad situation*).

È noto infatti che molti giovani italiani non amano vivere da soli e a loro non piace studiare o lavorare lontano da casa e dalla propria famiglia. L'indagine in basso è una conferma di questo modo di vivere e pensare.

- Quanti giovani italiani vivono con i genitori?

- Sono contenti di questa situazione? Perché?

- Cosa rappresentano principalmente i genitori per i giovani italiani?

- Quali potrebbero essere i risultati di questa indagine nel suo paese? Le percentuali (*percentages*) sarebbero più alte, più basse o più o meno le stesse?

4-NON VADO A VIVERE DA SOLO

Giovani e famiglia	
Giovani che vivono con i genitori	94,0
Giovani soddisfatti dei rapporti familiari	91,4
Giovani che trovano l'accordo in famiglia	77,0
Giovani che hanno conflitti in famiglia	7,8
Giovani che hanno trovato lavoro grazie ai genitori	65,0
Il ruolo dei genitori	
Guide	37,3
Giudici	1,1
Esperti	2,1
Amici	28,4
Modelli da imitare	4,9
Figure di aiuto e di sostegno	25,6
Altro	0,6

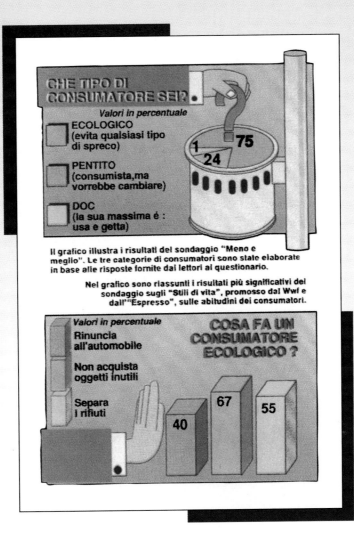

C Il consumatore ecologico. Analizzi questo sondaggio sui tipi di consumatori e su cosa fa il consumatore ecologico. Scriva in cinque o sei frasi un riassunto del sondaggio.

◆ Il 75% (per cento) dei consumatori sono i pentiti (*reformed*). Questi consumatori sono …

Sa di is from *sapere di* = to taste like.

Non sa di plastica,
non sa di latta,
non sa di cartone
e non sa neanche di vetro,
il vetro.

IL VETRO?
SÌ, GRAZIE!

Il vetro non ha paragoni.

ASSOCIAZIONE NAZIONALE DEGLI INDUSTRIALI DEL VETRO

 Un'inchiesta. Faccia un giro della classe e, con riferimento all'esercizio C, domandi a cinque o sei studenti che tipo di consumatori sono, e se e come partecipano alla riduzione dell'inquinamento.

◆ S1: (Alberto), che tipo ... ?
S2: ...
S1: Partecipi ... ?
S3: ...
S1: Come?

Reference Section

Argomenti supplementari

Numeri ordinali

1. Ordinal numbers are used to rank things. The ordinal numbers from *first* to *tenth* are listed below.

primo/a	first
secondo/a	second
terzo/a	third
quarto/a	fourth
quinto/a	fifth
sesto/a	sixth
settimo/a	seventh
ottavo/a	eighth
nono/a	ninth
decimo/a	tenth

2. After **decimo,** ordinal numbers are formed by dropping the final vowel of the cardinal number and adding **-esimo** or **-esima.** Numbers ending in accented **-é** (**ventitré, trentatré,** etc.) retain the final **-e** without the accent.

undicesimo/a	eleventh
ventesimo/a	twentieth
ventitreesimo/a	twenty-third
cinquantesimo/a	fiftieth
centesimo/a	hundredth
millesimo/a	thousandth

3. Ordinal numbers agree in gender and number with the nouns they modify. They generally precede the noun.

Lunedì è il **primo** giorno della settimana.
Monday is the first day of the week.

I **primi** mesi dell'anno sono gennaio e febbraio.
The first months of the year are January and February.

4. Roman numerals are generally used as ordinals when referring to centuries, and to popes and royalty. The Roman numeral may precede or follow the noun when referring to centuries; it follows the noun when referring to popes and royalty.

il **XXI (ventunesimo)** secolo ⎫
il secolo **XXI (ventunesimo)** ⎬ *the twenty-first century*
Papa Giovanni **XXIII**   ⎭
   (ventitreesimo)   *Pope John the Twenty-third*
Umberto **I (primo)**   *Umberto the First*

A Risponda alle seguenti domande.

   1. Qual è il secondo giorno della settimana?
   2. Qual è il decimo mese dell'anno?
   3. Quale lezione segue la nona?
   4. Chi è stato il primo presidente degli Stati Uniti?
   5. In che secolo viviamo?
   6. Chi era Enrico VIII?

Nomi alterati

1. The meanings of many Italian nouns and some adjectives can be altered by adding special suffixes (*suffissi speciali*). These suffixes, which signify smallness, bigness, affection, and disparagement, are added to nouns and sometimes to adjectives after dropping the final vowel. The more common suffixes are: **-ino, -etto, -ello, -one,** and **-accio.**

> Be careful when altering nouns, since their exact meaning can depend on the situation. For instance, *il volante* means "steering wheel," but *il volantino* means "flyer." Also, the three suffixes denoting smallness aren't usually interchangeable: *casina* and *casetta* both denote a small house, but *casella* means "pigeonhole."

2. Suffixes that denote smallness or affection are **-ino, -etto,** and **-ello.**

Ho un gatt**ino** bianco.   *I have a (nice) little white cat.*
Abbiamo una cas**etta** in   *We have a (nice) little house in the*
   montagna.   *mountains.*
Sei proprio cattiv**ello/a!**   *You're really naughty!*

3. The suffix **-one** denotes bigness.

Chi ha scritto quel libr**one?**   *Who wrote that big book?*
Federica è una ragazz**ona.**   *Federica is a big girl.*

4. The suffix **-accio** signifies badness or unpleasantness and is used to give a pejorative meaning to nouns.

Non comprate quel giornal**accio.**   *Don't buy that trashy newspaper.*
Quei ragazzi dicono parol**acce**   *Those boys use vulgar words even*
   anche a casa.   *at home.*

B Completi questo brano con la forma appropriata delle parole della lista dopo aver aggiunto i suffissi indicati. Alcune parole possono essere usate più di una volta.

-etto/a	-ino/a	-one	-accio/a
l'animale	l'appartamento	la casa	la giornata
il giardino	il paese		
la villa	il gatto		
la casa			
la stanza			
la cucina			
il bagno			

I miei amici abitano in una bella _____ in un _____ ad una ventina di chilometri dalla mia città. Fuori la _____ è circondata da un bel _____ dove c'è molto verde. Dall'altra parte della loro strada c'è un _____ enorme che qualcuno sta ristrutturando (*remodeling*). Sembra che vogliano farci tre _____ e ai miei amici piacerebbe che ne comprassi uno quando saranno pronti. Attualmente io abito in un _____ al centro della città dove ci sono due _____ , una _____ e un _____ . Con me abitano due _____ molto graziosi che stanno sempre in casa. Ma ieri un _____ è fuggito da casa senza che me ne accorgessi. Sono andata a cercarlo dappertutto sotto la pioggia. Che _____ ! Vorrei proprio avere una _____ in campagna o una _____ come quella dei miei amici. In questo caso i miei _____ potrebbero entrare e uscire a piacere. Potrei avere anche qualche altro _____ perché io adoro gli animali.

Aggettivi e pronomi indefiniti

1. Indefinite adjectives are used to express indefinite quantities.

> **alcuni (alcune)** some
> **altro (altra, altri, altre)** other
> **ogni** each
> **molto (molta, molti, molte)** a lot of, many
> **poco (poca, pochi, poche)** little, few
> **qualche** some
> **troppo (troppa, troppi, troppe)** too much, too many
> **tutto (tutta, tutti, tutte)** all, the whole

2. **Alcuni/e** and **qualche** both mean *some*. **Alcuni/e** always takes a plural noun, and **qualche** always takes a singular noun.

Puoi distribuire **alcuni volantini?**
Puoi distribuire **qualche volantino?** } *Can you pass out some flyers?*

3. The singular forms **molto/a, poco/a,** and **troppo/a** are used with singular nouns and mean *a lot of, a little,* and *too much.*

C'è **molta/poca/troppa** corruzione nel governo.	*There is a lot of/little/too much corruption in the government.*

The plural forms **molti/e, pochi/e,** and **troppi/e** are used with plural nouns and mean *many, few,* and *too many.*

Molti/Pochi/Troppi italiani dubitano della serietà dei politici.

4. The singular **tutto/a** means *the whole.* The plural **tutti/e** means *all (the).* Both forms are usually followed by the definite article.

tutto il Senato	*the whole Senate*
tutta l'Europa	*all of Europe*
tutti i rappresentanti	*all the representatives*
tutte le stazioni radiofoniche	*all the radio stations*

5. Ogni is invariable and always takes a singular noun.

Ogni cittadino ha il dovere di votare.	*Every citizen has the duty to vote.*
Ogni candidato è contro la criminalità.	*Every candidate is against crime.*

6. Indefinite pronouns are used to refer to unspecific people and things. Here are the most common indefinite pronouns that refer to people and things.

To refer to people		To refer to things	
qualcuno	someone, anyone	**qualcosa**	something
ognuno	everyone	**tutto**	everything
tutti	everybody		

— C'è **qualcuno** in casa?	— *Is there anyone home?*
— No, sono usciti **tutti.**	— *No, everyone's gone out.*
— Ho **qualcosa** da dirti.	— *I have something to tell you.*
— Sì, dimmi **tutto.**	— *Yes, tell me everything.*

C Scelga quale delle due parole tra parentesi è quella corretta.

1. Alla nostra università ci sono (molti/qualche) problemi.
2. (Alcuni/Qualche) studenti danno (qualcuno/troppa) importanza ai voti (*grades*).
3. È lo stesso con (ogni/tutti i) corso di studio.
4. Il voto è usato da (molti/tutti) professori come un premio, e da (qualche/altri) professori come una punizione (*punishment*).
5. Per (qualche/alcuni) studente, il voto è diventato più importante della conoscenza della materia.
6. (Ognuno/Tutti) deve pensare a quello che vuole dallo studio.

In gruppi di tre: Decidete quale delle parole tra parentesi si applica meglio alla situazione della vostra università. Poi riferite le vostre opinioni alla classe.

1. Gli studenti dell'università hanno (poco/molto/troppo) tempo libero.
2. I professori danno (pochi/molti/troppi) compiti.
3. (Pochi/Alcuni/Molti/Quasi tutti gli) studenti sono contenti della libreria dell'università.
4. (Pochi/Alcuni/Molti/Troppi) studenti bevono spesso bevande alcoliche.
5. La vita sociale offre (poche/molte/troppe) attività.
6. Ci sono (pochi/alcuni/molti) problemi tra l'università e la comunità in cui si trova.
7. C'è (poca/qualche/molta) possibilità di violenza nel campus.
8. Ci sono (pochi/alcuni/molti/troppi) problemi di razzismo all'università.

Pronomi possessivi

1. Possessive pronouns take the place of noun phrases with possessive adjectives.

Hai letto la sua lettera o **la mia?**	*Did you read her letter or mine?*
Guardiamo prima le mie fotografie e poi vediamo **le vostre.**	*Let's look at my pictures first and then we'll see yours.*

2. Possessive pronouns are identical in form to the possessive adjectives. They agree in gender and number with the thing possessed, not the possessor. The following chart shows the forms of the possessive pronouns.

	Masculine		Feminine	
	Singular	Plural	Singular	Plural
mine	il mio	i miei	la mia	le mie
yours (tu)	il tuo	i tuoi	la tua	le tue
his, hers, its, yours (lei)	il suo	i suoi	la sua	le sue
ours	il nostro	i nostri	la nostra	le nostre
yours (voi)	il vostro	i vostri	la vostra	le vostre
theirs, yours (loro)	il loro	i loro	la loro	le loro

3. Possessive pronouns are generally preceded by the definite article. Use of the definite article is optional after **essere**. The possessive pronoun **loro**, however, always requires the article.

— Sono i suoi biglietti?
— No, non sono **(i) miei.**

— È la loro macchina?
— Sì, è **la loro.**

E Completi le frasi in maniera logica usando dei pronomi possessivi.

1. Io pago il mio biglietto e tu paghi _____ .
2. Marcello parlava con il suo avvocato mentre Franco e Daria parlavano con _____ .
3. Noi scriviamo ai nostri genitori e voi scrivete a _____ .
4. Tu scrivi la tua lettera in italiano e io scrivo _____ in inglese.
5. Le nostre vacanze sono finite; come avete passato _____ ?
6. Tu studi per i tuoi esami, ma i tuoi amici non studiano per _____ .
7. Ecco alcune fotografie che ho fatto; quando mi mandi _____ ?

F In coppia: Lei fa un complimento ad un amico/un'amica che risponde con lo stesso complimento, usando un pronome possessivo.

◆ amiche: simpatiche   S1: Le tue amiche sono molto simpatiche.
                         S2: Grazie, anche le tue sono simpatiche.

1. parenti: generosi
2. casa: elegante
3. fratelli: divertenti
4. famiglia: gentile
5. ragazzo/a: bello/a
6. paese: ricco di cose interessanti
7. idee: originali

Passato remoto

1. The preterit (**passato remoto**) is a past tense used frequently in writing, especially in narratives, to recount past events unrelated to the present. It is sometimes called the *historical past*.

Francesco Petrarca **nacque** ad Arezzo nel 1304.	*Francesco Petrarca was born in Arezzo in 1304.*
Scrisse sonetti in italiano e **fu** uno dei primi umanisti.	*He wrote sonnets in Italian, and was one of the first humanists.*
Ricevette la corona di alloro nel 1341, e la **mise** sulla tomba dell'Apostolo a San Pietro.	*He received the laurel crown in 1341, and placed it on the Tomb of the Apostle at St. Peter's Basilica.*

> Southern Italians tend to use the *passato remoto* more than northern Italians, even when speaking of recent events.

> Francesco Petrarca (1304–1374), known today for his lyric poems in Italian, was crowned poet laureate for his writings in Latin.

The preterit is used in speaking when the speaker perceives the action described as unconnected to the present.

— Hai mai letto una poesia di Francesco Petrarca?	*— Have you ever read any of Francesco Petrarca's poems?*
— **Lessi** tutto il *Canzoniere* quando ero al liceo.	*— I read the whole* Canzoniere *when I was in high school.*

> Petrarca's *Canzoniere* is a collection of lyric poems in Italian extolling his beloved Laura.

2. The preterit is formed by adding the characteristic endings to the infinitive stem. The following chart shows the preterit forms of regular **-are**, **-ere**, and **-ire** verbs.

	passare	**ricevere**	**finire**
io	pass**ai**	ricev**ei** (**-etti**)	fin**ii**
tu	pass**asti**	ricev**esti**	fin**isti**
lui/lei	pass**ò**	ricev**è** (**-ette**)	fin**ì**
noi	pass**ammo**	ricev**emmo**	fin**immo**
voi	pass**aste**	ricev**este**	fin**iste**
loro	pass**arono**	ricev**erono** (**-ettero**)	fin**irono**

Note that regular **-ere** verbs have two different forms for the first and third person singular and for the third person plural.

3. Many verbs have irregular forms in the preterit. Here are some of the most common. A more complete list appears in Appendix F.

avere	ebbi, avesti, ebbe, avemmo, aveste, ebbero
conoscere	conobbi, conoscesti, conobbe, conoscemmo, conosceste, conobbero
dare	diedi, desti, dette (diede), demmo, deste, dettero (diedero)
essere	fui, fosti, fu, fummo, foste, furono
fare	feci, facesti, fece, facemmo, faceste, fecero
leggere	lessi, leggesti, lesse, leggemmo, leggeste, lessero
nascere	nacqui, nascesti, nacque, nascemmo, nasceste, nacquero
prendere	presi, prendesti, prese, prendemmo, prendeste, presero
sapere	seppi, sapesti, seppe, sapemmo, sapeste, seppero
scrivere	scrissi, scrivesti, scrisse, scrivemmo, scriveste, scrissero
vedere	vidi, vedesti, vide, vedemmo, vedeste, videro
venire	venni, venisti, venne, venimmo, veniste, vennero

Notice that many of the verbs are irregular in the *io, lui/lei,* and *loro* forms, but regular in the other forms.

G   Quando successero i seguenti avvenimenti? Ogni data a sinistra corrisponde ad un avvenimento a destra. Abbinate date e avvenimenti con frasi complete.

◆ L'Italia diventò una repubblica nel …

nel 200	L'Italia diventò una repubblica.
nel 300	La chiesa condannò Galileo Galilei come eretico.
nel 400	Dante Alighieri morì.
nel 500	Milioni di italiani immigrarono nelle Americhe.
nel 600	Marco Polo arrivò in Cina.
nel 700	Cristoforo Colombo arrivò a San Salvador.
nell'800	Michelangelo creò la famosa statua del *David*.
nel 900	Antonio Vivaldi scrisse quasi 500 concerti per violino e altri strumenti.

Chi fu Marco Polo? Completi il brano con il passato remoto dei verbi tra parentesi.

1. Marco Polo (nascere) nel 1254 a Venezia.
2. A 19 anni (partire) con lo zio Matteo per la corte del Gran Khan.
3. I due (fare) un viaggio lungo e faticoso e (incontrare) pericoli (*dangers*) di ogni genere.
4. (Vedere) i primi mongoli tre anni dopo la loro partenza.
5. Quando i Polo (arrivare) a Pechino, il Gran Khan li (ricevere) cortesemente.
6. Marco (imparare) a scrivere e a leggere il cinese.
7. Marco Polo e Kublaij Khan (fare) amicizia.
8. Marco e lo zio (tornare) a Venezia ventiquattro anni dopo.
9. Marco (scrivere) le sue avventure in un libro intitolato *Il milione*.

Voce passiva

1. In passive sentences, the subject is the recipient of the action, rather than the agent who performs the action.

I giovani **hanno eletto** Luisa Lanciani al Parlamento.	*The young people have elected Luisa Lanciani to Parliament.*
Luisa Lanciani **è stata eletta** al Parlamento dai giovani.	*Luisa Lanciani was elected to Parliament by the young people.*

2. The passive voice (**la voce passiva**) consists of **essere** in the appropriate tense + *the past participle* of the verb. The past participle agrees with the subject. The agent of the action, if mentioned, is introduced by **da**.

Annunci politici **sono mandati** in onda **da**lle stazioni radio-foniche.	*Political messages are transmitted by radio stations.*
Il maggior numero di voti **è stato conquistato da**l partito democratico.	*The greatest number of votes was won by the Democratic party.*
I risultati **saranno discussi** per giornate intere.	*The results will be discussed for days on end.*

Trasformi le seguenti frasi alla voce passiva, secondo il modello.

◆ All'estero l'ambasciatore rappresenta una nazione.
   Una nazione è rappresentata all'estero dall'ambasciatore.

1. Il re e la regina rispettano le tradizioni di un paese.
2. La costituzione stabilisce le leggi di un paese.
3. Deputati e senatori formano il Parlamento.
4. I partiti politici annunciano i candidati.
5. Il potere legislativo crea nuove leggi.
6. Il sindaco governa la città.
7. Quattro partiti formano la coalizione.
8. Il governo sceglierà un nuovo ministro del Tesoro.
9. Il regime fascista ha modificato la costituzione originale.

J Risponda alle domande, cercando le informazioni nella lettura a pagina 317 se è necessario.

1. Quando è stato formato lo stato italiano?
2. In quale periodo è stata molto cambiata la Costituzione italiana?
3. Quale tipo di governo è stato scelto dagli italiani nel 1946?
4. Da che cosa sono stabiliti i limiti del potere esecutivo, del potere legislativo e del potere giudiziario?
5. Da chi è determinata la linea politica del governo?
6. Da quali organi è formato il Parlamento italiano?

Appendices

A. Spelling/sound correspondences

Ortografia		Suono	Esempi
a		/a/	casa
b		/b/	bicicletta
c	before **a**, **o**, and **u**	/k/	amica, amico, culturale
	before **e** and **i**	/č/	cento, ciao
	ch before **e** and **i**	/k/	che, chi
d		/d/	dieci
e		/e/	bene
f		/f/	favore
g	before **a**, **o**, and **u**	/g/	larga, governo, guidare
	before **e** and **i**	/ǧ/	gelato, gita
	gh before **e** and **i**	/g/	lunghe, dialoghi
	gli before **e** and **i**	/ʎ/	luglio
	gn	/ɲ/	signora
h		*silent*	ho
i		/i/	idea
l		/l/	lettera
m		/m/	mano
n		/n/	nome
o		/o/	poco
p		/p/	pratica
q	always in combination with **u**	/kw/	qui
r		/r/	radio
s	at the beginning of a word	/s/	signore
	ss between vowels	/s/	classe
	s between vowels	/z/	rosa, così
	s before **b, d, g, l, m, n, r, v**	/z/	sbagliato, sdoppiare, sveglia
	sc before **a, o,** and **u**	/sk/	scarpa, esco, scusa
	sc before **e** and **i**	/ʃ/	scientifico, conoscere
	sch before **e** and **i**	/sk/	fresche, freschi
t		/t/	telefono
u		/u/	uno
v		/v/	venire
z		/ts/	zio, piazza
		/ds/	zero, azzurro

1. When a consonant is doubled, the sound is lengthened (held) slightly in speech.
2. The letters **j, k, w, x,** and **y** occur only in foreign words.

B. *Avere* and *essere*

Avere							
Present	**Imperfect**	**Future**	**Conditional**	**Preterit**	**Present Subjunctive**	**Imperfect Subjunctive**	**Commands**
ho	avevo	avrò	avrei	ebbi	abbia	avessi	
hai	avevi	avrai	avresti	avesti	abbia	avessi	abbi
ha	aveva	avrà	avrebbe	ebbe	abbia	avesse	abbia
abbiamo	avevamo	avremo	avremmo	avemmo	abbiamo	avessimo	abbiamo
avete	avevate	avrete	avreste	aveste	abbiate	aveste	abbiate
hanno	avevano	avranno	avrebbero	ebbero	abbiano	avessero	abbiano

Past participle: avuto
Present perfect: ho avuto, hai avuto, ha avuto, abbiamo avuto, avete avuto, hanno avuto

Essere							
Present	**Imperfect**	**Future**	**Conditional**	**Preterit**	**Present Subjunctive**	**Imperfect Subjunctive**	**Commands**
sono	ero	sarò	sarei	fui	sia	fossi	
sei	eri	sarai	saresti	fosti	sia	fossi	sii
è	era	sarà	sarebbe	fu	sia	fosse	sia
siamo	eravamo	saremo	saremmo	fummo	siamo	fossimo	siamo
siete	eravate	sarete	sareste	foste	siate	foste	siate
sono	erano	saranno	sarebbero	furono	siano	fossero	siano

Past participle: stato
Present perfect: sono stato/a, sei stato/a, è stato/a, siamo stati/e, siete stati/e, sono stati/e

C. Regular verbs: simple tenses and compound tenses with *avere* and *essere*

	Verbi in *-are*		Verbi in *-ere*	Verbi in *-ire*	
	compr*are*	**entr*are***	**vend*ere***	**dorm*ire***	**fin*ire***
Indicative Present	compro	entro	vendo	dormo	finisco
	i	i	i	i	isci
	a	a	e	e	isce
	iamo	iamo	iamo	iamo	iamo
	ate	ate	ete	ite	ite
	ano	ano	ono	ono	iscono

	Verbi in -*are*		Verbi in -*ere*	Verbi in -*ire*	
	compr*are*	entr*are*	vend*ere*	dorm*ire*	fin*ire*
Imperfect	compr**avo**	entr**avo**	vend**evo**	dorm**ivo**	fin**ivo**
	avi	**avi**	**evi**	**ivi**	**ivi**
	ava	**ava**	**eva**	**iva**	**iva**
	avamo	**avamo**	**evamo**	**ivamo**	**ivamo**
	avate	**avate**	**evate**	**ivate**	**ivate**
	avano	**avano**	**evano**	**ivano**	**ivano**
Future	compr**erò**	entr**erò**	vend**erò**	dorm**irò**	fin**irò**
	erai	**erai**	**erai**	**irai**	**irai**
	erà	**erà**	**erà**	**irà**	**irà**
	eremo	**eremo**	**eremo**	**iremo**	**iremo**
	erete	**erete**	**erete**	**irete**	**irete**
	eranno	**eranno**	**eranno**	**iranno**	**iranno**
Preterit	compr**ai**	entr**ai**	vend**ei**	dorm**ii**	fin**ii**
	asti	**asti**	**esti**	**isti**	**isti**
	ò	**ò**	**è**	**ì**	**ì**
	ammo	**ammo**	**emmo**	**immo**	**immo**
	aste	**aste**	**este**	**iste**	**iste**
	arono	**arono**	**erono**	**irono**	**irono**
Present perfect	ho compr**ato**	sono entr**ato/a**	ho vend**uto**	ho dorm**ito**	ho fin**ito**
	hai	sei	hai	hai	hai
	ha	è	ha	ha	ha
	abbiamo	siamo entr**ati/e**	abbiamo	abbiamo	abbiamo
	avete	siete	avete	avete	avete
	hanno	sono	hanno	hanno	hanno
Pluperfect	avevo compr**ato**	ero entr**ato/a**	avevo vend**uto**	avevo dorm**ito**	avevo fin**ito**
	avevi	eri	avevi	avevi	avevi
	aveva	era	aveva	aveva	aveva
	avevamo	eravamo entr**ati/e**	avevamo	avevamo	avevamo
	avevate	eravate	avevate	avevate	avevate
	avevano	erano	avevano	avevano	avevano

	Verbi in -*are*		Verbi in -*ere*	Verbi in -*ire*	
	compr*are*	entr*are*	vend*ere*	dorm*ire*	fin*ire*
Commands	compra	entra	vendi	dormi	finisci
	i	i	a	a	isca
	iamo	iamo	iamo	iamo	iamo
	ate	ate	ete	ite	ite
	ino	ino	ano	ano	iscano
Conditional present	comprerei	entrerei	venderei	dormirei	finirei
	eresti	eresti	eresti	iresti	iresti
	erebbe	erebbe	erebbe	irebbe	irebbe
	eremmo	eremmo	eremmo	iremmo	iremmo
	ereste	ereste	ereste	ireste	ireste
	erebbero	erebbero	erebbero	irebbero	irebbero
Subjunctive present	compri	entri	venda	dorma	finisca
	i	i	a	a	isca
	i	i	a	a	isca
	iamo	iamo	iamo	iamo	iamo
	iate	iate	iate	iate	iate
	ino	ino	ano	ano	iscano
Imperfect	comprassi	entrassi	vendessi	dormissi	finissi
	assi	assi	essi	issi	issi
	asse	asse	esse	isse	isse
	assimo	assimo	essimo	issimo	issimo
	aste	aste	este	iste	iste
	assero	assero	essero	issero	issero
Past participle	comprato	entrato	venduto	dormito	finito

D. Verbs conjugated with *essere*

The following verbs are conjugated with **essere**. In addition, all reflexive verbs are conjugated with **essere** (for example, **lavarsi**, *to wash oneself*): **mi sono lavato/a, ti sei lavato/a, si è lavato/a, ci siamo lavati/e, vi siete lavati/e, si sono lavati/e.**

andare to go	**piacere** to like
arrivare to arrive	**restare** to remain
cadere to fall	**rimanere (rimasto)** to remain
costare to cost	**ritornare** to return
diminuire to diminish, decrease	**riuscire** to succeed
dispiacere to mind, to be sorry	**salire*** to climb up
diventare to become	**scendere (sceso)*** to go down, get off
entrare to enter	**sembrare** to seem
essere (stato) to be	**stare** to be
mancare to lack	**succedere (successo)** to happen
morire (morto) to die	**tornare** to return
nascere (nato) to be born	**uscire** to go out
partire to depart	**venire (venuto)** to come

* Conjugated with **avere** when used with a direct object

E. Verbs with irregular past participles

accendere (acceso) to turn on	**interrompere (interrotto)** to interrupt
affiggere (affisso) to post, affix	**leggere (letto)** to read
aggiungere (aggiunto) to add	**mettere (messo)** to put
apparire (apparso) to appear	**morire (morto)** to die
appendere (appeso) to hang	**muovere (mosso)** to move
apprendere (appreso) to learn	**nascere (nato)** to be born
aprire (aperto) to open	**nascondere (nascosto)** to hide
assumere (assunto) to hire	**offrire (offerto)** to offer
bere (bevuto) to drink	**perdere (perso *or* perduto)** to lose
chiedere (chiesto) to ask	**permettere (permesso)** to permit
chiudere (chiuso) to close	**porre (posto)** to place
cogliere (colto) to gather	**prendere (preso)** to take
comprendere (compreso) to understand	**prevedere (previsto)** to expect, foresee
concludere (concluso) to conclude	**promettere (promesso)** to promise
conoscere (conosciuto) to know	**promuovere (promosso)** to promote
convincere (convinto) to convince	**proporre (proposto)** to propose
coprire (coperto) to cover	**proteggere (protetto)** to protect
correre (corso) to run	**raggiungere (raggiunto)** to arrive, reach
correggere (corretto) to correct	**rendere (reso)** to render
cuocere (cotto) to cook	**richiedere (richiesto)** to require, seek
decidere (deciso) to decide	**ridere (riso)** to laugh
dire (detto) to say	**ridurre (ridotto)** to reduce
discutere (discusso) to discuss	**rimanere (rimasto)** to remain
eleggere (eletto) to elect	**riprendere (ripreso)** to start again
esprimere (espresso) to express	**risolvere (risolto)** to resolve
essere (stato) to be	**rispondere (risposto)** to answer
fare (fatto) to do, to make	**rompere (rotto)** to break
indire (indetto) to call, announce	**scegliere (scelto)** to select

scendere (sceso)   to go down, get off
scomparire (scomparso)   to disappear
scrivere (scritto)   to write
soffrire (sofferto)   to suffer
sorridere (sorriso)   to smile
spegnere (spento)   to turn off
spendere (speso)   to spend

succedere (successo)   to happen
togliere (tolto)   to remove
trarre (tratto)   to draw, pull
trasmettere (trasmesso)   to transmit
vedere (visto *or* veduto)   to see
venire (venuto)   to come
vincere (vinto)   to win

F. Irregular verbs

The verbs in this section are irregular in the following tenses only.

accendere   to turn on
Preterit: accesi, accendesti, accese, accendemmo, accendeste, accesero

affiggere   to post, affix
Preterit: affissi, affiggesti, affisse, affiggemmo, affiggeste, affissero

andare   to go
Pres. ind.:   vado, vai, va, andiamo, andate, vanno
Future: andrò, andrai, andrà, andremo, andrete, andranno
Commands: va', vada, andiamo, andate, vadano
Conditional: andrei, andresti, andrebbe, andremmo, andreste, andrebbero
Pres. subj.:   vada, vada, vada, andiamo, andiate, vadano

apprendere   to learn (*compound of* **prendere**)

assumere   to hire
Preterit: assunsi, assumesti, assunse, assumemmo, assumeste, assunsero

bere   to drink
Pres. ind.:   bevo, bevi, beve, beviamo, bevete, bevono
Imperfect: bevevo, bevevi, beveva, bevevamo, bevevate, bevevano
Future: berrò, berrai, berrà, berremo, berrete, berranno
Preterit: bevvi, bevesti, bevve, bevemmo, beveste, bevvero
Commands: bevi, beva, beviamo, bevete, bevano
Conditional: berrei, berresti, berrebbe, berremmo, berreste, berrebbero
Pres. subj.:   beva, beva, beva, beviamo, beviate, bevano
Imp. subj.:   bevessi, bevessi, bevesse, bevessimo, beveste, bevessero

cadere   to fall
Future: cadrò, cadrai, cadrà, etc.
Preterit: caddi, cadesti, cadde, cademmo, cadeste, caddero
Conditional: cadrei, cadresti, cadrebbe, etc.

chiedere   to ask for
Preterit: chiesi, chiedesti, chiese, chiedemmo, chiedeste, chiesero

chiudere   to close
Preterit: chiusi, chiudesti, chiuse, chiudemmo, chiudeste, chiusero

comprendere   to understand (*compound of* **prendere**)

concludere   to conclude
Preterit: conclusi, concludesti, concluse, concludemmo, concludeste, conclusero

conoscere   to know
Preterit: conobbi, conoscesti, conobbe, conoscemmo, conosceste, conobbero

convincere   to convince (*compound of* **vincere**)

dare   to give
Pres. ind.:   do, dai, dà, diamo, date, danno
Preterit: detti (diedi), desti, dette (diede), demmo, deste, dettero (diedero)
Commands: da', dia, diamo, date, diano
Pres. subj.:   dia, dia, dia, diamo, diate, diano
Imp. subj.:   dessi, dessi, desse, dessimo, deste, dessero

decidere   to decide
Preterit: decisi, decidesti, decise, decidemmo, decideste, decisero

dire to say, tell
Pres. ind.: dico, dici, dice, diciamo, dite, dicono
Imperfect: dicevo, dicevi, diceva, etc.
Preterit: dissi, dicesti, disse, dicemmo, diceste, dissero
Commands: di', dica, diciamo, dite, dicano
Pres. subj.: dica, dica, dica, diciamo, diciate, dicano
Imp. subj.: dicessi, dicessi, dicesse, etc.

discutere to discuss
Preterit: discussi, discutesti, discusse, discutemmo, discuteste, discussero

dovere to have to, must
Pres. ind.: devo, devi, deve, dobbiamo, dovete, devono
Future: dovrò, dovrai, dovrà, etc.
Conditional: dovrei, dovresti, dovrebbe, etc.
Pres. subj.: debba, debba, debba, dobbiamo, dobbiate, debbano

eleggere to elect
Preterit: elessi, eleggesti, elesse, eleggemmo, eleggeste, elessero

esprimere to express
Preterit: espressi, esprimesti, espresse, esprimemmo, esprimeste, espressero

fare to do, make
Pres. ind.: faccio, fai, fa, facciamo, fate, fanno
Imperfect: facevo, facevi, faceva, etc.
Preterit: feci, facesti, fece, facemmo, faceste, fecero
Commands: fa', faccia, facciamo, fate, facciano
Pres. subj.: faccia, faccia, faccia, facciamo, facciate, facciano
Imp. subj.: facessi, facessi, facesse, etc.

indire to call (*compound of* **dire**)

interrompere to interrupt
Preterit: interruppi, interrompesti, interruppe, interrompemmo, interrompeste, interruppero

leggere to read
Preterit: lessi, leggesti, lesse, leggemmo, leggeste, lessero

mettere to place, put
Preterit: misi, mettesti, mise, mettemmo, metteste, misero

morire to die
Pres. ind.: muoio, muori, muore, moriamo, morite, muoiono
Future: morrò, morrai, morrà, etc.
Pres. subj.: muoia, muoia, muoia, moriamo, moriate, muoiano

nascere to be born
Preterit: nacqui, nascesti, nacque, nascemmo, nasceste, nacquero

nascondere to hide
Preterit: nascosi, nascondesti, nascose, nascondemmo, nascondeste, nascosero

ottenere to obtain (*compound of* **tenere**)

permettere to permit (*compound of* **mettere**)

piacere to like, to please
Pres. ind.: piaccio, piaci, piace, piacciamo, piacete, piacciono
Preterit: piacqui, piacesti, piacque, piacemmo, piaceste, piacquero
Pres. subj.: piaccia, piaccia, piaccia, piacciamo, piacciate, piacciano

potere to be able
Pres. ind.: posso, puoi, può, possiamo, potete, possono
Future: potrò, potrai, potrà, etc.
Conditional: potrei, potresti, potrebbe, etc.
Pres. subj.: possa, possa, possa, possiamo, possiate, possano

prendere to take
Preterit: presi, prendesti, prese, prendemmo, prendeste, presero

prevedere to foresee (*compound of* **vedere**)

promettere to promise (*compound of* **mettere**)

promuovere to promote
Preterit: promossi, promovesti, promosse, promovemmo, promoveste, promossero

raggiungere to reach
Preterit: raggiunsi, raggiungesti, raggiunse, raggiungemmo, raggiungeste, raggiunsero

richiedere   to require, seek (*compound of* **chiedere**)

ridere   to laugh
Preterit: risi, ridesti, rise, ridemmo, rideste, risero

ridurre   to reduce
Pres. ind.:   riduco, riduci, riduce, riduciamo, riducete, riducono
Future: ridurrò, ridurrai, ridurrà, etc.
Preterit: ridussi, riducesti, ridusse, riducemmo, riduceste, ridussero
Conditional: ridurrei, ridurresti, ridurrebbe, etc.
Pres. subj.:   riduca, riduca, riduca, riduciamo, riduciate, riducano

rimanere   to remain
Pres. ind.:   rimango, rimani, rimane, rimaniamo, rimanete, rimangono
Future: rimarrò, rimarrai, rimarrà, etc.
Preterit: rimasi, rimanesti, rimase, rimanemmo, rimaneste, rimasero
Commands: rimani, rimanga, rimaniamo, rimanete, rimangano
Conditional: rimarrei, rimarresti, rimarrebbe, etc.
Pres. subj.:   rimanga, rimanga, rimanga, rimaniamo, rimaniate, rimangano

riprendere   to start again (*compound of* **prendere**)

rispondere   to answer
Preterit: risposi, rispondesti, rispose, rispondemmo, rispondeste, risposero

salire   to go up
Pres. ind.:   salgo, sali, sale, saliamo, salite, salgono
Pres. subj.:   salga, salga, salga, saliamo, saliate, salgano

sapere   to know
Pres. ind.:   so, sai, sa, sappiamo, sapete, sanno
Future: saprò, saprai, saprà, etc.
Preterit: seppi, sapesti, seppe, sapemmo, sapeste, seppero
Commands: sappi, sappia, sappiamo, sappiate, sappiano
Conditional: saprei, sapresti, saprebbe, etc.
Pres. subj.:   sappia, sappia, sappia, sappiamo, sappiate, sappiano

scegliere   to choose
Pres. ind.:   scelgo, scegli, sceglie, scegliamo, scegliete, scelgono
Preterit: scelsi, scegliesti, scelse, scegliemmo, sceglieste, scelsero
Commands: scegli, scelga, scegliamo, scegliete, scelgano
Pres. subj.:   scelga, scelga, scelga, scegliamo, scegliate, scelgano

scendere   to go down, get off
Preterit: scesi, scendesti, scese, scendemmo, scendeste, scesero

scrivere   to write
Preterit: scrissi, scrivesti, scrisse, scrivemmo, scriveste, scrissero

sedere   to sit
Pres. ind.:   siedo, siedi, siede, sediamo, sedete, siedono
Commands: siedi, sieda, sediamo, sedete, siedano
Pres. subj.:   sieda, sieda, sieda, sediamo, sediate, siedano

sorridere   to smile (*compound of* **ridere**)
Preterit: sorrisi, sorridesti, sorrise, sorridemmo, sorrideste, sorrisero

spegnere   to turn off
Preterit: spensi, spegnesti, spense, spegnemmo, spegneste, spensero

stare   to be
Preterit: stetti, stesti, stette, stemmo, steste, stettero
Commands: sta', stia, stiamo, state, stiano
Pres. subj.:   stia, stia, stia, stiamo, stiate, stiano
Imp. subj.:   stessi, stessi, stesse, stessimo, steste, stessero

tenere   to keep
Pres. ind.:   tengo, tieni, tiene, teniamo, tenete, tengono
Future: terrò, terrai, terrà, etc.
Preterit: tenni, tenesti, tenne, tenemmo, teneste, tennero
Commands: tieni, tenga, teniamo, tenete, tengano
Conditional: terrei, terresti, terrebbe, etc.
Pres. subj.:   tenga, tenga, tenga, teniamo, teniate, tengano

trasmettere   to transmit (*compound of* **mettere**)

uscire   to go out
Pres. ind.:   esco, esci, esce, usciamo, uscite, escono
Commands: esci, esca, usciamo, uscite, escano
Pres. subj.:   esca, esca, esca, usciamo, usciate, escano

vedere   to see
Future: vedrò, vedrai, vedrà, etc.
Preterit: vidi, vedesti, vide, vedemmo, vedeste, videro
Conditional: vedrei, vedresti, vedrebbe, etc.

venire   to come
Pres. ind.:   vengo, vieni, viene, veniamo, venite, vengono
Future: verrò, verrai, verrà, etc.
Preterit: venni, venisti, venne, venimmo, veniste, vennero
Commands: vieni, venga, veniamo, venite, vengano
Conditional: verrei, verresti, verrebbe, etc.
Pres. subj.:   venga, venga, venga, veniamo, veniate, vengano

vincere   to win
Preterit: vinsi, vincesti, vinse, vincemmo, vinceste, vinsero

vivere   to live
Future: vivrò, vivrai, vivrà, etc.
Preterit: vissi, vivesti, visse, vivemmo, viveste, vissero
Conditional: vivrei, vivresti, vivrebbe, etc.

volere   to want
Pres. ind.:   voglio, vuoi, vuole, vogliamo, volete, vogliono
Future: vorrò, vorrai, vorrà, etc.
Preterit: volli, volesti, volle, volemmo, voleste, vollero
Conditional: vorrei, vorresti, vorrebbe, etc.
Pres. subj.:   voglia, voglia, voglia, vogliamo, vogliate, vogliano

Italian-English Vocabulary

The Italian-English vocabulary contains most of the basic words and expressions presented in the lessons for active use. It also includes words from exercises and instructions that are intended for recognition only. The number after a vocabulary entry refers to the lesson where the word first appears; the letters "LP" refer to the *Lezione preliminare*. Definitions are limited to those used in the book.

Stress is indicated with a dot ( ) under the stressed letter of the main entry when it does not fall on the next-to-last syllable. A subscript dot also indicates vowel combinations that are not diphthongs. An asterisk (*) indicates that a verb is irregular and can be found in the irregular verb listing in Appendix F.

The following abbreviations are used:

f.	= feminine	*inv.*	= invariable
m.	= masculine	*pl.*	= plural
adj.	= adjective	*p.p.*	= past participle

A

a (*frequently* **ad** *before vowel*)   to; at   1

abbastanza   enough; **abbastanza bene**   quite well   LP

abbigliamento   clothing   10

abbinare   to combine; to match   8

abbraccio   hug   9

abilità (*f.*)   ability   5

abitante (*m. or f.*)   inhabitant, resident   5

abitare   to live   2

abito   dress; suit   10

abituarsi   to get used to   18

accademia   academy   9

accademico/a   academic   16

acceleratore (*m.*)   accelerator   6

accendere (*p.p.* **acceso**), to turn on   14

accessorio   accessory   10

accidenti!   my goodness!   6

accompagnare   to accompany   10

accordo: d'accordo   agreed, OK   3; **andare* d'accordo (con)**   to get along (with); **essere* d'accordo**   to agree   8

accuratamente   accurately, carefully   9

aceto   vinegar   7

acqua (minerale)   (mineral) water   4; **acqua corrente**   running water   17

acquaforte (*m.*)   etching   19

acquisto   purchase   5

addormentarsi   to fall asleep   7

adeguato/a   adequate   18

adesione (*f.*)   admittance   14

adesso   now   3

adoperare   to use   18

aereo   plane   18; **andare* in aereo**   to go by plane   18

aeroporto   airport   2

affascinante   fascinating   17

affatto: non ... affatto   not at all   9

affetto   affection   9

affinché   so that, in order that   15

affitto   rent, rental   9; **prendere in affitto, dare in affitto**   to lease, to rent   17

affreschi (*pl.*)   frescoes   8

afoso/a   sultry, muggy   9

agente (*m. or f.*)   agent   16; **agente immobiliare**   real estate agent   17

agenzia di viaggi   travel agency   8

agenzia immobiliare   real estate agency   17

aggettivo   adjective

aggiustare   to fix   15

agnello   lamb   7

agosto   August   6

aiutare (a)   to help   13; **aiutarsi**   to help each other; to help oneself   13

alba   dawn   14

albergo   hotel   3

albero: albero genealogico   genealogical tree   8

albicocca   apricot   7

alcolico (*noun or adj.*)   alcoholic; alcoholic drink   7

alcuni/e   some   9

alfabeto   alphabet   LP

alimento   food   13

allegramente   gaily, happily   17

allegria   joy   5

allegro/a   happy   5

allenamento   practice   14

alloggio   apartment, lodging   17

allontanarsi   to go away   18

allora   well, then   3

almeno   at least   5

alpinismo   mountain climbing   12

altalena ups and downs; see-saw 14

alto/a high, tall 5

altrettanto likewise, same to you 11

altro/a other, another 7

alzare to raise; to turn up 14

alzarsi to get up 7

amare to love 18; **amarsi** to love each other 11

ambasciatore (*m.*) ambassador 14

ambientale environmental 18

ambiente (*m.*) environment 18

americano/a American ·1

amico/a friend 2

amoroso/a amorous 8

analcolico nonalcoholic 7

ananas (*m.*) pineapple 7

anche also, too; **anch'io** I too, me too 1; **anche se** even though 9

ancora yet, still 5; **non ... ancora** not yet 8

andare* (a) to go (to) 3; **andare via** to go away 18; **va bene?** OK?, is that all right? 3; **andare in macchina** to go by car 18

anello ring 15

animale (*m.*) animal 1

anniversario anniversary 13; **buon anniversario!** happy anniversary! 13

anno year 1

annoiarsi to be bored 7

annunciare to announce 14

annunciatore, annunciatrice newscaster 14

annuncio ad(vertisement) 17

anticipo: essere in anticipo to be early LP

antico/a old, ancient 9

antipasto hors d'oeuvre; appetizer 13

antipatico/a unpleasant 5

antropologia anthropology 2

anzi indeed 8

appartamento apartment 2; **appartamentino** small apartment 17

appena as soon as 8

appropriato/a appropriate

appunti notes 5; **prendere appunti** to take notes 9

aprile April 6

aprire (*p.p.* **aperto**) to open 5; **all'aperto** outdoors 4

aragosta lobster 7

arancia orange 7

aranciata orange soda 3

arancione (*inv.*) orange (color) 10

architetto architect 2

architettura architecture 2

armadio armoire, wardrobe, closet 17

armonica harmonica 15

arpa harp 15

arrabbiato/a angry 11

arrivare to arrive 3

arrivederci good-bye (*informal*) LP; **arrivederla** good-bye (*formal*) LP

arrivo arrival 9

arte (*f.*) art 2

articolo article 10

artigianato handicraft 9

asciugacapelli (*m.*) hair dryer 11

asciugamano (*m.*) towel 11

asciugarsi le mani (la faccia) to dry one's hands (face) 11

asciugatrice (*f.*) clothes dryer 17

ascoltare to listen (to) 3

asparagi asparagus 7

aspettare to wait (for) 3; **aspetta un momento** wait a minute 6

aspetto aspect 18

aspirapolvere (*m.*) vacuum cleaner

assaggiare to taste 7

assegnare award 10

assistenza assistance, help 16

associare to associate 5

assumere* (*p.p.* **assunto**) to hire 16

assurdo/a absurd 18

atmosfera atmosphere 5

atomico/a: fissione atomica atomic fission 8

attaccato/a attached 17

attentamente carefully 17

attenzione (*f.*) attention 10

attesa wait 4

attitudine (*f.*) attitude 9

attività (*f.*) activity

atto act 15

attore/attrice actor/actress 10

attrarre to attract 10

audace bold, daring 5

audiocassetta cassette 1

auguri! (*pl.*) best wishes! 13; **tanti auguri!** all the best! 13

australiano/a Australian 5

Austria Austria 14

autobus bus 18; **andare* in autobus** to go by bus 18

autocarro truck 18

automobile (*f.*) car, automobile 18

automobilistico/a automotive 14

autonomo/a independent 17

autostop (*m.*) hitchhiking 13

autunnale fall-like 6

autunno autumn, fall 6

avere* to have, to possess 1; **avere ... anni** to be ... years old 1; **avere a che fare con** to have to deal with 12; **avere bisogno (di)** to need (to) 3; **avere caldo** to be warm 3; **avere fame** to be hungry 3; **avere freddo** to be cold 3; **avere in mente** to intend 9; **avere intenzione di** to intend to 13; **avere luogo** to take place 5; **avere modo di** to have a chance to 9; **avere paura (di)** to be afraid (of) 3; **avere ragione** to be right 3; **avere sete** to be thirsty 3; **avere sonno** to be sleepy 3; **avere torto** to be wrong 3; **avere voglia di** (+ *infinitive* or *noun*) to feel like (doing or having something) 3

avvenimento event 10

avvocato (*m. or f.*) lawyer LP

azione (*f.*) action 10

azzurro/a sky-blue 10

B

Babbo Natale Santa Claus 9

bacheca bulletin board 17

bagagli (*pl.*) baggage 8

bagnino lifeguard 8

bagno bathroom 17

baia bay LP

balcone (*m.*) balcony 17

ballare to dance 1

bambino/a baby, child 7

bambola doll 9

banale banal 5

banana banana 7

banca bank 3

bancarella   stall   7
banda   band   18
bar (*m.*)   bar, café   3
barca   boat   12; **andare* in barca** to go boating   18; to go sailing   12
barista (*m. or f.*)   bartender   10
basare   to base   4
baseball (*m.*)   baseball   12
basso/a   short   5
basta   enough   13
bastare   to be enough   17
batteria   drum set   15
Belgio (*m.*)   Belgium   14
bellissimo/a   very beautiful   9
bello/a   beautiful, handsome   5; **che bello!**   how nice!   14
benché   although, even though   15
bene   well, good, fine   LP
benissimo   just great!   LP; very well   5
benzina   gasoline   8
bere* (*p.p.* **bevuto**)   to drink   4; **qualcosa da bere**   something to drink   4
bevanda   drink   13
bianco/a   white   10
bibita   drink   7
biblioteca   library   3
bicchiere (*m.*)   (drinking) glass   4
bicicletta   bicycle   1; **andare* in bicicletta**   to ride a bike   12
bifamiliare   two-family   18
biglietteria   ticket office   15
biglietto   ticket   4; **biglietto di andata e ritorno**   round-trip ticket   4; **biglietto aereo (ferroviario)**   airline (train) ticket   8
biologia   biology   2
biondo/a   blond   11
birra   beer   6
bisogna   it's necessary   10
bistecca   steak   7
blu (*inv.*)   blue   10
bocca   mouth   11
borsa   handbag, purse   10
bottiglia   bottle   6
braccio (braccia, *f. pl.*)   arm   11
brano   paragraph   9
bravo/a   good; capable   5
breve   brief, short   11
brevemente   briefly   9
brindisi (*m.*)   toast   13

broccoli (*pl.*)   broccoli   7
brodo   broth   7
brutto/a   ugly   5
buco   hole   10
buffo: che buffo!   how funny!   14
bugia   lie   9
buono/a   good   3; **buon compleanno!**   happy birthday!   13; **buon giorno**   hello, good morning   LP; **buona sera**   good evening   LP; **buona notte**   good night   LP; **a buon mercato** inexpensive, cheap   7
burattino   puppet   10
burro   butter   7
busta   envelope   17

C

caffè (*m.*)   café; coffee   4; **caffè all'aperto**   outdoor café
calamari (*pl.*)   squid   7
calcio   soccer; **giocare al calcio** to play soccer   12
calcolatrice (*f.*)   calculator   1
caldo: avere* caldo   to be warm   2; **fare caldo**   to be warm (weather)   4
calendario   calendar   1
calmo/a   calm, tranquil   5
calzare   to fit (shoes, gloves)   10
calze (*pl.*)   stockings, hose   10
calzini (*pl.*)   socks   10
calzoncini (*pl.*)   shorts   10
cambiamento   change
cambiare   to change   6; **cambiare casa**   to move   18
camera   room, bedroom   5; **camera da letto**   bedroom   17
camera dei deputati   chamber of representatives   14
cameriera   waitress   6
cameriere (*m.*)   waiter   4
camicetta   blouse   10
camicia   man's shirt   10
camino   fireplace   17
camion (*m.*)   truck   18
campagna   countryside   18
campeggio   camp site   5
campo   field   16
canadese   Canadian   5
canale televisivo (*m.*)   TV channel   14
cancellare   to erase; to cancel   6

cancro   cancer   12
candidato   candidate   14
cane (*m.*)   dog   2
cantante (*m. or f.*)   singer   15
cantare   to sing   3
cantina   cellar   17
canto   song, chant   4
canzone (*f.*)   song   13
capelli (*pl.*)   hair   10
capire   to understand   5
capitale (*f.*)   capital   LP; 14
capitare   to happen   11
capo   chief, boss   16
Capodanno   New Year's   17
capoluogo   capital of a region   LP
cappello   hat   10
cappotto   (over)coat   10
cappuccino   espresso coffee with steamed milk   3
caratteristica   characteristic   5
carciofo   artichoke   7
carino/a   cute   5
carne (*f.*)   meat   7
Carnevale (*m.*)   Mardi Gras   5
caro/a   expensive; dear   5
carota   carrot   7
carriera   career   5
carrozza   carriage   6
carta   paper; map   LP
carta telefonica   telephone card   3
cartello   poster   15
cartina   map   11
cartolina   postcard   4
cartoncino   card   17
cartoni animati   cartoons   10
casa   house   2; **a casa**   at home; **a casa tua**   at your house   3
casalinga   homemaker   16
caso: in caso che   in case, in the event that   15; **per caso**   by chance   5
cassa   cashier's desk, counter   3
cassetta   cassette   1
castano/a   brown   11
castello   castle   16
casuale   casual   10
catena di montagne   mountain chain   LP
cattivo/a   bad   5
causa   cause   14
cavallo   horse; **andare* a cavallo** to go horseback riding   12
caviglia   ankle   11
CD (ciddì) (*m.*)   compact disc   1

celebre famous 5

cena supper 8

centesimo cent 7

cento one hundred 1; **cento di questi giorni!** many happy returns! 13

centro downtown, center 2; **il centro commerciale** downtown 3

cerca: in cerca di ... in search of . . . 17

cercare (di) to look (for) 3; to try to 18

certamente certainly 4

certo/a certain 9; certainly 5

cervello brain 13

che what 4; that, who 5; **che cosa? (cosa?)** what? 1; **che cosa fai di bello oggi?** what are you up to today? 3

chi? who? 3; **con chi?** with whom? 3; **a chi?** to whom? 3; **chi altro?** who else?; **di chi?** whose?

chiamare to call 3; **chiamarsi** to be named (to call oneself) 7; **come ti chiami?** what is your name? LP; **mi chiamo** my name is LP

chiedere* (di) (*p.p.* **chiesto**) to ask (for) (to) 4

chiesa church 3

chilo: al chilo per kilo (metric weight) 7

chimica chemistry 2

chissà who knows 17

chitarra guitar 2

chiudere* (*p.p.* **chiuso**) to close 4

ci there; about it 12; us, to us, ourselves; **ci sono** there are

ciao hi; bye (*informal*) LP

ciascuno/a each 5

ciclismo bicycle riding 12

ciliegia cherry 7

cinema (*m.*) movie house 3

cinematografico/a (*adj.*) movie 10

cinese (*m. or adj.*) Chinese language 2; Chinese 2

cinquanta fifty 1

cinque five LP

cipolla onion 7

circondato/a surrounded 1

circostanza circumstance 11

città city LP; 2

cittadina town 9

cittadino/a (*noun or adj.*) citizen 5; (of the) city 18

clarinetto clarinet 15

classico/a classical 15

clima (*m.*) climate 12

cognata sister-in-law 8

cognato brother-in-law 8

cognome (*m.*) last name 4

colazione (*f.*) lunch; **prima colazione** breakfast 13

collaborare to collaborate 4

collo neck 11

colloquio job interview 16

colonna column; **colonna sonora** soundtrack 10

colore (*m.*) color 10

coltello knife 13

combinare to combine 16

come like, as 6; **come?** how? 4; **come mai?** how come? 5; **come sta (stai)?** how are you? LP

comico/a comical 18

cominciare (a) to begin (to) 3

commedia comedy 10

commesso/a salesclerk 10

comò (*m.*) chest of drawers 17

comodo/a comfortable 17

compagno/a companion 17; **compagno/a di camera** roommate 14; **di classe** classmate 10

compiere to complete 13; to accomplish

compilare to complete; **compilare il modulo** to fill out the application 18

compiti (*pl.*) homework 8

compiuto: senso compiuto logical 9

compleanno birthday 13; **buon compleanno!** happy birthday! 13

complesso (musical) group 15

completare to complete 10

complimento: fare un complimento to pay a compliment 9

complimenti! (my) compliments! congratulations! 13

componimento composition 12

comportarsi to behave 7

comprare to buy 3; **si compra** one buys 7

computer (*m.*) computer 1

comune (*m.*) city hall 14

con with LP

concerto concert 15

concetto concept 17

concorrenza competition 16

concorso competition, contest 10

condividere to share 17

condizione (*f.*) condition 9; **a condizione che** provided that, as long as 15

conferire to award 9

confezione: confezione di caffè packaged coffee 11

confrontare to compare 10

confusione (*f.*) confusion 4

congettura conjecture 12

conoscere to know (someone or a place); to meet 4; **conoscersi** to meet each other; to know each other 11

conosciuto/a known 15

conservatore conservative 15

consigliare (di) to advise (to) 11

consiglio advice 7

consiglio dei ministri council of ministers 14

consumatore (*m.*) consumer 11

contattare to contact 17

contatto contact 8

contento/a happy, glad 9

continente (*m.*) continent 14

continuare (a) to continue (to) 10

contorno side dish 13

contrario/a opposite 6

contrasto contrast 10

contro against 18

controllare to check, to control; to rule 12

controllo check, inspection 6

convenire to be convenient 17

convincere (*p.p.* **convinto**) to convince 15

convivere to live together with 8

coppia couple, pair 8

coraggio courage 17

coro chorus 15

corpo body 11

correggere* (*p.p.* **corretto**) to correct

correre to run 12
corretto/a correct 5
corsa race; running 12
corso course 9; **corso di laurea** (university) major 16
cortese courteous, kind, polite 5
cortile (*m.*) courtyard 17
cosa thing 8; **cosa?** what? 4
così so, like that 10; **così così** so-so LP; **così ... come** as ... as 17
cosmetico/a cosmetic 13
costare to cost 7
costituzione (*f.*) constitution 14
costoso/a costly, expensive 17
costruire to build 17
costruzione (*f.*) construction 15
costume (*m.*) costume 5; **costume da bagno** bathing suit 10
cotone (*m.*) cotton 10
cotto/a cooked 13
cravatta tie 10
credenza sideboard 17
credere (di) to believe; to think 4; **credo di sì (no)** I think so (not) 4
credibile believable 14
credito: carta di credito credit card 6
crostata pie 7
crudo/a raw 13
cucchiaino teaspoon 13
cucchiaio spoon 13
cucina kitchen 3; cooking 13
cucinare to cook 13
cugino/a cousin 8
cui who, whom 13
cuoio (la pelle) leather, hide 10
curiosità (*f.*) curiosity 5

D

da from, by, at (someone's house, office) 3; **da molto tempo** for a long time; **da quanto tempo?** for how long?; **da solo/a** alone 2; **vado da Laura** I'm going to Laura's house; **vengo da te** I'm coming to your house
d'accordo agreed, OK 3
Danimarca (*f.*) Denmark 14
danza dance 4
dare to give 4; **dare un esame** to take an exam 4; **da'** give 7

davanti (a) in front (of) 3
davvero? really? 5
decidere* (di) (*p.p.* **deciso**) to decide (to do something) 3
decisione (*f.*) decision 14; **prendere una decisione** to make a decision 14
definire to define 11
denaro money 12
dente (*m.*) tooth 1
dentifricio toothpaste 11
dentista (*m. or f.*) dentist 16
deputato representative 14
descritto/a described 10
descrizione (*f.*) description
desiderare to wish, want, desire 3
desiderio desire 18
destra right (side) 14; **a destra** on the right
determinato/a specific
di (**d'** *before vowels*) of; about; from LP
dialetto dialect 2
dialogo dialogue
diamante (*m.*) diamond 15
dicembre December 6
diciannove nineteen LP
diciassette seventeen LP
diciotto eighteen LP
dieci ten LP
difficile difficult
difficoltà (*f.*) difficulty LP
digestivo liqueur thought to aid digestion 3
dimenticare to forget 3; **dimenticarsi di** to forget (to) 18
dimettersi* (*p.p.* **dimesso**) to resign 16
dimostrativo/a demonstrative 7
dinamico/a dynamic, energetic 5
dipendere (da) to depend on; **dipende** that depends 12
diploma di maturità high-school diploma 1
dire (di) to say (to); to tell 6
diretta: in diretta live (on the air) 14
direttore/direttrice director, manager 17
dirigente (*m. or f.*) executive 16
discesa downhill; descent 11
discoteca discotheque 3

discutere (di) to discuss (something) 4
disegno drawing 5
disfare to undo 15
disgrazia accident 14; **che disgrazia!** what a disaster! 14
disinvolto/a carefree, self-possessed 5
disoccupato/a unoccupied; unemployed 15
disonesto/a dishonest 5
disorganizzato disorganized 15
disperatamente desperately 17
dispiacere* to be sorry, to mind; **ti dispiace se ... ?** do you mind if ... ? 11; **mi dispiace** I'm sorry 4
dispiacere (*m.*) displeasure, misfortune 15
distratto/a absent-minded 8
disturbare to disturb 17
dito (dita, *f. pl.*) finger 11; **il dito del piede** toe 11
ditta company 11
divano sofa 17
diventare to become 6
diverso/a different 4
divertente amusing 5
divertimento fun 12
divertirsi (a) to enjoy oneself, to have fun doing 7
divinamente divinely 15
divorziare to divorce 8
divorziato/a divorced 8
documentario documentary 10
dodici twelve LP
dolce (*m. and adj.*) sweet 7; dessert 7
domanda question; **fare una domanda** to ask a question
domandare to ask 4
domani (domattina) tomorrow (tomorrow morning) 4; **a domani** until tomorrow LP
domenica Sunday 4
dominante dominating 12
donna woman 5; **donna d'affari** businesswoman 16
dopo after 4
dopodomani the day after tomorrow 4
doppiare to dub 10
dormire to sleep 5
dottore/dottoressa doctor LP

dove? where? 2
dovere to have to, must 8
dramma (*m.*) drama 12
dritto straight ahead 11
dubitare to doubt 15
due two LP
dunque therefore; well, then 6
durare to last 1

E

e (*frequently* **ed** *before vowel*) and LP; 1
eccessivo/a excessive 14
eccezionale exceptional 15
ecco there is, there are LP; **eccolo** here he/it is 13
ecologia ecology 18
economia economics 2
economico/a cheap, inexpensive 5
edificio building 18
effetto effect 18
effetti speciali special effects 10
efficace effective 17
efficiente efficient 18
egoista (*m. or f.*) selfish 5
elegante elegant 5
elementare elementary 1
elenco list 17
elettore (*m. or f.*) voter 14
elettronico/a electronic 9; **posta elettronica** e-mail 9; **l'indirizzo elettronico** e-mail address 9
elettricista (*m. or f.*) electrician 16
elezione (*f.*) election 14
elicottero helicopter 18; **andare in elicottero** to go by helicopter 18
eliminare to eliminate 18
emozionante emotional 18
energia energy 18
entrare to enter 3
equitazione (*f.*) horseback riding 12
equivalente equivalent
esagerare to exaggerate 12
esagerato/a exaggerated 7
esame (*m.*) exam 3
escluso/a excluded 17
esigere to carry out 7
esempio example

esercitare to exercise 16; **esercitare una professione** to practice a profession or skilled craft 16
esistere to exist 16
esperienza experience 8
espresso strong coffee without milk 3
esprimere to express
essere* (*p.p.* **stato**) to be 1; **essere* d'accordo** to agree 8
est (*m.*) east LP
estate (*f.*) summer 6
estero: all'estero abroad 6
estivo/a (*adj.*) summer 9
euro European money 7
europeo/a European 14
evitare to avoid 8

F

fa ago 6; **due giorni fa** two days ago 6; **un'ora fa** one hour ago 6
fabbrica factory 16
faccia face 11
facile easy 11
facilità (*f.*) ease, facility 5
facilmente easily 17
facoltà school (of medicine, law, etc.) 8
fagiolini (*pl.*) string beans 7
falso/a false, insincere 5
fama fame 11
famiglia family 2
famoso/a famous LP
fantascienza science fiction 10
fantasia imagination 12
fantino jockey 12
fare* (*p.p.* **fatto**) to do 3; **fare acquisti** to make purchases 5; **fare attenzione** to pay attention; **fare bella figura** to cut a fine figure; to make a good impression 10; **fare caldo** to be hot (weather) 4; **fare cattivo tempo** to be bad (weather) 9; **fare colazione** to have breakfast (lunch) 4; **fare controllare (l'olio)** to have the (oil) checked 8; **fare dell'alpinismo** to go mountain climbing 12; **fare dello sport** to engage in (play) sports 12; **fare due passi** to go

for a short walk 3; **fare due salti** to dance (a few steps) 4; **fare fotografie** to take pictures 4; **fare freddo** to be cold (weather) 4; **fare fresco** to be cool (weather) 4; **fare ginnastica** to work out 12; **fare gli auguri** to wish someone well 13; **fare/farsi il bagno** to take a bath 11; **fare/farsi la doccia** to take a shower 11; **fare il bravo/la brava** to be good 12; **fare il pendolare** to commute 17; **fare il pieno** to fill it up 8; **fare il tifo** to be a fan 12; **fare la parte (di)** to take the part (of) 7; **fare la spesa** to shop (for food) 7; **fare l'avvocato (il meccanico, etc.)** to be a lawyer (a mechanic, etc.); **fare le gare** to compete 12; **fare le spese** to shop (for clothes, etc.); **fare male** to hurt, feel pain 11; **fare piacere** to please 15; **fare presto** to hurry up 7; **fare programmi** to make plans 12; **fare regali** to give gifts 11; **fare sapere** to let know 12; **fare una domanda** to ask a question 4; **fare una gita** to take a short trip 4; **fare una graduatoria** to rate 18; **fare una passeggiata**· to take, go for, a walk 4; **fare una telefonata** to make a phone call 11; **fare un viaggio** to take a (long) trip 4; **fare vedere** to let see; **farsi male** to get hurt
farmacia pharmacy, drugstore 3
farmacista (*m. or f.*) pharmacist 16
fata fairy 10; **fata madrina** fairy godmother 6
favoloso/a fabulous 6
favore (*m.*) favor 3; **per favore** please 3
febbraio February 6
febbre (*f.*) fever 11
fedele faithful 17
felice happy 15
ferie (*f. pl.*) vacation 16
fermarsi to stop 7
fermata stop (of a bus, train, etc.) 11

ferro da stiro iron 17

festa party; **festa mascherata** costume party 5

festeggiare to celebrate 13

festival (*m.*) festival 10

fidanzarsi to become engaged 8

figliastro/a stepson; stepdaughter 8

figlio/a son; daughter 2; **figli** children 2

film (*m.*) film 10; **film giallo** thriller 10; **film dell'orrore** horror film 10

filosofia philosophy 2

finalmente finally 10

finanziario/a financial 14

fine (*f.*) end; **alla fine** in the end 10

fine settimana (*f.*) weekend 9

finestra window 1

finire (di) to finish 5

fino until 3

finora until now 9

fiore (*m.*) flower 7

fisarmonica accordion 15

fiscale fiscal 4

fisica physics 2

fisico/a physical 11

fiume (*m.*) river LP

flanella flannel 10

flauto flute 15

folclore (*m.*) folklore 4

folcloristico/a folkloristic 4

fondo: in fondo at the bottom 9

forbici (*f. pl.*) scissors 11

forchetta fork 13

formaggio cheese 7; **formaggio mascarpone** Italian-type cream cheese 13

formulare to formulate; to create 4

forno (a microonde) (microwave) oven 17

forse perhaps 11

forte strong 9

fortuna luck 11; **avere fortuna** to be lucky 4; **che fortuna!** what luck! 11

forza: a tutta forza! all out! 12

foto(grafia) photograph 9

fotografo photographer 9

fra between, among 3; **fra poco** shortly LP; **fra cinque minuti** in five minutes LP

fragola strawberry 7

francese (*m. or adj.*) French language 2; French 2

Francia (*f.*) France 14

francobollo stamp 19

frase (*f.*) sentence 2

fratello brother 1

frequentare to attend 1; 3

fresco/a fresh, cool 4

fretta hurry 12

frigo(rifero) refrigerator 13

frutta fruit 7

fruttivendolo fruit vendor 7

fuga escape 18

fuggire to flee 18

funghi mushrooms 7

funzionario manager 8

fuoco fire 7

fuori outside 2

furbo/a shrewd 5

furto robbery 6

futuro future 10

G

gamba leg 11

gamberi (*pl.*) shrimp 7

garage (*m.*) garage 17

gatto cat 2

gelateria ice-cream parlor 3

gelato ice cream 3

generale (*m.*) general 5

generalmente generally, usually 16

generazione (*f.*) generation 8

genero son-in-law 8

generoso/a generous 5

genitori (*pl.*) parents 8

gennaio January 6

gente (*f.*) people 5

gentile kind, courteous 5

geologia geology 2

Germania (*f.*) Germany 14

gestione (*f.*) management 16

gestire to manage 16

ghiaccio ice 12

già already LP

giacca jacket 10

giaccone (*m.*) heavy jacket, outerwear 10

giallo/a yellow 10

giapponese (*m. or adj.*) Japanese language 2; Japanese 2

giardino garden 17

ginnastica gymnastics 17

ginocchio (ginocchia, *f. pl.*) knee 11

giocare to play (a game) 3

gioco game LP

giornale (*m.*) newspaper 1

giornaliero/a daily 7

giornata day LP; **buona giornata** have a good day LP

giorno day 5; **cento di questi giorni!** many happy returns! 13; **buon giorno** good morning LP

giovane (*m. or f., n. or adj.*) young; young person 5

giovedì (*m.*) Thursday 4

girare to turn; to go around 12; **girare a destra (sinistra)** to turn right (left) 11; **girare un film** to film 11

gita trip, ride 6

giugno June 6

giusto/a correct 9

gola throat 11

golfo gulf LP

gomito elbow 11

gonna skirt 10

governare to govern 14

governo government 14

Gran Bretagna (*f.*) Great Britain 14

grande big, large, great 2; 5

grasso/a fat 5

grave serious 11

grazie thanks, thank you LP

grazioso/a charming 17

Grecia (*f.*) Greece 14

greco/a Greek 10

grigio/a gray 10

gruppo group 4

guadagnare to earn 16

guadagnarsi la vita to earn one's living 16

guanti (*pl.*) gloves 10

guardare to look (at) 3; **guardarsi allo specchio** to look at oneself in the mirror 11

guardaroba (*m.*) closet 17

guidare to drive 3

gusto taste 17

H

hockey (*m.*) hockey 11

I

idea idea 3

ieri yesterday 6; **l'altro ieri** the day before yesterday 6; **ieri mattina** yesterday morning 6; **ieri pomeriggio** yesterday afternoon 6; **ieri sera** last evening (night) 10; **ieri notte** last night 10

igienico/a hygienic 11

immaginarsi to imagine 15

immagine (*f.*) image 10

immediato/a immediate 14

imparare (a) to learn (to) 3

imparziale impartial 15

impegnato/a busy, engaged 4

impegno appointment 12

impermeabile (*m.*) raincoat 10

impiegato/a clerk 16

impiego job, employment 16

importante important 14

importanza importance 10

importare to matter 13

impossibile impossible 17

impresa business activity 16

impressione (*f.*) impression 18

improbabile improbable 14

improvvisamente suddenly 17

in in, into; at 2

incidente (*m.*) accident 14

incontrare to meet 3; **incontrarsi** to meet (each other) 11

incontro sports match 12; **incontro** meeting 14

indicato/a indicated

indietro back, behind 11; **andare indietro** to back up 11

indimenticabile unforgettable 15

indipendente independent

indire (*p.p.* **indetto**) to arrange, organize 10

indirizzo address 9; **indirizzo elettronico** e-mail address 9

indossare to wear; to try on 5

indovinare to guess 12

industrializzato/a industrialized 1

infelice unhappy 15

informatica computer science 2

informazione (*f.*) information LP

ingegnere (*m.*) engineer LP

ingegneria engineering 16

ingenuo/a naive 5

inglese (*m. or adj.*) English language 2; English LP

ingresso admission 12

iniziare to begin, start 9

innamorarsi to fall in love 8; to fall in love with each other 9

inopportuno inappropriate, ill-timed 14

inquinamento pollution 18

inquinare to pollute 18

insegnare (a) to teach (to) 2

insieme together 9

insistere to insist 14

insultare to insult 12

intanto meanwhile 7

intelligente intelligent 5

intendersi (di) to be an expert in 15

intensivo/a intensive 9

interdisciplinare interdisciplinary 16

interessante interesting LP

interessare to interest 10; **interessarsi** to be interested 14

internazionale international 5

intero/a entire, whole 8

interprete (*m. or f.*) interpreter; performer 15

intervista (*f.*) interview 7

intervistare to interview 16

intervistatore (*m.*) interviewer 16

intraprendere to undertake 16

inutile useless 15

invece (di) instead (of) 4

invernale wintry 6

inverno winter 6

invertire to reverse 13

investigatore (*m.*) investigator 7

investigazione (*f.*) investigation 7

invitare to invite 13

invitato/a guest 5

invivibile unlivable 18

Irlanda (*f.*) Ireland 14

irlandese Irish 5

iscriversi (a) to enroll (at) 8

isola island LP

istituzione (*f.*) institution 14

Italia (*f.*) Italy 14

italiano Italian language LP; **italiano/a** Italian 1

italo-americano/a Italian-American 9

J

jeans (*m. pl.*) blue jeans 10

L

là there 6

labbro (labbra, *f. pl.*) lip 11

ladro thief 17

lago lake LP

lampada lamp 17

lana wool 10

lasciare to leave (behind) 9

lattaio milkman 13

latte (*m.*) milk 7

latteria dairy store 13

lattuga lettuce 7

laurea degree 16; **il corso di laurea** (university) major 16

laureando/a degree candidate 16

laurearsi to graduate 16

lavarsi to wash (oneself) 7; **lavarsi i denti** to brush one's teeth 11; **lavarsi le mani** to wash one's hands 11

lavastoviglie (*f.*) dishwasher 17

lavatrice (*f.*) washing machine 17

lavorare to work 2; 3

lavoro work 16; **che lavoro (fa) fai?** what work do you do? 18

legge (*f.*) law 1

leggere* (*p.p.* **letto**) to read 4

leggero/a light 15; popular (music) 15

lentamente slowly 6

lettera letter 9

letteratura literature 2

letto bed 7

lettore (*m.*) cassette player (i.e., Walkman); CD player 1

levarsi to take off (clothing) 10

lezione (*f.*) lesson LP

lì there 6

liberale liberal 15

liberamente freely 16

libero/a free 4

libreria bookstore 3; bookcase 17

libro book 1

liceale (*adj.*) high school 1

licenziare to fire 16; **licenziarsi** to quit (a job) 16

liceo high school 1

lieto/a glad 13

limonata lemonade 4

limone (*m.*) lemon 7
lingua language 2; **lingue straniere** foreign languages 2
lino linen 10
lista list
litigare to argue, quarrel 12
locale local 9
località locale 11
logico/a logical 10
lontano/a (da) far away; far (from) 8
lotteria lottery 13
luce (*f.*) light 15
luglio July 6
lunedì (*m.*) Monday 4
lungo/a long 4
luogo place 7
lupo: in bocca al lupo! good luck! 11
lusingato/a flattered 13

M

ma but LP
macché of course not 18
macchina car 6; **andare in macchina (aereo)** to go by car (plane) 18
macellaio butcher 13
macelleria butcher shop 13
madre (*f.*) mother 2
madrina godmother 6
maga witch, magician 12
maggio May 6
maggiore major, greater 14
maglia sweater 10
maglietta T-shirt 10
magnifico/a magnificent 15
magro/a thin 5
mah oh LP
mai ever, never 6; **non ... mai** never, not . . . ever 8
maiale (*m.*) pork 7
maiuscola capital (letter)
male bad LP; **non c'è male** not too bad LP; **meno male!** all the better! 14
mamma mother 1
mancia tip, gratuity 3
mandare to send 3
mangiare to eat 3
maniera manner
mano (*f.*) hand 11
marca brand name 6

mare sea LP
marito husband 2
marrone (*inv.*) brown 10
martedì (*m.*) Tuesday 4
marzo March 6
maschera mask 5
mascherato/a masked 5
massimo/a greatest, maximum 18
matematica mathematics LP; 2
materiali (*pl.*) materials 10
matita pencil 1
matrigna stepmother 8
mattina morning 2; **di mattina** in the morning 2
meccanico mechanic 6
medicina medicine 1
medico doctor 16
medievale medieval 9
Medioevo Middle Ages 5
meglio (*adv.*) better 8
mela apple 7
melanzana eggplant 7
meno less, minus 2; **a meno che** unless 15
mensile monthly 17
mente: in mente on one's mind 5; **avere in mente** to intend, to have in mind 9
mentre while 5
menù (*m.*) menu 4
meravigliarsi to be surprised (at) 9
mercato market 3
mercoledì (*m.*) Wednesday 4
merito merit 13
merluzzo cod 7
mese (*m.*) month 6
messaggio message 9
messicano/a Mexican 5
mestiere (*f.*) trade, profession 16; **che mestiere fai?** what is your occupation? 16
metropoli (*f.*) metropolis 18
metropolitana subway 18
mettere* (*p.p.* **messo**) to put, place 4; **mettersi** to put on (clothing) 7; **mettersi + a +** *infinitive* to begin, to start to 7
mezzanotte midnight 2
mezzo half 2; **sono le ... e mezzo** it's half-past . . . 2; **mezzo di trasporto** means of transportation 6; **mezzo pubblico** public transportation 6

mezzogiorno noon 2
mezz'ora half-hour 6
migliore (*adj.*) better 7
milione one million 7
militare military 5
mille one thousand 1
mimare to act out 17
minacciare to threaten 18
minestra soup 7
minimo/a smallest, minimum 18
ministro minister 6
minore less; younger 18
minuscola lowercase (letter) LP
misura size (clothing, shoes) 10
misurare to measure 17
moda fashion 10
moderno/a modern 4
modificazione (*f.*) modification LP
modo manner, way, means; **di modo che** so that, in order that 15
moglie (*f.*) wife 2
molti/e many 5
moltissimo/a very much
molto very LP; **molto/a** much, many LP; **molto bene** very well LP
momento moment; **per il momento** for the time being 12
monarchia monarchy 14
mondo world 13
moneta money 12
montagna mountain LP; **in montagna** to the mountains 8
monumento monument 9
morire* (*p.p.* **morto**) to die 6
mortale mortal 14
mostra exhibit 10
mostrare to show 6
motivo reason 8
moto(cicletta) motorcycle 6; **andare in motocicletta** to go by motorcycle 18
motorino moped 1
museo museum 3
musica music 1
musicale musical 15
musica leggera popular music 15

N

nascere* (*p.p.* **nato**) to be born 6

naso nose 11

nave (*f.*) ship 14; **andare con la nave** to go by ship 18

nazione (*f.*) nation, country 14

nazionale national LP

ne of it, of them; about it, about them 12

né ... né: non ... né ... né neither ... nor 9

neanche: non ... neanche not even 9

nebbia: c'è la nebbia it's foggy 9

necessario/a necessary 14

negozio store 3

nemico/a enemy 10

nemmeno: non ... nemmeno not even 9

neppure: non ... neppure not even 9

nero/a black 10

nervoso/a nervous 5

nessuno/a nobody; **non ... nessuno/a** not any 9; nobody 9

netto/a sharp, distinct 10

neve (*f.*) snow 11

nevicare to snow 9

niente no, none, nothing 6; **non ... niente** nothing 9; **niente di speciale** nothing special 3; **per niente** at all; **un bel niente** absolutely nothing 10

nipote (*m.*) grandson; nephew; (*f.*) granddaughter; niece 8

no no LP

noioso/a boring 5

noleggiare to rent (a car) 8

nome (*m.*) name; noun

nominato/a appointed, named 18

non not; **non c'è male** not too bad LP; **non ... ancora** not ... yet 8; **non ... mai** never 8

nonna grandmother 8

nonni grandparents 8

nonno grandfather 8

nonostante although, even though 15

nord (*m.*) north LP

nostalgia nostalgia; **provare nostalgia** to be homesick 9

notizia news item; news 14

notte night 3; **di notte** at night 9

novanta ninety 1

nove nine LP

novembre November 6

nulla: non ... nulla nothing 9

numero size (shoes) 10; number

nuora daughter-in-law 8

nuotare to swim 11

nuoto swimming 12

nuovo/a new 5

nuvoloso/a cloudy 9

O

o or 1

obbedire to obey 5

oboe (*m.*) oboe 15

occasione (*f.*) occasion 13; **avere l'occasione** to have the chance 10

occhiali (*pl.*) eyeglasses 8; **occhiali da neve** ski goggles 11; **occhiali da sole** sunglasses 11

occhio eye 11

occuparsi to attend to 13

occupato/a occupied, employed 4

odiare to hate 11; **odiarsi** to hate each other 11

odori herbs 7

offrire* (*p.p.* **offerto**) to offer 5

oggetto object

oggi today 3

ogni (*inv.*) each, every 9; **ogni tanto** every once in a while 9; **ogni anno** each year 9

ognuno/a each one

Olanda (*f.*) Holland 14

olio oil 7; **olio d'oliva** olive oil 7

oliva olive 11

omaggio: in omaggio complimentary, free 13

omicidio homicide, murder 16

onda: andare in onda to broadcast 14

onesto/a honest 5

opera opera 15; **opera d'arte** work of art 9

operaio/a blue-collar worker 16

opinione (*f.*) opinion 10

opportuno appropriate 14

opposto/a opposite 5; opposed 14

ora now; hour 2; **a che ora** at what time 2; **che ora è? che ore sono?** what time is it? 2; **sarebbe ora!** it's about time! 14

orario schedule 2

orchestra orchestra 15

ordinare to order 3

ordine (*m.*) order 5

orecchio ear 11

organizzare to organize 5

organo organ 15

orientarsi to orient oneself 16

originale original LP

ormai by now 9

orologio watch; clock 1

orrore (*m.*) horror; **film dell'orrore** horror film

orsacchiotto teddy bear 9

ospedale (*m.*) hospital 3

ottanta eighty 1

ottenere to obtain, get 8

ottimista (*m. or f.*) optimist 5

ottimo! excellent! 13

otto eight LP

ottobre October 6

ottocento nineteenth century

ovest (*m.*) west LP

P

pacchetto package 11

padre (*m.*) father 2

paese (*m.*) country; small town LP

pagare to pay (for) 3

paio (**paia,** *f. pl.*) pair 11

palazzo building, palace, apartment house 15

palestra gym 13

pallacanestro basketball 12

pallavolo volleyball 12

pallone (*m.*) soccer 12; **giocare a pallone** to play soccer 12

pane (*m.*) bread 7

panetteria bakery 13

panettiere (*m.*) baker 13

panino sandwich 3

panorama (*m.*) panorama 6

pantaloni (*pl.*) pants, trousers 10

Papa (*m.*) Pope 14

papà (*m.*) dad, father 2

paragonare to compare 18

paragrafo paragraph

parcheggiare to park 8

parcheggio parking 3; **a pagamento** pay parking 8
parco park 3
pare che it seems that 14
parente (*m.*) relative 8
parentesi (*pl.*) parentheses 7
parere (*m.*) opinion 16
parere to seem 14
parete (*f.*) wall (interior) 17
parlamentare (*adj.*) parliament 14
parlamento parliament 14
parlare to speak 3; **parlarsi** to speak to each other 13
parola word; **parola analoga** cognate LP
parte: la maggior parte the majority 14
partenza: in partenza leaving, to set out on a trip 8
particolare (*adj.*) special 5
particolarmente particularly 17
partire to leave, depart 5
partita game 12
passaporto passport 8
passare to pass; to come by; to proceed 3; to spend time 3; **passi a prendermi?** are you passing by to pick me up? 3
passaggio ride 5
passione (*f.*) passion 10
pasta pasta 7; pastry 7
pastasciutta pasta (spaghetti, fettuccine, etc.) served with a sauce 7
pasticceria pastry shop 13
pasticciere (*m.*) confectioner 13
pasto meal 13
patata potato 7
patente (*f.*) **di guida** driver's license 8
patrigno stepfather 8
pattinaggio skating 12
pattinare to skate 12
pausa: la pausa pubblicitaria commercial break 14
pavimento floor 17
pazienza patience 4
pazzo/a crazy 12
peccato: che peccato! what a shame! LP
peggio (*adv.*) worse 18
peggiore (*adj.*) worse 18
pendolare (*m.*) commuter 17

penisola peninsula LP
penna pen 1
pensare (di) to think (of, about); **pensare a** + *noun* to think of 3; to intend 8
pepe (*m.*) pepper 7
peperone (*m.*) pepper 7
per for 3
pera pear 7
perché? why?; **perché** because 3; in order that, so that 15
perciò therefore 10
perdere* (*p.p.* **perso, perduto**) to lose 4
pericolo danger 11
pericoloso dangerous 14
periferia suburb 4
permettere (di) to allow to 18
però but, however 5
persona person 12
personaggio character 5; celebrity 10
personalità personality 5
pesante heavy 17
pesca peach 7
pesce (*m.*) fish 7
pescheria fish market 13
pescivendolo fish vendor 13
peso weight 7
pessimista (*m. or f.*) pessimist 5
pessimo/a terrible 18
pettinarsi i capelli to comb one's hair 11
pettine (*m.*) comb 11
piacere* to like, to be pleasing LP; **mi piace** I like LP; **mi piacciono i negozi eleganti** I like elegant stores 2; **non mi piace** I don't like LP; **ti piace?** do you like? LP
piacere (*m.*) pleasure 9; pleased to meet you LP
pianista (*m. or f.*) pianist 16
pianoforte (*m.*) piano 2
piatto plate 13; **primo piatto** first course; **secondo piatto** second course 13
piazza square
piccolo/a small, little 2
piede foot 11; **andare*** **a piedi** to go on foot 18; **mettere piede (su)** to set foot (on) 12
pigro/a lazy 5
pioggia acida acid rain 18

piovere to rain 9
piscina swimming pool 12
piselli (*pl.*) peas 7
pista trail 11
pittura painting 9
più more 10; **non ... più** not anymore 9; no longer 6; **per lo più** mostly 14
piuttosto rather
pizzeria pizza parlor 6
po' (*contraction for* **poco**) little; **un bel po'** quite a lot of 8; **un po' di** + *noun* a little 4
poco/a (*pl.* **pochi/poche**) little, few; **fra poco** in a little while LP
poema (*m.*) poem 12
poi then, after (all) 7
polemica argument; controversy 13
poliestere (*m.*) polyester 10
politica politics 14
politico/a politician; political 14
pollo chicken 7
Polonia (*f.*) Poland 14
poltrona armchair 17
pomeriggio afternoon 3; **del pomeriggio** in the afternoon 2; **oggi pomeriggio** this afternoon 4
pomodoro tomato 7
pompelmo grapefruit 7
popolo people, public 15
porco pig 10
porta door 1
portare to bring; to wear 3
portiere (*m.*) doorman 8
porto port LP
Portogallo (*m.*) Portugal 14
possibile possible LP
possibilità (*f.*) possibility 5
posta mail 9; **posta elettronica** e-mail 9
posto seat, place 11; job, position 16; **al posto di ...** in place of; **posto riservato** reserved seat
potere* to be able, can 4
potere (*m.*) power 12
povero/a poor 5
pranzo dinner; lunch, main noon meal 13
praticare to practice 12
pratico/a practical 10
preciso/a precise 14
predizioni (*f. pl.*) predictions 12

preferibile preferable 14

preferire to prefer 5; **preferisce ... ?** do you (*formal*) prefer . . . ? 4

preferito/a favorite 10

pregare to pray; to beg 8; **ti prego** I beg you 8

prendere* (*p.p.* **preso**) to take; to have (in the sense of to eat or drink) 3; to pick up; **prendere la metropolitana** to take the subway 18; **prendere in affitto** to lease, to rent 17

prenotare to make reservations, reserve 15

prenotazione (*f.*) reservation 15; **fare le prenotazioni** to make reservations 8

preoccuparsi (di) to worry 7

preparare to prepare 13; **prepararsi per** + *infinitive* to prepare oneself to 7

presentare to introduce 13; to present 10; **presentarsi** to introduce oneself

presentato/a presented 10

presentazione (*f.*) introduction 15

presidente (*m.*) president 14

Presidente del Consiglio Prime Minister 14

presso at; near 16

prestare to lend 11; **prestare attenzione** to pay attention

presto early 7; soon; **a presto** see you soon LP; **al più presto** as soon as possible 12

previsioni (*pl.*) **del tempo** weather forecast 9

prezzo price 7; **a poco prezzo** at a low price 11

prima before 9; **prima di** before 5; **quanto prima** as soon as possible 9; **prima che** before 15

primavera spring 6

primaverile spring-like 6

probabilmente probably 12

problema (*m.*) problem 5

produttore (*m.*) producer 10

professione (*f.*) profession 16

professore, professoressa professor LP

progetto project 11

programma (*m.*) program 4; plan 8; **che cos'è in programma?** what's playing? 4; what's planned?

programmare to plan, program 11

promessa promise 13

promettere* (**di**) (*p.p.* **promesso**) to promise (to) 12

pronto hello (on the phone); ready 3

pronuncia pronunciation LP

proposito purpose; **a proposito** by the way 9

proprio just, really 13

proprio/a one's own 4, 12

prosciutto cured ham 7

prossimo/a next 8

provare to feel, experience 9; **provare nostalgia di** to be homesick for 9

provincia province LP

provvedimento measure, precaution 18

prudente careful, cautious 5

psicologia psychology 2

psicologo psychologist 10

pubblici: mezzi pubblici public transportation 18

pubblicitario/a advertising 15

pugliese from the region of Puglia 14

pulire to clean 5

puntuale: essere* **puntuale** to be on time LP

punto point; period (punctuation); **punto interrogativo** question mark; **punto esclamativo** exclamation point LP

purché provided that, as long as 15

Q

qua here 17

quaderno notebook 1

quadrato/a square 17; **metro quadrato** square meter 17

quadri: a quadri checked (pattern) 10

quadro painting 17

qualche some 5

qualcosa something 3; **qualcosa da mangiare e da bere** something to eat and drink

qual/e? (*pl.* **quali**) which? 5; which one?

qualifica qualification 16

qualità quality 5

qualsiasi whichever, any 16

quando when; whenever 3; **di quando in quando** from time to time 9; **quando?** when? 4

quanto/a? how much? how many? 4; **quante volte** how many times 4; **quanti anni hai?** how old are you? 1; **quanto prima** as soon as possible 18; **quanto costa?** how much is it? 7

quaranta forty 1

quartiere (*m.*) neighborhood 7

quarto quarter 2; **sono le ... meno un quarto** it's a quarter to . . . 2

quasi almost 9

quattordici fourteen LP

quattro four LP

quello/a that, that one 8; **quello che** that which, the one that

questionario questionnaire 7

questo/a this, this one 3

qui here 5

quindi therefore 9

quindici fifteen LP

R

raccontare to tell, narrate 9

radersi (la barba) to shave (one's beard) 11

radio (*f.*) radio 1

radiologo radiologist 10

rado: di rado seldom 9

raffigurato/a drawn, sketched 17

raffreddore (*m.*) cold (illness) 12

ragazza girl 5; **la mia ragazza** my girlfriend 7

ragazzo boy 7; **il mio ragazzo** my boyfriend 7

ragione (*f.*) reason; **avere ragione** to be right 3

raion (*m.*) rayon 10

rapidamente rapidly 17

rapporto: rapporto molto stretto close relationship 14

rappresentato/a represented 5
raramente rarely 17
rasoio (elettrico) (electric) razor 11
re (*m.*) king 14
reagire to react 15
realtà (*f.*) reality 5
recarsi to go 14
recentemente recently 11
reciproco/a reciprocal 13
recitare to recite; to play a part 16
regalare to give as a gift 11
regalo gift 4
regina queen 14
regione (*f.*) region LP
regista (*m. or f.*) film director 10
registratore (*m.*) cassette recorder 1
regola rule
religioso/a religious 17
repubblica republic 5
respirare to breathe 18
responsabile responsible 8
responsabilità (*f.*) responsibility 5
restare to stay, remain 6
restituire to give back 5
resto remainder 12
rete (*f.*) **televisiva** TV network 14
riaggiustare to fix again 15
riaprire (*pp.* **riaperto**) to open again 15
ricco/a rich 5
ricevere to receive
richiedere to require; to seek 16
riciclaggio recycling 18
riciclare to recycle 18
riconoscere to recognize 15
ricordare to remember 3; to remind 14; **ricordarsi (di)** to remember (to) 7
riempire to fill out 16
rifare to do again 15
rifiuti (urbani) waste, rubbish 18
riga line 12
righe: a righe striped 10
rileggere to read again 15
rimanere* (*p.p.* **rimasto**) to remain 6
rinomato/a well-known; celebrated 12
ripagare to pay back 12
ripetizione (*f.*) repetition 8

riposante slow, restful 18
ripresa: essere in ripresa to have a revival 10
ripulire to clean up 18
riscaldamento heat 17
riservato/a reserved 12
riso rice 7
rispondere to answer, to respond 3
risposta answer
ristorante (*m.*) restaurant 3
risultato result
ritardo: essere* in ritardo to be late LP
riunirsi to get together 13
rivelare to reveal 11
rivenditore (*m.*) dealer, seller 12
rivista magazine 1
rivolgersi (a) to turn (to) 13
romano/a Roman 5
romantico/a romantic 11
rompere* (*p.p.* **rotto**) to break 11; **rompersi** to break (one's arm, etc.) 11
rosa (*inv.*) pink 10
rosso/a red 6
rubrica newspaper column 14
rumore (*m.*) noise 2
rumoroso/a noisy 17
Russia (*f.*) Russia 14
russo Russian language 2; **russo/a** Russian 2

S

sabato Saturday 4
sala da pranzo dining room 17
salame (*m.*) salami 7
salario wage, pay 16
sale (*m.*) salt 7
salire* to get on, board; to rise; to climb
salotto living room 14
salumeria delicatessen 13
salumiere (*m.*) delicatessen owner 13
salutare to greet 9; **salutarsi** to greet one another 11
salute (*f.*) health 11; **salute!** bless you! 11
salvaguardare to save, safeguard 18
salve hello LP
sandali (*pl.*) sandals 10

sardo Sardinian 4
sapere to know; to know how to 10; **non lo so** I don't know 5
sapone (*m.*) soap 11
sassofono saxophone 15
sbagliato/a wrong 12
sbarco landing 14
scaffale (*m.*) shelf 17
scalare to climb 12; **scalare una montagna** to climb a mountain 12
scale (*f. pl.*) stairs 17
scambio exchange 16
scampi (*pl.*) prawns 7
scapolo: essere* scapolo to be single (male) 8
scarpa shoe 10; **scarpetta** slipper 6; **scarpette da ginnastica** sneakers 10; **scarponi** (*pl.*) boots 11
scegliere* (*p.p.* **scelto**) to choose 8; **scegliere una professione** to choose a profession 16
scelta choice 7
scena scene 13
scenario scenery 15
sceneggiatore/sceneggiatrice screenwriter 10
sceneggiatura screenplay 10
scendere* (*p.p.* **sceso**) to go down, descend 6
schema (*m.*) pattern
scherzare to joke 13
schieramento alignment 14
sci (*m.*) ski 11; skiing 12; **lo sci di fondo** cross-country skiing 11
sciare to ski 11
sciarpa scarf 10
scientifico/a scientific 1
scienza science; **scienze naturali** natural sciences 2; **scienze politiche** political science 2
scienziato/a scientist 16
sciocco/a foolish 12
sciogliersi to melt 12
scodella bowl 13
sconfiggere to defeat 14
sconosciuto/a unknown 15
sconsigliare to advise against 15
scontento/a unhappy 15
scontrino receipt 3
scoperto/a discovered 8
scoprire to discover 12

scorso/a last, previous 5; **la settimana scorsa** last week 6
scortese unkind, rude 5
scremato/a without cream
scrittore/scrittrice writer 18
scrivania desk 17
scrivere* (*p.p.* **scritto**) to write 4; **scriversi** to write to each other 11
scuola school 1; **scuola media** middle school 1
scusa excuse 8
scusare to excuse; **scusa** excuse me (*informal*) LP; **scusi** excuse me (*formal*) 4
se if 4
sebbene although, even though 15
secolo century 5
secondo according to
sedersi to sit
sedia chair 1
sedici sixteen LP
seguente following 4
seguire to follow; to take (courses) 6
sei six LP
sembrare to seem; **mi sembra** it seems to me, I think 7; **sembra che** it seems that 14
semplice simple 5
sempre always 6; still 18
senato senate 14
senatore/senatrice senator 14
senso: di senso compiuto coherent, complete
sentire to hear; to listen; to feel 5; **sentirsi** to feel 7; to talk to each other 11
senza without 12; **senza che** without 15
separato/a separated 8
sera evening 4; **di sera** in the evening 2
serata evening 15
sereno/a clear 9
serie (*f.*) series 7
serio/a serious 14; **parlare sul serio** to be serious 13
servire to serve 5; to be of use
servirsi to help oneself 13
sessanta sixty 1
seta silk 10
settanta seventy 1

sette seven LP
settembre September 6
settimana week 4; **settimana bianca** week of skiing 11
sfidare to challenge 11
sfortuna bad luck 15
sgarbato/a rude 5
sgargiante gaudy 10
sgretolarsi to fall to pieces 18
shampoo (*m.*) shampoo 11
sì yes LP
sicuro/a sure, certain; fine 10
significato meaning 5; **di significato opposto** opposite meaning
signor (+ *last name*) Mr. LP
signora Ma'am; **signora** (+ *last name*) Mrs. LP
signore sir LP
signorina Miss LP
simpatico/a nice, pleasant 5
sincerità (*f.*) sincerity 5
sincero/a sincere 5
sindaco mayor 14
sinistra left (side) 14; **a sinistra** to, at the left 7
sistema (*m.*) system 12
sistemare to resolve 17
sistemarsi to get a job; to get settled 16
situazione (*f.*) situation 9
smettere (di) to stop 16
società (*f.*) society 5
sociologia sociology 2
soffitta attic 17
soffitto ceiling 17
soffocare to suffocate 18
soffrire* (*p.p.* **sofferto**) to suffer 5
soggetto subject, topic
soggiorno stay 11
sogliola sole (fish) 7
soldi (*pl.*) money 7
sole: c'è il sole it's sunny 7
solito/a same old, usual 13; **di solito** usually 8; **come al solito** as usual 14
solo/a only; **da solo/a** alone 2
sommato: tutto sommato all told; in sum 17
sondaggio survey 4
sonno sleep 3; **avere sonno** to be sleepy 3
soprano soprano 15

sorella sister 1
sorellastra stepsister 6
sorprendere to surprise 13
sorpreso/a surprised 15
sostenere* to support 14; **sostenere un colloquio** to have a job interview 16
sostituire (con) to replace (with) 4
sotto under
sottotitolo subtitle 10
Spagna (*f.*) Spain 14
spagnolo Spanish language 2; **spagnolo/a** Spanish 5
spalla shoulder 11
spazzola per capelli hairbrush 11
spazzolino da denti toothbrush 11
specchio mirror 11
speciale special LP; **niente di speciale** nothing special 3
specialità specialty 12
specializzarsi (a) to specialize 16
specifico/a specific 7
spedire to send 5
spendere* (*p.p.* **speso**) to spend (money) 4
sperare (di) to hope (to) 9
spesa expense 8; **fare la spesa** to shop for food 7
spesso often 4
spettacolare spectacular 12
spettacolo show 4; show business 18
spiaggia beach 6
spiegare to explain 4
spinaci (*pl.*) spinach 7
spiritoso/a witty, clever; **fare lo spiritoso** to be a wise guy 13
spogliarsi to undress 10
sporco/a dirty 17
sport (*m.*) sport 1
sportivo/a pertaining to sports 11
sposarsi to get married; to marry each other 8
sposato/a married 2
spremuta d'arancia freshly squeezed orange juice 4
spugna sponge 11
spumante (*m.*) sparkling wine 13
squadra team 12
squisito/a delicious 13
stadio stadium 3

stamattina this morning 4
stanco/a tired 17
stanotte tonight 4
stanza room 17
stare* to be 4; to stay 11; **come sta?** (*formal*) how are you? LP; **come stai?** (*informal*) how are you? LP; **stare* per** + *infinitive* to be about to (do something) 14
stasera this evening 4
Stati Uniti United States 6
stato state 14
statua statue 18
stazione (*f.*) train station 3; **stazione di servizio** service station 8; **stazione sciistica** ski resort 11
stella star 10
stereo stereo 1
stesso/a same 5
stilista (*m. or f.*) designer 10
stimolante challenging 16
stipendio salary 16
stivali (*pl.*) boots 10
stomaco stomach 11
storia history LP; story 13
storico/a historical 11
stoviglie (*f. pl.*) utensils 13
straniero/a foreigner 9
stressante stressful 18
stretto strait LP; **stretto/a** close, tight 16
strumento: strumento musicale musical instrument 12
studente/studentessa student LP
studiare to study LP
studio study, den; **studio medico** doctor's office 11
stupendo/a stupendous 6
stupido/a stupid 5
su on 3
subito right away, immediately 4
succedere to happen 14
sud (*f.*) south LP
sufficiente sufficient, enough 16
suggerimento suggestion 6
suggerire (di) to suggest 5
suggerito/a suggested
suocera mother-in-law 8
suocero father-in-law 8
suonare to play (instrument) 15
supermercato supermarket 3
svantaggio disadvantage 18

svegliarsi to wake up 7
sviluppo development 18
Svizzera (*f.*) Switzerland 14
svolgere* (*p.p.* **svolto**) to carry out (an order) 5

T

tacchino turkey 7
taglia size (clothing) 10
tagliare to cut 13
tagliarsi i capelli (le unghie) to cut one's hair (nails) 11
tamburo drum 15
tanto/a so much, so 13; **di tanto in tanto** from time to time 9
tappeto rug 17
tardare to be late 7
tardi late 5; **a più tardi** until later LP
tasca pocket 12
tassì taxi 18; **andare in tassì** to go by taxi 18
tavolo table 1; **a tavola** at the (dinner) table 8
tazzina small cup, demitasse 7
tè (*m.*) tea 4; **tè freddo** iced tea 4
teatro theater 3
tedesco German (language) 2; **tedesco/a** German 5
telefonare to telephone 3
telefonino cellular phone 1
telefono telephone 1
telegiornale (*m.*) TV news 14
telegramma (*m.*) telegram 12
teleromanzo soap opera 7
telespettatore (*m.*) TV viewer 14
televisione (*f.*) TV 14
televisivo televised 14
televisore (*m.*) television set 1
tema (*m.*) theme 12
temere to fear 15
tempo weather 9; time 4; **molto tempo fa** a long time ago; **poco tempo fa** not long ago 6; **qualche tempo fa** a long time ago 6; **quanto tempo fa?** how long ago? 6
tenda tent, curtain 17
tennis (*m.*) tennis 12
tenore (*m.*) tenor 15
teorema (*m.*) theorem 12

tesi (*f.*) thesis 18
tessuto cloth, fabric 10
testa head 11
testimoniare to witness 16
tifoso/a fan 12
timido/a shy, timid 5
tinta: a tinta unita solid color 10
tiramisù (*m.*) a cake made with coffee, mascarpone cheese, cream, and chocolate 7
titolo title 14
tivvù (*f.*) TV 14; **TV a pagamento** pay TV 14
toga toga 5
topolino mouse 6
tornare to return 3
torta cake 7
totalmente totally
tovagliolo napkin 13
tra between, among 3
tradizione (*f.*) tradition LP
traffico traffic 2
traghetto ferry 18
traguardo finish line 12
tram streetcar, trolley 18; **andare* in tram** to go by trolley 18
tramezzino sandwich 4
tranquillo/a tranquil, quiet 9
trascorrere* (*p.p.* **trascorso**) to spend (time) 9
trascrivere to transcribe
trasferirsi to move (oneself) 17
trasformare to transform 4
trasmettere to broadcast; to communicate 14
trattarsi (di) to be about, to deal with 10; **di che si tratta?** what is it all about? 4
trattoria small family restaurant 13
tre three LP
tredici thirteen LP
tremendo/a tremendous 12
treno train; **andare in treno** to go by train 18
trenta thirty 1
triste unhappy, sad 5
tristemente sadly 17
tromba trumpet 15
troppo too, too much 8
trovare to find 3; **trovarsi** to be situated, to happen to be 10
turno: a turno in turn 5

tutto/a all, everything 5; **tutti i giorni (mesi)** every day (month) 9; **tutte le sere (settimane)** every evening (week) 9; **in tutto** all together 7

U

ubbidire to obey 14
ufficio postale post office 3
uguale equal 11
ultimo/a latest; last (in a series) 6
umanità (*f.*) humanity 5
umido/a humid 9
umorismo humor 16; **senso umoristico** sense of humor 16
undici eleven LP
Ungheria (*f.*) Hungary
unificare to unite, unify 12
uniforme (*f.*) uniform 5
Unione Europea (UE) European Union 14
università (*f.*) university LP; 1
universitario/a pertaining to the university 1
uno/a one LP
uomo (uomini, *pl.*) man 10; **uomo d'affari** businessman 16
uovo (uova, *f. pl.*) egg 7
usare to use 3
usato/a used 17
uscire* to go out 3
utenze (*pl.*) utilities 17
utile useful 15
uva grape(s) 7

V

vacanza vacation 6; **in vacanza** on vacation 6
vado I go 1
vai you go (*informal*) 1
valigia suitcase 8; **fare le valige** to pack suitcases 8

valore (*m.*) value 14
vantaggio advantage 18
vario/a various, several 9
vecchio/a old 5
vedere* (*p.p.* **visto, veduto**) to see 4; **ci vediamo domani** see you tomorrow LP; **vedersi** to see one another 11
vedova widow 17
vela sailing 12
velluto (a coste) velvet, corduroy 10
velocemente fast 6
velocità (*f.*) speed 14
vendere to sell 4
vendita sale 12; **in vendita** on sale
venerdì (*m.*) Friday 4
venire* **(a)** (*p.p.* **venuto**) to come (to) 5
venti twenty LP
vento: tira vento it's windy 9
veramente really 7
verde green 10
verdura green vegetables 7
verità (*f.*) truth 11
vero/a true, real 5; **non è vero?** isn't it true?; **sarà vero?** could it be true? 14
verso toward; around (time) 3
vestire to dress 5
vestirsi to get dressed 7
vestito dress, suit 10
vetrina store window 5
vetta peak 12
via street 5
viaggiare to travel 1
viceversa vice-versa
vicino/a (a) near 3; **qui vicino** near here
videocassetta videocassette 1
videogioco video game 6
videoregistratore (*m.*) video recorder 1

villa country house 2
villeggiatura vacation; summer vacation 6
vincere* (*p.p.* **vinto**) to win 6
vincitore/vincitrice winner 12
vino wine 6
viola (*inv.*) purple 10
violino violin 15
violoncello cello 15
virgola comma LP
visita visit 13
visitare to visit 3
viso face 11
vista view 17
vita life 10
vitello veal 7
vittoria victory 10
vivace vivacious 17
vivere* (*p.p.* **vissuto**) to live 8
vocale (*f.*) vowel LP
voce (*f.*) voice 5
volentieri gladly 11
volere* to want, wish 5
volgere to pursue 13
volo flight 8; **volo diretto** direct flight 8
volpe (*f.*) fox 10
volta time; **qualche volta** sometimes 9; **questa volta** this time 12; **una volta** once, one time; **a volte** at times 9
vongole (*pl.*) clams 7

Z

zaino backpack 1
zero zero LP
zia aunt 8
zio uncle 8
zona area 11
zucchero sugar 7
zucchini zucchini squash 7

English-Italian Vocabulary

The following vocabulary list contains some basic words and expressions that you may wish to use in preparing guided oral and written compositions. The definitions are limited to those used in the book. Word sets such as numbers, sports terms, adjectives of nationality, etc., can be located by referring to the index.

Abbreviations: *f.* = feminine; *m.* = masculine; *inv.* = invariable; *pl.* = plural.

A

abroad l'estero
accessory l'accessorio
accident l'incidente (*m.*)
acquainted: be acquainted with conoscere
action l'azione (*f.*)
activity l'attività
actor l'attore (*m.*)
actress l'attrice (*f.*)
address l'indirizzo
adequate adeguato/a
administration il governo
admittance l'adesione (*f.*)
advancement lo sviluppo
advertise fare la pubblicità
ad(vertisement) la pubblicità, l'annuncio
advertising la propaganda, la pubblicità; pubblicitario/a
advise consigliare (di); **advise against** sconsigliare
affectionately affettuosamente
afraid: be afraid of avere paura di
after, afterward dopo; **after that** poi
afternoon il pomeriggio; **in the afternoon** il pomeriggio
against contro
age l'età
agent l'agente (*m. or f.*)
ago: a little while ago poco tempo fa; **not long ago** poco tempo fa; **some time ago** qualche tempo fa; **two days ago** due giorni fa
agreed d'accordo

aid l'aiuto
air l'aria
all tutto/a
almost quasi
alone da solo/a
already già
also anche
although benché, nonostante che
always sempre
among fra, tra; **among themselves** fra (tra) di loro
amuse oneself divertirsi
amusing divertente
ancient antico/a
and e (*frequently* **ed** *before a vowel*)
animal l'animale (*m.*)
ankle la caviglia
announce annunciare
announcer l'annunciatore (*m.*), l'annunciatrice (*f.*)
another altro/a
answer rispondere
anthropology l'antropologia
anxiously con ansia
anyway tanto
apartment l'appartamento; **small apartment** l'appartamentino; **studio apartment** il miniappartamento
appear sembrare
apple la mela
appliances: household appliances gli elettrodomestici
application: job application la domanda d'impiego
appointment l'impegno
appreciate apprezzare

approve approvare
apricot l'albicocca
architect l'architetto
architecture l'architettura
arm il braccio (le braccia, *f. pl.*)
armchair la poltrona
armoire l'armadio
around (*time*) verso
arrival l'arrivo
arrive arrivare
art l'arte (*f.*)
artichoke il carciofo
as come; **as . . . as** tanto ... quanto; **as soon as** appena; **as usual** come al solito
ask domandare; **ask (for)** chiedere (di); **ask a question** fare una domanda
asparagus gli asparagi
at a (*frequently* **ad** *before a vowel*), presso
atmosphere l'atmosfera
attempt il tentativo
attend frequentare
attention l'attenzione
attractive simpatico/a
audience i pubblico
aunt la zia
authority l'autorità
automobile l'auto(mobile) (*f.*), la macchina
automotive automobilistico/a
autumn l'autunno, autunnale; **in the middle of autumn** in pieno autunno
awarded assegnato/a

B

baby   il bambino/la bambina
backpack   lo zaino
bad   cattivo/a, male; **not too bad** non c'è male; **from bad to worse** di male in peggio
baker   il panettiere
bakery   la panetteria
ball: masked ball   il ballo in maschera
banana   la banana
band   il complesso
bank   la banca
bar   il bar
basketball   la pallacanestro
bath: take a bath   farsi il bagno
bathroom   il bagno, la stanza da bagno
be   essere, stare; **be . . . years old** avere ... anni; **be able**   potere
beach   la spiaggia
beautiful   bello/a
because   perché; **because of**   a causa di
become   diventare
bed   il letto
bedroom   la camera da letto
beer   la birra
before   prima di, prima che
beg   pregare (di)
begin   mettersi a, cominciare (a)
being   essendo
believe   credere (di)
believable   credibile
better   meglio; migliore
between   fra, tra; **between themselves**   fra (tra) di loro
bicycle   la bicicletta; **bicycle racing** il ciclismo
big   grande
biking   andare in bicicletta
biology   la biologia
birthday   il compleanno; **happy birthday**   buon compleanno
black   nero/a
blackboard   la lavagna
blouse   la camicetta
blue   blu (*inv.*); **sky-blue** azzurro/a
boat   la barca
boating   andare in barca
bold   audace
book   il libro
bookstore   la libreria

boots   gli stivali
boring   noioso/a
born   nato/a (*past participle*); **be born**   nascere
both . . . and   sia ... che
boy   il ragazzo
boyfriend: my boyfriend   il mio ragazzo
bread   il pane
breakfast   la prima colazione
breathe   respirare
bride and groom   gli sposi
brief   breve
bring   portare
broadcast   andare in onda
broccoli   i broccoli
broth   il brodo
brother   il fratello; **brother-in-law** il cognato; **little brother**   il fratellino
brown   marrone (*inv.*), castano/a (*eyes, hair*)
brush one's teeth   lavarsi i denti
bus   l'autobus (*m.*)
business activity   l'impresa
businessman   l'uomo d'affari
businesswoman   la donna d'affari
busy   impegnato/a, occupato/a; **be busy**   avere da fare
but   ma
butcher   il macellaio
butter   il burro
buy   comprare, acquistare
by: by chance   per caso; **by the way**   a proposito
bye (*informal*)   ciao

C

café   il bar, il caffè
cake   la torta
calculator   la calcolatrice
calendar   il calendario
call   chiamare; **phone call**   la telefonata
called: be called   chiamarsi
calm   calmo/a
can   potere
candidate   il candidato
can opener   l'apriscatole (*m.*)
capable   bravo/a
capital   la capitale; **capital of a region**   il capoluogo
car   la macchina

card: birthday card   la cartolina di buon compleanno; **telephone card**   la carta telefonica
career   la carriera
carefree   disinvolto/a
careful   prudente
cartoon   il cartone animato
carrot   la carota
case   il caso; **in case (that)**   in caso che
cassette   la cassetta
cathedral   il duomo, la cattedrale
cause   causare; la causa
cautious   prudente
ceiling   il soffitto
celebrate   festeggiare
celebrity   il personaggio
cellar   la cantina
cent   il centesimo
central   centrale
certain   certo/a
certainly   certo
chair   la sedia
chance: by chance   per caso
change   cambiare; il cambiamento; **change one's mind**   cambiare idea
chant   il canto
character (*in a play, opera, etc.*)   il personaggio
cheap   a buon mercato
checkered   a quadri
check the oil (tires)   controllare l'olio (le gomme)
cheer up!   coraggio!
cheese   il formaggio
chemistry   la chimica
cherry   la ciliegia
chest of drawers   il comò
child   il bambino/la bambina; **children**   i figli
choice   la scelta
choose   scegliere
church   la chiesa
cinema   il cinema
citizen   il cittadino
city   la città; cittadino/a; **city hall** il municipio, il comune
civil   civile
clandestine   clandestino/a
classic   classico/a
classical   classico/a
classmate   il compagno/la compagna di classe

classroom   l'aula
clean   pulire; pulito/a
clear   chiaro/a, lampante; **clear** (*weather*) sereno/a; **clear the table**   sparecchiare la tavola
clearly   chiaramente
clerk   l'impiegato/l'impiegata
climate   il clima
close   chiudere
closet   il guardaroba, l'armadio
cloth   il tessuto
clothes   il vestiario; **clothes dryer** l'asciugatrice (*f.*)
clothing   gli articoli di abbigliamento
cloudy   nuvoloso/a
coat   il cappotto
coffee   il caffè
cold: be cold (*person*) avere freddo; **be (quite) cold** (*weather*) fare (abbastanza) freddo
color   il colore; **solid color** a tinta unita
comb   il pettine; **comb one's hair** pettinarsi i capelli
come   venire
comedy   la commedia
comfortable   comodo/a
commercial   la pubblicità
compete   fare le gare
competition   la gara
complete   compiere
computer   il computer; **computer science**   l'informatica
concert   il concerto
conclude   concludere
conclusion   la conclusione
confectioner   il pasticciere; **confectioner's shop**   la pasticceria
confused   confuso/a
confusion   la confusione
congratulations!   complimenti!
constitution   la costituzione
content: be content   accontentarsi
contest   il concorso
continue   continuare (a), proseguire
continuously   in continuazione
contrast   il contrasto, il paragone
control   il controllo
convince   convincere
cook   cucinare; il cuoco/la cuoca
cool   fresco; **be cool** (*weather*) fare fresco

cost   costare; **how much does it cost?**   quanto costa?
costume   il costume
cotton   il cotone
country   il paese; la campagna
couple   la coppia
courteous   gentile
cousin   il cugino/la cugina
crisis   la crisi
cup   la tazza
curious   curioso/a
curtain   la tenda
customer   il/la cliente
cute   carino/a
cut one's hair (nails)   tagliarsi i capelli (le unghie)

D

dairy   la latteria
dance   ballare; la danza; **to dance** (*a little*)   fare quattro salti
daring   audace
daughter   la figlia; **daughter-in-law**   la nuora
dawn   l'alba
day   la giornata; **day after tomorrow**   dopodomani; **day before yesterday**   l'altro ieri
deal: deal with   trattare di
dear   caro/a
decade   il decennio
decide   decidere (di)
decision   la decisione; **make a decision**   prendere una decisione
degree candidate   il laureando/la laureanda
delicatessen   la salumeria; **delicatessen proprietor**   il salumiere
den   lo studio
dentist   il/la dentista
depart   partire
departure   la partenza
depends: that depends   dipende
descend   scendere
desk   la scrivania
dessert   il dolce
development   lo sviluppo
die   morire
difficult   difficile
diminish   diminuire
dinner   il pranzo

director: movie director   il/la regista
dirty   sporco/a
discotheque   la discoteca
discuss   discutere
discussion   la discussione
dish   il piatto; **main dish**   il primo piatto
dishonest   disonesto/a
dishwasher   la lavastoviglie
displeasure   il dispiacere
distinct   netto/a
divorce   divorziare
divorced   divorziato/a
do   fare; **do without**   fare a meno
doctor   il medico, il dottore/la dottoressa
documentary   il documentario
door   la porta
doorman   il portiere
downtown   il centro; il centro commerciale
down there   laggiù
drama   il dramma
dress   il vestito; l'abito; vestire; vestirsi
dressed: get dressed   vestirsi
drink   bere; la bevanda
drinking glass   il bicchiere
drive   guidare
dryer: hair dryer   l'asciugacapelli (*m.*); **clothes dryer**   l'asciugatrice (*f.*)
dry one's face (hands)   asciugarsi la faccia (le mani)
dubbed   doppiato/a
due to   dovuto a
dynamic   dinamico/a

E

each   ogni
ear   l'orecchio
early   presto; **be early**   essere in anticipo
earn   guadagnare; **earn one's living**   guadagnarsi la vita
easy   facile
eat   mangiare
ecology   l'ecologia
economic   economico/a
economics   l'economia
efficacious   efficace
egg   l'uovo (le uova, *f. pl.*)

elbow il gomito
election l'elezione (*f.*)
electrician l'elettricista (*m. or f.*)
elegant elegante
e-mail la posta elettronica; **e-mail address** l'indirizzo elettronico
employed occupato/a
employment l'impiego, l'occupazione (*f.*)
energetic dinamico/a
engaged impegnato/a; **become engaged** fidanzarsi
engineering l'ingegneria
enjoy oneself divertirsi (a)
enough: it's enough basta; **that's enough** basta così
enter entrare
environment l'ambiente (*m.*)
euro (*European currency*) l'euro
European europeo/a
even: even though benché, nonostante che, sebbene
evening la sera, la serata; **good evening** buona sera; **in the evening** la sera; **this evening** stasera
event l'avvenimento
ever mai
every (single) ogni; **every day (month)** tutti i giorni (mesi)
everybody tutti
everyone tutti
everything tutto
everywhere dappertutto; **everywhere else** altrove
exaggerate esagerare
exam l'esame (*m.*)
example l'esempio
exceptional eccezionale
excessive eccessivo/a
exchange lo scambio
excited emozionato/a
excuse la scusa; **excuse me** scusa, (*formal*) scusi
executive il/la dirigente
exhibit la mostra
expensive caro/a
experience provare; l'esperienza
expert l'esperto; **be an expert in** intendersi di
explain spiegare
express esprimere
exquisite squisito/a
eye l'occhio

F

fabric il tessuto
face il viso; la faccia
fact: in fact, as a matter of fact infatti
factory la fabbrica
fall: fall asleep addormentarsi; **fall in love** innamorarsi
family la famiglia
famous famoso/a
far from lontano/a da
fashion la moda
fashionable alla moda
fast velocemente
fat grasso/a
father il padre; **father-in-law** il suocero
favorite preferito/a
fear temere (di)
feel provare, sentire, sentirsi; **feel like (doing something)** avere voglia di (+ *infinitive*)
festival il festival
fever la febbre
few pochi/e
fill it up fare il pieno
film festival la mostra cinematografica
final finale
finally finalmente
financial finanziario/a
find trovare
fine bene
finger il dito (le dita, *f. pl.*) della mano
finish finire (di)
fire (*from a job*) licenziare
fireplace il camino
firm la ditta
first primo/a; **first of all** innanzi tutto
fish il pesce; **fish market** la pescheria; **fish vendor** il pescivendolo
fit (*shoes, gloves*) calzare
fix aggiustare
floor il pavimento, il piano
foggy: it's foggy c'è la nebbia
follow seguire
food il cibo
foolish sciocco/a
foot il piede
for per
foreign straniero/a

forget dimenticare, dimenticarsi (di)
fork la forchetta
fortunate fortunato/a; **fortunately** per fortuna
forward avanti
free libero/a
freely liberamente
fresh fresco/a
friend l'amico/l'amica
from da, da parte di, di (*frequently* d' *before a vowel*); **from time to time** di quando in quando
front: in front of davanti a
fruit la frutta; **fruit vendor** il fruttivendolo
full pieno/a
furniture i mobili
future il futuro

G

game la partita
garage il garage
gasoline la benzina
gather riunirsi
gaudy sgargiante
general generale
generally generalmente
geology la geologia
get: get off/down scendere; **get ready** prepararsi (per); **get up** alzarsi
girl la ragazza
girlfriend: my girlfriend la mia ragazza
give dare; **give back** restituire
given dato/a
glad contento/a
gladly volentieri
glass: drinking glass il bicchiere
gloves i guanti
go andare, recarsi; **go around** girare; **go away** andare via; **go by bicycle** andare in bicicletta; **go by boat** andare in barca; **go by bus** andare in autobus; **go by car** andare in macchina; **go by motorcycle** andare in moto(cicletta); **go by plane** andare in aereo; **go by ship** andare con la nave; **go by taxi** andare in tassì; **go by train** andare in treno; **go by tram** andare in tram; **go horseback**

riding andare a cavallo; **go on an excursion** fare una gita; **go on foot** andare a piedi; **go on vacation** andare in vacanza; **go skating** andare a pattinare; **go skiing** andare a sciare; **go to the country** andare in campagna; **go to the mountains** andare in montagna; **go to the seashore** andare al mare; **go out** uscire
good bene, bravo/a, buono/a
good-bye arrivederci; (*formal*) arrivederla
government il governo
graduate laurearsi
granddaughter la nipote
grandfather il nonno
grandmother la nonna
grandson il nipote
grapefruit il pompelmo
grapes l'uva
gray grigio
great grande; ottimo!; **just great!** benissimo!
green verde
greet salutare; **greet each other** salutarsi
group il gruppo; **musical group** il complesso
guest l'invitato
guitar la chitarra
guitarist il/la chitarrista
gymnasium la palestra

H

hair i capelli; **hair dryer** l'asciugacapelli (*m.*)
hairbrush la spazzola per capelli
hall la sala
ham: cured ham il prosciutto
hand la mano (mani, *f. pl.*)
handbag la borsa
handsome bello/a
happen succedere, capitare; **what happened?** che cosa è successo?
happy allegro/a, contento/a, felice
hat il cappello
hate each other odiarsi
have avere; **have** (*to eat, to drink*) prendere; **have a good time** divertirsi (a); **have a job interview** sostenere un colloquio; **have**

breakfast or lunch fare colazione; **have the time to** avere il tempo di; **have to** dovere
head la testa
hear sentire
heating il riscaldamento
hello buon giorno; (*response on the phone*) pronto?
help aiutare; l'aiuto; **help each other** aiutarsi
hi ciao
high alto/a
hire assumere
history la storia
hold tenere
homemaker la casalinga
hope sperare (di), augurarsi; **let's hope so** speriamo di sì
horror l'orrore (*m.*)
hors d'oeuvre l'antipasto
horseback riding l'equitazione (*f.*)
hospital il policlinico, l'ospedale (*m.*)
hot: be hot (*weather*) fare caldo
hotel l'albergo
hour l'ora; **one hour ago** un'ora fa
house la casa; **country house** la villa
household appliances gli elettrodomestici
how come; **how are you?** come stai?; (*formal*) come sta?; **how much?** quanto/a?; **how many times?** quante volte?; **how many?** quanti/e?; **how much is it?** quanto costa?
however comunque, però
hug abbracciare
human body il corpo umano
hungry: be hungry avere fame
hurry affrettarsi; **be in a hurry** avere fretta
hurt fare male
husband il marito

I

ice cream il gelato; **ice-cream parlor** la gelateria
idea l'idea

if se
image l'immagine (*f.*)
immediate immediato/a
immediately subito
important importante, notevole
impossible impossibile
improbable improbabile
in in
inexpensive a buon mercato
information l'informazione (*f.*)
insincere falso/a
instead (of) invece di
institution l'istituzione (*f.*)
intelligent intelligente
intend to avere intenzione di
interested: be interested (in) interessarsi
international internazionale
interpreter l'interprete (*m. or f.*)
interview intervistare; il colloquio
introduce fare conoscere, presentare
invite invitare (a)
invited invitato/a
iron il ferro da stiro
itself stesso/a

J

jacket la giacca
jeans i jeans
job il posto (di lavoro), l'impiego; **job application** la domanda d'impiego; **job interview** il colloquio
joke scherzare
journalist il/la giornalista
joy l'allegria
just proprio

K

keep tenere
kind gentile
king il re
kitchen la cucina
knee il ginocchio (le ginocchia, *f. pl.*)
knife il coltello
know conoscere; **know (how)** sapere; **know by heart** sapere a memoria
known conosciuto/a, noto/a

L

lake il lago
lamb l'agnello
lamp la lampada
language: foreign languages le lingue straniere
large grande
last scorso/a; (*in a series*) ultimo/a; **at last** finalmente
late: I'm late sono in ritardo
later: until later a più tardi
latest ultimo/a
law la legge
lawyer l'avvocato
lazy pigro/a
leaflet il volantino
learn apprendere; imparare (a)
least: at least almeno
leather il cuoio, la pelle; **made of leather** di cuoio
leave partire, andare via; **leave** (*behind*) lasciare
left sinistro/a
leg la gamba
lemon il limone; **lemon soda** la limonata
lemonade la limonata
lend prestare
letter la lettera
lettuce la lattuga
library la biblioteca
license: driver's license la patente di guida
life la vita
light la luce; leggero/a
like come; piacere
listen sentire; **listen (to)** ascoltare; (*command*) senti
listening l'ascolto
literary letterario/a
literature la letteratura
little piccolo/a; **very little** ben poco, pochissimo/a
live abitare; vivere; **live together** convivere
live (*TV, radio*) in diretta
living il vivere; **living room** il salotto
loan prestare
lobster l'aragosta
local locale
long lungo/a

look (at) guardare; **look (for)** cercare; **look at oneself in the mirror** guardarsi allo specchio
lose perdere
lottery la lotteria
love l'amore (*m.*); **fall in love** innamorarsi; **love each other** amarsi
lower abbassare
luck la fortuna; **bad luck** la sfortuna
lucky: be lucky avere fortuna
lunch (*main meal at noon*) il pranzo

M

ma'am signora
magazine la rivista
magnificent magnifico/a
mail spedire; la posta
majority la maggior parte
make fare; rendere; **make a date** fissare un appuntamento; **make plans** fare programmi; **make purchases** fare acquisti; **make reservations** prenotare; **make sure** fare in modo
man l'uomo (gli uomini, *pl.*)
manage gestire
management la gestione
manager il funzionario, il direttore/la direttrice
managerial gestionale
many molti/e
market il mercato; **open-air market** il mercato all'aperto
married sposato/a
marry (get married) sposarsi
marvelous meraviglioso/a
mask la maschera; **masquerade party** la festa mascherata
match l'incontro; la gara
mathematics la matematica
maybe forse
meal il pasto
meaning il significato
means of transportation i mezzi di trasporto
meantime: in the meantime intanto, nel frattempo
meanwhile intanto
meat la carne (*f.*)
mechanic il meccanico

medicine la medicina
meet incontrare, riunirsi; **meet (each other)** incontrarsi
message il messaggio
midnight mezzanotte
military il militare
milk il latte
milkman il lattaio
million il milione
mind dispiacere; **do you mind if . . . ?** ti dispiace se … ?; **have in mind** avere in mente; **if you don't mind** se non ti dispiace
minister il ministro; **Prime Minister** Presidente del Consiglio
mirror lo specchio
misfortune il dispiacere, la sfortuna
Miss signorina
mix-up: a little mix-up un po' di confusione
modern moderno/a
moment il momento
monarchy la monarchia
money i soldi, il denaro
month il mese
monument il monumento
more più; **more . . . than** più … di
morning la mattina, il mattino; **good morning** buon giorno; **in the morning** la mattina; **this morning** stamattina
most: for the most part per lo più
mother la madre; **mother-in-law** la suocera
motorcycle la moto(cicletta)
mountain: in (to) the mountains in montagna; **mountain climbing** l'alpinismo
mouth la bocca
move trasferirsi
movie il cinema; **movie director** il/la regista
Mr. signor + *last name*
Mrs. signora + *last name*
much molto; **too much** troppo
muggy afoso/a
museum il museo
mushrooms i funghi
music la musica
musical musicale; **musical group** il complesso

musician il/la musicista
must dovere
my mio/a

N

name (*first*) il nome; (*last*) il cognome; **brand name** la marca; **what's your name?** come ti chiami?; (*formal*) come si chiama?
named: be named chiamarsi
napkin il tovagliolo
nation la nazione
national nazionale
nature la natura
near vicino a
necessary necessario/a
neck il collo
need avere bisogno di; il bisogno
neighborhood le vicinanze, il vicinato
neighborhood market il mercato rionale
neither . . . nor non ... né ... né
nephew il nipote
nervous nervoso/a
never non ... mai
nevertheless nonostante ciò
new nuovo/a
news le notizie; **news** (*one item*) la notizia; **newscaster** (*TV and radio*) l'annunciatore (*m.*); l'annunciatrice (*f.*)
newspaper il giornale
next prossimo/a
nice bello/a, carino/a, simpatico/a; **be nice** (*weather*) fare bel tempo
niece la nipote
night la notte; **at night** la notte, di notte; **good night** buona notte
no no; **no longer** non ... più; **no more** non ... più; **no one** nessuno, non ... nessuno
noise il rumore
none niente
noon mezzogiorno
nose il naso
not non; **not any** non ... nessuno; **not at all** non ... affatto; **not even** non ... neanche, non ... nemmeno, non ... neppure; **not ever** non ... mai; **not too bad** non c'è male; **not yet** non ... ancora
notebook il quaderno

nothing niente; non ... niente, non ... nulla; **nothing special** niente di speciale
novel il romanzo
now adesso, ora; **by now** ormai

O

O.K. d'accordo, va bene
obey obbedire (*also* ubbidire)
obtain ottenere
occasion l'occasione (*f.*)
occupation l'occupazione (*f.*)
occupied occupato/a
of di (*frequently* d' *before a vowel*); **of course** certo
offer offrire
office l'ufficio; **post office** l'ufficio postale
often spesso
old antico/a, anziano/a, vecchio/a
older maggiore
olive oil l'olio d'oliva
on su
once: every once in a while ogni tanto; **just once** una volta tanto; **once a day** una volta al giorno; **once again** ancora una volta; **once in a while** ogni tanto
oneself se stesso/a
onion la cipolla
only solo
open aprire
opera l'opera
opinion l'opinione (*f.*)
opposite opposto/a
optimistic ottimista (*invariable in the singular*)
or o
orange (*color*) arancione (*inv.*); **orange** (*fruit*) l'arancia; **orange soda** l'aranciata; **orange juice** (*freshly squeezed*) la spremuta d'arancia
orchestra l'orchestra
order (*food*) ordinare; **in order that** affinché, di modo che, perché
organize organizzare
organized organizzato/a
original originale
other altro/a
outdoors all'aperto
outside fuori
overcoat il cappotto

P

painting il quadro; la pittura
pair il paio (le paia, *f. pl.*)
panorama il panorama
pants i pantaloni
paper: piece of paper il foglio di carta
parents i genitori
park parcheggiare; il parco, il giardino pubblico
parking: pay parking il parcheggio a pagamento
parliament il parlamento
parlor: ice-cream parlor la gelateria
part: on the part of da parte di
particularly particolarmente
party la festa
passion la passione
pass the butter (salt, pepper) passare il burro (sale, pepe)
pasta la pasta
patience: a little patience un po' di pazienza
patient: be patient avere pazienza
pay il salario; **pay (for)** pagare; **pay back** ripagare
peace la pace
peach la pesca
pear la pera
pen la penna
pencil la matita
people la gente, il popolo
pepper il pepe, il peperone
perfect perfetto/a
performer l'interprete (*m. or f.*)
perhaps forse
period il periodo
per kilo (*metric weight*) al chilo
permit permettere (di)
person la persona
personnel il personale
pessimistic pessimista (*inv. in the singular*)
pharmacist il/la farmacista
pharmacy la farmacia
philosophy la filosofia
phone call la telefonata
photograph la foto(grafia)
photographer il fotografo
photography la fotografia
physics la fisica
pianist il/la pianista
piano il pianoforte

pick up: I'll pick you (*informal*) **up** passo a prenderti
pineapple l'ananas (*m.*)
pink rosa (*inv.*)
pizza la pizza; **pizza parlor** la pizzeria
place mettere; il luogo, il posto
plan programmare
plane l'aereo
play (*a game*) giocare; **play basketball** giocare a pallacanestro; **play soccer** giocare a pallone; **play tennis** giocare a tennis; **play volleyball** giocare a pallavolo; **play** (*music*) suonare
playing field il campo da gioco
pleasant simpatico/a
please piacere; per favore, per piacere, prego
pleased: I'm very pleased to meet you (*informal*) mi fa molto piacere (di) conoscerti
pleasing: be pleasing piacere
pleasure il piacere
pocket la tasca; **in his/her pocket** in tasca
poem il poema
political politico/a; **political science** le scienze politiche
pollute inquinare
pollution l'inquinamento
polyester il poliestere
pool la piscina
poor povero/a; **poor thing** poverino/a
pork il maiale
position il posto
possess (*something*) avere
possibility la possibilità
possible possibile
potato la patata
practical pratico/a
precise preciso/a
prefer preferire
preferable preferibile
prepare preparare
present presentare
president il presidente
pretty carino/a
price il prezzo; **what prices!** che prezzi!
probable probabile
probably probabilmente

problem il problema
profession il mestiere, la professione
professor il professore/la professoressa
program il programma
promise promettere
proper opportuno/a, dovuto/a
provided that purché
psychology la psicologia
purchase acquistare; l'acquisto
purple viola (*inv.*)
put mettere; **put on** (*clothing*) mettersi, indossare

Q

qualification la qualifica
quarrel litigare
queen la regina
quit (*a job*) licenziarsi

R

radio la radio; radiofonico/a
rain piovere
raincoat l'impermeabile (*m.*)
raise alzare
rarely raramente
rather piuttosto
razor (*electric*) il rasoio (elettrico)
read leggere; **read again** rileggere
real vero/a
reality la realtà
really davvero; proprio; veramente
receive ricevere
recently recentemente
record registrare; il disco
recorder: video recorder il videoregistratore
red rosso/a
refrigerator il frigo(rifero)
relatives i parenti (*pl.*)
remain restare, rimanere
remainder il resto
remember ricordare, ricordarsi (di)
remind ricordare
rent affittare; **rent a car** noleggiare un'automobile
representative il deputato, il rappresentante

republic la repubblica
require richiedere
reservation la prenotazione
reserve prenotare
reserved riservato/a
respond rispondere
rest riposarsi
restaurant il ristorante
retailer il rivenditore
return restituire; tornare; **many happy returns!** cento di questi giorni!
revival: to have a revival essere in ripresa
rice il riso
rich ricco/a
right giusto/a; destro/a; **be right** avere ragione; **right away** subito
romantic romantico/a
room la camera, la stanza; **dining room** la sala da pranzo
rude sgarbato/a

S

sad triste
sailing la vela
salami il salame
salary lo stipendio
sale la vendita; **on sale** in vendita
salt il sale
same stesso/a; **just the same** lo stesso; **same old** solito/a
sandwich: ham sandwich il panino al prosciutto; **tuna sandwich** il tramezzino al tonno
Sardinian sardo/a
save risparmiare; salvare
say dire (di)
scarf la sciarpa
scene la scena
scenery lo scenario
schedule l'orario
school: (Italian high school) il liceo
science: natural science le scienze naturali
science fiction la fantascienza
scientific scientifico/a
scissors le forbici
sea il mare; **at the seashore** al mare

season la stagione
seat il posto
second secondo/a
see vedere; **see you tomorrow** ci vediamo domani; **see each other** vedersi
seek cercare
seem sembrare; **it seems to me** mi sembra
see-saw l'altalena
seldom di rado
selfish egoista (*m. or f.*)
self-possessed disinvolto/a
sell vendere
senate il senato
senator il senatore
send mandare, spedire; **send back** rimandare
serious serio/a
seriousness la gravità
serve servire
set (*time*) stabilire; **set the table** apparecchiare la tavola
sew cucire
shame: what a shame che peccato!
sharp netto/a
ship la nave
shirt: man's shirt la camicia
shoes le scarpe
shop (*for food*) fare la spesa
short basso/a
shortly fra poco
shoulder la spalla
show mostrare; lo spettacolo
shower la doccia; **take a shower** farsi la doccia
shrimp gli scampi
shy timido/a
silk la seta
simple semplice
since siccome
sincere sincero/a
sing cantare
singer il/la cantante
sir signore
sister la sorella; **little sister** la sorellina; **sister-in-law** la cognata
situation la situazione
size (*clothing*) la taglia; (*clothing, shoes*) la misura
skate pattinare
skating il pattinaggio; **go skating** andare a pattinare

ski sciare; lo sci; **go skiing** andare a sciare
skirt la gonna
sleep dormire
sleepy: be sleepy avere sonno; **be very sleepy** morire di sonno
sleeve: with long (short) sleeves con le maniche lunghe (corte)
slowly lentamente
small piccolo/a
snow nevicare; la neve
so dunque; **so that** affinché, di modo che, perché
soap il sapone
soccer il calcio, il pallone
sociology la sociologia
socks i calzini (*pl.*)
sofa il divano
softly piano
sole (*fish*) la sogliola
some alcuni/e
something qualcosa
sometimes qualche volta
son il figlio; **son-in-law** il genero
song la canzone, il canto
soon: as soon as appena; **as soon as possible** al più presto, quanto prima; **quite soon** ben presto; **see you soon** a presto
sorry: be sorry, to mind dispiacere; **I'm sorry** mi dispiace
so-so così così
soup la minestra; **vegetable soup** il minestrone
spaghetti gli spaghetti; **carbonara style** gli spaghetti alla carbonara
speak parlare; **speak to each other** parlarsi
spectacular spettacolare
spend (*time*) passare; **spend** (*time/money*) spendere
spinach gli spinaci
spoon il cucchiaio
sport lo sport
sporting sportivo/a
sporty sportivo/a
spring la primavera; primaverile
stadium lo stadio
stairs le scale
star la stella
start mettersi (a), cominciare (a); **start an argument** fare polemica
state lo stato; statale

station la stazione; **gas station** la stazione di servizio
statue la statua
stay alloggiare, restare, rimanere; il soggiorno
steak la bistecca
stereo lo stereo
still ancora, pure
stomach lo stomaco
stop fermare, fermarsi
store il negozio
story la storia; **short story** il racconto
strawberry la fragola
street la via, la strada; **on the street** per strada
streetcar il tram
string beans i fagiolini
striped a righe
strive cercare (di)
student lo studente/la studentessa
study studiare; lo studio
stupid stupido/a
subtitle il sottotitolo
subway la metropolitana
succeed riuscire (a)
successfully con successo
suffer soffrire
suggest suggerire
suggestion il suggerimento
suit il vestito
suitcase la valigia (le valige, *pl.*)
sultry (*weather*) afoso/a
summer l'estate (*f.*); estivo/a
sunny: it's sunny c'è il sole
supermarket il supermercato
supper la cena
support aderire, sostenere
surprised sorpreso/a
sweater la maglia, il maglione
sweet il dolce
swift veloce
swim nuotare
swimming il nuoto
swimming pool la piscina
system il sistema

T

table il tavolo; **at the (dinner) table** a tavola
take prendere; **take** (*courses*) seguire; **take off** (*clothing*) levarsi; **take part in** aderire (a);

take pictures fare fotografie; **take place** avere luogo; **take the subway** prendere la metropolitana

tall alto/a

taxi il tassì

tea il tè; **iced tea** il tè freddo

teach insegnare (a)

team la squadra

teaspoon il cucchiaino

telegram il telegramma

telephone telefonare; il telefono; telefonico/a; **cellular phone** il telefonino

televised televisivo/a

television la televisione; televisivo/a; **television set** il televisore; **television viewer** il telespettatore/la telespettatrice

tell dire, raccontare

tennis court il campo da tennis

tenor il tenore

terrible pessimo/a

thank ringraziare; **thank you** grazie

that che; quello; **that one** quello; **that which** quello che

theater il teatro

theme il tema

then allora, dunque, poi

there ci, là, lì; **there are** ecco, ci sono; **there is** c'è, ecco

therefore quindi, perciò

thin magro/a

thing la cosa

think credere (di); **think (of, about + verb)** pensare (di); **think (of, about + noun)** pensare (a); **I don't think so** credo di no; **I think so** credo di sì

thirsty: be thirsty avere sete

this ciò; questo/a; **this one** questo

thriller il film giallo

throat la gola

ticket il biglietto; **ticket office** la biglietteria

tie la cravatta

time il tempo; la volta; **a long time ago** molto tempo fa; **at the same time** allo stesso tempo; **at times** a volte; **at what time?** a che ora?; **be on time** essere puntuale; **departure time** l'ora della partenza; **for the first time**

per la prima volta; **for the time being** al momento; **full-time** a tempo pieno; **part-time** a tempo parziale; **what time is it?** che ore sono?

timid timido/a

tired stanco/a

title il titolo

to a (*frequently* ad *before a vowel*)

today oggi

toe il dito (le dita, *f. pl.*) del piede

together insieme; **all together** in tutto

tomato il pomodoro

tomorrow domani; **starting tomorrow** da domani; **until tomorrow** a domani

tonight stanotte

too anche; troppo

tooth il dente

toothbrush lo spazzolino da denti

toothpaste il dentifricio

topic il soggetto

total totale

tourism il turismo

toward verso

towel l'asciugamano

town: small town il paese

trade il mestiere; **what's your trade?** che mestiere fa (fai)?

traffic il traffico

trail la pista

train il treno

tranquil calmo/a, tranquillo/a

travel viaggiare

travel agency l'agenzia di viaggi

trip il viaggio

trolley il tram

trousers i pantaloni

truck il camion, l'autocarro

true vero/a

tuna il tonno

turn: turn off (*TV, radio*) spegnere; **turn on** accendere

TV la tivvù; **color TV** il televisore a colori; **TV channel** il canale televisivo; **TV network** la rete televisiva; **TV news** il telegiornale; **TV program** la trasmissione televisiva; **TV viewer** il telespettatore/la telespettatrice

type il tipo

U

ugly brutto/a

uncle lo zio

understand capire, comprendere

undertake intraprendere

undress spogliarsi

unemployed disoccupato/a

unforgettable indimenticabile

unfortunate sfortunato/a

unhappy infelice

united unito/a

university l'università; universitario/a; **university degree** la laurea

unknown sconosciuto/a

unless a meno che

unlucky sfortunato/a

unoccupied disoccupato/a

unpleasant antipatico/a

until fino a; **until now** finora

use usare

useful utile

useless inutile

usual: as usual come al solito

usually di solito

utensils le stoviglie (*f. pl.*)

V

vacation: on vacation in vacanza; **summer vacation** la villeggiatura; **vacation days** i giorni (*pl.*) di ferie

vacuum cleaner l'aspirapolvere (*m.*)

value il valore

various vario/a

veal il vitello

vegetables: green vegetables la verdura

velvet il velluto

vendor il rivenditore

videocassette la videocassetta

video game il videogioco

video recorder il videoregistratore

violin il violino

visit visitare; la visita

voice la voce

volleyball la pallavolo

voter l'elettore (*m. or f.*)

voyage il viaggio

W

wage il salario

wait (for) aspettare; **wait a minute**
aspetta un minuto

waiter il cameriere

waiting l'attesa

wake up (*oneself*) svegliarsi

walk: take a walk fare una
passeggiata

wall la parete

wallet il portafoglio

want desiderare; volere

wardrobe l'armadio

warm: be warm (*person*) avere
caldo; **be warm** (*weather*) fare
caldo

washing machine la lavatrice

wash oneself lavarsi; **wash one's
hands (face)** lavarsi le mani (la
faccia)

watch guardare; l'orologio

water (mineral) l'acqua (minerale)

way: that way così; **there's no way**
non c'è modo

wear indossare

weather il tempo; **what's the
weather like there?** che tempo
fa lì?; **it's nice weather** fa bel
tempo; **it's bad weather** fa
cattivo tempo; **What's the
weather forecast today?** Quali
sono le previsioni del tempo di
oggi?

week la settimana

weekend la fine settimana

well allora; **(quite) well**
(abbastanza) bene; **very well**
molto bene

what ciò che; **what?** che cosa?
(cosa?); **what are you up to
today?** che cosa fai di bello
oggi?; **what happened?** che cosa
è successo?; **what is . . . like?**
com'è ... ?; **what is it?** che cos'è?
what's playing? cosa è in
programma?

when(ever) quando

when? quando?

where? dove?; **where are you**
(*formal*) **from?** di dov'è?; **where
is he/she from?** di dov'è?

which? qual/e?; **which one?**
quale?

while mentre

who? chi?; **who else?** chi altro?

whom: to whom: a chi?; **with
whom?** con chi?

why? perché?

wife la moglie

willingly volentieri

win vincere

window la finestra; **store window**
la vetrina

windy: to be (very) windy tirare
(molto) vento

wine il vino

winter l'inverno, invernale

wish desiderare, volere; **wish**
(*someone*) **well** fare gli auguri

wishes: best wishes! auguri! (*m.
pl.*), tanti auguri!

with con

without senza che; **without a
doubt** senza dubbio

woman la donna

wool la lana

work lavorare; **work** (*literary or
artistic*) l'opera; **what work do
you do?** che lavoro fa (fai)?

worker (*blue-collar*)
l'operaio/l'operaia

world mondiale; **working world**
il mondo del lavoro

worry preoccuparsi (di); **don't
worry** non ti preoccupare, non si
preoccupi

worse peggio, peggiore; **from bad
to worse** di male in peggio;
worse than ever peggio che mai

write scrivere; **write to each other**
scriversi

writer lo scrittore/la scrittrice

wrong: be wrong avere torto

Y

year anno; **be . . . years old**
avere ... anni

yellow giallo/a

yes sì

yesterday ieri

young giovane, giovanile

younger minore

Z

zone la zona

Index

Credits

Photographs: p. 1, © Almasio & Cavicchioni/Grazia Neri; p. 3, © David R. Frazier Photolibrary; p. 4, © Beryl Goldberg; p. 5, © Giuseppe Salomone/Granata Press Service; p. 7, © Vincent DeWitt/Stock Boston; p. 13, © Vince Streano/Stone; p. 15, © Jose Fusta Raga/Leo de Wys Inc./eStock Photography; p. 18, © Elizabeth Garvey; p. 19, © Palmer & Brilliant; p. 19, © Kevin Galvin; p. 24, © Massimo Sestini/Grazia Neri; p. 36, © Andrew Brilliant; p. 38, © David R. Frazier Photolibrary; p. 39, © Phyllis Picardi/Stock Boston; p. 40, © Decoux/REA/Saba; p. 41, © David R. Frazier Photolibrary; p. 41, © Giuseppe Mastrullo/Grazia Neri; p. 45, © Beryl Goldberg; p. 59, © Beryl Goldberg; p. 60, © Owen Franken/Stock Boston; p. 61, © Elizabeth Garvey; p. 65, © Beryl Goldberg; p. 67, © C. Cerchioli/Grazia Neri; p. 69, © Palmer & Brilliant; p. 79, © Beryl Goldberg; p. 80, © Julie Houck/Stock Boston; p. 82, © Giuseppe Mastrullo/Grazia Neri; p. 83, © Antonio Scattolon/Grazia Neri; p. 87 © Kevin Galvin; p. 103, © Kurgan-Lisnet/Liaison Agency; p. 104, © Jeanetta Baker/Leo de Wys Inc./eStock Photography; p. 105, © Kevin Galvin; p. 107, © Beryl Goldberg; p. 122, © David Simson/Stock Boston; p. 124, © Hugh Rogers; p. 126, © Carol Havens/Stone; p. 127, © Mike Mazzaschi/Stock Boston; p. 129, © Beryl Goldberg; p. 141, © Mike Mazzaschi/Stock Boston; p. 147, © Dave Bartruff/Stock Boston; p. 149, © Dave Bartruff/Stock Boston; p. 150, © Elizabeth Garvey; p. 151, © Hazel Hankin/Stock Boston; p. 153, © Kevin Galvin; p. 157, © Roberto Ponti/Grazia Neri; p. 173, © Dallas & John Heaton/Stock Boston; p. 175, © Kevin Galvin; p. 176, © David Simson/Stock Boston; p. 179, © Mike Mazzaschi/Stock Boston; p. 189, © Elizabeth Garvey; p. 195, © Gerry Johannson/Leo de Wys Inc./eStock Photography; p. 196, © David R. Frazier Photolibrary; p. 198, © Stefano Cellai/Grazia Neri; p. 201, © Roby Bettolini/Granata Press Service; p. 211, © Grantpix/Stock Boston; p. 218, © Beryl Goldberg; p. 219, © Rufus F. Folkks/Corbis; p. 223, © Photofest; p. 237, © Beryl Goldberg; p. 241, © AP/Wide World Photos; p. 242, © Elizabeth Garvey; p. 244, © Kevin Galvin; p. 247, © Kevin Galvin; p. 256, © Kevin Galvin; p. 266, © David R. Frazier Photolibrary; p. 268, © Sailler-Airone/GLMR/Liaison Agency; p. 269, © Reuters/Pawel Kopczynski/Archive Photos; p. 271, © Palmer & Brilliant; p. 273, © Mike Mazzaschi/Stock Boston; p. 288, © Photofest; p. 290, © F. Origlia/Corbis Sygma; p. 291, © Beryl Goldberg; p. 295, © Dallas & John Heaton/Stock Boston; p. 300, © Roby Bettolini/Granata Press Service; p. 311, © Patrick Ward/Stock Boston; p. 312, © Vittoriano Rastelli/Corbis; p. 314, © AFP/Corbis; p. 317, © AP/Wide World Photos; p. 327, © Andrew Brilliant; p. 334, © Ronny Jaques/Photo Researchers; p. 335, © Siegfried Tauqueur/Leo de Wys Inc./eStock Photography; p. 337, © Mencarini/Grazia Neri; p. 341, © Elizabeth Garvey; p. 350, © G. Arici/Grazia Neri; p. 356, © Dallas & John Heaton/Stock Boston; p. 357, © Kevin Galvin; p. 358, © Charles Nes/Liaison Agency; p. 360, © Marcello Mencarini/Grazia Neri; p. 361, © Elizabeth Garvey; p. 363, © Gaetano Lo Porto/Granata Press Service; p. 384, © Kevin Galvin; p. 385, © Kevin Galvin/Stock Boston; p. 387, © Beryl Goldberg; p. 391, © Palmer & Brilliant; p. 399, © Palmer & Brilliant; p. 407, © Kevin Galvin; p. 408, © dpa/ipol; p. 410, © A.A./Granata Press Service; p. 413, © Elizabeth Garvey; p. 416, © Elizabeth Garvey; p. 426, © Palmer & Brilliant; p. 429, © Amanda Merullo/Stock Boston; p. 429, © Alan Briere/Liaison Agency.

Illustrations: All illustrations by Tim Jones except pages 47, 48, 89, and 343 by James Edwards.

Realia: p. 42, La Repubblica: Laurea e poi?; p. 57, Aeroporti di Roma; p. 82, Telecom; p. 130, Pomodoro & Mozzarella Pizzaria; p. 148, Editoriale L'Espresso S.P.A.: Il tempo ritrovato; p. 148, Editoriale L'Espresso S.P.A.: Sondaggi (13 & 20 dic 92); p. 159, Corriere della Sera: Calorie e cibi; p. 168, Musei fiorentini; p. 182, Milano Palazzo Reale; p. 182, Taxi Blu; p. 183, CTS-Presidenze nazionali: Prezzi e proposte; p. 204, Corriere della Sera: Almanacco meteo; p. 216, Editoriale L'Espresso S.P.A.: La piramide alimentare; p. 217, Editoriale L'Espresso S.P.A.: Inchiesta; p. 221, Astra Cinehalle; p. 224, Spello Museo di Norberto; p. 249, Centro turistico Gran Sasso d'Italia; p. 259, Centro turistico Gran Sasso-L'Aquila: brochure; p. 287, Oviesse; p. 331, La Mela; p. 341, Teatro alla Scala; p. 357, La Repubblica: Tre cose che so di lei; p. 358, Editoriale L'Espresso S.P.A.: Sondaggi (13 & 20 dic 92); p. 358, Editoriale L'Espresso S.P.A.: Viva L'Italia; p. 364, Istituto europeo di design: pubblicità corsi offerti; p. 389, Edizioni Panorama; p. 390, Quigiovani: poster; p. 409, La Repubblica: map; p. 412, Comune di Roma; p. 425, ATAF; p. 431, Editoriale L'Espresso S.P.A.: Sondaggi (13 & 20 dic 92); p. 432, Editoriale L'Espresso S.P.A.: Il vetro.